InTeR
Zeitschrift zum Innovations- und Technikrecht

Rechte an Daten im digitalen Zeitalter

von

Duygu Üge

Fachmedien Recht und Wirtschaft | dfv Mediengruppe | Frankfurt am Main

Dissertation des Fachbereichs Rechtswissenschaft der Freien Universität Berlin

Erstgutachter: Prof. Dr. Dr. Jürgen Ensthaler
Zweitgutachter: Prof. Dr. Bertram Lomfeld

Tag der mündlichen Prüfung: 5. Juni 2024

Bibliografische Information Der Deutschen Nationalbibliothek

Die Deutsche Nationalbibliothek verzeichnet diese Publikation in der Deutschen Nationalbibliografie; detaillierte bibliografische Daten sind im Internet über http://dnb.de abrufbar.

ISBN 978-3-8005-1964-4

dfv Mediengruppe

www.ruw.de

Druck: Beltz Grafische Betriebe GmbH, 99947 Bad Langensalza

Printed in Germany

Meinen Eltern

Vorwort

Die vorliegende Arbeit wurde im Sommersemester 2024 von der Juristischen Fakultät der Freien Universität Berlin als Dissertation angenommen. Rechtsprechung und Literatur konnten bis Januar 2025 berücksichtigt werden.

Mein besonderer Dank gilt zunächst meinem Doktorvater, Herrn Prof. Dr. Dr. Jürgen Ensthaler, der mich bei Erstellung dieser Arbeit hervorragend betreut und unterstützt hat. Mit seinen wertvollen Anregungen und wissenschaftlichen Impulsen hat er maßgeblich zum Gelingen dieser Dissertation beigetragen. Auch meine Zeit an seinem Lehrstuhl an der Technischen Universität Berlin habe ich sehr geschätzt. Das offene und freundliche Klima war nicht selbstverständlich und ist in besonderer Erinnerung behalten. Für seine Unterstützung und seinen prägenden Einfluss auf meinen bisherigen Werdegang bin ich ihm zutiefst dankbar.

Prof. Dr. Bertram Lomfeld danke ich für die Übernahme des Zweitgutachtens.

Mein größter Dank gilt meinen Eltern, Demet und Özcan Öztürk, die mich nicht nur bei der Anfertigung dieser Arbeit, sondern in allen Lebenslagen uneingeschränkt und mit grenzenloser Geduld begleitet haben. Ohne ihre Liebe und Unterstützung wäre mein bisheriger Werdegang sowie die Anfertigung dieser Arbeit nicht möglich gewesen.

Besonders danke ich meinem Vater, der mich zur Erstellung dieser Arbeit besonders motiviert und jede einzelne Phase dieses Promotionsvorhabens begeistert verfolgt hat. Auch meinem Bruder, Baris Can Öztürk, möchte ich danken, da er stets an mich geglaubt und mich mit seiner positiven Art immer wieder gestärkt hat.

Schließlich danke ich vom Herzen meinem Ehemann, Tolga Üge, der mir mit wertvollem Austausch, Optimismus und großer Geduld zur Seite stand. Ohne ihn hätte mir in dieser Zeit eine wertvolle Stütze gefehlt.

Dr. Duygu Üge

Inhaltsverzeichnis

Kapitel 1: Einleitung

„Daten bilden die Lebensader der wirtschaftlichen Entwicklung."[1]

A. Anlass der Untersuchung

Das Zeitalter der Digitalisierung führt zu einer Veränderung der Rahmenbedingungen für wirtschaftliches Handeln.[2] Unternehmen stehen immer mehr unter Druck, ihre Geschäftsmodelle zu überdenken und an neue Wettbewerbsbedingungen anzupassen.[3] Die digitale Transformation von Unternehmen durch datenbasierte Geschäftsmodelle ermöglicht die Entwicklung neuer datenbasierter Produkte und Dienstleistungen, für deren Realisierung Daten die entscheidende Schlüsselressource sind.[4] Insbesondere der vermehrte Einsatz von künstlicher Intelligenz in Unternehmen führt dazu, dass das Training mit unternehmensinternen Daten eine größere Bedeutung erlangt. Umso wichtiger wird es für Unternehmen, durch effektive Datenstrategien die riesigen Datenmengen, die im Rahmen unterschiedlicher Geschäfts- und Produktionsprozesse anfallen, effektiv und systematisch zu nutzen, um ihre Wettbewerbsfähigkeit auf dem Markt aufrechtzuerhalten. Die Nutzung und Auswertung der gewonnenen Daten können Informationen und Erkenntnisse liefern, die Unternehmen einen entscheidenden Wettbewerbsvorsprung einräumen können.[5] Durch die intelligente Auswertung der erzeugten Datenmassen gewinnen Unternehmen wertvolle Informationen, die die Grundlage für die Entwicklung neuer und innovativer Produkte und Dienste sein können.[6] Vermehrt werden Daten zur Erbringung und zur Realisierung von Leistungswerten eingesetzt oder selbst als handelbares Gut vermarktet.[7] Der in den letzten Jahren beobachtbare exponentielle Anstieg

---

1 *Europäische Kommission*, Eine europäische Datenstrategie, COM (2020) 66 final, S. 3.

2 *Bleiber*, Digitale Geschäftsmodelle, S. 13.

3 *Kaufmann*, Geschäftsmodelle in Industrie 4.0 und dem Internet der Dinge, S. 3.

4 *Riemensperger/Falk*, in: Stiftung Datenschutz, Dateneigentum und Datenhandel, S. 261 f.; *Bleiber*, Digitale Geschäftsmodelle, S. 21; *Rohde/Bürger/Peneva/Mock*, in: Rohde/Bürger/Peneva/Mock, Datenwirtschaft und Datentechnologie, S. 1; *Louven*, NZKart 2018, 217, 217; *Koehler*, in: Leupold/Wiebe/Glossner, IT-Recht, Teil 6.1 Rn. 8; *Schuster u. a.*, in: Gerth/Heim, Entrepreneurship der Zukunft, S. 83 ff.; *Stender-Vorwachs/Steege*, NJOZ 2018, 1361, 1361; *Tolks*, MMR 2022, 444, 444.

5 *Markl*, in: Hoeren, Big Data und Recht, S. 3.

6 *Europäische Kommission*, Aufbau einer europäischen Datenwirtschaft, COM (2017) final 9, S. 1; *dies.*, Eine europäische Datenstrategie, COM (2020) 66 final, S. 3; *Bozem/Nagl*, Digitale Geschäftsmodelle erfolgreich realisieren, S. 110; *Schweitzer*, GRUR 2019, 569, 569.

7 *Bleiber*, Digitale Geschäftsmodelle, S. 21; *Rohde/Bürger/Peneva/Mock*, in: Rohde/Bürger/Peneva/Mock, Datenwirtschaft und Datentechnologie, S. 1; *Louven*, NZKart 2018, 217, 217; *Koehler*, in: Leupold/Wiebe/Glossner, IT-Recht, Teil 6.1 Rn. 8; *Schuster u. a.*,

der generierten Datenmengen ist technologischen Entwicklungen, wie dem Internet der Dinge oder der Industrie 4.0, geschuldet.[8] Im Zuge der Industrie-4.0-Revolution installieren daher immer mehr Hersteller Hardware- und Softwareinstrumente zur Generierung und Übertragung von Daten über die Art und Weise der Nutzung von Maschinen, Abnutzung, Wartungsbedürftigkeit oder Nutzergewohnheiten.[9] Anlagenherstellern wie auch den Anlagennutzern werden Einsichten in Produktverbesserungen und eine vorausschauende Wartung gewährt.[10] Verkompliziert wird dies, wenn an der Entwicklung der Produkte mehrere Vertriebsstufen erforderlich sind, an denen mehrere Zulieferer oder Vertriebspartner beteiligt sind.[11] In solch gelagerten Konstellationen werden in der Regel alle Akteure sämtlicher Betriebsstufen Interesse an den erzeugten Daten haben. Durch ihre Verwendung werden neue Datenquellen erschlossen, die die Grundlage für die Entwicklung neuer digitaler Produkte und Dienste bilden können.[12] Gleichzeitig wirft die Entwicklung Fragen hinsichtlich der Verteilung und Chancengleichheit im Hinblick auf die Wertschöpfung aus Daten auf, die sich unmittelbar auf die Machtverhältnisse verschiedener Akteure auswirkt.[13] Die Frage, wem welche Rechte an Daten zustehen, wird mit zunehmender wirtschaftlicher Bedeutung der Daten immer relevanter.[14] In der Vergangenheit waren Daten daher immer wieder Gegenstand rechtswissenschaftlicher Diskussionen, in denen es um die rechtliche Zuweisung von Daten anhand bestehender oder noch zu schaffender Rechte ging.[15] Technische Schutzmaßnahmen gewährleisten Unternehmen derzeit die exklusive Nutzung von Daten. Diese exklusive Nutzungsmöglichkeit schafft Unternehmen einen entscheidenden Wettbewerbsvorteil gegenüber anderen Nutzungsinteressenten.[16] Die fehlende

---

in: Gerth/Heim, Entrepreneurship der Zukunft, S. 83 ff.; *Stender-Vorwachs/Steege*, NJOZ 2018, 1361, 1361.

8 *Stender-Vorwachs/Steege*, NJOZ 2018, 1361, 1361; *Czychowski/Siesmayer*, in: Taeger/Pohle, Computerrechts-Handbuch, Teil 20.5 Rn. 5; *Czychowski/Winzek*, ZD 2022, 81, 82; *Hennemann*, RDi 2021, 61, 61; *Kerber*, IIC 2016, 759, 761; *Europäische Kommission*, Aufbau einer europäischen Datenwirtschaft, COM (2017) 9 final, S. 4.

9 *Ensthaler,* NJW 2016, 3473, 3473.

10 *Müller,* DuD 2019, 159, 159.

11 *Żdanowiecki,* in: Digitalisierte Wirtschaft/Industrie 4.0, S. 24.

12 *Europäische Kommission,* Folgenabschätzungsbericht, S. 2.

13 *Esken,* in: Stiftung Datenschutz, Dateneigentum und Datenhandel, S. 73; *Kerber*, GRUR Int, 2023, 120, 120.

14 *Markendorf,* ZD 2018, 409, 409.

15 Siehe hierzu *Grützmacher*, CR 2016, 485 ff; *Hoeren*, MMR 2013, 486; *ders*., MMR 2019, 5; *Fezer*, MMR 2017, 3; *Wandtke*, MMR 2017, 6; *Determann*, MMR 2018, 277; *ders*., ZD 2018, 503; *Arkenau/Wübbelmann* in: Taeger, Internet der Dinge, 95 ff.; *Ensthaler*, NJW 2016, 3473 ff.; *Kerber*, IIC 2016, 759 ff.

16 *Sattler*, in: Sassenberg/Faber, Rechtshandbuch Industrie 4.0 und Internet of Things, § 2Rn. 12; *Louven*, NZKart 2018, 217, 220; *Martini/Kolain/Neumann/Rehorst/Wagner*, MMR-Beil. 2021, 3, 5.

Bereitschaft dieser Unternehmen ihre Daten zu teilen, wirkt sich nachteilig auf die Wertschöpfung aus Daten aus, denn oftmals sind sie nicht imstande, das Informationspotenzial der erzeugten Daten vollständig auszuschöpfen.[17] Die Folge ist, dass die Daten nur einseitigen Analyseverfahren zugeführt werden, obwohl sie das Potenzial tragen, durch die Kombination mit anderen Datenquellen wichtige Informationen und Erkenntnisse für die Entwicklung neuartiger Dienste und Produkte zu liefern.[18] Besonders gravierend gestaltet sich die gegenwärtige Situation für Start-Ups sowie für kleine und mittelständische Unternehmen, die für die Entwicklung neuer datenbasierter Geschäftsmodelle und Datenprodukte auf den Zugang zu Daten angewiesen sind.[19] Für die Etablierung auf dem Markt müssen sie die erforderlichen Daten entweder selbst erheben oder – bei fehlenden technischen oder wirtschaftlichen Ressourcen – den Zugang von datenreichen Unternehmen begehren.[20] Die oftmals fehlende Bereitschaft von datenreichen Unternehmen, Zugang zu ihren Daten zu gewähren, führt dazu, dass solchen Datenzugangspetenten der Zutritt in den Markt faktisch verweigert wird, wodurch Mehrwerte und Synergieeffekte ausbleiben.[21] Gleichzeitig würde die Aufhebung von Zugangshindernissen möglicherweise dafür sorgen, dass immer weniger Unternehmen in datenbasierte Technologien investieren würden, da Wohlfahrtseffekte wie die exklusive Nutzungsmöglichkeit der erhobenen Daten sowie der Ausschluss Dritter von der Nutzung der Daten wegfallen würden.[22] Eine solche Entwicklung hätte möglicherweise zur Folge, dass immer weniger Unternehmen in die Erhebung und Auswertung von Daten investieren würden, was sich nachteilig auf die Gesamtwohlfahrt auswirken könnte.[23] Auch Nutzer vernetzter Geräte und Maschinen sind betroffen. Diese haben bislang keine Möglichkeit, Zugang zu den durch die Nutzung vernetzter Produkte und Maschinen erzeugten Daten zu erlangen und an der Wertschöpfung aus Daten zu partizipieren.[24] Ihr faktischer Ausschluss führt dazu, dass sie auf datenbasierte Anschlussdienste der Hersteller angewiesen sind und nicht auf kostengünstigere Dienste anderer Anschlussbetreiber zurückgreifen können.[25] Dieser technische Ausschluss führt dazu, dass die

---

17 *Schweitzer/Peitz,* Datenmärkte in der digitalisierten Wirtschaft, S. 18; *Europäische Kommission,* Aufbau einer europäischen Datenwirtschaft, COM (2017) 9 final, S. 10.

18 *Schweitzer*, GRUR 2019, 569, 569.

19 *Peitz/Schweitzer*, NJW 2018, 275, 275; *König,* in: Hennemann/Sattler, Immaterialgüter und Digitalisierung, S. 91.

20 *König,* in: Hennemann/Sattler, Immaterialgüter und Digitalisierung, S. 91.

21 *Europäische Kommission*, COM (2022) 68 final, Erwägungsgrund 3; *Schweitzer/Peitz,* NJW 2018, 275, 275.

22 *König,* in: Hennemann/Sattler, Immaterialgüter und Digitalisierung, S. 92.

23 *König,* in: Hennemann/Sattler, Immaterialgüter und Digitalisierung, S. 92.

24 *Europäische Kommission,* COM (2018) 232 final, S. 10 f.; *Kerber,* GRUR Int. 2023, 120, 122; *Podszun/Pfeifer*, GRUR 2022, 953, 953.

25 *Europäische Kommission*, COM (2022) 68 final, Erwägungsgrund 19.

durch die Daten erlangten Gewinne einseitig zugunsten der Hersteller verteilt werden.[26] Die nachteiligen Auswirkungen auf den europäischen Datenmarkt erkannte auch die Europäische Kommission. In ihrer Mitteilung zum Aufbau einer europäischen Datenwirtschaft formulierte sie das Ziel, Einschränkungen des Datenzugangs und der Datenübertragung für die volle Wertausschöpfung von Daten im europäischen Datenraum aufzuheben und neue Möglichkeiten für datenbasierte Innovation und Fortschritt zu gewährleisten.[27] Für die Schaffung eines einheitlichen Rechtsrahmens im Umgang mit Daten stellte die Kommission als Teil ihrer angekündigten europäischen Datenstrategie verschiedene Legislativmaßnahmen vor, die die bestehenden Hindernisse aufheben und die volle Wertschöpfung aus Daten gewährleisten sollen.[28] Zu diesen Maßnahmen gehört auch der am 11. Januar 2024 in Kraft getretene Data Act.[29] Durch Regelungen zur verbesserten Verfügbarkeit und Nutzung soll die Innovations- und Wettbewerbsfähigkeit europäischer Unternehmen gefördert und die volle Ausschöpfbarkeit der Daten branchenübergreifend gewährleistet werden.[30] Eine besondere Stellung räumt der Data Act Nutzern vernetzter Produkte und damit verbundener Dienste ein, die an der Wertschöpfung aus Daten durch die Regulierung von Zugangs- und Nutzungsrechten beteiligt werden sollen.[31] Es stellen sich Fragen, ob der Data Act in der Lage ist, die gegenwärtigen Probleme des Datenmarktes zu lösen und die bestehenden Interessen verschiedener Akteure in einen angemessenen Ausgleich zu bringen.

B. Untersuchungsgegenstand

In dieser Untersuchung soll herausgearbeitet werden, ob es erforderlich ist, neue Rechte an Daten *de lege ferenda* einzuführen, und wie ein solches Datenrecht ausgestaltet sein könnte. Hierfür sollen zunächst Reichweite und Grenzen des geltenden Rechts untersucht werden. Im Rahmen der Diskus-

---

26 So auch *Podszun/Pfeifer,* GRUR 2022, 953, 953.

27 *Europäische Kommission,* Aufbau einer europäischen Datenwirtschaft, COM (2017) 9 final, S.9, 13.

28 *Europäische Kommission,* Eine europäische Datenstrategie, COM (2020), 66 final, S. 13 ff.; *dies.*, Aufbau einer europäischen Datenwirtschaft, COM (2017) 9 final, S. 12.

29 Verordnung (EU) 2023/2854 des Europäischen Parlaments und des Rates vom 13. Dezember 2023 über harmonisierte Vorschriften für einen fairen Datenzugang und eine faire Datennutzung zur Änderung der Verordnung (EU) 2017/2394 und der Richtlinie (EU) 2020/1828 (Datenverordnung), abrufbar unter: https://bmdv.bund.de/SharedDocs/DE/Anlage/DG/Digitales/eu-data-act-deutsche-fassung-22-12-23.pdf?blob=publicationFile.

30 *Europäische Kommission,* COM (2022) 68 final, S. 3, 8; *dies.*, Eine europäische Datenstrategie, COM (2020) 66 final, S. 1; Erwägungsgrund 1 Data Act.

31 *Europäische Kommission,* COM (2022) 68 final, S. 1; Erwägungsgrund 5 Data Act.

sion um neue Rechte an Daten soll insbesondere der zuletzt in Kraft getretene Data Act der Europäischen Kommission berücksichtigt werden, der den Anspruch erhebt, die Probleme im Umgang mit Daten zu lösen. Unter Berücksichtigung der Interessenlage der jeweiligen Akteure der Wertschöpfungskette wird die konkrete Ausgestaltung der Rechte an Daten, die der Data Act für Nutzer vernetzter Produkte und verbundener Dienste vorsieht, geprüft und auf ihre Eignung für die Lösung der gegenwärtigen Probleme des Datenmarktes untersucht. Auch wenn das Datenschutzrecht keine eigentumsähnliche Zuweisung von personenbezogenen Daten vornimmt, widmet sich die Untersuchung ausschließlich den Rechten an nicht-personenbezogenen Rohdaten.[32] Dabei sollen maschinen- und verhaltensgenerierte Daten gleichermaßen untersucht werden, da die Abgrenzung beider Erzeugungsarten in der Praxis nicht immer klar möglich ist. Ausgenommen von der Untersuchung ist der wettbewerbsrechtliche und kartellrechtliche Umgang mit Daten.

C. Gang der Untersuchung

Die Untersuchung ist in sieben Kapitel gegliedert. Sie beginnt im *zweiten Kapitel* mit der Darstellung der rechtlichen und technischen Grundlagen zu Daten. Für die Untersuchung von Daten als Objekte von Rechten wird zunächst untersucht, was unter dem Begriff „Daten“ zu verstehen ist. Dabei wird der Fokus auch auf den in diesem Kontext oft synonym verwendeten Informationsbegriff gelegt. Im Anschluss werden die einzelnen Erscheinungsformen von Daten beleuchtet. Aus der Perspektive des Rechts werden die vom Datenschutzrecht vorgenommenen Kategorien zwischen personenbezogenen und nicht-personenbezogenen Daten untersucht. Die Untersuchung dient gleichsam der Konkretisierung des Untersuchungsgegenstandes der Arbeit auf nicht-personenbezogenen Daten. Im Anschluss werden Daten ökonomisch beleuchtet. Nach der Darstellung der ökonomischen Eigenschaften von Daten wird der Wertschöpfungsprozess dargestellt, der verdeutlicht, wie Daten erhoben werden und welche Verarbeitungsschritte erforderlich sind, um Daten zu monetarisieren.

Die Untersuchung von Rechten an Daten *de lege ferenda* erfordert die vorherige Auseinandersetzung mit den gegenwärtigen Schutzmöglichkeiten von Daten. Im *dritten Kapitel* wird daher herausgearbeitet, inwieweit die gegenwärtige Rechtsordnung den Schutz von Daten gewährleistet, und welche Schutzdefizite bestehen. Die Darstellung der gegenwärtigen Schutzmöglichkeiten soll gleichsam darstellen, wie das Recht die Zuordnung von

32 Siehe ausführlich zu personenbezogenen Daten *Schmidt,* Datenschutz als Vermögensrecht, S. 127 ff.

Gütern vornimmt und wie unterschiedlich die Zuordnung im Hinblick auf die Intensität ausfallen kann. Im Rahmen des Sachenrechts werden bestehende Ansätze untersucht, die ein sogenanntes „Dateneigentum“ an Daten anhand bestehender Regelungen begründen wollen. Dabei werden auch besitzrechtliche Ansätze für den Schutz von Daten berücksichtigt. Im Anschluss wird das Urheberrecht untersucht. Der Fokus richtet sich hierbei auf Schutzmöglichkeiten durch das Datenbankwerk und das Datenbankherstellerrecht. Nach der Untersuchung von Schutzmöglichkeiten im Geschäftsgeheimnisrecht soll die Untersuchung der gegenwärtigen Rechtslage mit dem Deliktsrecht den Abschluss finden.

Im *vierten Kapitel* werden die vertraglichen Schutzmöglichkeiten von Daten dargestellt. Dabei bildet die technische Alleinkontrolle den Ausgangspunkt der faktischen Zuordnung. Im Anschluss werden die unterschiedlichen vertraglichen Ausgestaltungsmöglichkeiten von Datenverträgen dargestellt, die gegenwärtig die Zuweisungs- und Zugangsfunktion für Daten erfüllen. Da es sich bei den Verträgen überwiegend um allgemeine Geschäftsbedingungen handelt, wird die AGB-rechtliche Inhaltskontrolle herangezogen, um die Grenzen der vertraglichen Ausgestaltung von Datenverträgen zu bestimmen. Das Kapitel endet mit der Darstellung der Schwächen der Vertragskonzeption und dient damit auch als Anlass für Überlegungen eines neuen Datenrechts.

Ansätze zur künftigen Ausgestaltung eines neuen Datenrechts werden im *fünften Kapitel* untersucht. Zunächst wird überprüft, ob und wie ein staatlicher Eingriff gerechtfertigt werden kann. Untersucht werden hier deontologische und ökonomische Ansätze, insbesondere das allokative Marktversagen. Im Anschluss werden nach der Bestimmung der Handlungsbefugnisse an Daten allgemeine Zuweisungsmechanismen untersucht. Der Fokus der Untersuchung liegt dabei auf Ansätzen, die Daten *de lege ferenda* rechtlich zuweisen wollen. Im *sechsten Kapitel* wird der EU-Data Act untersucht, der zugunsten der Nutzer vernetzter Geräte und damit verbundener Dienste Zugangs- und Nutzungsrechte vorsieht. Hier wird dargestellt, warum der Data Act nicht in der Lage ist, die Probleme der fehlenden Rechte an Daten zu lösen. Vorschriften im Hinblick auf die Rechte und Pflichten im Hinblick auf die Bereitstellung von Daten an öffentliche Stellen sowie Organe und Einrichtungen der Union sowie im Hinblick auf den Wechsel von Datenverarbeitungsdiensten werden dabei nicht berücksichtigt. Das Kapitel endet mit Korrekturvorschlägen, die die Schwächen des Data Acts beseitigen könnten. In *Kapitel 7* werden dann die wesentlichen Ergebnisse der Arbeit zusammengefasst.

Kapitel 2: Grundlagen zu Daten

Daten sind kein Rechtsphänomen, sondern Ergebnis technologischen Fortschritts. Sie sind in großen Mengen vorhanden und stellen Wissenschaft und Praxis vor neuen Herausforderungen. Das nachfolgende Kapitel legt die erforderliche Grundlage für die Untersuchung von Daten als Objekte von Rechten. Hierfür soll zunächst der Datenbegriff untersucht und von dem oft synonym verwendeten Informationsbegriff abgegrenzt werden (A.). Im Nachgang sollen rechtliche und technische Kategorien von Daten dargestellt werden. Die Kategorisierung soll gleichsam den Untersuchungsgegenstand der Arbeit auf nicht-personenbezogene maschinen- und verhaltensgenerierte (Roh-)Daten konkretisieren (B.). Die ökonomische Betrachtung von Daten soll schließlich das besondere Wertpotenzial von Daten in der europäischen Datenwirtschaft demonstrieren und die Hintergründe für das bestehende Schutzbedürfnis von Daten darstellen (C.).

A. Begriffsbestimmung

Die Diskussion um Rechte an Daten führt zu einem immer stärker werdenden Bedürfnis, Daten und Informationen strikter voneinander abzugrenzen.[33] Die Abgrenzung ist schwieriger als auf dem ersten Blick angenommen. Die Interdependenz von Daten und Informationen erschwert die getrennte und unabhängige Begriffsdeutung beider Phänomene. Der Begriff „Information“ wird herangezogen, um Daten zu definieren, doch fehlt meist die Definition des Informationsbegriffs selbst.[34] Obwohl die Mehrheit zu wissen scheint, was unter Information zu verstehen ist, ist eine konkrete Begriffserklärung tatsächlich schwierig.[35] Der Unterschied von Daten und Informationen ist nicht nur sprachlicher Natur, auch wenn sie teilweise synonym genutzt werden.[36] Beide Begriffe können in verschiedenen Zusammenhängen

---

33 *Berberich/Golla,* PinG 2016, 165, 166; *Specht,* CR 2016, 288, 290 f.; *Becker,* GRUR 2017, 346, 347; *Härting,* CR 2016, 646, 647; für eine einheitliche Anwendung beider Begriffe *Determann,* ZD 2018, 503, 504.

34 So wird in Art. 2 Abs. 1 Nr. 4 DSGVO für die Definition des Begriffs der personenbezogenen Daten der Begriff der Information herangezogen.

35 *Hoeren,* JuS 2002, 947, 947; so auch *Schmidt,* Zugang zu Daten nach europäischem Kartellrecht, S. 9; *Wiebe,* in: Fiedler/Ullrich, Information als Wirtschaftsgut, S. 93, 199; *Beyer,* GRUR 1990, 399, 400.

36 So auch *Haase,* Datenschutzrechtliche Fragen des Personenbezugs, S. 121; *Welp,* IuR 1988, 443 f.; *Körber,* NZKart 2016, 303, 304; *Schmidt*; Zugang zu Daten nach europäischem Kartellrecht, S. 8; *Wiebe,* in: Leupold/Wiebe/Glossner, IT-Recht, Teil 6.7 Rn. 3; *Determann,* ZD 2018, 503, 504; *Ensthaler,* NJW 2016, 3473; *Heun/Assion,* CR 2015, 812, 814; *Specht/Kerber,* Abida – assessing big data, Gutachten, Datenrechte, S. 12.

unterschiedliche Bedeutung entfalten.[37] Eine klare Begriffsverwendung ist jedoch gerade in rechtswissenschaftlichen Untersuchungen von großer Bedeutung, insbesondere dann, wenn Daten als Objekte von Rechten untersucht werden sollen.[38] Ziel der nachfolgenden Ausführungen ist es nicht, ein alle wissenschaftliche Disziplinen umfassendes einheitliches Daten- und Informationsverständnis zu entwickeln. Dies erscheint für die Untersuchung weder zweckmäßig noch erforderlich. Vielmehr sollen kurze Exkurse in die wichtigsten Daten- und Informationsbegriffe die Grundlage für die nachfolgende Begriffsbestimmung und der Konkretisierung des Untersuchungsgegenstandes legen.[39]

I. Natürliche Sprache als Ausgangspunkt

Das allgemeine Begriffsverständnis spiegelt das Verständnis in der natürlichen Sprache wider, wie sie von Menschen verstanden wird. Die natürliche Sprache ist das Ergebnis historischer Entwicklungen[40] oder mit *Grahn* „das historische Produkt der Lebenstätigkeit der Menschen“[41]. Nicht das reale Objekt, das mit einem Begriff beschrieben wird, ist kausal für die Entstehung des Wortes, sondern „eine reine, vom Menschen konstruierte Konvention zur Bezeichnung des Gegenstandes“[42]. In unterschiedlichen Abstraktionsgraden verfügt sie über Ausdrucksmittel, mit denen Menschen Abbilder realer Objekte beschreiben und auf die sie im Rahmen ihrer Kommunikation zurückgreifen.[43] Auch Daten finden im alltäglichen Sprachgebrauch in unterschiedlichen Kontexten ihre Verwendung. Während früher unter Daten meist analoge Daten verstanden wurden, wird der Begriff heute für die Bezeichnung von digitalen Daten verwendet. Der Duden definiert Daten als „(durch Beobachtungen, Messungen, statistische Erhebungen u. a. gewonnene) [Zahlen]werte, (auf Beobachtungen, Messungen, statistischen Erhebungen u. a. beruhende) Angaben, formulierbare Befunde; elektronisch

---

37 *Albers,* Informationelle Selbstbestimmung, S. 88 f., 607; *Specht/Kerber,* Abida – assessing big data, Gutachten, Datenrechte, S. 12 f.; *Berberich/Golla,* PinG 2016, 165, 167.

38 So auch *Berberich/Golla* PinG 2016, 165, 166; ähnlich *Specht,* CR 2016, 288, 290 f.; *Becker,* GRUR 2017, 346, 347; *Härting,* CR 2016, 646, 647; *Zech,* GRUR 2015, 1151, 1153.

39 Siehe für die ausführliche Untersuchung des Daten- und Informationsbegriffs *Amstutz,* AcP 218 (2018), 438 ff.; *Schur,* Die Lizenzierung von Daten, S. 13 ff.; *Schmidt,* Zugang zu Daten nach europäischem Kartellrecht, S. 16 ff.; zum Informationsbegriff *Zech,* Information als Schutzgegenstand, S. 13 ff.

40 *Klaus,* Semiotik und Erkenntnistheorie, S. 27.

41 *Grahn,* Über das Wesen und über methodische Probleme der Legaldefinition, S. 576.

42 *Klaus,* Semiotik und Erkenntnistheorie, S. 27.

43 *Klaus,* Semiotik und Erkenntnistheorie, S. 27; *Grahn,* Über das Wesen und über methodische Probleme der Legaldefinition, S. 576.

gespeicherte Daten, Zeichen, Informationen“[44]. Unter dem Begriff Information wird dagegen „das Informieren; Unterrichtung über eine bestimmte Sache; [auf Anfrage erteilte] über alles Wissenswerte in Kenntnis setzende, offizielle, detaillierte Mitteilung über jemanden, etwas; Äußerung oder Hinweis, mit dem jemand von einer [wichtigen, politischen] Sache in Kenntnis gesetzt wird; Gehalt einer Nachricht, die aus Zeichen eines Codes zusammengesetzt ist“[45] verstanden. Beide Definitionen geben zwar nur ein grobes Verständnis darüber, was unter Daten und Informationen zu verstehen ist; dennoch liefern sie erste Anhaltspunkte für eine begriffliche Annäherung.

1. Daten als Abbild der Realität

Die Definition des Duden von Daten als „Ergebnis von Messungen oder statistischen Erhebungen“ geben den objektiven Charakter von Daten wieder („data as facts“).[46] Daten bilden das ab, was in der Realität vorhanden ist. Reale Gegebenheiten werden durch einen Auswahlprozess als Ergebnisse von Messungen als Daten erfasst und in Form von Zeichen fixiert.[47] Daneben können Daten auch Ergebnisse von Beobachtungen sein („data as observations“).[48] Der Unterschied liegt dabei in der subjektiven Betrachtungsweise von Daten. Während statistische Erhebungen und Messungen ein objektives und damit reales Abbild liefern, sind Daten als Ergebnis von Beobachtungen subjektiv. Sie müssen gefiltert und interpretiert werden, um Informationen über die Realität liefern zu können.[49] Die Ergebnisse der Datenerhebung werden in beiden Fällen in Form von Zahlen oder Buchstaben, also in Form von Zeichen definiert, denen wir eine bestimmte Bedeutung zumessen.[50] Die Ergebnisse sind Daten, die möglicherweise das Potenzial in sich tragen, wertvolle Informationen zu liefern. Auch in empirischen Wissenschaften werden reale Gegebenheiten in Form von empirischen Daten abgebildet, die die Grundlage für Erkenntnisse und Schlussfolgerungen darstellen.[51] Dieses allgemeine Begriffsverständnis verdeutlicht, dass Daten –

---

44 Duden, abrufbar unter: https://www.duden.de/rechtschreibung/Daten.

45 Duden, abrufbar unter: https://www.duden.de/rechtschreibung/Information.

46 *Voß,* LIBREAS 23, S. 5.

47 *Ott,* Information: Zur Genese und Anwendung eines Begriffs, S. 28 f.; *Dorfer,* Erfolgsstrategien datenzentrischer Geschäftsmodelle, S. 9; *Voß,* LIBREAS 23, S. 5.

48 *Voß,* LIBREAS 23, S. 5.

49 *Voß,* LIBREAS 23, S. 5.

50 *Ott,* Information: Zur Genese und Anwendung eines Begriffs, S. 28; *Wersig,* Information: Kommunikation- Dokumentation, S. 79.

51 Ein bekannter sozialwissenschaftlicher Ansatz ist die sog. „Grounded Theory“, die durch systematische Sammlung und Auswertung von empirischen Daten Theorien, Modellierungen und gegenstandsangemessener Begriffe generieren oder ausarbeiten, *Breuer/Muckel/Dieris,* Reflexive Grounded Theorie, Eine Einführung für die Forschungspraxis, S. 4 ff.

unabhängig von einer objektiven oder subjektiven Betrachtungsweise – als Abbild oder Spiegel der Realität verstanden werden können. Sie existieren nie für sich allein, sondern geben das wieder, was in der Realität vorhanden ist.[52] Dieses Verständnis legte auch das Bundesverfassungsgericht in seinem *Volkszählungsurteil* zugrunde, als es personenbezogene Daten als das „Abbild sozialer Realität" bezeichnete.[53] Zu sprachlichen Unklarheiten führt hingegen die Gleichsetzung des Datenbegriffs mit Begriffen wie „Information" und „Angaben"[54]. Beide Begriffe sind klärungsbedürftig und helfen nur bedingt weiter, die Kernbedeutung von Daten zu ermitteln. Damit ist auch der Nachteil der natürlichen Sprache schnell erfasst, wenn sie für unterschiedliche Wirklichkeiten, dieselben Bezeichnungen verwendet.[55] Solche nominalen Begriffsbestimmungen weisen keinen eigenständigen Erklärungsgehalt auf[56], sondern sorgen vielmehr für sprachliche Irrtümer und Unklarheiten. Für die Untersuchung von Daten als Objekte von Rechten sind Realdefinitionen von Daten heranzuziehen, die empirische und informative Aussagen über Daten beinhalten.

2. Information als Erkenntnisgewinn

Ähnliche Probleme sind auch in der alltagssprachlichen Definition von Informationen erkennbar. Die Begriffsdeutung von Information im Duden als „Unterrichtung über eine bestimmte Sache; [auf Anfrage erteilte] über alles Wissenswerte in Kenntnis setzende, offizielle, detaillierte Mitteilung über jemanden oder etwas" lässt sich auf das antike Begriffsverständnis von Information zurückführen. Der Begriff der Information stammt aus dem lateinischen Verb „informare" und wird in seiner eigentlichen Urform mit „formen", „bilden" oder „gestalten", im übertragenen Sinne mit „unterrichten" und „in Kenntnis setzen" übersetzt. Hintergrund dieser Zweideutigkeit ist die philosophische Deutung des griechischen Begriffs der „forma", auf dessen Grundlage sich im Mittelalter die erkenntnistheoretische Deutung des Informationsbegriffs als „Formung der Erkenntnis"[57] und damit als die „Ermittlung und Vermittlung von Wissen"[58] herausbildete.[59] Das neuzeitliche Informationsverständnis findet in der erkenntnistheoretischen Deutung des

52 Vgl. *Schmidt*, Zugang zu Daten nach europäischem Kartellrecht, S. 17.

53 BVerfG, Urteil des Ersten Senats vom 15.12.1983 – 1 BvR 209/83 = NJW 1984, 419 Rn. 148 – *Volkszählung*.

54 Der Begriff der Angabe wurde im BDSG zur Definition von personenbezogenen Daten genutzt.

55 *Klaus,* Semiotik und Erkenntnistheorie, S. 28.

56 Ausführlich zu Nominal- und Realdefinitionen *Corsten/Roth,* in: Handbuch Digitalisierung, S. 5.

57 *Gasser,* Kausalität und Zurechnung von Information als Rechtsproblem, S. 40.

58 *Gasser,* Kausalität und Zurechnung von Information als Rechtsproblem, S. 40.

59 *Roth,* Das einheitliche Recht auf Information, S. 8 f.

Informationsbegriffes ihren Ursprung.[60] Im alltäglichen Begriffsverständnis wird ein menschliches Bewusstsein vorausgesetzt, das Information empfangen, interpretieren und als Wissensvorrat speichern kann.[61] Die Quellen für die Erlangung von Information sind vielfältig: Zeitungen, Fernseher, Bücher bzw. Bibliotheken oder auch Auskunftsstellen liefern Informationen für die Erlangung von Wissen.[62] Zur Verdeutlichung der verschiedenen Facetten, die dem Begriff der Information innewohnen, wird Information in Vorgang, Wissensinhalt und Zustand der Kenntnis gegliedert.[63] Information als Wissensinhalt beschreibt das, was unter Information seit seiner erkenntnistheoretischen Deutung verstanden wird, nämlich den Inhalt der Information als Ursache des Wissenszuwachses. Doch Information meint ebenfalls den *Prozess* des Wissenszuwachses, der durch das Element des Vorgangs verdeutlicht wird.[64] Nach dem Empfang der Information wird das Bewusstsein des Empfängers in der Regel positiv verändert – es erfolgt eine Bewusstseinserweiterung auf geistiger Ebene.[65] „Informiert sein" bedeutet damit die Veränderung dessen, was man weiß.[66] Informationen führen damit zur Verringerung der Ungewissheit des Empfängers bzw. der Veränderung des vorhandenen Wissens.[67] Das Ergebnis des Vorgangs ist der Wissenszustand selbst.[68] Während Information damit zum einen für den Transfer von Wissen steht, kann er zum anderen das Ergebnis des Transfers bezeichnen.[69] Das Ergebnis des Wissenstransfers zeigt dabei den gegenständlichen Charakter, den Information einnehmen kann, wenn im allgemeinen Sprachgebrauch von „Information haben" oder „Informationen sammeln" gesprochen wird.[70] *Steinbruch* stellt auf die Leistung der Information ab und resümiert Information als „den Stoff, aus dem Entscheidungen gemacht werden"[71]. Dieses alltagssprachliche Begriffsverständnis spiegelt die Erwartungshaltung des

60 *Gasser,* Kausalität und Zurechnung von Information als Rechtsproblem, S. 40 f.

61 So auch *Dreier,* Von Gütern, Kanälen und Speichern- Metaphern des Informationsrechts, S. 4.

62 *Capurro,* Information: Ein Beitrag zur etymologischen und ideengeschichtlichen Begründung des Informationsbegriffs, S. 196.

63 *Druey,* Information als Gegenstand des Rechts, S. 5 f.; *Dreier,* Von Gütern, Kanälen und Speichern- Metaphern des Informationsrechts, S. 7.

64 In der Alltagssprache wird der Vorgang mit dem Verb „sich informieren" ausgedrückt.

65 *Druey,* Information als Gegenstand des Rechts, S. 4.

66 *Buckland,* Information and Information Systems, S. 39; *Albers,* Informationelle Selbstbestimmung, S. 92.

67 *Ott,* Information: Zur Genese und Anwendung eines Begriffs, S. 38.

68 *Zech,* Information als Schutzgegenstand, S. 14.

69 *Krüger,* Nicht-lineares InformationRetrieval in der juristischen Informationssuche, S. 6.

70 *Notholt,* Online-Lernen für Juristen, S. 39; *Capurro,* Information: Ein Beitrag zur etymologischen und ideengeschichtlichen Begründung des Informationsbegriffs, S. 200; *Dreier,* Von Gütern, Kanälen und Speichern- Metaphern des Informationsrechts, S. 7.

71 *Steinbruch,* GRUR 1987, 579, 581.

Empfängers wider, durch Information etwas zu erfahren und sein vorhandenes Wissen zu steigern. Im Zeitalter der Fehl- und Desinformation wird jedoch deutlich, dass Information – anders als im allgemeinen Begriffsverständnis angenommen – gerade nicht immer zuverlässig, nützlich und wahr sein muss.[72] Dieses Bewusstsein wird im alltäglichen Sprachgebrauch zu einer Begriffsverschiebung dahingehend führen, Information nicht mehr ohne Vorbehalt mit Begriffen wie Wissenstransfer oder Wissenskommunikation gleichzusetzen.

II. Zweckfunktion von Legaldefinitionen von Daten und Informationen

Zur Vermeidung von sprachlichen Ungenauigkeiten und Missverständnissen, die der natürlichen Sprache von Menschen innewohnt, greift der Gesetzgeber auf Legaldefinitionen zurück, die dem Normadressaten die erforderliche Verständlichkeit und Eindeutigkeit liefern sollen.[73] Insbesondere sprachliche Mehrdeutigkeiten sollen durch die Präzisierung in Legaldefinitionen verhindert werden. Da das Fehlen eines einheitlichen Begriffsverständnisses von Daten und Informationen zu Schwierigkeiten in der Rechtsanwendung führen kann,[74] werden sie vor diesem Hintergrund in verschiedenen Rechtsnormen legal definiert. Im Hinblick auf Daten wird schnell deutlich, dass sie in den jeweiligen gesetzlichen Begriffsbestimmungen nur im erforderlichen Mindestumfang definiert werden. Maßgeblich ist stets der Gesetzeszweck, der im Fokus von Begriffsbestimmungen steht.

1. Datennutzungsrecht, Informationsfreiheitsrecht

Deutlich wurde dies zuletzt wieder im Datennutzungsgesetz (kurz: DNG), das in Umsetzung der Richtlinie (EU) 2019/1024 über offene Daten und die Weiterverwendung von Informationen des öffentlichen Sektors am 23. Juli 2021 in Kraft getreten ist und das bis dahin geltende Informationsweiterverwendungsgesetz (kurz: IWG) abgelöst hat. In § 3 Abs. 3 DNG definiert das Gesetz Daten als „vorhandene Aufzeichnungen, unabhängig von der Art ihrer Speicherung“. Die Ausweitung auf sämtliche Aufzeichnungen dient dem Gesetzeszweck, den Fortschritt der Digitalisierung durch die volle Ausschöpfbarkeit von Daten voranzutreiben.[75] Durch diese weite und damit auch zurückhaltende Definition von Daten sollen sämtliche Aufzeichnungen für innovative Geschäftsmodelle zur Verfügung stehen. Dieser Vorteil

72 So auch *Steinbruch,* GRUR 1987, 579, 581.
73 *Grahn,* Deutsche Zeitschrift für Philosophie, 1970, 574, 576.
74 *Grahn,* Deutsche Zeitschrift für Philosophie, 1970, 574, 578.
75 BT-Drs. 19/27442, S. 16.

ist gleichsam ein Nachteil, denn es ist nicht greifbar, (ab) wann Daten als „Aufzeichnungen“ qualifiziert werden können, wenn sie als Objekte von Rechten definiert werden sollen. Es handelt sich wieder um eine bloß nominale Begriffsbestimmung ohne eigenständigen Erklärungsgehalt. Komplizierter wird dies durch den Umstand, dass der Begriff der „Aufzeichnung“ nicht nur für die Legaldefinition von Daten verwendet wird. Zu finden ist sie auch in § 2 Nr. 1 Informationsfreiheitsgesetz (IFG), wonach eine amtliche Information „jede amtlichen Zwecken dienende Aufzeichnung, unabhängig von der Art ihrer Speicherung“ ist. Die Gleichsetzung des Aufzeichnungsbegriffs mit Daten und Informationen in beiden Legaldefinitionen lässt fälschlicherweise den Eindruck entstehen, bei beiden handele es sich um identische Phänomene.

2. Datenschutzrecht, Umweltinformationsrecht

Problematisch ist daher auch die Gleichsetzung von Daten und Informationen im Datenschutzrecht.[76] In Art. 4 Nr. 1 der Datenschutzgrundverordnung (DS-GVO) werden personenbezogene Daten definiert als „Informationen, die sich auf eine identifizierte oder identifizierbare natürliche Person beziehen“.[77] Die Gleichsetzung ist nicht unproblematisch, denn geschützt werden im Grunde personenbezogene Informationen einer betroffenen Person.[78]

Auch das Umweltinformationsgesetz (UIG) setzt in § 2 Abs. 3 UIG Umweltinformationen mit Daten gleich. In den genannten Fällen, in denen Kriterien wie der Personen- oder Umweltbezug als maßgebliche (semantische) Anknüpfungspunkte dienen, mag die Gleichsetzung noch zweckmäßig sein. Für die abstrakte Bestimmung von Daten als Objekte von Rechten eignet sich eine solche Gleichsetzung jedoch nicht.[79]

3. Strafrecht, Zivilrecht

Wenig hilfreich ist auch die Definition von Daten im Strafrecht. Nach § 202a Abs. 2 StGB sind Daten nur solche, die „elektronisch, magnetisch oder sonst nicht unmittelbar wahrnehmbar gespeichert sind oder übermittelt werden“. Das maßgebliche Kriterium der fehlenden unmittelbaren Wahrnehmbarkeit der Daten ist dann gegeben, wenn Daten erst nach einer Transformation mittels technischer Hilfsmittel sinnlich wahrgenommen werden können.[80] Der

---

76 Siehe hierzu auch *Determann*, ZD 2018, 503, 503 f. m. w. N.

77 Zum Erfordernis der Neubestimmung des Begriffs personenbezogener Daten siehe *Hoffmann-Riem,* Big Data – Regulative Herausforderungen, S. 55 ff.

78 *Steinrötter,* RDi 2021, 480, 481.

79 So auch *Schur,* Die Lizenzierung von Daten, S. 20.

80 *Eisele*, in: Schönke/Schröder, StGB § 202a Rn. 5; *Graf,* in: Erb/Schäfer, MüKo StGB, § 202a Rn. 14; *Weidemann*, in: Heintschel-Heinegg, BeckOK StGB, § 202a Rn. 5.

Grund für die Beschränkung der Definition auf die nicht unmittelbare Wahrnehmbarkeit der Daten liegt daran, dass unmittelbar wahrnehmbare Daten bereits durch die Vorschriften §§ 201, 202 StGB geschützt sind.[81] Dies zeigt auch den nur bedingten Wert dieser Definition. Es handelt sich mehr um eine Beschränkung des Datenbegriffs, als dass es sich um eine positive Definition handelt.[82] Das Begriffsverständnis von Daten wird vielmehr vorausgesetzt.[83] Dieser Ansatz zeigt, mit Hintergrund der fehlenden datenschutzrechtlichen Definition, die mangelnde Nützlichkeit des strafrechtlichen Datenbegriffs für ein einheitliches Begriffsverständnis. Auch im Bürgerlichen Gesetzbuch wird der Begriff der Daten nicht legaldefiniert. Zuletzt wurde der Datenbegriff verwendet, um den Begriff der digitalen Inhalte zu definieren. In Umsetzung des Art. 2 Nr. 1 Digitale-Inhalte-Richtlinie werden in § 327 Abs. 2 BGB digitale Inhalte definiert als „Daten, die in digitaler Form erstellt und bereitgestellt werden". Gemeint sind damit unter anderem Computerprogramme, Anwendungen, Videodateien, Audiodateien, Musikdateien, digitale Spiele, elektronische Bücher und andere elektronische Publikationen.[84] Aufgrund der Weite der Definition sollen auch künftige Technologien erfasst werden.[85] Anders als der Wortlaut augenscheinlich voraussetzt, müssen die Daten nicht Inhalte im Sinne von Informationen darstellen.[86] Für die Einordnung ist allein die „Herstellung und Bereitstellung in digitaler Form" erforderlich, sodass im Umkehrschluss analog erstellte oder bereitgestellte Daten nicht erfasst sind.[87] Nach *Fries* werden „digitale Inhalte damit in gewisser Weise zu einem Komplementärbegriff zur Sache i. S. d. § 90 BGB"[88].

4. Data Governance Act

In der zuletzt in Kraft getretenen Data Governance Verordnung wird der Begriff der Daten in Art. 2 Nr. 1 legal definiert. Danach sind Daten „jede digitale Darstellung von Handlungen, Tatsachen oder Informationen sowie jede Zusammenstellung solcher Handlungen, Tatsachen oder Informationen auch in Form von Ton-, Bild- oder audiovisuellem Material. Aus der Begriffserklärung des Data Governance Acts wird deutlich, dass Daten „etwas" darstellen. Dadurch wird die Eigenschaft von Daten als Träger von Informa-

81 *Graf*, in: Erb/Schäfer, MüKo StGB, § 202a Rn. 14.

82 So auch *Eisele*, in: Schönke/Schröder, StGB § 202a Rn. 2; *Schulze-Heiming*, Der strafrechtliche Schutz von Computerdaten, S. 19; *Heger*, in: Lackner/Kühl/Heger, StGB § 263a Rn. 3; LG Göttingen, NJW 1988, 2488, 2489; Welp, IuR 1988, 443, 444.

83 Vgl. *Scheffler/Dressel*, ZRP 2000, 514, 516.

84 Erwägungsgrund 19 Digitale-Inhalte-Richtlinie 2019/770.

85 Erwägungsgrund 19 Digitale-Inhalte-Richtlinie 2019/770.

86 *Fries*, in: Gsell/Krüger/Lorenz/Reymann BeckOGK BGB, § 327 Rn. 7.

87 *Fries*, in: Gsell/Krüger/Lorenz/Reymann BeckOGK BGB, § 327 Rn. 7; *Schulze*, in: Schulze, BGB § 327 Rn. 7.

88 *Fries*, in: Gsell/Krüger/Lorenz/Reymann BeckOGK BGB, § 327 Rn. 7.

tionen hervorgehoben. Dies verdeutlicht die Bezugnahme auf „Handlungen, Tatsachen oder Informationen“. Der Hinweis auf Ton-, Bild- oder audiovisuelles Material knüpft dagegen auf die Strukturform von Daten an. Nicht nur strukturelle, sondern auch unstrukturelle Daten sollen unter die Begriffsdefinition des Data Governance Acts fallen. Die Begriffsdefinition ist damit weit zu verstehen. Dem europäischen Gesetzgeber scheint es darum zu gehen, alle digitalen Daten zu erfassen, die Gegenstand des Datenaustauschs sein können. Deutlich wird hier die Behandlung von Daten als Objekte, da es allein darum geht, ob eine digitale Darstellung vorliegt, unabhängig von der semantischen Bedeutung, den die Daten tragen können.

III. Kernbedeutung in der Informationstechnik

Die Legaldefinitionen von Daten und Informationen eignen sich nicht, um Daten als Objekte von Rechten zu definieren und von Informationen abzugrenzen. Da Daten aus dem Funktionszusammenhang der Informationstechnologie entstammen[89], könnte die Übertragung des Datenbegriffs der Informatik auf den Rechtsterminus „Daten“ geeignet sein, Daten als Objekte von Rechten abstrakt zu bestimmen und von Informationen abzugrenzen.

1. Daten als binäre Nachrichten der Kommunikation

In der Informatik sind Daten binäre Nachrichten der Kommunikation.[90] Sie werden definiert als „die Folge von Nullen und Einsen, die irgendwelche Informationen repräsentieren.“[91]. Hintergrund der Definition ist die Funktionsweise von Rechnern, die Informationen nur in Form von „0“ oder „1“, den sog. Bits, verarbeiten können.[92] Sie stellen die kleinstmögliche Maßeinheit für Datenmengen dar.[93] Ist die Codierung bekannt, können die binär codierten Daten in menschenlesbare Zeichen, wie Buchstaben, Zahlen oder Sonderzeichen, übersetzt werden.[94] Daten beinhalten damit keinen Sinngehalt, sondern sind vielmehr Träger codierter Information, die zwischen

---

89 *Czychowski*, in: Fromm/Nordemann, Urheberrecht, § 4 Rn. 19.

90 *Voß*, LIBREAS 23, S. 5.

91 *Gumm/Sommer*, Einführung in die Informatik, S. 11; *Lassmann*, Wirtschaftsinformatik, S. 215.

92 *Gumm/Sommer*, Einführung in die Informatik, S. 5.

93 *Lassmann*, Wirtschaftsinformatik, S. 215; *Gumm/Sommer*, Einführung in die Informatik, S. 5; *Schur*, Die Lizenzierung von Daten, S. 15.

94 Vgl. *Lassmann*, Wirtschaftsinformatik, S. 216; *Duisberg*, in: Stiftung Datenschutz, Dateneigentum und Datenhandel, S. 53, 55, m. w. N.; *Specht*, CR 2016, 288, 290; *von Westphalen*, IWRZ 2018, 9, 12 f.

Sender und Empfänger zur Informationsübertragung und damit zur Kommunikation beitragen.[95]

2. Abbild der Datenfunktion in DIN-Normen

Dieses Verständnis spiegelt sich auch in der mittlerweile außer Kraft getretenen Norm DIN 44300 Teil 2 Nr. 2.1.13 wider, wonach Daten „ein Gebilde aus Zeichen oder kontinuierlichen Funktionen, die aufgrund bekannter oder unterstellter Abmachungen Informationen darstellen, vorrangig zum Zwecke der Verarbeitung oder als deren Ergebnis" sind.[96] Die Definition beinhaltet die Elemente Zeichen, Daten und Informationen, deren Ursprung der Informatik zuzuordnen ist.[97] Zunächst soll es sich bei Daten um „Zeichen" handeln. Nach der DIN 44300 Nr. 2 ist ein Zeichen „ein Element (als Typ) aus einer zur Darstellung von Information vereinbarten endlichen Menge von Objekten (Zeichenvorrat, character set), auch jedes Abbild (als Exemplar) eines solchen Elements". Weiterhin sollen Daten Information „darstellen", sodass die weitere Ebene die syntaktische Ebene darstellt.[98] *Hoeren* interpretiert das Kriterium der Darstellung anders. Nach ihm ist damit „[...] das Medium, als physisch wahrnehmbare Sache oder Eigenschaft einer Sache [...]"[99] gemeint. Ein Medium kann beispielsweise ein Datenträger oder ein Roman sein, solange es zur Darstellung von Informationen geeignet ist. Um jedoch auch Daten an sich zu erfassen, schlägt er vor, eine dritte Ebene einzuführen, die er als „Gebilde" bezeichnet.[100] Allein hierdurch seien Daten begrifflich von Informationen und Sachen, die Informationen tragen können, abgrenzbar.[101] Nach dem Wortlaut der DIN 44300 ist davon auszugehen, dass „darstellen" nicht das Medium meint, auf das die Daten gespeichert werden, sondern die Zeichen, die Informationen bei einer bestehenden Übereinkunft zwischen Sender und Empfänger tragen können.[102] Nur eine solche Auslegung erfasst sämtliche Daten, unabhängig von der Art ihrer Speicherung. Das Potenzial von Daten zu Informationen zu werden, wird durch den Hinweis auf „bekannte oder unterstellte Abmachung" verdeutlicht. Die Abfolge von bestimmten Zeichen kann für den Empfänger eine bestimmte Bedeutung entfalten. Information wird daher definiert als

---

95 *Hoffmann-Riem,* Big Data – Regulative Herausforderungen, S. 16; *Amstutz,* AcP 218 (2018), 438, 468 f.

96 So auch *Schur,* Die Lizenzierung von Daten, S. 4.

97 *Conrad/Grützmacher,* in: Conrad/Grützmacher, Recht der Daten und Datenbanken im Unternehmen, § 1 Rn. 12.

98 *Welp,* IuR 1988, 443, 445.

99 *Hoeren,* Big Data und Recht, S. 12.

100 *Hoeren,* Big Data und Recht, S. 12.

101 *Hoeren,* Big Data und Recht, S. 12.

102 So auch *Welp,* IuR 1988, 443, 445.

„Kenntnisse über Sachverhalte und Vorgänge“. Das Begriffsverständnis in der Informatik gleicht damit dem Verständnis im allgemeinen Sprachgebrauch. Information beinhaltet damit Kenntnisse und damit auch Wissen bezogen auf ein bestimmtes Objekt. Abgelöst wurde die DIN 44300 von der geltenden ISO/IEC 2382-1 für Informationstechnik. Danach sind Daten „Reinterpretable representation of information in a formalized manner suitable for communication, interpretation, or processing“ – eine wieder interpretierbare Darstellung von Information in formalisierter Art, geeignet zur Kommunikation, Interpretation oder Verarbeitung. Nach diesem Verständnis beruhen Daten damit auf Zeichen und liegen zunächst als kontextfreie Angaben bzw. als bloße Zeichensequenzen vor.[103] Erst durch ihre Kontextualisierung werden Zeichen zu Daten[104], die ihrerseits durch semantische Schemata zu Informationen interpretiert werden können.[105] Information werden daher definiert als „knowledge concerning objects, such as facts, events, things, processes or ideas, including concepts, that within a certain context has a particular meaning” – Wissen über Objekte wie Fakten, Ereignisse, Dinge, Prozesse oder Ideen, einschließlich Konzepte, die in einem bestimmten Kontext eine bestimmte Bedeutung haben. Informationen müssen demnach einen Bedeutungsgehalt aufweisen. Daten werden demnach dann zu Informationen, wenn ihnen in einem bestimmten Kontext aufgrund einer getroffenen Vereinbarung eine bestimmte Bedeutung zugewiesen wird.[106]

IV. Interdepenz von Daten und Informationen in der Semiotik

Die Interdependenz von Daten und Informationen in den bisherigen Begriffsbestimmungen hat verdeutlicht, dass eine getrennte Begriffsbestimmung beider Phänomene schwierig ist. Daher eignet sich insbesondere das dreidimensionale Konzept der Semiotik[107], auf die auch *Zech* in seiner Begriffsbestimmung von Information zurückgreift.[108] Die Semiotik ist schon seit der Antike bekannt. Schon *Platon* und *Aristoteles* nutzten sie in ihren Erkenntnistheorien für die Frage, in welcher Beziehung ein Zeichen zu dem

103 *Schmidt,* Zugang zu Daten nach europäischem Kartellrecht, S. 18 m. w. N.
104 *Bodendorf,* Daten- und Wissensmanagement, S. 1.
105 *Bodendorf,* Daten- und Wissensmanagement, S. 123; *Witt,* IT-Sicherheit kompakt und verständlich: Eine praxisorientierte Einführung, S. 17; siehe auch *Czychowski/Siesmayer,* in: Taeger/Pohle, Computerrechts-Handbuch, Teil 20.5 Rn. 9 f.
106 *Witt,* IT- Sicherheit kompakt und verständlich: Eine praxisorientierte Einführung, S. 17.
107 *Morris,* in: Hoffmann, Sprachwissenschaft, S. 17.
108 *Zech,* Information als Schutzgegenstand, S. 25 ff.

Objekt steht, das es beschreibt.[109] Die Semiotik findet ihren Ausgangspunkt in der These, dass Informationen durch Zeichen repräsentiert werden.[110]

1. Syntaktische Ebene

Die syntaktische Dimension untersucht die in der Information vorhandenen Zeichen und ihrer Beziehung zueinander.[111] Im Rahmen der syntaktischen Betrachtungsweise von Information kommt es nicht auf die Bedeutungsebene an. Maßgeblich ist allein die Zeichenebene, nicht dagegen das durch das Zeichen bezeichnete Objekt und die Personen, welche sie verwenden.[112] Damit fallen auch sinnlose Zeichenfolgen unter den Begriff der syntaktischen Information,[113] da die sich hinter der Abfolge möglicherweise befindende Bedeutung für den Empfänger unberücksichtigt bleibt.[114] Es ist nur erforderlich, dass Zeichen oder Daten vorliegen, welche als Teil von Information in verschiedenen Zusammenhängen verschiedene Funktionen erfüllen können. Als Beispiel dienen hier Buchstaben des lateinischen Alphabets, die bei einer bestimmten Abfolge eine Bedeutung aufweisen können. Im Rahmen der syntaktischen Betrachtungsweise spielt allerdings die Bedeutung eines Wortes keine Rolle. Untersucht werden nur die einzelnen Buchstaben und ihre Beziehung zueinander, nicht die Bedeutung, die eine bestimmte Abfolge der Buchstaben tragen könnte. Auf der syntaktischen Ebene kommt es damit auf die Informationsübertragung als solche an.[115] Einen ähnlichen Ansatz verfolgen *Shannon* und *Weaver.* Sie entwickelten in ihrer „Mathematical Theory of Communication“[116] ein logarithmisches Informationsmaß auf Grundlage der Zeichenwahrscheinlichkeit einer Sprache. Ziel ihrer Untersuchung war die Berechnung des Informationsgehalts, den eine Quelle pro Zeichen aussendet.[117] Information soll dabei als Maß der Ungewissheit über ein Zeichen sein.[118] Nicht berücksichtigt wurde im Rahmen ihrer Untersuchung der Inhalt bzw. die Bedeutung der Information für den menschlichen Geist.

---

109 *Raabe/Wacker/Oberle/Baumann/Funk,* Recht ex machina, S. 102; *Völz*, Grundlagen und Inhalte der vier Varianten von Information, S. 32.

110 *Zech,* Information als Schutzgegenstand, S. 24.

111 *Hampel,* Der Datenbegriff im Strafgesetzbuch, S. 19; *Zech,* Information als Schutzgegenstand, S. 25.; *Morris*, in: Hoffmann, Sprachwissenschaft, S. 32; *Wiebe*, in: Lewinski/Wittmann, Urheberrecht!, S. 13, 14.

112 *Notholt,* Online-Lernen für Juristen, S. 37.

113 *Zech,* Information als Schutzgegenstand, S. 40; *ders.* CR 2015, 137, 138; *Specht*, CR 2016, 288, 290.

114 *Dinglreiter,* Analyse und Modellierung juristischer Information, S. 10.

115 *Mayer-Schönberger,* Information und Recht, vom Datenschutz bis zum Urheberrecht, S. 15.

116 *Shannon/Weaver*, The Mathematical Theory of Communication, S. 7, 19 ff., 31 ff.

117 *Ott,* Information: Zur Genese und Anwendung eines Begriffes, S. 69.

118 *Roth,* Das einheitliche Recht auf Information, S. 10.

Vielmehr sollte die symbolgetreue Übertragung vom Sender zum Empfänger, beide nicht-menschlicher Natur, betrachtet werden.[119]

2. Semantische Ebene

Die Bedeutungsebene wird erst in der semantischen Dimension von Information berücksichtigt.[120] Anders als die Syntax setzt sich die semantische Dimension mit der Beziehung der Zeichen zu einer Tatsache auseinander.[121] Es wird damit nach einer tieferen Bedeutung einer Zeichenabfolge gefragt.[122] Zur Abgrenzung zwischen syntaktischer und semantischer Information ist es zwingend erforderlich, dass ein Zeichen vorliegt, „[...] das vom Empfänger stellvertretend für einen Begriff interpretiert wird.“[123]. Maßgeblich ist damit die Interpretation des Zeichens durch einen Empfänger.[124] Ohne ein interpretierendes System ist die Erlangung einer Bedeutung damit nicht möglich.[125] Zeichen sind daher für die Gewinnung einer Bedeutung fundamental und damit kleinste Elemente einer Kommunikation. Für die Übertragung des Zeichens in die semantische Information ist eine vorher festgelegte Übereinkunft, auch Code genannt, erforderlich, die allein in der Vorstellung des Erzeugers existiert und für die Übertragung des Zeichens zu dem in ihm verkörperten Begriff zuständig ist.[126] Ein Code ist damit eine „[...] Regel, nach der die Information durch die Zeichen repräsentiert wird [...]“[127]. Liegt ein solcher „Code“ nicht vor, handelt es sich um syntaktische Information. Erst wenn das Zeichen zu einer Bedeutung übertragen wird, spricht man neben der syntaktischen auch von der semantischen Information. Aus juristischer Sicht gehört die semantische Ebene der Information zum Informationsrecht, „da dieses auf die Information für den Menschen und nicht auf die Syntax der Daten abzielt“[128]. Semantische Informationen

---

119 *Shannon/Weaver*, Mathematical Theory of Communication, S. 7; 18 ff.

120 *Völz*, Grundlagen und Inhalte der vier Varianten von Information, S. 32; *Wagner*, in: Säcker/Rixecker/Oetker/Limperg/Schubert, MüKo BGB, § 823 Rn. 333.

121 *Roth*, Das einheitliche Recht auf Information, S. 9; *Wiebe*, in: Fiedler/Ullrich, Information als Wirtschaftsgut, S. 93; *Zech*, Information als Schutzgut, S. 25; *Mayer-Schönberger*, Information und Recht, Vom Datenschutz bis zum Urheberrecht, S. 15.

122 *Notholt*, Online-Lernen für Juristen, S. 37.

123 *Hampel*, Der Datenbegriff im Strafgesetzbuch, S. 21 verweist auf *Wersig*, Information, Kommunikation, Dokumentation, S. 79.

124 *Druey*, Information als Gegenstand des Rechts, S. 7.

125 *Ott*, Information: Zur Genese und Anwendung eines Begriffs, S. 37.

126 *Hampel*, Der Datenbegriff im Strafgesetzbuch, S. 21–23.

127 *Zech*, Information als Schutzgegenstand, S. 24.

128 *Stranz*, Eigentumsrecht an personenbezogenen Daten, S. 32; *Sieber*, NJW 1989, 2569, 2573.

sind bereits heute Gegenstand verschiedener Schutzrechte wie etwa im Immaterialgüterrecht und Datenschutzrecht.[129]

3. Pragmatische Ebene

Die Auseinandersetzung mit der Wirkung von Information für den Adressaten wird in der pragmatischen Dimension berücksichtigt.[130] Die Bedeutung kann objektiv für alle Adressaten identisch sein. Unterschiede wird es jedoch in der Wirkung der Information bei einzelnen Empfängern geben. Betrachtet wird der Zweck der Information, den der Absender hat, und die Wirkung, die beim Empfänger eine mögliche Entscheidungsgrundlage liefert.[131] Sowohl die semantische als auch die pragmatische Dimension berücksichtigen damit den Menschen als Adressaten der Information, während die syntaktische Dimension allein die Zeichen analysiert, unabhängig von einem menschlichen Geist. Schwierigkeiten bereitet die Abgrenzung zwischen semantischer und pragmatischer Information. Hintergrund dieser Abgrenzungsproblematik ist, dass bei beiden Dimensionen der Empfänger im Vordergrund steht. Die Abhängigkeit vom vorhandenen Wissen des Empfängers kann damit dazu führen, dass Information zu unterschiedlicher Wirkung führen kann, obwohl sie auf semantischer Ebene von beiden verstanden wird.[132] Die unterschiedliche Wirkung kann durch die unterschiedliche semantische Interpretation sogar verstärkt werden, wenn „[...] verschiedene Empfänger vom Objekt, das durch ein Zeichen repräsentiert wird, nicht die gleiche gedankliche Vorstellung haben."[133]

V. Bewertung

Die Untersuchung des allgemeinen Sprachverständnisses hat verdeutlicht, dass die synonyme Verwendung von Daten und Informationen für sprachliche Irrtümer in der Verwendung beider Begrifflichkeiten sorgen kann. Hinzukommt, dass die alltägliche Sprache vom sozialen Wandel abhängig ist und sich daher nicht immer eignet, die Kernbedeutung von Objekten zu erfassen. Das alltägliche Sprachverständnis kann damit nur erste Anhaltspunkte für eine Begriffsannäherung liefern. Auch das Recht liefert mit seinen Legaldefinitionen keine allgemeingültige Definition von Daten. Daten und Informationen werden teilweise synonym verwendet. Insbesondere in den Fällen, in denen es dem Gesetzgeber auf den inhaltlichen Bezug der Daten

---

129 *Wagner*, in: Säcker/Rixecker/Oetker/Limperg/Schubert, MüKo BGB, § 823 Rn. 379.

130 *Druey*, Information als Gegenstand des Rechts, S. 8; *Zech*, Information als Schutzgut, S. 25; *Wiebe*, in: Fiedler/Ullrich, Information als Wirtschaftsgut, S. 93, 101.

131 *Druey*, Information als Gegenstand des Rechts, S. 8.

132 So auch *Ott*, Information: Zur Genese und Anwendung eines Begriffes, S. 33.

133 *Ott*, Information: Zur Genese und Anwendung eines Begriffes, S. 33.

ankommt, scheint ein Rückgriff auf den Informationsbegriff üblich zu sein. Der Begriff der Daten wird dabei entweder mit dem Begriff der „Aufzeichnung“ oder der „Information“ gleichgesetzt. Allein das Strafrecht knüpft auf die technische Bedeutung von Daten an, nimmt eine Begriffsklärung jedoch nur in Form einer negativen Legaldefinition vor. Dies ist nicht unproblematisch, denn sowohl Daten als auch Informationen können Objekte verschiedener Schutzrechte sein.[134] Die Begriffsbestimmungen erfolgen in den jeweiligen Gesetzen stets kontext- und zweckbezogen. Dies ist auch im Sinne von Legaldefinitionen, denn enge Begriffsdeutungen hindern die Anwendbarkeit der Normen für nicht vorhersehbare Sachverhalte, wohingegen die Definition im erforderlichen Mindestmaße die Anwendbarkeit der jeweiligen Normen auch im Zeitalter des digitalen Wandels ermöglicht. Nach den informationstechnischen Begriffsdefinitionen von Daten in der DIN 44300 und ISO/IEC 2381- 1 sind Daten Zeichen bzw. Signale in ihrer Urform kontextfreie Angaben, die erst durch ihre Kontextualisierung und Interpretation zu Informationen werden.[135] Daten werden damit als „informationelle Atome“ von Informationen verstanden.[136] Sie sind damit die Grundeinheit, die bei „Auflösung der Information durch den Computer in binäre Aussagen (ja/nein) die Grundlage für die Einheitsbildung sind“.[137] Die Untersuchung der Semiotik zeigt Parallelen zum informationstechnischen Daten- und Informationsbegriff.[138] Die einzelnen Elemente, die durch die Definition in der DIN 44300 umfasst werden, ähneln den semiotischen Ebenen. Nach informationstechnischer Vorstellung ist das Datum als Einheit informationstragender Zeichen der Ebene der Syntax zuzuordnen.[139] Werden Daten für sich allein betrachtet, sind sie nach der DIN 44300 Zeichen oder Zeichengebilde. Dieses Verständnis wird in der semiotischen Theorie im Rahmen der syntaktischen Interpretation vertreten. Für die Einordnung als „Daten“ werden mithin keine Anforderungen an die dahinterstehende Semantik gestellt.[140] Als syntaktische Informationsgüter können sie einen semantischen Gehalt offenbaren, müssen es jedoch nicht.[141]

Für die Untersuchung ist entscheidend, dass die Zeichen in maschinenlesbarer Form vorliegen und in ihrer digitalen Struktur der maschinellen Datenverarbeitung zugänglich sind.[142] Damit sind Daten gemeint, die einer spezi-

---

134 *Hofmann*, in: Pertot, Rechte an Daten, S. 27.
135 *Witt*, IT-Sicherheit, S. 17.
136 *Druey*, Information als Gegenstand des Rechts, S. 23.
137 *Druey*, Information als Gegenstand des Rechts, S. 23.
138 So auch *Steinrötter*, RDi 2021, 480, 481.
139 *Dreier*, Von Gütern, Kanälen und Speichern, S. 4; *Zech*, CR 2015, 137, 138.
140 *Determann*, ZD 2018, 503, 505; *Becker*, GRUR 2017, 346, 347; *Berberich/Golla*, PinG 2016, 165, 167.
141 *Zech*, Information als Schutzgegenstand, S. 55 f.; *Specht*, CR 2016, 288, 290 f.
142 So auch *Kevekordes*, Daten als Gegenstand absoluter Zuordnung, S. 45.

fischen Kodierung unterliegen und nur mit spezifischen Algorithmen und Tools gelesen und verarbeitet werden können.[143] Sie können das Potenzial haben, durch ihre Interpretation bzw. Verknüpfung mit anderen Daten eine bestimmte Bedeutung zu entfalten, erforderlich ist dies jedoch nicht. Dies führt zur weiteren Feststellung, dass Daten Bestandteil von Information sind. Für die Untersuchung kann Information aus rechtlicher Sicht nur das sein, was von dem menschlichen Empfänger auch verstanden wird.[144] Gleichsam bedeutet dies, dass Information für den Zweck der Untersuchung auch nicht mit Wissen gleichgestellt werden kann. Wissen entsteht erst durch die Interpretation semantischer Information durch den menschlichen Geist. Soll Information als Objekt von Daten abgrenzbar sein, ist nicht auf den geistigen Prozess der Wissensentstehung abzustellen, sondern vielmehr auf das Objekt, auf das sich die menschliche Interpretation bezieht. Für den Zweck der nachfolgenden Untersuchung soll unter dem Begriff der Information im Sinne der rechtlichen Behandlung nur solche Information verstanden werden, die die semantische Bedeutungsebene erreicht, unabhängig davon, ob der Empfang der semantischen Information zwangsläufig zum Wissenszuwachs führt oder nicht. Für die Einordnung als Information kommt es nur darauf an, ob Information (irgend-)eine Bedeutung entfaltet. Ein solches Verständnis ist die geeignetste Grundlage für die Abgrenzung von Daten.

B. Rechtliche Kategorisierung von Daten

Kategorisierungen von Daten können in vielfältiger Weise vorgenommen werden. Möglich sind unter anderem Differenzierungen auf der Ebene der Semantik, Schöpfung, Herkunft, Speicherart, Analysemethode, Aktualität, Verwendungszweck und Verarbeitungsstufe.[145] Je nach Einsatzzweck der Daten können verschiedene Kategorien von Daten relevant sein.[146] Für die rechtliche Untersuchung von Daten spielt auf der semantischen Ebene die Unterscheidung zwischen personenbezogenen und nicht-personenbezogenen Daten eine entscheidende Rolle.[147] Mit dem Erlass der DS-GVO im Mai 2018 wurde die Kategorisierung in personenbezogene und nicht-personenbezogene Daten erstmals auch auf europäischer Ebene eingeführt. An die-

---

143 *Sarre/Pruß*, in: Auer-Reinsdorff/Conrad, Handbuch IT- und Datenschutzrecht, § 2 Rn. 28 f.

144 So auch *Roth*, Das einheitliche Recht auf Information, S. 11; ähnlich *Schur*, Die Lizenzierung von Daten, S. 29.

145 *Schmidt*, Zugang zu Daten nach europäischem Kartellrecht, S. 23 ff; *Dewenter/Lüth*, Datenhandel und Plattformen, S. 5.

146 *Schmidt*, Zugang zu Daten nach europäischem Kartellrecht, S. 23.

147 So auch *Czychowski/Siesmayer*, in: Taeger/Pohle, Computerrechts- Handbuch, Teil 20.5 Rn. 7; *Dewenter/Lüth*, Datenhandel und Plattformen, S. 5.

se Kategorisierung knüpfen auch weitere Rechtsakte der Kommission an. Die zuletzt in Kraft getretene Verordnung über einen Rahmen für den freien Verkehr nicht-personenbezogener Daten (EU) 2018/1807[148] bezieht sich in ihrem sachlichen Anwendungsbereich explizit auf nicht-personenbezogene Daten.[149] Da sich die Untersuchung von Rechten an Daten auf nicht-personenbezogene Daten bezieht, ist zu überprüfen, wie eine Abgrenzung beider Datenkategorien vorgenommen werden kann.

I. Personenbezogene Daten

Die Unterscheidung zwischen personenbezogenen und nicht-personenbezogenen Daten ist auf die besondere Behandlung personenbezogener Daten durch das Datenschutzrecht zurückzuführen.[150] Das Datenschutzrecht schützt die Grundrechte und Grundfreiheiten natürlicher Personen bei der Verarbeitung der ihnen zugeordneten Daten.[151] Werden Daten als personenbezogene Daten qualifiziert, sind die datenschutzrechtlichen Grundsätze des Art. 5 DS-GVO für die Verarbeitung personenbezogener Daten zu beachten. Für die rechtmäßige Verarbeitung von personenbezogenen Daten muss einer der in Art. 6 Abs. 1 DS-GVO genannten Erlaubnistatbestände erfüllt sein. Bei Verstoß gegen die datenschutzrechtlichen Vorgaben drohen Verantwortlichen andernfalls Bußgelder von bis zu 20 Mio. EUR bzw. bis zu 4 % des gesamten weltweit erzielten Jahresumsatzes.[152] Für die Frage der Anwendbarkeit der DS-GVO ist entscheidend, ob die Daten einen Personenbezug zur betroffenen Person herstellen.[153] Wie bereits in der Begriffsbestimmung von Daten dargestellt, sind nach Art. 4 Nr. 1 DS-GVO personenbezogene Daten „alle Informationen, die sich auf eine identifizierte oder identifizierbare natürliche Personen (im Folgenden: „betroffene Personen“) beziehen“. Unter Zugrundelegung einer weiten Auslegung[154] umfasst der Begriff nicht nur objektive, sondern auch subjektive Informationen wie Stellungnahmen oder Beurteilungen.[155] Für die Annahme des Personenbezugs ist entscheidend, ob sich die Information nach ihrem Inhalt, Zweck oder ihrer Auswirkungen auf

---

148 Verordnung (EU) 2018/1807 des Europäischen Parlaments vom 14. November 2018 über einen Rahmen für den freien Verkehr nicht-personenbezogener Daten in der Europäischen Union, L 303 59.

149 Art. 2 Abs. 1 Free flow of Data-Verordnung.

150 *Czychowski/Siesmayer,* in: Taeger/Pohle, Computerrechts- Handbuch, Teil 20.5 Rn. 7.

151 *Klabunde,* in: Ehmann/Selmayr, DS-GVO Art. 4 Rn. 7; *Schantz*, in: Wolff/Brink, Datenschutzrecht, DS-GVO Art. 1 Rn. 5.

152 *Gola,* in: Gola/Heckmann, Datenschutz-Grundverordnung, Art. 83 Rn. 28.

153 *Hofmann/Johannes*, ZD 2017, 221, 222.

154 *Ernst,* in: Paal/Pauly, DS-GVO, Art. 4 Rn. 3.

155 BGH, Urteil vom 15.06.2021, Az. VI ZR 576/19, NJW 2021, 2726 Rn. 22.

eine bestimmte Person bezieht.[156] Für die Bejahung des Personenbezugs ist dabei ausreichend, dass eines der drei Kriterien erfüllt ist.[157] Damit kann sich dieselbe Information auf mehrere natürliche Personen beziehen, wenn eines der Elemente für die jeweilige betroffene Person greift.[158] Ausgehend vom Schutz des Rechts auf informationelle Selbstbestimmung nach Art. 1 Abs. 1 i. V. m. Art. 2 Abs. 1 GG sind nur personenbezogene Daten von „natürlichen Personen" geschützt.[159] Angaben zu einer juristischen Person fallen damit nicht in den Anwendungsbereich der DS-GVO.[160] Eine Ausnahme besteht nur in den Fällen, in denen die Daten auch Informationen zu einzelnen natürlichen Personen beinhalten.[161] Dies kann insbesondere dann der Fall sein, wenn der Name der juristischen Person eine oder mehrere natürliche Personen bestimmt.[162]

1. Problem: Identifizierbarkeit des Betroffenen

Praktische Schwierigkeiten bereitet das Kriterium der „Identifizierbarkeit". Datenschutzrechtlich führt die Identifizierbarkeit der betroffenen Person gleichermaßen zur Anwendbarkeit der datenschutzrechtlichen Grundsätze.[163] Nach Art. 4 Nr. 1, 2. Hs. DS-GVO wird eine natürliche Person dann als identifizierbar angesehen, die direkt oder indirekt, insbesondere mittels Zuordnung zu einer Kennung wie einem Namen, zu einer Kennnummer, zu Standortdaten, zu einer Online-Kennung oder zu einem oder mehreren besonderen Merkmalen, die Ausdruck der physischen, physiologischen, genetischen, psychischen, wirtschaftlichen, kulturellen oder sozialen Identität dieser natürlichen Person sind, identifiziert werden kann. Für die Bejahung des Personenbezugs ist damit entscheidend, ob die betroffene Person anhand von Referenzdaten direkt oder indirekt bestimmbar ist.[164] Die direkte Be-

---

156 BGH, Urteil vom 15.06.2021, Az. VI ZR 576/19, NJW 2021, 2726 Rn. 22; EuGH, Urteil vom 20.12.2017 – C-434/16 ECLI:EU:C:2017:994 = NJW 2018, 767 Rn. 33–35 – *Nowak*; *Art.-29-Datenschutzgruppe*, Stellungnahme 4/2007, WP 136, S. 11; *Klabunde*, in Ehmann/Selmayr, DS-GVO Art. 4 Rn. 10 f.; *Schild*, in: Wolff/Brink, BeckOK Datenschutzrecht, DS-GVO Art. 4 Rn. 3.

157 EuGH, Urteil vom 20.12.2017 – C-434/16 , ECLI:EU:C:2017:994 = NJW 2018, 767 Rn. 35 – *Nowak*; *Art.-29-Datenschutzgruppe,* Stellungnahme 4/2007, WP 136, S. 13 f.

158 *Art.-29-Datenschutzgruppe*, Stellungnahme 4/2007, WP 136, S. 14.

159 *Schild,* in: Wolff/Brink, BeckOK Datenschutzrecht, DS-GVO Art. 4 Rn. 5.

160 Erwägungsgrund 14 DS-GVO; EuGH, Urteil vom 09.11.2010 – C-92, 93/09 = GRUR-RS 2010, 91284 Rn. 47 ff. – *Volker und Markus Schecke und Eifert.*

161 EuGH, Urteil vom 09.11.2010 – C-92, 93/09 = GRUR-RS 2010, 91284 Rn. 53 – *Volker und Markus Schecke und Eifert*; *Ernst,* in: Paal/Pauly, DS-GVO, Art. 4 Rn. 5; *Klabunde*, in: Ehmann/Selmayr, DS-GVO, Art. 4 Rn. 14.

162 EuGH, Urteil vom 09.11.2010 – C-92, 93/09 = GRUR-RS 2010, 91284 Rn. 53 – *Volker und Markus Schecke und Eifert.*

163 *Ernst,* in: Paal/Pauly, DS-GVO, Art. 4 Rn. 9.

164 *Ernst,* in: Paal/Pauly, DS-GVO, Art. 4 Rn. 8.

stimmbarkeit einer bestimmten Person kann in der Regel durch den Namen oder durch alle mit den Namen der Person verbundenen Informationen wie der Sozialversicherungsnummer, der Steueridentifikationsnummer oder der Anschrift oder des Geburtstages erfolgen.[165] Die Identifikation der Person ist in solchen Fällen unschwer möglich, sodass weitere Verknüpfungen in der Regel nicht erforderlich sind. Zur indirekten Bestimmbarkeit dienen dagegen Informationen, die zwar nicht unmittelbar, wohl aber durch die Verknüpfung mit anderen Informationen ein „Wiederkennen" der betroffenen Person ermöglichen.[166] Anders als Informationen zur direkten Bestimmbarkeit setzt die indirekte Bestimmbarkeit nicht die Kenntnis des Namens voraus.[167] Möglich sind daher auch Informationen wie Autokennzeichen, Reisepass- oder Personalausweisnummer, die zwar nicht auf den ersten Blick, wohl aber in Kombination mit weiteren Informationen die Bestimmung der betroffenen Person gewährleisten.[168] Die Mittel für die Identifizierbarkeit müssen grundsätzlich dem datenschutzrechtlich Verantwortlichen zustehen. Ob auch Identifizierungsmöglichkeiten Dritter zu berücksichtigen sind oder es nur auf die Identifizierungsmöglichkeiten des datenschutzrechtlich Verantwortlichen ankommt, war schon vor Inkrafttreten der DS-GVO unter der Geltung des BDSG und der Datenschutz-Richtlinie lange Zeit umstritten.[169]

2. Beurteilungsmaßstab der Identifizierbarkeit

Auch die DS-GVO legt nicht abschließend fest, welche konkreten Maßstäbe für die Beurteilung der Identifizierbarkeit zugrunde zu legen sind.[170] Nach dem Erwägungsgrund 26 DS-GVO sind für die Feststellung der direkten oder indirekten Identifizierbarkeit alle Mittel zu berücksichtigen, die von dem Verantwortlichen oder einer anderen Person nach allgemeinem Ermessen wahrscheinlich genutzt werden. Im Rahmen der Bewertung der berücksichtigungsfähigen Mittel sollen danach alle objektiven Faktoren, wie die Kosten der Identifizierung und der dafür erforderliche Zeitaufwand, herangezogen werden, wobei die zum Zeitpunkt der Verarbeitung verfügbare Technologie und technologischen Entwicklungen zu berücksichtigen sind. Der Wortlaut des Erwägungsgrundes 26 ist nicht eindeutig, wenn er zum einen auf die Identifizierungsmöglichkeit „irgendeiner Person" abstellt, zum

---

165 *Schild,* in: Wolff/Brink, BeckOK Datenschutzrecht, DS-GVO Art. 4 Rn. 16; *Ehmann,* ZD 2021, 509 ff.; *Brink/Eckhardt,* ZD 2015, 205, 205; *Klabunde,* in: Ehmann/Selmayr, DS-GVO Art. 4 Rn. 10.

166 *Schild,* in: Wolff/Brink, BeckOK Datenschutzrecht, DS-GVO Art. 4 Rn. 17.

167 *Schild,* in: Wolff/Brink, BeckOK Datenschutzrecht, DS-GVO Art. 4 Rn. 17.

168 *Schild,* in: Wolff/Brink, BeckOK Datenschutzrecht, DS-GVO Art. 4 Rn. 17.

169 *Kühling/Klar,* NJW 2013, 3611, 3616 f.; *Spindler,* DB 2016, 937 f.; *Karg,* DuD 2015, 520, 521; *Härting,* ITRB 2016, 36, 36; *Eckhardt,* CR 2016, 786.

170 *Peitz,* Datenschutzrechtliche Verantwortlichkeit in Blockchain-Systemen, S. 74.

anderen die Identifizierbarkeit unter der Bedingung „nach allgemeinem Ermessen wahrscheinlich“ beurteilt.[171] Der Streit, welches konkrete Zusatzwissen bei der Beurteilung der Bestimmbarkeit berücksichtigt werden muss, stellt sich damit nach wie vor.[172]

a) Absolutes Verständnis

Nach einem absoluten Verständnis muss für die Beurteilung der Bestimmbarkeit das „gesamte Weltwissen“[173] berücksichtigt werden.[174] Für die Anwendbarkeit des Datenschutzes ist es demnach ausreichend, dass irgendein Dritter eine Rückführbarkeit zu einer bestimmten betroffenen Person (theoretisch) herstellen kann.[175] Nur wenn die Rückführbarkeit absolut unmöglich ist, ist die Anonymität der Daten gegeben.[176] Der Ansicht ist zuzusprechen, dass sie zum Schutz des in Art. 2 Abs. 1 i. V. m. Art. 1 Abs. 1 GG verfassungsrechtlich garantierten informationellen Selbstbestimmungsrechts sämtliche Identifizierungsmöglichkeiten in die Beurteilung der Identifizierbarkeit mit einbezieht, um den Missbrauch personenbezogener Daten zu verhindern.[177] Jede kleine – wenn auch hypothetische – Möglichkeit hätte die Anwendbarkeit der datenschutzrechtlichen Grundsätze zur Folge. Eine solche Auslegung wäre auch mit Art. 8 Abs. 1 der europäischen Grundrechtecharta (GRCh) vereinbar, wonach jede Person das Recht auf Schutz der sie betreffenden personenbezogenen Daten hat. Gegen die enge Auslegung spricht jedoch, dass die datenschutzrechtlichen Vorhaben in jedem, wenn auch sehr unwahrscheinlichen Fall der Identifizierbarkeit einer bestimmten Person anwendbar wären.[178] Dies hätte zur Folge, dass die Datenverarbeitung stets nach den datenschutzrechtlichen Vorgaben erfolgen müsste, was zu Hindernissen im Datenverkehr führen würde.

---

171 *Peitz,* Datenschutzrechtliche Verantwortlichkeit in Blockchain-Systemen, S. 97 f.

172 Ausführlich hierzu *Schmidt,* Zugang zu Daten nach europäischem Kartellrecht, S. 29; *Ernst,* in: Paal/Pauly, DS-GVO, Art. 4 Rn. 9 ff.; *Brink/Eckhard,* ZD 2015, 205; *Karg,* in: Simitis/Hornung/Spieker, DatenschutzR, Art. 4 Rn. 58 ff.; *Bergt,* ZD 2015, 365, 370; *Kühling/Klar,* NJW 2013, 3611, 3611 ff; *Peitz,* Datenschutzrechtliche Verantwortlichkeit in Blockchain-Systemen, S. 74 ff.; AG München, K&R 2008, 767; *Eckardt,* CR 2011, 339, 342 ff. m. w. N.

173 LG Berlin, Urteil vom 31.01.2013, Az. 57 S 87/08 = ZD 2013, 618, 619 – *Personenbezogenheit von IP-Adressen.*

174 *Weichert,* DuD 2007, 113, 115.

175 *Gola,* in: Gola/Heckmann, Datenschutz-Grundverordnung, Art. 4 Rn. 20 ff.; *Härting,* Datenschutz-Grundverordnung, S. 72 Rn. 267.

176 *Härting,* Datenschutz-Grundverordnung, S. 72 Rn. 267.

177 Vgl. AG Berlin, ZUM 2008, 83, 83.

178 Vgl. *Eckhardt,* DuD 2021, 107, 109.

b) Relatives Verständnis

Das relative Verständnis stellt dagegen nur auf die Möglichkeiten des konkret datenschutzrechtlich Verantwortlichen ab.[179] Eine Rückführbarkeit zu der betroffenen Person wird hiernach nur dann bejaht, wenn der konkret datenschutzrechtlich Verantwortliche die betroffene Person mit den ihr zur Verfügung stehenden Hilfsmitteln identifizieren kann, sodass es auf die Identifizierungsmöglichkeiten Dritter nicht ankommen soll.[180] Ist es für den datenschutzrechtlich Verantwortlichen mit den ihm zur Verfügung stehenden Mitteln nicht möglich, die betroffene Person zu identifizieren und stellt dies für ihn eine unüberwindbare Hürde dar, soll das Datenschutzrecht keine Anwendung finden.[181] Der Nachteil dieser Ansicht liegt auf der Hand, wenn bei derselben Information der eine Datenverarbeiter datenschutzrechtliche Vorgaben beachten muss, weil sie für ihn personenbezogene Daten darstellen, ein anderer Datenverarbeiter jedoch überhaupt keinen Vorgaben unterliegt, weil sie für ihn mangels konkreten Identifizierungsmöglichkeiten keinen Personenbezug aufweisen.[182] Inwieweit ein solches Ergebnis dem Schutzzweck des Datenschutzrechts gerecht wird, ist fraglich. Die strengen Vorgaben des Datenschutzrechts für den Umgang mit personenbezogenen Daten bilden einen Rechtsrahmen, der dem Betroffenen umfassende Rechte hinsichtlich seiner Daten gewährt. Liegen Informationen vor, die sich auf eine identifizierte oder identifizierbare Person beziehen (vgl. Art. 2 Nr. 1 DS-GVO), bedarf es für die rechtmäßige Verarbeitung der Daten eines Rechtfertigungstatbestandes des Art. 6 Abs. 1 DS-GVO. Als zentrale Vorschrift normiert sie die einzelnen Voraussetzungen für die Zulässigkeit der Datenverarbeitung und setzt damit das in Art. 8 Abs. 2 GRCh verankerte Verbotsprinzip mit Erlaubnisvorbehalt um.[183] Diese Grundsätze müssen auch in den Fällen greifen können, in denen einem Dritten die Identifizierbarkeit der betroffenen Person möglich ist.

c) Rechtsprechung

Auch die Rechtsprechung beschäftigte sich mit dem Beurteilungsmaßstab für die Identifizierbarkeit einer betroffenen Person. Besondere Aus-

179 *Bergt*, ZD, 2015, 365, 366.

180 *Specht/Müller-Riemenschneider*, ZD 2014, 71, 72; LG Frankenthal, MMR 2008, 687, 689 m. Anm. *Ernst/Spoenle; Moos*, K&R 2008, 137, 139; *Tinnefeld*, in: Roßnagel, Handbuch Datenschutzrecht, Kap. 4.1 Rn. 22; *Roßnagel/Scholz*, MMR 2000, 722, 723 f.; LG Frankenthal, MMR 2008, 687, 689 m. Anm. *Ernst/Spoenle*; LG Wuppertal, K&R 2010, 838, 839; AG München, K&R 2008, 767 m. zust. Anm. *Eckhardt*; *Meyerdierks*, MMR 2009, 8, 10 ff.; *Krüger/Maucher*, MMR 2011, 433, 436 ff.

181 *Eckhardt*, K&R 2007, 602, 603.

182 vgl. *Eckhardt*, DuD 2, 2021, 107, 109.

183 *Frenzel*, in: Paal/Pauly, DS-GVO, Art. 6 Rn. 1.

wirkungen hatte die Breyer-Entscheidung des Europäischen Gerichtshofs (EuGH).[184] Hintergrund der Entscheidung waren die Vorlagefragen des Bundesgerichtshofs (BGH) in seinem Beschluss zu dynamischen IP-Adressen, die er im Rahmen des Vorabentscheidungsverfahrens nach Art. 267 AEUV dem EuGH vorgelegt hatte.[185] Beide Entscheidungen haben bis heute eine grundlegende Bedeutung für die Frage, wann die Identifizierbarkeit einer betroffenen Person gegeben ist.

aa) BGH – Dynamische IP-Adressen

In der Entscheidung des BGH ging es um die Speicherung von dynamischen IP-Adressen durch die Bundesrepublik Deutschland mit dem Ziel, potenzielle Cyberangriffe abzuwehren und die strafrechtliche Verfolgung von Angreifern zu ermöglichen.[186] Der Kläger begehrte mit seiner Klage die Unterlassung der Speicherung der IP-Adressen des zugreifenden Host-Systems durch die Bundesrepublik. Wenn auch für die Bundesrepublik die Identifizierung der betroffenen Personen anhand der dynamischen IP-Adresse nicht möglich war, verfügten die jeweiligen Zugangsanbieter der Nutzer über das für die Identifizierung erforderliche Zusatzwissen. Das LG Berlin hatte ausgehend von einem relativen Verständnis der Identifizierbarkeit entschieden, dass die Herstellung des Personenbezugs auch praktisch möglich sein muss und eine rein theoretische Möglichkeit der Herstellung des Personenbezugs nicht genügt.[187] Die Identifizierbarkeit der betroffenen Person müsse technisch und rechtlich ohne unverhältnismäßigem Aufwand für die verarbeitende Stelle möglich sein.[188] Für die dynamischen IP-Adressen entschied das LG Berlin, dass es sich mangels Identifizierungsmöglichkeit für die Bundesrepublik um nicht-personenbezogene Daten handele.[189] Die alleinige rechtliche Möglichkeit der Strafverfolgungsbehörden über § 100g Abs. 1 StPO die Daten von dem jeweiligen Zugangsanbieter zu erlangen und einen Personenbezug herzustellen, reiche nach dem LG Berlin nicht aus, da hierfür zunächst die Voraussetzung des § 100g Abs. 1 StPO, nämlich der Verdacht einer Straftat von erheblicher Bedeutung, vorliegen müsse.[190] Der

184 EuGH, Urteil vom 19.10.2016 – C-582/14 = ZD 2017, 24 – *Breyer.*

185 BGH, Beschluss vom 28.10.2014, Az. VI ZR 135/13 = ZD 2015, 80 – *Breyer.*

186 BGH, Urteil vom 16.5.2017 – VI ZR 135/13 = MMR 2017, 605 – *Dynamische IP-Adressen.*

187 LG Berlin, Urteil vom 31.01.2013, Az. 57S87/08 = ZD 2013, 618, 619 – *Personenbezogenheit von IP-Adressen.*

188 LG Berlin, Urteil vom 31.01.2013, Az. 57S87/08 = ZD 2013, 618, 619 f. – *Personenbezogenheit von IP-Adressen.*

189 LG Berlin, Urteil vom 31.01.2013, Az. 57S87/08 = ZD 2013, 618, 619 f. – *Personenbezogenheit von IP-Adressen.*

190 LG Berlin, Urteil vom 31.01.2013, Az. 57S87/08 = ZD 2013, 618, 623 – *Personenbezogenheit von IP-Adressen.*

EuGH hatte nach dem Vorlagebeschluss des BGH damit zu entscheiden, ob die gespeicherten IP-Adressen für die Bundesrepublik als personenbezogene Daten einzustufen waren, wenn ein Dritter über das zur Identifizierung der betroffenen Person erforderliche Zusatzwissen verfügt.[191]

bb) EuGH – Breyer

Unter Verweis auf seine ergangene Grundsatzentscheidung *Scarlet Extended* wies der EuGH darauf hin, dass IP-Adressen als personenbezogene Daten i. S. d. Art. 4 Nr. 1 DS-GVO einzuordnen sind, da sie die genaue Identifizierung der Nutzer ermöglichen.[192] Im konkreten Fall handelte es sich jedoch um dynamische IP-Adressen, die nach dem EuGH selbst keine Informationen enthalten, die sich auf eine „bestimmte natürliche Person" beziehen.[193] Aus ihr könne sich weder die Identität der natürlichen Person ergeben, der der Computer gehört, von dem aus eine Website abgerufen wird, noch die Identität einer anderen Person, die diesen Computer benutzen könnte. Für Anbieter von Online-Mediendiensten komme eine Einstufung der dynamischen IP-Adressen als personenbezogene Daten dann in Betracht, wenn eine indirekte Identifizierbarkeit der betroffenen Personen möglich ist.[194] Unter Berücksichtigung des Erwägungsgrundes 26 entschied der EuGH, dass es für die Bejahung des Personenbezugs nicht erforderlich sei, dass sich alle zur Identifizierung der betreffenden Person erforderlichen Informationen in den Händen einer einzigen Person befinden.[195] Maßgeblich sei, ob die Möglichkeit die Zusatzinformation zu erlangen, ein Mittel darstellt, das vernünftigerweise zur Bestimmung der betreffenden Person eingesetzt werden kann.[196] Ein Personenbezug sei jedenfalls dann zu verneinen, wenn die Identifizierung der betreffenden Person gesetzlich verboten oder praktisch nicht durchführbar wäre, beispielsweise weil sie einen unverhältnismäßigen Aufwand an Zeit, Kosten und Arbeitskräften erfordern würde.[197] Im Fall der dynamischen IP-Adressen verfüge der Anbieter jedenfalls über rechtliche Mittel, die es ihm erlauben, die betreffende Person anhand der Zusatzinformationen, über die der Internetzugangsanbieter dieser Person verfügt, bestimmen zu lassen.[198] Der EuGH lehnte mit seiner Entscheidung damit den

---

191 BGH, Beschluss vom 28.10.2014, Az. VI ZR 135/13 = ZD 2015, 80 Leitsatz 1 – *Breyer*.

192 EuGH, Urteil vom 19.10.2016 – C-582/14 = ZD 2017, 24 Rn. 33 – *Breyer*; EuGH, Urteil vom 24.11.2011 – C-70/10 = MMR 2012, 174 Rn. 51 – *Scarlet Extended*.

193 EuGH, Urteil vom 19.10.2016 – C-582/14 = ZD 2017, 24 Rn. 38 – *Breyer*.

194 EuGH, Urteil vom 19.10.2016 – C-582/14 = ZD 2017, 24 Rn. 39 ff. – *Breyer*.

195 EuGH, Urteil vom 19.10.2016 – C-582/14 = ZD 2017, 24 Rn. 43 – *Breyer*.

196 EuGH, Urteil vom 19.10.2016 – C-582/14 = ZD 2017, 24 Rn. 45 – *Breyer*.

197 EuGH, Urteil vom 19.10.2016 – C-582/14 = ZD 2017, 24 Rn. 46 – *Breyer*.

198 EuGH, Urteil vom 19.10.2016 – C-582/14 = ZD 2017, 24 Rn. 47 ff. – *Breyer*.

absoluten Ansatz für die Bestimmung der Identifizierbarkeit der betroffenen Person ab.[199] Nach dem EuGH ist allein entscheidend, ob die datenverarbeitende Stelle über rechtliche Mittel verfügt, mit denen die betroffene Person identifiziert werden kann.[200] Damit schließt sich der EuGH der Theorie des relativen Personenbezugs an.[201] Anders als das LG Berlin berücksichtigt der EuGH auch rechtliche Möglichkeiten für die Identifizierbarkeit einer Person.[202] Damit verfolgt der EuGH zwar einen strengeren Ansatz als das LG Berlin, stellt aber dennoch maßgeblich auf die Perspektive der datenverarbeitenden Stelle und damit auf einen relativen Ansatz ab.

3. Bewertung

Der Streit um die richtigen Anforderungen für die Beurteilung der Identifizierbarkeit von Betroffenen ist mehr als nur ein Theorienstreit. Seine praktischen Auswirkungen zeigen sich in den Fällen, in denen datenverarbeitende Unternehmen rechtssicher beurteilen müssen, ob auf die betreffenden Daten datenschutzrechtliche Grundsätze anwendbar sind. Die Anforderungen an die Anonymisierung hängen davon ab, welche Maßstäbe für die Identifizierbarkeit zugrunde gelegt werden. Ohne Frage handelt es sich mit der absoluten Theorie um den Ansatz mit den höchsten Anforderungen, wenn sie die absolute Unmöglichkeit der Rückführbarkeit zur betroffenen Person verlangt. Dass ein solcher Ansatz stets zur Bejahung des Personenbezugs führen würde, zeigen insbesondere Big-Data-Sachverhalte, die aufgrund der Verarbeitung von Datenmassen die Wahrscheinlichkeiten der Rückführbarkeit zu bestimmten Personen erhöhen.[203] Die weite Anwendbarkeit der DS-GVO hätte jedenfalls zur Folge, dass der Datenverkehr selbst in den Fällen gehemmt wäre, in denen die Rückführbarkeit für die datenspeichernde Stelle praktisch unmöglich ist. Aufgrund der dann hervorgerufenen Rechtsunsicherheit hinsichtlich der Frage, ob die Daten noch als personenbezogene Daten qualifiziert werden können, müssten datenverarbeitende Stellen auch in weniger wahrscheinlichen Fällen von einem Personenbezug ausgehen,

---

199 EuGH, Urteil vom 19.10.2016 – C-582/14 = ZD 2017, 24 Rn. 39 ff. – *Breyer.*

200 EuGH, Urteil vom 19.10.2016 – C-582/14 = ZD 2017, 24 Rn. 39 ff. – *Breyer.*

201 *Kartheuser/Gilsdorf,* MMR-Aktuell 2016, 382533; *Schrey/Thalhofer*, NJW, 2017, 1431, 1433.

202 EuGH, Urteil vom 19.10.2016 – C-582/14 = ZD 2017, 24 Rn. 39 ff. – *Breyer.*

203 Vgl. *Peitz,* Datenschutzrechtliche Verantwortlichkeit in Blockchain – Systemen, S. 83 mit Verweis auf *Schantz/Wolff,* Das neue Datenschutzrecht, Rn. 300; ebenfalls in diese Richtung *Brisch/Pieper*, CR, 2015, 724, 726 sowie *Hofmann/Johannes*, ZD, 2017, 221, 225 m. w. N., während andere die Gewährleistung von Anonymität mit Blockchain-Technologien weiterhin für möglich halten, vgl. *De Filippi*, The Interplay between Decentralization and Privacy – The Case of Blockchain Technologies, vom 17.10.2016, S. 11; *Böhme/Pesch*, DuD, 2017, 473, 481.

um das Risiko der ansonsten drohenden Bußgelder auszuschließen.[204] Auch der relative Ansatz führt zu wenig zufriedenstellenden Ergebnissen, wenn allein auf die Möglichkeiten des konkret datenschutzrechtlich Verantwortlichen abgestellt wird.[205] Diese rein relativ vorzunehmende Beurteilung kann zur Folge haben, dass dieselben Daten bei unterschiedlichen datenverarbeitenden Stellen unterschiedlich bewertet werden können, da es allein auf die Perspektive der jeweiligen Stelle ankommen soll.[206] Die Ansicht führt damit zur Einengung der Anwendbarkeit der datenschutzrechtlichen Vorgaben, wenn sie nur auf die Perspektive des datenschutzrechtlich Verantwortlichen abstellt. Dies ist im Hinblick auf die staatliche Schutzpflicht zweifelhaft. Zu begrüßen ist die Entscheidung des EuGH in Sachen Breyer, der einen Mittelweg geht. Der EuGH stellt weder auf das gesamte „Weltwissen" noch auf die konkreten Möglichkeiten des konkret Verantwortlichen ab. Der EuGH erweitert den relativen Ansatz dahingehend, dass auch das Wissen zu berücksichtigen sei, auf das die datenverarbeitende Stelle vernünftigerweise Zugriff haben kann, wobei er auch rechtliche Möglichkeiten mit in Betracht zieht.[207]

II. Nicht-personenbezogene Daten

Zu den nicht-personenbezogenen Daten fallen solche Daten, die schon von vornherein auf semantischer Ebene keinen Personenbezug aufweisen oder durch ihre Anonymisierung nicht mehr personenbezogen sind.[208] Dieses Verständnis findet sich auch in Art. 3 der Verordnung über einen Rahmen für den freien Verkehr nicht-personenbezogener Daten (EU) 2018/1807. Danach sind unter dem Begriff „Daten" nur solche zu bestehen, die keine personenbezogenen Daten im Sinne des Art. 4 Nr. 1 DS-GVO sind.[209] Die rein negative Begriffsdefinition von nicht-personenbezogenen Daten verdeutlicht gleichsam, dass unter dem Begriff damit alle anderen Daten erfasst

204 So auch *Peitz*, Datenschutzrechtliche Verantwortlichkeit in Blockchain-Systemen, S. 83 mit Verweis auf *Härting*, Datenschutz-Grundverordnung, S. 75 Rn. 285, der dazu rät, im Zweifel stets von einem weiten Verständnis des Personenbezuges auszugehen.

205 *Bergt*, ZD, 2015, 365, 366; *Schantz/Wolff*, Das neue Datenschutzrecht, Rn. 278; *Schwartmann/Mühlenbeck* in: Schwartmann/Jaspers/Thüsing/Kugelmann, DSGVO/BDSG, Art. 4 Nr. 1 Rn. 23.

206 *Peitz*, Datenschutzrechtliche Verantwortlichkeit in Blockchain-Systemen, S. 78; *Gola*, in: Gola/Heckmann, Datenschutz-Grundverordnung, Art. 4 Rn. 21 m. w. N.

207 EuGH, Urteil vom 19.10.2016 – C-582/14 = ZD 2017, 24 Rn. 39 ff. – *Breyer.*

208 Nach der EU- Kommission sind sie *„non personal in nature"* oder *„personal data that have been anonymised"*, *Europäische Kommission*, Commission staff working document on the free flow of data and emerging issues of the European data economy, SWD (2017) 2 final, S. 4.

209 So auch *Schild*, in: Wolff/Brink BeckOK Datenschutzrecht, DS-GVO Art. 4 Rn. 3; *Czychowski/Siesmayer*, in: Taeger/Pohle, Computerrechts-Handbuch, Teil 20.5 Rn. 7.

werden, die sich weder nach ihrem Inhalt, ihrem Zweck oder ihrer Auswirkung auf eine natürliche Person beziehen.[210]

1. Anfänglich fehlender Personenbezug

Nicht-personenbezogene Daten, die von Anfang an keinen Personenbezug aufweisen, werden oftmals mit dem Begriff der Sachdaten gleichgestellt.[211] Sachdaten beschreiben oder beziehen sich auf eine Sache.[212] Die Bezugsmöglichkeiten von Sachdaten sind vielfältig. Im industriellen Kontext werden sich Maschinendaten, die im Rahmen von Produktions- und Wertschöpfungsprozessen erzeugt werden und ausschließlich Informationen zum Prozess selbst liefern, in der Regel nicht auf eine bestimmte Person beziehen und von Anfang an nicht-personenbezogen sein.[213] Auch Geodaten sind in der Regel Sachdaten.[214] Auf semantischer Ebene weisen sie einen direkten oder indirekten Bezug zu einem bestimmten Standort oder einem geografischen Gebiet auf.[215] Sie gelten so lange als nicht-personenbezogen, solange aus ihnen die Rückführbarkeit auf eine betroffene Person nicht möglich ist.[216] Die Abgrenzung wird in vielen Fällen nur schwer möglich sein.[217] Oftmals können ehemals nicht-personenbezogene Daten nach verschiedenen Datenverarbeitungsverfahren einen erhöhten Detailierungsgrad aufweisen und nachträglich die Identifizierbarkeit von bestimmten Personen ermöglichen.[218] Dadurch können ursprünglich nicht-personenbezogene Daten nachträglich einen Personenbezug aufweisen.

2. Aufhebung des Personenbezugs durch Anonymisierung

Zu den nicht-personenbezogenen Daten zählen auch ehemals personenbezogene Daten, die durch Anonymisierungsverfahren derart verändert wor-

---

210 BGH, Urteil vom 15.06.2021, Az. VI ZR 576/19 = NJW 2021, 2726 Rn. 22; EuGH, Urteil vom 20.12.2017 – C-434/16 , ECLI:EU:C:2017:994 = NJW 2018, 767 Rn. 33–35 – *Nowak*; *Art.-29-Datenschutzgruppe*, Stellungnahme 4/2007, WP 136, S. 11; *Klabunde*, in: Ehmann/Selmayr, DS-GVO Art. 4 Rn. 10 f.; *Schild*, in: Wolff/Brink, BeckOK Datenschutzrecht, DS-GVO Art. 4 Rn. 3.

211 *Müller-ter Jung,* DuD 2021, 114, 115.

212 *Schild,* in: Wolff/Brink, BeckOK Datenschutzrecht, DS-GVO Art. 4 Rn. 22.

213 *Müller-ter Jung,* DuD 2021, 114, 115.

214 *Schild,* in: Wolff/Brink, BeckOK Datenschutzrecht, DS-GVO Art. 4 Rn. 22.

215 Vgl. Art. 3 Nr. 2 INSPIRE-Richtlinie; *Lakes*, in: Baur/Blasius, Handbuch Methoden der empirischen Sozialforschung, S. 1345.

216 *Müller-ter Jung,* DuD 2021, 114, 115.

217 *Conrad,* in: Auer-Reinsdorff/Conrad, Handbuch IT- und Datenschutzrecht, § 33 Rn. 201.

218 *Schild,* in: Wolff/Brink BeckOK Datenschutzrecht, DS-GVO Art. 4 Rn. 24; *Winkler*, Rechte an Daten im Zivilrecht, S. 43; *Conrad,* in: Auer-Reinsdorff/Conrad, Handbuch IT- und Datenschutzrecht, § 33 Rn. 201.

den sind, dass die Einzelangaben über persönliche oder sachliche Verhältnisse nicht mehr oder nur mit einem unverhältnismäßigen Aufwand an Zeit, Kosten und Arbeitskraft einer bestimmten oder bestimmbaren natürlichen Person zugeordnet werden können.[219] Dadurch können nicht-personenbezogene Daten auch ehemals personenbezogene Daten sein, wenn sie vorher anonymisiert wurden und nun für maschinenspezifische Anwendungen zur Verfügung gestellt werden.[220] Im Erwägungsgrund 26 wird klargestellt, dass die Grundsätze des Datenschutzes nur auf pseudonyme, nicht jedoch auf anonyme Daten anzuwenden sind. Der rein relative Beurteilungsmaßstab hat seinen Hintergrund darin, dass eine absolute Anonymisierung nur schwer möglich ist.[221] Für die nachträgliche Aufhebung des Personenbezugs haben damit Anonymisierungstechniken eine besondere Rolle. Erst die erfolgreiche Anonymisierung von personenbezogenen Daten kann die Anwendbarkeit datenschutzrechtlicher Grundsätze verhindern.[222]

3. Abgrenzung zu pseudonymen Daten

Der Unterschied zwischen anonymen und pseudonymen Daten liegt in der Identifizierbarkeit der betroffenen Person. Pseudonyme Daten ermöglichen die Identifizierbarkeit des Betroffenen durch die Hinzuziehung zusätzlicher Informationen, die gesondert aufbewahrt werden und technischen und organisatorischen Maßnahmen unterliegen.[223] Im Prozess der Pseudonymisierung werden personenbezogene Daten in ihren Merkmalen nach einem Regelverfahren derart verändert, dass nur bei Kenntnis der Zuordnungsregel die Identifizierbarkeit der betroffenen Person möglich ist.[224] Die Kenntnis der Zuordnungsregel ermöglicht die Re-Identifizierung der betroffenen Person.[225] Abhängig von der Kenntnis der Zuordnungsregel können Daten anonyme oder pseudonyme Daten sein.[226] Die erforderliche Stufe der Anonymität erreichen ehemals personenbezogene Daten erst dann, wenn ihre Zuordnung zu einer identifizierbaren Person im Verhältnis zu dem dazu notwendigen Aufwand so unverhältnismäßig ist, dass eine Identifizierung nach allgemeiner Lebenserfahrung oder dem Stand der Wissenschaft und Technik nicht zu erwarten ist.[227] Die voranschreitenden technischen Entwicklungen wie Data-Mining-Verfahren werden in Zukunft die Abgrenzung zwischen

---

219 *Roßnagel*, ZD 2021, 188, 189; *Ernst*, in: Paal/Pauly, DS-GVO, Art. 2 Rn. 48.
220 *Müller*, DuD 2019, 159, 159.
221 *Kühling/Klar*, NJW 2013, 3611, 3613.
222 *Steinebach/Vogel*, WPg 2022, 1230, 1230.
223 Vgl. Art. 2 Nr. 5 DS-GVO.
224 *Roßnagel*, ZD 2018, 243, 243.
225 *Roßnagel*, ZD 2018, 243, 243 f.
226 *Müller*, DuD 2019, 159, 161.
227 *Roßnagel/Geminn*, ZD 2021, 487, 488.

anonymen und pseudonymen Daten erschweren.[228] Die Abhängigkeit der Identifizierbarkeit von relativen Gesichtspunkten macht die rechtssichere Annahme der Anonymität unmöglich. Unterschiedliches Zusatzwissen datenverarbeitender Stellen werden insbesondere in Fällen des Datenaustausches zu unterschiedlichen Identifizierungsmöglichkeiten führen.[229]

C. Ökonomische Einordnung von Daten

Daten haben sich als eigenständiges Wirtschaftsgut etabliert.[230] Sie sind von unerschöpflicher Natur, denn ihre Quellen sind anders als natürliche Rohstoffe nicht alsbald aufgebraucht.[231] Im Gegenteil – Daten können immer wieder neu generiert, weiterverarbeitet und vervielfältigt werden. Ihr Vorkommen ist nicht begrenzt. Vielmehr ist zu erwarten, dass sich die rasant voranschreitende Digitalisierung proportional zu dem Zuwachs der Datenmengen auswirken wird. Digitale Technologien wie das Internet der Dinge, Industrie 4.0 sowie KI-Technologien ermöglichen Unternehmen die Entwicklung datenbasierter Geschäftsmodelle mit neuen Wertschöpfungspotenzialen, die ihnen entscheidende Wettbewerbsvorteile bringen können.[232] Für den wirtschaftlichen Erfolg von Unternehmen wird es daher immer mehr darauf ankommen, die Potenziale der Datenwirtschaft voll nutzbar zu machen.[233] Trotz der steigenden Relevanz von Daten wird das wirtschaftliche Wertpotenzial jedoch nur selten voll ausgeschöpft.[234] Die bestehende Rechtsunsicherheit im Hinblick auf mögliche Rechte an Daten führt bei Unternehmen oft zur Zurückhaltung in datenbasierte Geschäftsmodelle zu investieren.[235] Erst wenn der Umgang mit Daten klar reguliert wird, kann ein fairer Datenmarkt mit maximaler Ausschöpfung des Wertpotenzials etabliert werden. Der nachfolgende Abschnitt soll darstellen, welche ökonomische Bedeutung Daten für Unternehmen haben und wie Daten gegenwärtig als handelbares Gut eingesetzt werden.

---

228 *Hofmann*, in: Pertot, Rechte an Daten, S. 44; *Dewenter/Lüth*, Datenhandel und Plattformen, S. 6.

229 Ähnlich *Roßnagel/Geminn*, ZD 2021, 487, 488.

230 *Zech*, CR 2015, 137, 138; *Riemensperger/Falk*, in: Stiftung Datenschutz, Dateneigentum und Datenhandel, S. 263; *Boehm*, ZEuP 2016, 358, 381; *Heymann*, CR 2015, 807, 807; *Drexl*, NZKart 2017, 415, 417; *Hennemann*, RDi 2021, 61, 61.

231 *Spitz*, Daten – Das Öl des 21. Jahrhunderts?, S. 12; *Körber*, ZUM 2017, 93, 96.

232 *Bürger/Peneva*, in: Rohde/Bürger/Peneva/Mock, Datenwirtschaft und Datentechnologie, S. 7 f.; *Duch-Brown/Martens/Mueller-Langer*, Economics of ownership, access and trade, S. 4; *Schweitzer/Peitz*, Datenmärkte in der digitalisierten Wirtschaft, S. 12 f.

233 *Rohde/Bürger/Peneva/Mock*, in: Rohde/Bürger/Peneva/Mock, Datenwirtschaft und Datentechnologie, S. 2.

234 *Demary/Fritsch/Goecke/Krotova*, in: Readiness Data Economy, S. 5.

235 *Demary/Fritsch/Goecke/Krotova*, in: Readiness Data Economy, S. 6.

I. Ökonomische Eigenschaften von Daten

Die Handelbarkeit eines Gutes hängt von faktischen Eigenschaften ab, die eine rechtliche Zuordnungsentscheidung durch den Gesetzgeber vorwegnehmen können.[236] Daten weisen verschiedene Eigenschaften auf, die für die rechtliche und ökonomische Betrachtung von Daten von Bedeutung sind.[237] Sie unterscheiden sich wesentlich von den Grundeigenschaften materieller Güter der realen Welt.[238] Aus ökonomischer Perspektive wirken sich die Eigenschaften von Daten auf die Handelbarkeit der Daten auf dem Markt aus. Auch geben sie Anhaltspunkte darüber, inwieweit staatliche Maßnahmen erforderlich sind, um die bestmögliche Verwertung von Gütern zu erreichen.[239] Oft sind es wirtschaftliche Merkmale von Gütern, die entscheidende Anreize setzen können.

1. Fehlende Rivalität

Materielle Güter sind von Natur aus rivalisierende Güter.[240] Sie zeichnen sich dadurch aus, dass sie in ihrem Konsum rival sind und nur von einer einzigen Person benutzt werden können.[241] Aus ökonomischer Sicht ist ihre körperliche Struktur entscheidend für die Bereitschaft, einen Preis für die ausschließliche Nutzungsmöglichkeit des materiellen Gutes zu zahlen.[242] Daten zeichnen sich dagegen durch ihre Nicht-Rivalität aus.[243] Sie können von mehreren Personen zeitgleich genutzt werden, ohne dass die Nutzung des einen die Nutzung des anderen beeinträchtigen würde.[244] Inhaber von großen Datenmengen können ihre Daten auch bei gewährtem Zugang an einen Dritten weiterhin für eigene Zwecke nutzen.

---

236 *Preuß*, Rechtlich geschützte Interessen an virtuellen Gütern, S. 24.

237 Siehe hierzu auch *Zech*, CR 2015, 137, 139.

238 *Hoffmann*, in: Pertot, Rechte an Daten, S. 11.

239 *Díaz Vera*, GRUR Int. 2023, 37, 39.

240 *Duch-Brown/Mertens/Mueller-Langer*, The economics of ownership, access and trade in digital data, S. 12.

241 *Marly/Wirz*, EuZW 2017, 16; *Duch-Brown/Mertens/Mueller-Langer*, The economics of ownership, access and trade in digital data, S. 12; *Dewenter/Lüth*, Datenhandel und Datenplattformen, S. 10; *Fries/Scheufen*, MMR 2019, 721, 725.

242 *Preuß*, Rechtlich geschützte Interessen an virtuellen Gütern, S. 43.

243 *Dewenter/Lüth*, Datenhandel und Plattformen, S. 10, *Tönnies*, GRUR 2013, 796; *Drexl*, NZKart 2017, 339, 341; *Hoeren*, MMR 2019, 5, 6; *Schweitzer/Peitz*, Datenmärkte in der digitalisierten Wirtschaft, S. 18; *Hoffmann*, in: Pertot, Rechte an Daten, S. 11.

244 *Arbeitsgruppe „Digitaler Neustart“*, Bericht vom 15.5.2017, S. 30; *Hoeren*, MMR 2019, 5, 6; *Zech*, Information als Schutzgegenstand, S. 118; *ders.*, CR 2015, 137, 139; *Heymann*, CR 2016, 650, 653; *Kommeier/Baranowski*, BB 2019, 1219, 1219; *Raue*, NJW 2019, 2425, 2425.

2. Fehlende Ausschließbarkeit

Daten sind anders als körperliche Gegenstände nicht exklusiv. Werden sie einmal veröffentlicht, können sie von jedermann kopiert und genutzt werden.[245] Die Kosten für die Reproduktion von Daten sind gering.[246] Sie lassen sich ohne Qualitätsverlust beliebig reproduzieren und verbreiten.[247] Im Unterschied zu den klassischen Immaterialgüterrechten kann die fehlende Beherrschbarkeit der Daten nur durch technische Schutzmaßnahmen erreicht werden.[248] Die Investition in die Datenerzeugung ist für Unternehmen besonders attraktiv, da sie die Daten durch technische Schutz- und Kontrollmaßnahmen exklusiv nutzen und andere von der Nutzung ausschließen können.[249] Durch die technische Kontrolle dieser Daten wird die Ausschließlichkeit und Knappheit künstlich erzeugt.[250] Bei Zugangsgewährung an Dritte werden zeitliche und inhaltliche Beschränkungen in Datenlizenzverträgen vereinbart, die die exklusive Nutzung der Daten aufrechterhalten soll.[251] Durch die zusätzliche Vereinbarung von Vertragsstrafen gegen die unlautere Weitergabe der Daten können Dateninhaber die Kontrolle über ihre Daten und über den Kreis der Zugangsberechtigten behalten.[252] Die exklusive Nutzung bereits veröffentlichter Daten ist dagegen nur noch durch die Einführung von Ausschließlichkeitsrechten möglich.[253] Ohne die Begründung rechtlicher oder technischer Exklusivität ist ein ökonomischer Wert der Daten nicht vorhanden.[254] Es ist daher die, wenn auch künstlich geschaffene, exklusive Nutzungsmöglichkeit von Daten, die den gegenwärtigen Wert bestimmt.[255] Ein Marktwert und damit auch die potenzielle Handelbarkeit der Daten kann damit entweder durch ihre ausschließliche rechtliche Zuordnung oder durch ihre ausschließliche faktische Zuordnung geschaffen werden.[256]

245 *Arbeitsgruppe „Digitaler Neustart"*, Bericht vom 15.5.2017, S. 30; *Fries/Scheufen*, MMR 2019, 721, 725.
246 *Marly/Wirz*, EuZW 2017, 16.
247 *Marly/Wirz*, EuZW 2017, 16; *Hofmann*, ZUM 2018, 107, 108.
248 *Kerber*, GRUR Int. 2016, 989, 993; *Peitz/Schweitzer*, NJW 2018, 275, 279; *Schweitzer/Peitz*, Datenmärkte in der digitalisierten Wirtschaft, S. 59; *Stender-Vorwachs/Steege*, NJOZ 2018, 1361, 1363; *Kerber*, in: Specht-Riemenschneider/Werry/Werry, Datenrechte in der Digitalisierung, S. 361, 365.
249 *König*, in: Hennemann/Sattler, Immaterialgüter und Digitalisierung, S. 92.
250 *Preuß*, Rechtlich geschützte Interessen an virtuellen Gütern, S. 45.
251 *Czychowski/Winzek*, ZD 2022, 81, 85; *Schur*, GRUR 2020, 1142, 1143.
252 *Arbeitsgruppe „Digitaler Neustart"*, Bericht vom 15.05.2017, S. 8; *Żdanowiecki*, in: Digitalisierte Wirtschaft/Industrie 4.0, S. 25.
253 *Dewenter/Lüth*, Datenhandel und Plattformen, S. 11; *Zech*, CR 2015, 137, 139.
254 *Preuß*, Rechtlich geschützte Interessen an virtuellen Gütern, S. 43.
255 *Martini/Kolain/Neumann/Rehorst/Wagner*, MMR-Beil. 2021, 3, 5.
256 *Preuß*, Rechtlich geschützte Interessen an virtuellen Gütern, S. 45.

3. Fehlende Abnutzbarkeit

Charakteristisch für verbrauchte körperliche Gegenstände ist das erhöhte Sachmängelrisiko, das im Geschäftsverkehr durch einen entsprechenden Preisabschlag berücksichtigt wird.[257] Der Grad der Abnutzung bestimmt damit auch den Wert des Gegenstandes auf dem Markt. Daten werden anders als körperliche Gegenstände nicht verbraucht und unterliegen daher keinem Alterungs- oder Abnutzungsprozess.[258] Vervielfältigungs- und Nutzungshandlungen führen weder zur Beeinträchtigung der Daten noch des Datenträgers, auf dem die Daten gespeichert sind.[259] Die Kosten für ihre Reproduktion sind gering.[260] Sie sind können von einer Vielzahl von Personen zeitgleich genutzt werden, ohne dass sie dadurch abgenutzt oder verbraucht werden.[261] Damit können Daten für verschiedene Analysezwecke fruchtbar gemacht werden, ohne dass die Nutzung die Qualität der Daten beeinträchtigen würde.

II. Güterqualität von Daten

Die Wertschätzung eines bestimmten Gutes begründet nicht zwangsläufig seine wirtschaftliche Handelbarkeit.[262] Es ist die vorrechtliche Existenz von Gütern, die dazu führt, dass sie auf dem Markt als eigenständige Güter akzeptiert werden.[263] Der Anreiz für die Beschaffung eines Gutes besteht für den Markt nur dann, wenn eine exklusive Beziehung im Konsum des Gutes gewährleistet werden kann.[264] Die Exklusivität der Beziehung, die materiellen Gütern immanent ist, wird bei immateriellen Gütern auf zwei Wegen hergestellt: Entweder resultiert die Exklusivität aus der rechtlichen Zuweisung durch die Rechtsordnung oder sie wird durch die faktische Geheimhaltung durch einzelne Personen geschaffen.[265] Für immaterielle Güter kann

---

257 *Lorenz*, in: Säcker/Rixecker/Oetker/Limperg/Schubert, MüKo BGB, § 474 Rn. 17.

258 *Marly/Wirz,* EuZW 2017, 16; *Arbeitsgruppe „Digitaler Neustart"*, Bericht vom 15.05.2017, S. 30; *Zech,* Information als Schutzgegenstand, S. 119; *ders.,* CR 2015, 137, 139; *Hoffmann*, ZUM 2018, 107, 108; *Hoffmann,* in: Pertot, Rechte an Daten, S. 11.

259 *Zech*, Information als Schutzgegenstand, S. 118.

260 *BMVi*, „Eigentumsordnung" für Mobilitätsdaten?, S. 76; *Schweitzer,* NJW 2018, 276, 276.

261 *Hoeren,* MMR 2019, 5, 6; *Arbeitsgruppe „Digitaler Neustart"*, Bericht vom 15.05.2017, S. 30; *Dewenter/Lüth,* Datenhandel und Plattformen, S. 10; *Kommeier/ Baranowski,* BB 2019, 1219, 1219.

262 *Preuß,* Rechtlich geschützte Interessen an virtuellen Gütern, S. 43.

263 *Zech,* Information als Schutzgegenstand, S. 47.

264 *Preuß,* Rechtlich geschützte Interessen an virtuellen Gütern, S. 43.

265 *Grützmacher*, CR 2016, 485, 493; *Heymann*, CR 2016, 650, 654; *Preuß,* Rechtlich geschützte Interessen an virtuellen Gütern, S. 43.

die Exklusivität durch die rechtliche Zuweisung begründet werden.[266] Der Markt ist jedoch auch in der Lage die Exklusivität durch eigene Mechanismen zu begründen.[267] Durch die künstliche Schaffung von Knappheit und Ausschließbarkeit können Begehrlichkeiten zwischen Rechtssubjekten geweckt, die die Grundlage für die Handelbarkeit legen können.[268] Auch Daten werden durch technische Schutzmaßnahmen vor dem Zugriff unberechtigter Dritter geschützt.[269] Die technisch-faktische Kontrollposition führt zur Beherrschbarkeit der Daten und damit zur Freiheit zu entscheiden, wie Daten genutzt werden und wem Zugang zu den Daten verschafft wird.[270] Die Handelbarkeit von Daten als Wirtschaftsgut ist jedoch auch ihrer großen Nützlichkeit geschuldet. Die Nützlichkeit ist ein wesentliches Kriterium für die Bejahung der Güterqualität.[271] Der enorme Wert, den Daten gegenwärtig aufweisen, liegt in ihrem hohen Potenzial zur Informationsgewinnung begründet. Als „Mittel zur Interessenbefriedigung“[272] bilden sie eine wichtige Entscheidungsgrundlage für Unternehmen, die mittels verschiedener Analyseverfahren wertvolle Informationen aus ihnen ziehen können.[273] Sie existieren außerhalb der Person, die sie erwirtschaften und können Dritten zur Nutzung übertragen werden.[274] Damit haben sich Daten unabhängig von ihrem Schutz durch die gegenwärtige Rechtsordnung als eigenständiges Wirtschaftsgut etabliert.[275]

III. Wertschöpfungsprozess aus Daten

Der besondere Wert der Daten ergibt sich aus der Gesamtheit der Wertschöpfungskette, in der Daten monetarisiert werden.[276] Der Wertschöpfungsprozess aus Daten kann in die Phase der Datenerhebung und in die daran an-

---

266 *Preuß*, Rechtlich geschützte Interessen an virtuellen Gütern, S. 43; *Zech*, Information als Schutzgegenstand, S. 47.
267 *Preuß*, Rechtlich geschützte Interessen an virtuellen Gütern, S. 45.
268 *Preuß*, Rechtlich geschützte Interessen an virtuellen Gütern, S. 44 f. m. w. N.
269 *Stender-Vorwachs/Steege*, NJOZ 2018, 1361, 1363; *Kerber*, in: Specht-Riemenschneider/Werry/Werry, Datenrechte in der Digitalisierung, S. 361, 365; *Zier*, Investitionsschutz an Maschinendaten, S. 59.
270 *Kerber*, in: Specht-Riemenschneider/Werry/Werry, Datenrechte in der Digitalisierung, S. 361, 365; *Stender-Vorwachs/Steege*, NJOZ 2018, 1361, 1363; *Schweitzer*, GRUR 2019, 569, 575.
271 *Zech*, Information als Schutzgegenstand, S. 47.
272 *Pfeifer*, Individualität im Zivilrecht, S. 141 ff.
273 *Zech*, CR 2015, 137, 138.
274 *Zech*, Information als Schutzgegenstand, S. 48; *ders.*, CR 2015, 137, 138; *Schmidt/Zech*, CR 2017, 417, 417; *Preuß*, Rechtlich geschützte Interessen an virtuellen Gütern, S. 46.
275 *Zech*, CR 2015, 137, 138.
276 *Schweitzer/Peitz*, Datenmärkte in der digitalisierten Wirtschaft, S. 16.

schließende Phase der Datennutzung eingeteilt werden, die sich ihrerseits in verschiedene Wertschöpfungsstufen untergliedert.[277] Die einzelnen Wertschöpfungsstufen werden zwar getrennt dargestellt, können aber abhängig von dem jeweiligen Geschäftsmodell zeitgleich vorliegen, etwa bei der Erhebung und Verarbeitung von Daten in Echtzeit.[278] Entlang des Wertschöpfungsprozesses können Daten auch in verschiedenen Aggregationsebenen vorliegen. Die einzelnen Verarbeitungsstufen beschreiben, wie oft Daten verarbeitet worden sind.[279] Dabei steigt mit jeder weiteren Verarbeitungsstufe der Wert der Daten an.[280] Die verschiedenen Verarbeitungsstufen von Daten verdeutlichen gleichsam die getätigte Investition in die Verarbeitung der Daten. Unternehmen werden daher ein größeres Interesse daran haben, die Informationen, die sie im Rahmen des Wertschöpfungsprozesses gewonnen haben, exklusiv nutzen zu können.

1. Datenerhebung

Der erste Schritt im Wertschöpfungsprozess aus Daten ist die Datengenerierung.[281] Immer mehr Produkte werden mit kostengünstigen Computerchips und Sensoren ausgestattet, die Unmengen von Daten generieren.[282] Die generierten Daten liegen zunächst in Form von Rohdaten vor. Rohdaten beschreiben den Zustand von Daten, die seit ihrer Erfassung weder verarbeitet noch verändert wurden.[283] Sie stammen unmittelbar aus der sie erzeugenden Quelle und unterliegen einer vordefinierten Kodierung, nach der sie erhoben werden.[284] Sind technische und finanzielle Kapazitäten für die Datenerhebung nicht vorhanden, können Daten auch auf dem Sekundärmarkt erworben werden.[285] Im Rahmen der Datenerhebung kann die Rolle der Nutzer vernetzter Geräte und Maschinen unterschiedlich ausgestaltet sein, die die Unterteilung der Daten in verhaltens- und maschinengenerierte Daten ver-

---

277 *Fries/Scheufen,* MMR 2019, 721, 722; siehe hierzu auch *Zech,* GRUR 2015, 1151, 1152.
278 *Dewenter/Lüth,* Datenhandel und Datenplattformen, S. 16.
279 *Koehler,* in: Leupold/Wiebe/Glossner, IT-Recht, Teil 6.2 Rn. 2.
280 *Koehler,* in: Leupold/Wiebe/Glossner, IT-Recht, Teil 6.2 Rn. 19, 37.
281 *Fries/Scheufen,* MMR 2019, 721, 722.
282 *Schur,* Die Lizenzierung von Daten, S. 31 m.w.N.; *Zech,* GRUR 2015, 1151,1152; *Schweitzer/Peitz,* Datenmärkte in der digitalisierten Wirtschaft, S. 13; *Dewenter/Lüth,* Datenhandel und Datenplattformen, S. 19.
283 *Europäische Kommission,* Aufbau einer europäischen Datenwirtschaft, COM (2017) 9 final, S. 9.
284 *Sarre/Pruß,* in: Auer-Reinsdorff/Conrad, Handbuch IT- und Datenschutzrecht, § 2 Rn. 40.
285 *Schweitzer/Peitz,* Datenmärkte in der digitalisierten Wirtschaft, S. 15; *Schweichhart,* in: Schulz, Industrie 4.0, S. 151, 157; *Hennemann,* RDi 2021, 61, 61.

deutlicht.[286] Beide Arten der Datenerzeugung werden in der rechtswissenschaftlichen Diskussion nicht immer sauber getrennt, da die Trennlinie zwischen direkten und indirekten menschlichen Quellen nicht immer eindeutig ist.[287] Oft werden maschinengenerierte Daten von personenbezogenen Daten abgegrenzt.[288] Eine solche Abgrenzung führt zu dem trügerischen Schluss, dass es sich bei maschinengenerierten Daten stets um nicht-personenbezogene Daten handeln muss. Auf semantischer Ebene können jedoch beide Arten der Datenerzeugung personenbezogene sowie nicht-personenbezogene Daten erfassen.[289] Maschinengenerierte Daten waren in den letzten Jahren vermehrt Gegenstand wissenschaftlicher Diskussionen um Rechte an Daten.[290] Sie werden im Rahmen der automatische Erfassung als Nebenprodukt in Produktionsprozessen erfasst und stellen aufgrund ihres enormen Informationspotenzials eine wertvolle Ressource für Unternehmen dar.[291] Die Europäische Kommission definiert maschinengenerierte Daten als Daten, die von Maschinen ohne unmittelbaren Zugriff eines Menschen im Rahmen von Computerprozessen, Anwendungen oder Diensten oder auch durch Sensoren erzeugt werden und Informationen von virtuellen oder realen Geräten oder Maschinen erhalten.[292] Eine besondere Rolle haben maschinengenerierte Daten in der Industrie 4.0.[293] Die in diesem Kontext erzeugten Daten werden durch die Kommunikation von Maschinen (M2M-Kommu-

---

286 *Schmidt,* Zugang zu Daten nach europäischem Kartellrecht, S. 41 ff.; *Czychowski/Winzek,* ZD 2022, 81, 84; *Fezer*, Repräsentatives Dateneigentum, S. 35 ff.

287 *Duch-Brown/Mertens/Mueller-Langer,* The economics of ownership, access and trade in digital data, S. 7.

288 *Fries/Scheufen,* MMR 2019, 721, 723; *Duch-Brown/Mertens/Mueller-Langer,* The economics of ownership, access and trade in digital data, S. 7.

289 *Europäische Kommission*, Aufbau einer europäischen Datenwirtschaft COM (2017), 9 final, S. 3, 10; *Schmidt,* Zugang zu Daten nach europäischem Kartellrecht, S. 43; *Drexl,* Data Access and Control, S. 46; *Sattler,* in: Sassenberg/Faber, Rechtshandbuch Industrie 4.0 und Internet of Things, § 2 8 ff.; *Dewenter/Lüth,* Datenhandel und Plattformen, S. 6.

290 Siehe *Hessel/Leffer,* MMR 2020, 647; *Ensthaler/Üge,* BB 2022, 2051; *Ensthaler,* NJW 2016, 3473; *Arbeitsgruppe „Digitaler Neustart"*, Bericht vom 15.05.2017, S. 7 ff.; *Thalhofer,* GRUR-Prax 2017, 225; *Wiebe,* in: Leupold/Wiebe/Glossner, IT-Recht, Teil 6.7 Rn. 48; *Faber/Griga/Groß,* DS 2018, 299; *Fries/Scheufen,* MMR 2019, 721; *Wiebe,* GRUR 2018, 338; *Schlinkert*, ZRP 2017, 222; *Müller*, DuD 2019, 159; *Zier*, Investitionsschutz für Maschinendaten, S. 10.

291 *Hessel/Leffer,* MMR 2020, 647, 647 f.; *Zech,* GRUR 2015, 1151, 1153; *Schmidt,* Zugang zu Daten nach europäischem Kartellrecht, S. 42; *Hennemann*, RDi 2021, 61, 61.

292 *Europäische Kommission*, Aufbau einer europäischen Datenwirtschaft COM (2017), 9 final S. 3; ähnlich *Ensthaler,* NJW 2016, 3473; *Sahl*, RDV 2015, 236, 237; *Sattler*, in: Sassenberg/Faber, Rechtshandbuch Industrie 4.0 und Internet of Things, § 2 Rn. 7; *Wiebe*, CR 2017, 87; *Zier*, Investitionsschutz für Maschinendaten, S. 10.

293 *Dewenter/Lüth,* Datenhandel und Plattformen, S. 6.

nikation)[294] oder zwischen Endgeräten und Anbietern übertragen.[295] Die Kommunikation der Maschinen und die Übertragung der Daten erfolgt in geschlossenen Systemen und zu einem bestimmten Anwendungszweck.[296] Die anschließende Analyse der Produkt- und Prozessdaten ermöglicht sowohl den Anlagenherstellern als auch den Anlagennutzern Einsichten in Produktverbesserungen und eine vorausschauende Wartung.[297] Durch den Zugriff auf die durch Kunden generierten Daten kann der Hersteller Fehleranalysen durchführen und Informationen zur Funktionalität und Auslastung seiner Maschine erlangen. In der Regel wird es sich bei den erzeugten Daten um Sachdaten handeln, also um Daten, die keinen Personenbezug aufweisen und sich auf ein bestimmtes Objekt beziehen und dieses beschreiben.[298] Es handelt sich dann um nicht-personenbezogene maschinengenerierte Daten.[299] Die automatisierte Erfassung bedeutet nicht, dass maschinengenerierte Daten nicht auch personenbezogene Daten enthalten können. Auch im industriellen Kontext können maschinengenerierte Daten Informationen etwa zur Arbeitsleistung des Maschinenführers enthalten und damit personenbezogen sein.[300] Enthalten die automatisiert erzeugten Daten hochsensible Informationen zum Nutzer wie etwa Standort-, Gesundheits- und Kommunikationsdaten, die automatisch erfasst wurden und eine Bestimmbarkeit der betroffenen Person gewährleisten, handelt es sich um personenbezogene maschinengenerierte Daten, auf die die datenschutzrechtlichen Grundsätze Anwendung finden.[301]

Im Unterschied zu maschinengenerierten Daten sind verhaltensgenerierte Daten auf das Verhalten eines Nutzers zurückzuführen.[302] Der vermehrte Einsatz vernetzter Produkte im Alltag der Menschen führt dazu, dass Verbraucher mittlerweile wertvolle Datenproduzenten geworden sind. Durch die Nutzung smarter Produkte löst der Nutzer die Codierung syntaktischer Informationen aus.[303] Die Auslösung des Codierungsprozesses kann dabei

---

294 Das European Telecommunications Standards Institute (ETSI) definiert M2M-Kommunikation wie folgt: „Machine-to-Machine (M2M) communications is the communication between two or more entities that do not necessarily need any direct human intervention. M2M services intend to automate decision and communication processes".

295 *Sattler,* in: Sassenberg/Faber, Rechtshandbuch Industrie 4.0 und Internet of Things, §2 Rn. 7.

296 *Ziegler,* Der Aufstieg des Internet der Dinge, S. 35.

297 *Müller,* DuD 2019, 159, 159.

298 *Schild,* in: Wolff/Brink, BeckOK Datenschutzrecht, DS-GVO Art. 4 Rn. 22; *Dewenter/Lüth,* Datenhandel und Plattformen, S. 6.

299 *Dewenter/Lüth,* Datenhandel und Plattformen, S. 6.

300 *Dewenter/Lüth,* Datenhandel und Plattformen, S. 6.

301 *Dewenter/Lüth,* Datenhandel und Plattformen, S. 6.

302 *Fezer,* ZD 2017, 99, 100; *ders.,* MMR 2017, 3, 3.

303 *Schmidt,* Zugang zu Daten nach europäischem Kartellrecht, S. 41.

in aktiver oder passiver Weise geschehen.[304] Bei aktiv nutzergenerierten Daten findet eine interaktive Kommunikationsleistung des Nutzers statt,[305] in denen Daten als Endprodukt der bewussten und willentlichen Generierung erzeugt werden.[306] Die Daten werden für Eigenzwecke erzeugt. Der Nutzer generiert die Daten willentlich, um sie für eigene oder fremde Datenverarbeitungszwecke nutzen zu können.[307] Im Gegenzug erfolgt bei passivnutzergenerierten Daten die Erzeugung nicht willentlich bzw. bewusst.[308] Sie werden durch die Nutzung vernetzter Produkte nebenher erzeugt.[309] Anders als bei aktiverzeugten Daten protokolliert ein Unternehmen das Nutzerverhalten.[310] Die Daten werden beispielsweise bei vernetzten Fahrzeugen im Backend des Herstellers abgespeichert und verarbeitet.

2. Datenaufbereitung und -speicherung

Nach dem Erhebungsprozess werden die Daten aufbereitet und gespeichert.[311] Daten, die im Hinblick auf ein bestimmtes Verarbeitungsziel aufbereitet und zusammengefasst werden, sind aggregierte Daten.[312] Im Unterschied zu den Rohdaten wurde bei den aggregierten Daten durch die Aufbereitungsarbeit eine Investitionsleistung getätigt, die ihnen einen gewissen Wert verleiht. Das Schutzbedürfnis wird für diese Daten in der Regel höher als bei den unbearbeiteten Rohdaten, in denen noch keine geldwerte Investition geflossen ist. Umgekehrt kann die fehlende Rückführbarkeit zu den aufbereiteten Rohdaten eine nachträgliche Qualitätsprüfung der Datengrundlage erschweren, wodurch Zweifel hinsichtlich der Zuverlässigkeit gewonnener Informationen entstehen können.[313] Die Speicherung kann auf unternehmenseigenen Servern oder durch die Inanspruchnahme von externen Cloud Services wie Amazon, Google oder Microsoft erfolgen.[314] Da die Speicherung auf eigenen Servern meist große kostenintensive Speicherkapazitäten erfordert, nehmen Unternehmen die Speicherung der Daten oft

---

304 *Schmidt,* Zugang zu Daten nach europäischem Kartellrecht, S. 41 f.
305 *Bauer*, User Generated Content, S. 25.
306 *Schmidt,* Zugang zu Daten nach europäischem Kartellrecht, S. 41 m. w. N.
307 *Schmidt,* Zugang zu Daten nach europäischem Kartellrecht, S. 41.
308 *Schmidt,* Zugang zu Daten nach europäischem Kartellrecht, S. 42.
309 *Schmidt,* Zugang zu Daten nach europäischem Kartellrecht, S. 42.
310 *Schmidt,* Zugang zu Daten nach europäischem Kartellrecht, S. 42.
311 *Fries/Scheufen,* MMR 2019, 721, 722.
312 *Sarre/Pruß*, in: Auer-Reinsdorff/Conrad, Handbuch IT- und Datenschutzrecht, § 2 Rn. 41.
313 *Sarre/Pruß*, in: Auer-Reinsdorff/Conrad, Handbuch IT- und Datenschutzrecht, § 2 Rn. 68 f.
314 *Fries/Scheufen,* MMR 2019, 721, 722; *Schweitzer/Peitz,* Datenmärkte in der digitalisierten Wirtschaft, S. 15.

über Cloud-Dienste vor.[315] Meist ist die Entscheidung über interne oder externe Speicherung eng mit der Frage der internen oder externen Analyse der Daten verbunden.[316]

3. Datenanalyse

Schließlich werden die Daten für einen bestimmten Anwendungszweck analysiert.[317] Unternehmen können entweder eigene Analyseverfahren vornehmen oder die Dienste von Data-Analytics-Anbietern annehmen, weshalb oft Speicher- und Analysedienste gemeinsam angeboten werden.[318] Immer mehr Dienstleister spezialisieren sie sich auf das Sammeln und Auswerten von Daten und verkaufen sie dann in aufbereiteter Form weiter.[319] Besonders gefragt sind solche Dienstleistungen insbesondere dann, wenn das Unternehmen aufgrund mangelnder technischer Möglichkeiten keine eigenen Auswertungen durchführen kann.[320] Die Datenanalyse ist der entscheidende Schritt, um aus Daten Informationen zu gewinnen, die dann monetär eingesetzt werden können.[321] Durch digitale Verfahren und Technologien wird die Masse an Daten, die durch den Einsatz sensorbasierter Technologien generiert werden, analysiert und ausgewertet.[322] Für die Zusammenführung von Einzeldaten aus verschiedenen Quellen ist die Interoperabilität der Daten erforderlich, d. h. auf technischer und semantischer Ebene muss eine Zusammenführung möglich sein.[323] Die Daten können entweder für einen bestimmten Zweck gesammelt werden oder aber sie werden ohne eine bestimmte Anwendungsidee über die Zeit fortlaufend gesammelt und die Analysen werden angepasst.[324] In diesem Zusammenhang fällt oft der Begriff „Big Data". Darunter wird der Einsatz technologischer Verfahren verstanden, große Datenmengen, die durch vernetzte Maschinen

---

315 *Dewenter/Lüth,* Datenhandel und Datenplattformen, S. 16.

316 *Dewenter/Lüth,* Datenhandel und Plattformen, S. 21.

317 *Fries/Scheufen,* MMR 2019, 721, 722.

318 *Schweitzer/Peitz,* Datenmärkte in der digitalisierten Wirtschaft, S. 16; *Dewenter/Lüth,* Datenhandel und Plattformen, S. 21; *Henseler-Unger,* in: Sassenberg/Faber, Rechtshandbuch Industrie 4.0 und Internet of Things, § 1 Rn. 61; *Schweichhart,* in: Schulz, Industrie 4.0, S. 151, 157 f.

319 *Körber,* NZKart 2016, 303, 304.

320 *Dorner,* CR 2014, 617, 618.

321 *Dewenter/Lüth,* Datenhandel und Datenplattformen, S. 16 m. w. N.

322 *Sare/Pruß,* in: Auer- Reinsdorff/Conrad, Handbuch IT- und Datenschutzrecht, § 2 Rn. 186.

323 *Datenethikkommission,* Ergebnispapier Langfassung, S. 53; vorgeschlagen wird in diesem Zusammenhang die Einführung einer „Standardisierung bezüglich der technischen Spezifikation", S. 53.

324 *Schweitzer/Peitz,* Datenmärkte in der digitalisierten Wirtschaft, S. 15.

generiert und in Echtzeit analysiert werden.[325] Die Datenanalyse ist für die Wertschöpfung aus Daten entscheidend. Durch sie werden Strukturen, Auffälligkeiten Regelmäßigkeiten und Zusammenhänge erkannt und wertvolle Informationen gewonnen.[326] Konkret umfasst der Begriff mehrere Aspekte wie die Datenmenge (*volume*), die Datenvielfalt (*variety*), die Geschwindigkeit der Datengenerierung (*velocity*) und das Erkennen von Zusammenhängen (*analytics*).[327] Das Kriterium *volume* beschreibt dabei die großen Datenmengen, die durch vernetzte Maschinen erzeugt werden können und Speicherkapazitäten von Petabytes annehmen können.[328] Das Kriterium *variety* beschreibt hingegen die verschiedenen Datenquellen, aus denen die Daten in Big-Data-Sachverhalten zusammenkommen.[329] Je unterschiedlicher die Quellen der Daten, desto verlässlicher werden die Aussagen sein, die sich aus der Analyse der Daten ergeben.[330] Das Kriterium *velocity* meint dagegen die Geschwindigkeit der Generierung und Verarbeitung wie die Echtzeitauswertung von Daten, die insbesondere bei großen Datenmengen eine große Herausforderung darstellt.[331] Die verschiedenen Methoden der Datenauswertung unterscheiden sich in ihrem Analysezweck bzw. in der Art der adressierten Fragestellung, die insbesondere für unternehmerische Zwecke eine Rolle spielen können.[332] Aus den unterschiedlichen Fragestellungen und Zielsetzungen resultieren unterschiedliche Analysemodelle.[333] Durch deskriptive Analyseverfahren werden die Datenmengen zum Zwecke der Auswertung und Analyse aufbereitet.[334] Ihr Ziel ist es, anhand der Daten Sachverhalte zu beschreiben oder zusammenzufassen.[335] Hierfür werden Verfahren wie Text- und Data-Mining eingesetzt, worunter algorithmus-

325 *Dorner,* CR 2014, 616, 617; *Schweitzer/Peitz,* Datenmärkte in der digitalisierten Wirtschaft, S. 13; *Drexl,* JIPITEC 2017, 257 Rn. 31.

326 *Lanquillon/Mallow,* in: Dorschel, Praxishandbuch Big Data, S. 55; *Bachmann/Kemper/Gerzer,* Big Data – Fluch oder Segen, S. 47.

327 *Bitkom,* Big Data im Praxiseinsatz, S. 19; *Dewenter/Lüth,* Datenhandel und Datenplattformen, S. 9; *Schweitzer/Peitz,* Datenmärkte in der digitalisierten Wirtschaft, S. 13; *Drexl,* JIPITEC 2017, 257 Rn. 26.

328 *Bitkom,* Big Data im Praxiseinsatz, S. 21, abrufbar unter: https://www.bitkom.org/sites/main/files/file/import/BITKOM-LF-big-data-2012-online1.pdf.

329 *Bitkom,* Big Data im Praxiseinsatz, S. 21, abrufbar unter: https://www.bitkom.org/sites/main/files/file/import/BITKOM-LF-big-data-2012-online1.pdf.

330 *Dewenter/Lüth,* Datenhandel und Datenplattformen, S. 9.

331 *Bitkom,* Big Data im Praxiseinsatz, S. 21, abrufbar unter: https://www.bitkom.org/sites/main/files/file/import/BITKOM-LF-big-data-2012-online1.pdf.; *Dewenter/Lüth,* Datenhandel und Datenplattformen, S. 9.

332 *Lanquillon/Mallow,* in: Dorschel, Praxishandbuch Big Data, S. 56.

333 *Bachmann/Kemper/Gerzer,* Big Data – Fluch oder Segen?, S. 47.

334 *Hoffmann-Riem,* Big Data – Regulative Herausforderungen, S. 20.

335 *Lanquillon/Mallow,* in: Dorschel, Praxishandbuch Big Data, S. 56.

basierte Datenanalyseverfahren zu verstehen sind, mit denen aus Daten ein Mehrwert gezogen wird.[336]

IV. Bewertung

Die ökonomische Betrachtung von Daten hat gezeigt, dass sich Daten zu einem eigenständigen Wirtschaftsgut etabliert haben. Die Möglichkeit des Handels von Daten kann eine Zuweisung von Rechten an Daten jedoch nicht ersetzen. Der Wertschöpfungsprozess von Daten hat verdeutlicht, dass von der Erhebung bis zur Analyse von Daten verschiedene Akteure tätig werden, die unterschiedliche Investitionen im Wertschöpfungsprozess tätigen.

336 *Kleinkopf*, Text- und Data-Mining, S. 35.

Kapitel 3: Schutzmöglichkeiten von Daten

Die Untersuchung alternativer Regulierungsmöglichkeiten von Daten erfordert die vorherige Auseinandersetzung mit den Schutzmöglichkeiten von Daten nach der gegenwärtigen Rechtsordnung. Erst wenn bestehende Schutzmöglichkeiten unter einem weiten Auslegungskriterium zu keinen zielführenden Ergebnissen führen, ist der Eingriff des Gesetzgebers durch die Einführung neuer Schutzrechte in Betracht zu ziehen.[337] Das geltende Recht bietet verschiedene Ansätze, um den Schutz von Daten zumindest ansatzweise zu gewährleisten. In diesem Zusammenhang wird oft von einem „Flickenteppich" von Schutzrechten gesprochen.[338] Ihnen gemeinsam ist, dass sie nicht ausreichen, den Schutz von Daten vollumfänglich zu gewährleisten. Sie räumen nur partielle Ausschlussbefugnisse für den Schutz von Daten ein.[339] Das nachfolgende Kapitel soll darstellen, warum ein vollumfänglicher Schutz von Daten nicht möglich ist. Zunächst sollen proprietäre Ansätze für die rechtliche Zuweisung von Daten dargestellt werden, die sich im Laufe der Debatte um den rechtlichen Schutz von Daten entwickelt haben (A.). Im Anschluss soll untersucht werden, welche Rolle das Urheberrecht für den Schutz von Daten einnimmt. Das Urheberrecht sieht mit dem Datenbankwerk und dem Datenbankherstellerrecht selbst Möglichkeiten vor, Daten in den urheberrechtlichen Schutz aufzunehmen (B.). Daten können Teil von Geschäftsgeheimnissen sein, die Unternehmen mit technischen und rechtlichen Schutzmaßnahmen bereit sind zu schützen. Es ist daher zu untersuchen, woran die Schutzmöglichkeiten nach dem neuen Geschäftsgeheimnisrecht scheitern (C.). Abschließend soll der Blick auf die Schutzmöglichkeiten durch das Deliktsrecht gerichtet werden (D).

A. Proprietärer Schutz von Daten

Das Eigentum gilt als umfassendstes Herrschaftsrecht an einer Sache.[340] Es regelt die unmittelbare Beziehung zwischen einer Person und dem betreffenden Rechtsobjekt.[341] Der zivilrechtliche Eigentumsschutz nimmt eine vollumfängliche Zuweisung von einem Bündel von Einzelbefugnissen an den Eigentümer einer Sache vor.[342] Die ausschließliche Zuweisung ermöglicht

---

337 *Bercovitz*, GRUR Int. 1996, 1010, 1011; *Wiebe*, GRUR 2017, 338, 338.

338 *Grützmacher*, CR 2016, 485 ff; *Kevekordes*, Daten als Gegenstand absoluter Zuordnung, S. 157; *Arbeitsgruppe „Digitaler Neustart"*, Bericht vom 15.05.2017, S. 8.

339 *Wunner*, Ein regulatives Vertragsrecht für die Datenwirtschaft, S. 85.

340 *Lakkis*, in: Gsell/Krüger/Lorenz/Reymann, BeckOGK BGB, § 903 Rn. 1.

341 *Schöneich*, Der Begriff der Dinglichkeit im Immaterialgüterrecht, S. 132; *Wellenhofer*, Sachenrecht, § 1 Rn. 2.

342 *Hofmann*, in: Pertot, Rechte an Daten, S. 14, 18; *Wellenhofer*, Sachenrecht, § 1 Rn. 6.

dem Eigentümer, mit seinem Eigentum nach seinem Belieben zu verfahren und Dritte von jeder Einwirkung auszuschließen.[343] Die dem Eigentümer eingeräumte Freiheit im Umgang mit seinem Eigentum verdeutlichen verschiedene rechtliche Befugnisse wie die Übereignung, Aufgabe oder Belastung des Eigentums mit beschränkt dinglichen Rechten.[344] Verschiedene tatsächliche Handlungsmöglichkeiten wie etwa die Nutzung, Veränderung oder gar Zerstörung der Sache finden ihre Grenze allein in den Gesetzen oder Rechten Dritter.[345] Für die absolute Zuordnung von Handlungsbefugnissen an körperlichen Gütern nimmt das Sachenrecht eine Modellfunktion ein, da es die Frage der Zuordnung von Gütern regelt.[346] Die Zuordnung von Gütern ist allerdings nicht als abschließender Prozess zu verstehen: Es tauchen immer wieder neue Gegenstände möglicher Zuordnungen auf, sodass sich die Frage der rechtlichen Zuordnung immer wieder neu stellt.[347] Die Antworten für die Frage, wem Daten eigentlich „gehören"[348], wurden daher zunächst im Sachenrecht gesucht. Es entwickelten sich verschiedene Ansätze, die den Schutz der Daten an die Eigentümerstellung am Trägermedium anknüpfen oder Daten aufgrund ihrer Abstraktheit selbst als Gegenstand des Sachenrechts zuweisen wollen. Im nachfolgenden sollen die wichtigsten Ansätze dargestellt werden, die Daten als Gegenstand des Sachenrechts zuordnen. Die Schwächen der Ansätze sollen Anlass dafür sein, die Frage nach neuen Rechten an Daten zu stellen.

I. Zivilrechtlicher Sachbegriff als Schutzhindernis

Die Zuweisung von Herrschaftsrechten über das Sacheigentum findet ihre Grenze in der erforderlichen Körperlichkeit des zuzuweisenden Gegenstandes.[349] Während das römische Recht unter dem Sachbegriff nicht nur körperliche Gegenstände (*res corporales)*, sondern auch unkörperliche Rechte (*res incorparales*) verstand,[350] ist nach der Rezeption von *Savigny* der heutige Sachbegriff auf körperliche Gegenstände beschränkt.[351] Das Erfor-

343 *Berger*, in: Jauernig, BGB, § 903 Rn. 2 f.; *Brückner*, in: Säcker/Rixecker/Oetker/Limperg/Schubert, MüKo BGB, § 903 Rn. 23 f.; *Schulte-Nölke*, in: Schulze, BGB § 903 Rn. 1; *Lakkis,* in: Gsell/Krüger/Lorenz/Reymann, BeckOGK BGB, § 903 Rn. 1.

344 *Wilhelm*, Sachenrecht, S. 98 f.; *Fritzsche,* in: Hau/Poseck, BeckOK BGB, § 903 Rn. 19.

345 *Fritzsche,* in: Hau/Poseck, BeckOK BGB, § 903 Rn. 18.

346 *Lüke*, Sachenrecht, S. 1; *Wilhelm*, Sachenrecht, S. 35.

347 *Wilhelm*, Sachenrecht, S. 175 f.

348 *Ensthaler/Üge*, BB 2022, 2051; *Fezer*, MMR 2017, 3; *Wiebe*, GRUR Int. 2016, 877; *Grützmacher*, CR 2016, 485; *Zech*, GRUR 2015, 1151; *ders.* CR 2015, 137; *Hoeren*, MMR 2013, 486; *Dorner*, CR 2014, 617; *Ensthaler*, NJW 2016, 3473; *Härting*, CR 2016, 646, 646; *Steinrötter,* MMR 2017, 731.

349 Vgl. *Preuß*, Rechtlich geschützte Interessen an virtuellen Gütern, S. 54.

350 *Berberich,* Virtuelles Eigentum, S. 87 m. w. N.

351 *Savigny*, System des heutigen römischen Rechts Band I, S. 338.

dernis der Körperlichkeit in § 90 BGB setzt voraus, dass die Gegenstände beherrschbar und sinnlich wahrnehmbar sind.[352] Materie im physikalischen Sinne muss vorliegen, die im Falle einer technischen Beherrschbarkeit auch flüssig oder gasförmig sein kann.[353] Unkörperliche Gegenstände wie die elektrische Energie fallen nicht unter den Sachbegriff des § 90 BGB.[354] Ob Daten unter den Sachbegriff des § 90 BGB fallen und damit Gegenstand der sachenrechtlichen Güterzuordnung sein können, verdeutlicht der Vergleich von Daten mit körperlichen Gegenständen. Im Unterschied zu körperlichen Gegenständen handelt es sich bei Daten im Kern um elektrische Spannungszustände, die mangels abgrenzbarer Körperlichkeit keine Sacheigenschaften aufweisen.[355] Sie können von ihrer Natur her leicht vervielfältigt werden und damit mehreren Nutzern ohne Nutzungsbeeinträchtigung gleichzeitig zur Verfügung stehen.[356] Durch diese Nicht-Rivalität im Konsum ist wie bei anderen immateriellen Gütern eine umfassende Verwertung möglich.[357] Wurden die Daten einmal veröffentlicht, kann ihre Nutzung, Vervielfältigung und Verbreitung durch Dritte nicht mehr verhindert werden.[358] Eine exklusive Nutzung ist dann nur noch durch rechtliche Regelungen erreichbar.[359] Daneben sind Daten anders als Sachen nicht abnutzbar. Auf einem Datenträger fixiert, unterliegt zwar der Datenträger selbst bei ordnungsgemäßer Benutzung oder durch Alterung der Abnutzbarkeit, die auf ihm vorhanden Daten jedoch nicht.[360] Daten sind daher nicht als Sachen i. S. d. § 90 BGB einzuordnen und können damit auch nicht Gegenstand der absoluten Zuweisung über § 903 S. 1 BGB sein.[361]

---

352 *Mössner*, in: Gsell/Krüger/Lorenz/Reymann, BeckOGK BGB, § 90 Rn. 58 f.

353 *Müller/Gruber*, Sachenrecht § 2 Rn. 20; *Stresemann*, in: Säcker/Rixecker/Oetker/Limperg/Schubert, § 90 Rn. 24.

354 *Müller/Gruber*, Sachenrecht, § 2 Rn. 20; *Mössner*, in: Gsell/Krüger/Lorenz/Reymann, BeckOGK BGB, § 90 Rn. 71 f.; *Stresemann*, in: Säcker/Rixecker/Oetker/Limperg/Schubert MüKo BGB, § 90 Rn. 24.

355 *Müller*, DuD 2019, 159, 159; *Stresemann*, in: Säcker/Rixecker/Oetker/Limperg/Schubert, MüKo BGB, § 90 Rn. 25.

356 *Acatech – Deutsche Akademie der Technikwissenschaften:* Industrie 4.0 und das Recht, S. 5; *Zech*, CR 2015, 137, 139; *Arbeitsgruppe „Digitaler Neustart"*, Bericht vom 15.05.2017, S. 30; *Hoeren*, MMR 2019, 5, 6; *Zech*, Information als Schutzgegenstand, S. 118; *ders.*, CR 2015, 137, 139; *Heymann*, CR 2016, 650, 653; *Kornmeier/Baranowski*, BB 2019, 1219, 1219; *Raue*, NJW 2019, 2425, 2425.

357 *Acatech – Deutsche Akademie der Technikwissenschaften:* Industrie 4.0 und das Recht, S. 5.

358 *Arbeitsgruppe „Digitaler Neustart"*, Bericht vom 15.05.2017, S. 30; *Fries/Scheufen*, MMR 2019, 721, 725.

359 *Dewenter/Lüth*, Datenhandel und Plattformen, S. 11; *Zech*, CR 2015, 137, 139.

360 *Zech*, CR 2015, 137, 139.

361 *Podszun*, Handwerk in der digitalen Ökonomie, S. 58; *Determann*, ZD 2018, 503, 505; *BMVi*, „Eigentumsordnung" für Mobilitätsdaten?, S. 59; *Zech*, CR 2015, 137, 141 f.; *Wendehorst*, NJW 2016, 2609, 2610; *Hornung/Goeble*, CR 2015, 268; *Dorner*, CR

II. Zuordnung über das Eigentum am Trägermedium

Die fehlende Körperlichkeit von Daten hat nicht zur Folge, dass Daten für ihre Existenz und Wahrnehmbarkeit nicht auf eine Verkörperung angewiesen sind.[362] Die körperliche Manifestation der Daten kann durch die Speicherung auf physischen Datenträgern wie Festplatten, Disketten oder CD-ROMS erfolgen.[363] Diese fallen als körperliche Gegenstände zweifellos unter den Sachbegriff des § 90 BGB und können Objekte von Eigentumsrechten sein.[364] Über den Eigentumsschutz des Datenträgers ist auch ein indirekter Schutz der auf einem physischen Medium lokal gespeicherten Daten denkbar.[365] Durch die Verkörperung der Daten auf einem physischen Datenträger wird eine rivale Nutzungsmöglichkeit der Daten gewährleistet. Der Eigentümer des Datenträgers kann andere von der Einwirkung auf den Datenträger ausschließen und bei widerrechtlicher Wegnahme nach § 985 BGB die Herausgabe des Datenträgers und damit auch der Daten an sich selbst verlangen.[366]Auch eigentumsrelevante Nutzungen am Medium, wie das Speichern, Durchleiten und Auslesen von Daten, können über den Eigentumsschutz des Datenträgers verhindert werden.[367] Besonders relevant ist der Schutz vor Eingriffen durch Dritte, etwa durch die Beschädigung, Zerstörung oder Veränderung der Beschaffenheit des Datenträgers.[368] Zur geschützten Beschaffenheit gehört auch der Schutz vor magnetischen Veränderungen der auf dem Datenträger befindlichen syntaktischen Zeichen.[369]

2014, 625; *Jöns*, Daten als Handelsware, S. 69; *Boehm*, ZEuP 2016, 358, 38; *Rippert/Weimar*, ZUM 2007, 272, 274; *Peschel/Rockstroh*, MMR 2014, 571, 572; *Kornmeier/Baranowski*, BB 2019, 1219, 1220; *Riehm*, in: Hornung, Rechtsfragen der Industrie 4.0, S. 73, 76; *Sattler*, in: Sassenberg/Faber, Rechtshandbuch Industrie 4.0 und Internet of Things, § 2 Rn. 98; *Fries/Scheufen*, MMR 2019, 721, 723.

362 *Härting*, CR 2016, 646, 647.

363 *Stresemann*, in: Säcker/Rixecker/Oetker/Limperg/Schubert, MüKo BGB, § 90 Rn. 26; *Mössner*, in: Gsell/Krüger/Lorenz/Reymann, BeckOGK BGB, § 90 Rn. 84.

364 *Winkler*, Rechte an Daten im Zivilrecht, S. 80; *Adam*, NJW 2020, 2062, 2063; *Wagner*, in: Säcker/Rixecker/Oetker/Limperg/Schubert, MüKo BGB, § 823 Rn. 285; *Podszun*, Handwerk in der digitalen Ökonomie, S. 57.

365 *Meier/Wehlau*, NJW 1998, 1585; *Wagner*, in: Säcker/Rixecker/Oetker/Limperg/Schubert, MüKo BGB, § 823 Rn. 332; *Kevekordes*, Daten als Gegenstand absoluter Zuordnung, S. 88 f.; *Zech*, AcP 219 (2019), 488, 584 f.; OLG Karlsruhe, Urteil vom 07.11.1995 – 3 U 15/95 = NJW 1996, 200, 201; OLG Oldenburg, Beschluss vom 24.11.2011 – 2U 98/11 = BeckRS 2011, 28832.

366 *Faust*, in: Stiftung Datenschutz, Dateneigentum und Datenhandel, S. 87; *Raue*, NJW 2019, 2425, 2426.

367 *Berberich*, Virtuelles Eigentum, S. 98; *Wagner*, in: Säcker/Rixecker/Oetker/Limperg/Schulze, MüKo BGB, § 823 Rn. 332.

368 *Wagner*, in: Säcker/Rixecker/Oetker/Limperg/Schubert, MüKo BGB, § 823 Rn. 286; siehe hierzu unter Kap. 3. D.

369 *Wagner*, in: Säcker/Rixecker/Oetker/Limperg/Schubert, MüKo BGB, § 823 Rn. 286 m. w. N.

Werden Daten verändert oder gelöscht, kann der Tatbestand der Eigentumsverletzung an dem Datenträger erfüllt sein, sodass der Schutz des Sacheigentums am Datenträger auch den Schutz der auf ihm befindlichen Daten zur Folge hat.[370]

1. Bedeutungsverlust von physischen Datenträgern im digitalen Zeitalter

Die Verschmelzung der physischen und syntaktischen Ebene zu einer Schutzeinheit hat aus rechtlicher Sicht ein Ergebnis zur Folge, das der Bedeutung der Daten im digitalen Zeitalter nicht gerecht wird. Problematisch ist, dass sich der Schutz des Sacheigentums nur auf den Datenträger selbst bezieht.[371] Ein Vergleich mit anderen immateriellen Gütern, wie etwa mit urheberrechtlich geschützten Sprach- oder Musikwerken, verdeutlicht, dass auch Daten getrennt von dem Gegenstand beurteilt werden müssen, auf dem sie verkörpert sind.[372] Dies gilt insbesondere vor dem Hintergrund, dass Datenträger mit voranschreitender Zeit immer mehr an Bedeutung verlieren.[373] Die Speicherung von Daten erfolgt überwiegend über externe Cloud-Computing-Anwendungen.[374] Diese gewährleisten die Nutzung von Rechnerressourcen wie Server- und Speicherkapazitäten, Anwendungen und Diensten, die über ein Kommunikationsnetzwerk, einer „Wolke", den Nutzern kostenlos oder gegen Zahlung eines Entgelts zur Verfügung gestellt werden.[375] Den Cloud-Nutzern wird es dadurch möglich, durch unterschiedliche Geräte jederzeit und von überall auf ihre Daten zuzugreifen.[376] Die Flexibilität solcher Dienste ist nicht von der Hand zu weisen. Durch den ortsunabhängigen Zugriff ermöglichen Cloud-Dienste dynamische und flexible Bereitstellungformen, die durch physische Datenträger nicht möglich sind. Neben der

---

370 OLG Karlsruhe, Urteil vom 07.11.1995, Az.: 3 U 15/95 = NJW 1996, 200, 201; *Adam*, NJW 2020, 2063, 2063; *Zech*, AcP 219 (2019), 488, 584; *ders.*, CR 2015, 137, 142; *Kornmeier/Baranowski*, BB 2019, 1219, 1223; vgl. *Hofmann*, in: Pertot, Rechte an Daten, S. 21; a. A. LG Konstanz, Urteil vom 10.05.1996, Az.: 1 S 292/95 = NJW 1996, 2662.

371 *Specht*, CR 2016, 288, 292; *Zech*, Information als Schutzgegenstand, S. 334 f.; *Schur*, Die Lizenzierung von Daten, S. 40.

372 *Schmidt*, Zugang zu Daten nach europäischem Kartellrecht, S. 106.

373 *Wagner*, in Säcker/Rixecker/Oetker/Limperg/Schubert, MüKo BGB, § 823 Rn. 287.

374 *Wagner*, in: Säcker/Rixecker/Oetker/Limperg/Schubert, MüKo BGB, § 823 Rn. 378; *Hoeren*, MMR 2019, 5, 7.

375 *Selzer*, Datenschutzrechtliche Zulässigkeit von Cloud-Computing-Services und deren teilautomatisierte Überprüfbarkeit, S. 1; *Weiss*, in: Niemann/Paul, Rechtsfragen des Cloud Computing, S. 18; siehe ausführlich zum Begriff „Cloud Computing" *Müller*, Cloud Computing, S. 33 ff.

376 *Städtler*, Rechtskonformes Identitätsmanagement im Cloud Computing, S. 7; *Borges*, in: Borges/Werners, Identitätsmanagement im Cloud Computing, S. 2.

standortunabhängigen Verfügbarkeit von Daten liefert die kostengünstige Speicherung von Daten Kostenersparnisse, die lokale Speichermodelle in den Hintergrund rücken lassen. Langfristig ist daher davon auszugehen, dass neue und innovative Technologielösungen wie Cloud-Dienste den Umgang mit Daten nachhaltig verändern werden. Daten werden vermehrt über das Internet gespeichert und transferiert, sodass die einzige physische Bezugskomponente, nämlich die Verkörperung auf körperlichen Datenträgern, mit zunehmender Zeit ihre Relevanz verliert.[377]

2. Rechtliche Schutzdefizite bei externer Datenspeicherung

Die zunehmende Speicherung von Daten auf externen Speicherkapazitäten hat zur Folge, dass aus rechtlicher Sicht der mittelbare Schutz der Daten über den Datenträger nicht immer gewährleistet sein wird. Anders als bei der Speicherung der Daten auf eigenen physischen Datenträgern wird die Personenidentität zwischen den Inhabern der Daten und der Betreiber der Cloud-Lösung nicht mehr vorliegen.[378] Der Schutz der Daten über die Eigentümerstellung am Datenträger würde bedeuten, dass der Cloud-Betreiber und nicht derjenige, der die Daten auf dem externen Datenträger gespeichert hat, berechtigter Inhaber der Daten wäre.[379] Die Speicherung von Daten auf fremden Datenträgern hat daher nicht zur Folge, dass der Eigentümer des Datenträgers gleichzeitig auch der Berechtigte der Inhalte sein kann, die auf seinem Medium gespeichert sind.[380] In der Praxis werden für die Klarstellung der Zuordnungsverhältnisse in Cloud Computing-Verträgen daher Dateneigentums- und Berechtigungsklauseln getroffen, in denen die Berechtigung der Nutzer an ihren Daten ausdrücklich vereinbart wird.[381] Richtigerweise muss daher die Berechtigung an gespeicherten Inhalten auf externen Speichermedien gesondert von der Eigentümerstellung an dem Speichermedium beurteilt werden.[382]

---

377 *Baldus,* in: Säcker/Rixecker/Oetker/Limperg/Schubert, MüKo BGB, § 985 Rn. 59; *Zech,* Information als Schutzgegenstand, S. 174.
378 BGH, ZUM 2016, 47 Rn. 20 – *Kohl-Tagebücher*; *Hoeren*, MMR 2019, 5, 7.
379 *Kevekordes*, Daten als Gegenstand absoluter Zuordnung, S. 105.
380 BGH, ZUM 2016, 47 Rn. 20 – *Kohl-Tagebücher*.
381 *Boehm,* ZEuP 2016, 358, 380; siehe hierzu Kap. 5 B II d.
382 BGH, ZUM 2016, 47 Rn. 20 – *Kohl-Tagebücher*; BGH, NJW 2007, 2394, 2395; so auch *Faust,* in: Stiftung Datenschutz, Dateneigentum und Datenhandel, S. 86 f; *Kommeier/Baranowski,* BB 2019, 1219, 1220; *Podszun*, Datenökonomie in der digitalen Wirtschaft, S. 57; *Kevekordes*, Daten als Gegenstand absoluter Zuordnung, S. 105.

III. Konstruktion des Dateneigentums

Es ist die Unabhängigkeit der Daten von einem bestimmten körperlichen Datenträger, die Daten als eigenständige Güter etabliert.[383] Die Schwierigkeit, die eigentumsrechtliche Zuordnung von Daten über das Eigentum am Datenträger zu begründen, führte in der rechtswissenschaftlichen Diskussion daher zur Frage, ob Daten als eigenständiges Objekt sachenrechtlicher Regelungen ausschließlich zugewiesen werden können. Im Rahmen der intensiv geführten Diskussion um Rechte an Daten fiel oft der Begriff des sog. „Dateneigentums".[384] Der Begriff des Dateneigentums knüpft an die bekannte Institution des Eigentums an, sodass selbst juristische Laien imstande sind, den Zweck der Institution zu begreifen.[385] Als terminologischer Ausgangspunkt und Oberbegriff bezweckt das Dateneigentum die rechtliche Zuweisung von Verfügungsrechten, die das Recht der Erschließung und Verarbeitung wie die Nutzung, Übertragung und Löschung von Daten umfassen.[386] Für die dogmatische Konstruktion des Dateneigentums wurden verschiedene Ansätze entwickelt, die im nachfolgenden Abschnitt vorgestellt werden sollen.

1. Zuweisung nach § 903 S. 1 BGB analog

Da eine direkte Anwendbarkeit des § 903 S. 1 BGB mangels Körperlichkeit von Daten nicht in Betracht kommt,[387] wurde die Konstruktion des Dateneigentums über eine analoge Anwendung des § 903 S. 1 BGB in Betracht gezogen.[388] Für die Annahme einer analogen Anwendbarkeit muss eine planwidrige Regelungslücke sowie eine vergleichbare Interessenlage zwischen dem geregelten und ungeregelten Sachverhalt vorliegen.[389] Während das Vorliegen einer Regelungslücke bei virtuellen Gegenständen noch mit

---

383 *Zech,* CR 2015, 138, 138.

384 *Dorner,* CR 2014, 617; *Drexl,* NZKart 2017, 339, 431 ff.; *Härting,* CR 2016, 646; *Heymann,* CR 2016, 650; *Kerber,* GRUR Int 2016, 989; *Specht,* CR 2016, 288; *Wiebe,* GRUR Int 2016, 877; *Zech,* GRUR 2015, 1151; *ders.,* CR 2015, 137; *Fezer,* MMR 2017, 3; *ders.* ZD 2017, 99; *Determann;* MMR 2018, 277; *ders.* ZD 2018, 503; *Stender-Vorwachs/Steege,* NJOZ 2018, 1361; *Kühling/Sackmann,* ZD 2020, 24; *Boehm,* ZEuP 2016, 258; *Müller,* DuD 2019, 159; *Podszun,* Handwerk in der digitalen Ökonomie, S. 57 ff.

385 Ähnlich *Esken,* in: Stiftung Datenschutz, Dateneigentum und Datenhandel, S. 77.

386 *Jentzsch,* Dateneigentum – Eine gute Idee für die Datenökonomie?, S. 1.

387 *Determann,* ZD 2018, 503, 505; *Kornmeier/Baranowski,* BB 2019, 1219, 1220; *Peschel/Rockstroh,* MMR 2014, 571, 572; *Sattler,* in: Sassenberg/Faber, Rechtshandbuch Industrie 4.0 und Internet of Things, § 2 Rn. 98.

388 *Hoeren,* MMR 2013, 486, 487; *Stresemann,* in: Säcker/Rixecker/Oetker/Limperg/Schulze, MüKo BGB, § 90 Rn. 1; *Ellenberger,* in: Grüneberg, BGB § 90 Rn. 1.

389 *Schwacke,* Juristische Methodik, S. 133 ff.; *Puppe,* Kleine Schule des juristischen Denkens, S. 115 f.

der fehlenden Vorhersehbarkeit von technischen Entwicklungen begründet werden kann,[390] ist die Annahme der Planwidrigkeit wegen des sachenrechtlichen Typenzwangs umstritten.[391] Der Numerus Clausus des Sachrechts steht der Annahme der Planwidrigkeit jedenfalls nicht entgegen, denn dieser verbietet zwar die Begründung neuer und die Aushöhlung bestehender dinglicher Rechte,[392] nicht jedoch die Erweiterung des zivilrechtlichen Sachbegriffs in den Fällen, in denen für den historischen Gesetzgeber technische Errungenschaften der Zukunft nicht vorhersehbar waren.[393] Für die Begründung der analogen Anwendbarkeit des §903 S. 1 BGB zogen Vertreter dieser Ansicht die strafrechtlichen Vorschriften §§202a ff. und 303a Abs. 1 StGB heran.[394] Besondere Bedeutung kam dabei §303a Abs. 1 StGB zu, der das rechtswidrige Löschen, Unterdrücken, Unbrauchbarmachen oder die Veränderung von Daten unter Strafe gestellt hat. Der Schutzgegenstand der Norm ist das Interesse des Verfügungsberechtigten an der unversehrten Verwendbarkeit von Daten und damit auch die Verfügungsbefugnis über Daten.[395] Der Integritätsschutz des §303a Abs. 1 StGB erfasst nur solche Daten, an denen einer anderen Person als dem Täter ein unmittelbares rechtlich schutzwürdiges Interesse in Form einer eigentümerähnlichen Verfügungsbefugnis zusteht.[396] Woran diese eigentümerähnliche Verfügungsbefugnis konkret anknüpft, ist unklar, jedoch zwingend klärungsbedürftig, um dem Bestimmtheitsgrundsatz des Art. 103 Abs. 2 GG zu genügen.[397] Vereinzelt wird hierzu vertreten, dass die Zuordnung der Daten zu einer Person direkt den dinglichen Rechten an dem Datenträger folgen soll, d. h. derjenige, der Eigentümer des Datenträgers ist, soll automatisch eine eigentümerähnliche Verfügungsbefugnis an den darauf befindlichen Daten haben.[398] Wie bereits dargestellt, übersieht eine solche Herangehensweise jedoch, dass die Eigen-

---

390 Gegen die Annahme einer Regelungslücke *Heun/Assion,* CR 2015, 812, 814; *Dorner,* CR 2014, 617, 621 ff.

391 *Shmatenko/Möllenkamp*, MMR 2018, 495, 497; *Engelhardt/Klein*, MMR 2014, 355, 357.

392 *Walter*, NJW 2019, 3609, 3612; *Berberich*, Virtuelles Eigentum, S. 218; *Winkler*, Rechte an Daten im Zivilrecht, S. 87.

393 Vgl. *Walter*, NJW 2019, 3609, 3612; *Berberich*, Virtuelles Eigentum, S. 218; *Winkler*, Rechte an Daten im Zivilrecht, S. 87.

394 *Hoeren*, MMR 2013, 486, 487; *Zech*, CR 2015, 137, 144; *Dorner*, CR 2014, 617, 618.

395 OLG Nürnberg, BeckRS 2013, 03553 = CR 2013, 212; *Golla/Thess,* in: Hennemann/Sattler, Immaterialgüter und Digitalisierung, S. 12; *Hecker*, in: Schönke/Schröder, StGB §303a Rn. 1; *Altenhain*, in: Matt/Renzikowski, StGB §303a Rn. 1; *Heger*, in: Lackner/Kühl/Heger, StGB §303a Rn. 1.

396 OLG Nürnberg, BeckRS 2013, 03553 = CR 2013, 212; *Heger,* in: Lackner/Kühl/Heger, StGB §303a Rn. 4; *Wieck-Noodt*, in: Erb/Schäfer, MüKo StGB, §303a Rn. 3.

397 *Heger,* in: Lackner/Kühl/Heger, StGB §303a Rn. 4; *Wieck-Noodt*, in: Erb/Schäfer, MüKo StGB, § 303a Rn. 9; *Hoeren,* MMR 2013, 486, 487.

398 *Wieck-Noodt*, in: Erb/Schäfer, MüKo StGB, §303a Rn. 10.

tümer von externen Datenspeichern nur den Speicherplatz für Dritte zur Verfügung stellen, nicht jedoch immer auch für den Inhalt der Daten verantwortlich sind.[399] Wird der Normzweck des § 303a StGB herangezogen, wird deutlich, dass die Vorschrift das Interesse des Verfügungsberechtigten an der unversehrten Verwendbarkeit von Daten schützt.[400] *Hoeren* stellt zutreffend fest, dass andernfalls der Tatbestand auch an eine Sachbeschädigung durch das Verändern von gespeicherten Daten anknüpfen können, welches jedoch dem Interesse der Trennung zwischen Datenträgereigentum und Daten nicht entsprechen würde.[401] Für die Zuweisung der Daten zu einem Inhaber hat sich als Zuordnungskriterium daher der sog. Skripturakt durchgesetzt, wonach Berechtigter derjenige ist, der die Speicherung der Daten selbst unmittelbar bewirkt hat, sei es durch die Eingabe der Daten, durch den Start eines selbstständig speichernden Programms oder durch die Bewirkung der Einspeisung externer Daten.[402] Die strafrechtlich geschützte Rechtsposition, die durch den Skripturakt begründet wird, habe Vorbildfunktion und sei im Sinne der Einheit der Rechtsordnung auf den zivilrechtlichen Bereich zu übertragen, um ein Dateneigentum zu konstruieren.[403] Das Dateneigentum räume dem Berechtigten einen Herausgabeanspruch nach § 985, Abwehr- und Unterlassungsansprüche aus § 1004 BGB sowie deliktsrechtlichen Schutz als „sonstiges Recht“ i. S. d. § 823 Abs. 1 BGB ein.[404] Problematisch an dieser Ansicht ist jedoch, dass sie nur auf den ersten Blick geeignet ist, die Frage der eigentumsrechtlichen Zuweisung von Daten zu lösen. Auch wenn das Argument der Einheitlichkeit der Rechtsordnung nachvollziehbar ist, muss entgegengehalten werden, dass es nicht die Aufgabe des Strafrechts ist, subjektive Rechte zu begründen.[405] Zwar liegt eine vergleichbare Interessenlage im Hinblick auf den Schutz der Integrität und Verfügbarkeit von Daten vor, bezogen auf die Nutzung und Verwertung können Daten indes nicht mit Sachen gleichgestellt werden.[406] Die mangelnde Körperlichkeit von Daten erschwert eine klare Abgrenzung des Schutzumfangs und damit auch der zugewiesenen Befugnisse, die bei körperlichen Gegenständen durch die exklu-

399 *Hoeren,* MMR 2013, 486, 487.

400 *Hecker,* in: Schönke/Schröder, StGB § 303a Rn. 1; *Altenhain,* in: Matt/Renzikowski, StGB § 303a Rn. 1.

401 *Hoeren,* MMR 2013, 486, 487.

402 *Welp,* IuR 1988, 443, 447; OLG Nürnberg, BeckRS 2013, 03553 = CR 2013, 212; *Hoeren,* MMR 2013, 486, 488; *Hilgendorf,* JuS 1996, 890, 893.

403 *Hilgendorf,* JuS 1996, 890, 892 f.; *Welp,* IuR 1988, 443, 448; *Hoeren,* MMR 2013, 486, 488; a. A. *Härting,* CR 2016, 646, 649.

404 *Hoeren,* MMR 2013, 486, 490 f.

405 So auch *Heun/Assion,* CR 2015, 812, 814; *Hefendehl,* JA 2011, 401.

406 So auch *Golla/Thess,* in: Hennemann/Sattler, Immaterialgüter und Digitalisierung, S. 12; *Ehlen/Brandt,* CR 2016, 571; *Hofmann,* in: Pertot, Rechte an Daten, S. 20; *Redeker,* CR 2011, 634, 638; *Sattler,* in: Sassenberg/Faber, Rechtshandbuch Industrie 4.0 und Internet of Things, § 2 Rn. 98.

sive und rivale Nutzung möglich ist.[407] Das Kriterium des Skripturaktes eignet sich daher nur für die Identifizierung des zu schützenden Berechtigten durch das Strafrecht, nicht jedoch für die Zuweisung von eigentumsähnlichen Handlungsbefugnissen an Daten. Schutzzweck und Schutzgegenstand werden vermischt, sodass keine klaren Zuordnungsverhältnisse resultieren können. Dies wird insbesondere in den Fällen der arbeitsteiligen Wertschöpfungsprozesse deutlich, die in der industriellen Nutzung datenerhebender Maschinen und Geräte nicht unüblich ist.[408] Die in Folge einzuräumenden Dateneigentumsbefugnisse für jeden einzelnen Skribenten können mangels rivaler Nutzungsmöglichkeit der Daten zu keinen klaren Zuordnungsverhältnissen führen. Die Konstruktion eines Dateneigentums über § 903 S. 1 BGB analog ist daher abzulehnen.

2. Daten als Früchte einer Sache

Ein weiterer Ansatz bildet die Einordnung von Daten als Früchte einer Sache i. S.d § 99 BGB.[409] Nach *Grosskopf* sind maschinengenerierte Daten als unmittelbare Rechtsfrüchte i. S. d. § 99 Abs. 2 BGB einzuordnen.[410] Daten seien die Früchte des Eigentums an Grund und Boden, die dem Eigentümer zustehen sollen.[411] Die Verwendung dieser Daten soll daher dem Eigentümer der Maschine zustehen, der durch Erteilung seiner Einwilligung Dritten, wie etwa dem Hersteller der Maschine, die Nutzung der Daten gestatten könne.[412] Andernfalls stünden dem Eigentümer Herausgabe- und Löschungsansprüche gem. §§ 953, 988, 818 BGB zu.[413] Eine Ausnahme bildet *Grosskopf* im Hinblick auf vernetzte Fahrzeuge. Hier sollen die Daten nicht dem Eigentümer der öffentlichen Straßen zustehen, sondern vielmehr als Früchte des Fahrzeugs dem Eigentümer zugewiesen sein.[414] Das Bedürfnis nach Ausnahmetatbeständen verdeutlicht gleichsam, dass der Ansatz nur bedingt geeignet ist, einen einheitlichen Maßstab für die Zuordnung von Daten zu liefern. Problematisch ist schon die Anwendung des § 99 Abs. 2 BGB auf Sachen. Nach § 99 Abs. 2 BGB sind unmittelbare Rechtsfrüchte Erträge, welche ein Recht seiner Bestimmung gemäß gewährt. Das Eigentumsrecht

---

407 So auch *Zech*, GRUR 2015, 1151, 1159; *Ehlen/Brandt,* CR 2016, 571; *Golla/Thess,* in: Hennemann/Sattler, Immaterialgüter und Digitalisierung, S. 12; *Czychowski/Siesmayer*, in: Taeger/Pohle, Computerrechts-Handbuch, Teil 20.5 Rn. 22; *Podszun*, Handwerk in der digitalen Ökonomie, S. 59; *Ehlen/Brandt,* CR 2016, 570, 571.

408 *Golla/Thess,* in: Hennemann/Sattler, Immaterialgüter und Digitalisierung, S. 13.

409 *Grosskopf*, IPRB 2011, 259, 260.

410 *Grosskopf*, IPRB, 2011, 259, 260.

411 *Grosskopf*, IPRB, 2011, 259, 260.

412 *Grosskopf*, IPRB, 2011, 259, 260.

413 *Grosskopf*, IPRB, 2011, 259, 260.

414 *Grosskopf*, IPRB, 2011, 259, 260.

gilt nicht als Recht i. S. d. § 99 Abs. 2 BGB.[415] Daten werden durch die Nutzung körperlicher Gegenstände, mithin durch Sachen generiert, weshalb die Zuordnung wenn dann über § 99 Abs. 1 BGB erfolgen müsste.[416] Doch auch für die Einordnung als Sachfrüchte i. S. d. § 99 Abs. 1 BGB bestehen Bedenken. Die Einordnung als Sach- oder auch Rechtsfrüchte führt noch zu keiner eigentumsrechtliche Zuweisung von Daten.[417] § 99 BGB regelt nicht den Erwerb von Rechten an Sach- oder Rechtsfrüchten.[418] Vielmehr definiert die Norm Früchte einer Sache und eines Rechts sowie die sog. mittelbaren Früchte, an die andere Normen ihre Rechtsfolgen anknüpfen.[419] Die Rechtsfolgenbestimmung der § 953 i. V. m. § 954 BGB ist ebenfalls unpassend, da diese die Eigentumsfähigkeit der Erzeugnisse und sonstigen Bestandteile voraussetzt.[420] Auch eine analoge Anwendung von § 99 BGB i. V. m. §§ 953 ff. BGB scheitert.[421] Unabhängig vom Vorliegen einer planwidrigen Regelungslücke, liegt schon keine vergleichbare Interessenlage zwischen der Zuweisung von rivalen Gütern und nicht-rivalen Gütern vor.[422] Die gesetzlichen Eigentumserwerbstatbestände der §§ 953 ff. BGB weisen körperliche Gegenstände dem Eigentümer zu, um Rechtsunsicherheiten im Hinblick auf Erträge, Früchte und Erzeugnisse einer Sache zu vermeiden. Daten sind immaterielle Güter, die aufgrund ihrer rivalen Nutzungsmöglichkeit auch dann von mehreren Personen geschützt werden können, wenn sie eigentumsrechtlich einer bestimmten Person zugewiesen werden.[423] Auch wenn der Ansatz von *Grosskopf* nicht geeignet ist, die fehlende Zuordnung von Daten zu lösen, kann der Grundgedanke des Ansatzes für die Entwicklung von neuen Rechten an Daten herangezogen werden. Produziert eine Sache eine selbstständige neue Sache, soll der Eigentümer der Muttersache über § 953 BGB auch Eigentum an der Frucht der Sache erwerben können. Die Muttersache stellt in Industrie-4.0-Sachverhalten die vernetzte Maschine dar, durch deren Nutzung Unmengen von Daten erzeugt werden. Das Ergebnis der Nutzung sind Daten als selbstständig handelbare Güter, die die Maschine als Muttersache erzeugt. Unter Zugrundelegung des Grundgedankens der Fruchtziehung könnte sich auch die Ausgestaltung des neuen Datenrechts daran orientieren, die zu begründenden Rechte an Daten an den Rechten der Maschine folgen zu lassen. Der Käufer der vernetzten Maschi-

---

415 *Wieling/Finkenauer,* Sachenrecht, S. 48.
416 So auch *Kevekordes,* Daten als Gegenstand absoluter Zuordnung, S. 108.
417 *Zech,* CR 2015, 137, 142.
418 *Zech,* CR 2015, 137, 142.
419 So z. B. §§ 818 Abs. 1, 87 ff., 2020, 2184 BGB.
420 *Kevekordes,* Daten als Gegenstand absoluter Zuordnung, S. 108 f.
421 *Zech,* CR 2015, 137, 142; *Kevekordes,* Daten als Gegenstand absoluter Zuordnung, S. 109.
422 *Kevekordes,* Daten als Gegenstand absoluter Zuordnung, S. 109.
423 *Kevekordes,* Daten als Gegenstand absoluter Zuordnung, S. 109.

ne hat unter Zahlung eines bestimmten Entgelts das Eigentum an der vernetzten Maschine erworben. Es ist daher nicht abwegig zu argumentieren, dass mit dem Erwerb der Maschine auch Rechte an den Daten als „Erzeugnisse" begründet werden. Ob ein solcher Ansatz für die Entwicklung der Datenwirtschaft tragfähig ist, soll an dieser Stelle noch offenbleiben. Es soll zunächst ausreichen, den Gedanken der Fruchtziehung als Ansatz für die Entwicklung neuer Rechte an Daten festzuhalten.

3. Daten als Nutzungen des Datenträgers

Weiterhin wird § 100 BGB herangezogen, um Daten eigentumsrechtlich zuzuordnen.[424] Nach dieser Ansicht würden Daten einen Vermögenvorteil darstellen, der durch den Gebrauch einer Sache entstehe.[425] Die Nutzungen sollen dem Eigentümer des Datenträgers ausschließlich zugewiesen werden, dem dann ein gesetzlich zugewiesenes Erstnutzungsrecht zustehen soll.[426] Neben einem Erstnutzungsrecht soll dem Berechtigten auch die Möglichkeit zustehen, im Wege vertraglicher Vereinbarungen ein Nutzungsrecht an Dritte zu übertragen.[427] Auch wenn Gebrauchsvorteile anders als Früchte keine Sachqualität aufweisen[428], eignet sich der Ansatz nicht, um eine rechtliche Zuordnung von Daten vorzunehmen. Gegen den Vorschlag spricht auch hier, dass § 100 BGB keine eigentumsrechtliche Zuweisung von Vermögensvorteilen vornimmt.[429] Es handelt sich bei der Norm um eine Legaldefinition des Begriffs der Nutzungen, an die verschiedenen Vorschriften anknüpfen.[430] Mit ihr sollen solche Vorteile erfasst werden, die die rivale Nutzung eines körperlichen Gegenstandes gewährt, nicht die Vorteile, die aus der Nutzung immaterieller Güter resultieren. Doch auch hier kann der Grundgedanke der Vorschrift für Überlegungen neuer Rechte an Daten herangezogen werden. Die Gebrauchsvorteile, die das Eigentumsrecht dem Eigentümer einer Sache einräumen will, sollen dem Eigentümer der Muttersache zugutekommen. Der Schutz des Eigentums erstreckt sich sowohl auf die Früchte als auch auf die Gebrauchsvorteile einer Sache. Diese Erstreckung macht die Weite der Schutzwirkung des Eigentums deutlich, die auch im Hinblick auf die Gebrauchsvorteile und Früchte von vernetzten Maschinen oder Ge-

---

424 *Heun/Assion,* CR 2015, 812, 818; *Assion,* CR 2015, 84, 85; *Heymann*, CR 2016, 650, 651.

425 *Heun/Assion,* CR 2015, 812, 818.

426 *Heun/Assion,* CR 2015, 812, 818.

427 *Heun/Assion,* CR 2015, 812, 818.

428 *Kevekordes*, Daten als Gegenstand absoluter Zuordnung, S. 110.

429 So auch *Kevekordes*, Daten als Gegenstand absoluter Zuordnung, S. 111.

430 z. B. in §§ 346 Abs. 1, 347 Abs. 1, 818 Abs. 1, 2, 987, 988, 990–993, 2020, 2021, 2023 Abs. 2 BGB.

räten gelten muss, deren „Erzeugnisse“ aufgrund ihrer Immaterialität nicht unter den herkömmlichen Schutz des Sachenrechts fallen.

IV. Besitzrechtliche Zuordnung der Daten

Die Feststellung, dass der Begriff des Dateneigentums aus rechtlicher Sicht nichts anderes ist als eine leere Hülse, die mehr Idee als eine reale Schutzmöglichkeit darstellt, führte zu einem Paradigmenwechsel bei der Debatte um Rechte an Daten.[431] Es entwickelten sich neue Ansätze, die statt eines Dateneigentums die Einführung eines Datenbesitzes vorschlagen.[432] Der Datenbesitz knüpft an den sachenrechtlichen Besitz an, der für den Erwerb die Erlangung der tatsächlichen Sachherrschaft über eine Sache erfordert. Ob die tatsächliche Sachherrschaft im Einzelfall vorliegt, richtet sich nach den realisierbaren Möglichkeiten der Sacheinwirkung.[433] Der Vorschlag scheint im ersten Moment nicht allzu fernliegend, denn es ist gegenwärtig die tatsächliche Datenherrschaft, die entscheidet, wer die Hoheit über die Daten hat. Im nachfolgenden Abschnitt soll dargestellt werden, warum auch der Vorschlag des Datenbesitzes nicht geeignet ist, die rechtliche Zuordnung von Daten zu regeln.

1. Grundlagen zum Besitzrecht

Die Regelungen zum Besitz finden sich in den §§ 854 ff. BGB. Der Besitz meint die tatsächliche Beziehung zu einem Gegenstand, das Eigentum dagegen die rechtliche Herrschaft.[434] Anders als beim Eigentum ist es für die Besitzstellung unbeachtlich, ob dem Inhaber ein Recht zum Besitz zusteht.[435] Im Umkehrschluss muss der Besitzer nicht gleichsam der Eigentümer einer Sache sein. Dennoch kann der Besitz für bestimmte dingliche Rechte als Indiz dienen.[436] Neben der Publizitätsfunktion wird dem Besitz eine Schutzfunktion zugeschrieben.[437] Der Besitzer hat durch besitzschutzrechtliche Ansprüche nach den §§ 858–864 BGB die Möglichkeit, sich gegen Störun-

---

431 *Michl,* NJW 2019, 2729, 2729.

432 Ausführlich *Hoeren,* MMR 2019, 5; *Michl,* NJW 2019, 2729; *Fritzsche*, in: Hau/Poseck, BeckOK BGB, § 854 Rn. 5; *Berberich*, Virtuelles Eigentum, S. 103 f., 109 f.; *Baumann*, Besitz an Daten, S. 243 ff.

433 *Wellenhofer,* Sachenrecht, S. 34 f.

434 *Lüke,* Sachenrecht, § 2 Rn. 46; *Prütting,* Sachenrecht, § 6 Rn. 43.

435 *Götz*, in: Gsell/Krüger/Lorenz/Reymann, BeckOGK BGB, § 854 Rn. 1; *Lüke,* Sachenrecht, § 2 Rn. 47.

436 *Prütting,* Sachenrecht, § 6 Rn. 47a.

437 *Wellenhofer*, Sachenrecht, S. 36; *Prütting,* Sachenrecht, § 6 Rn. 46; *Götz*, in: Gsell/Krüger/Lorenz/Reymann, BeckOGK BGB, § 854 Rn. 7; *Fritzsche*, in: Hau/Poseck, BeckOK BGB, § 854 Rn. 11.

gen oder Beeinträchtigungen zu wehren, wobei es unerheblich ist, ob ihm ein Recht zum Besitz zusteht.[438] Weiterhin kommt ihm ein deliktsrechtlicher Schutz zu Gute, denn der Besitz ist, soweit es sich um einen rechtmäßigen Besitz handelt, als sonstiges Recht i. S. d. § 823 Abs. 1 BGB geschützt.[439] Schutzgegenstand des Besitzes ist die Wahrung des äußeren Friedens, weshalb der tatsächliche Zustand auch bei einem unrechtmäßigen Besitz gegen Eingriffe geschützt werden soll.[440] Die besitzschutzrechtlichen Ansprüche bezwecken damit einen possessorischen Schutz, der im Gegensatz zum petitorischen Schutz nur auf die Herstellung eines vorläufigen Zustandes abzielt.[441] Schließlich ist die Kontinuitäts- bzw. Erhaltungsfunktion des Besitzes zu nennen.[442] Danach behält der Besitzer sein Besitzrecht auch im Falle der Änderung der Inhaberschaft des Eigentums oder der Verfügungsberechtigung.[443] Als Beispiel dient hier die Norm des § 566 BGB, wonach durch den Grundsatz „Kauf bricht nicht Miete" der Mieter eines Wohnraums bei Veräußerung des Grundstücks durch den Vermieter geschützt wird.

2. Besitzrechtlicher Schutz von Daten

Gegenstand des Besitzes können nur bewegliche und unbewegliche Sachen sein.[444] Umfasst sind nur körperliche Gegenstände i. S. d. § 90 BGB. Im Umkehrschluss bedeutet dies, dass an unkörperlichen Gegenständen kein Besitz begründet werden kann, sodass Computerprogramme, Daten und virtuelle Gegenstände aus dem Anwendungsbereich der Besitzvorschriften fallen.[445] Anerkannt ist neben dem Sachbesitz auch der Rechtsbesitz, der durch den Verweis der §§ 1029, 1090 Abs. 2 BGB auf die Besitzschutzvorschriften angedeutet wird.[446] Aus dem Verweis der entsprechenden Anwendung besitzschutzrechtlicher Vorschriften kann abgeleitet werden, dass der Besitz sich weiterhin nur auf Sachen bezieht und Rechte weiterhin keine tauglichen Bezugsobjekte darstellen.[447] Die erste Hürde, die sich bei der Anwendung besitzrechtlicher Vorschriften auf Daten stellt, ist auch hier die mangelnde Körperlichkeit der Daten. Nach *Hoeren* spricht die fehlende Sachqualität

---

438 *Prütting,* Sachenrecht, § 6 Rn. 46; *Wilhelm,* Sachenrecht, S. 267 f.
439 *Hütte/Hütte,* Sachenrecht I, Rn. 137; *Förster,* in: Hau/Poseck, BeckOK BGB, § 823 Rn. 156.
440 *Prütting,* Sachenrecht, § 6 Rn. 48; *Fritzsche,* in: Hau/Poseck, BeckOK BGB, § 854 Rn. 10.
441 *Lüke,* Sachenrecht, § 2 Rn. 49.
442 *Prütting,* Sachenrecht, § 6 Rn. 47.
443 *Prütting,* Sachenrecht, § 6 Rn. 47.
444 *Götz,* in: Gsell/Krüger/Lorenz/Reymann, BeckOGK BGB, § 854 Rn. 31.
445 *Fritzsche,* in: Hau/Poseck BeckOK BGB, § 861 Rn. 5.
446 *Götz,* in: Gsell/Krüger/Lorenz/Reymann, BeckOGK BGB, § 854 Rn. 34.
447 *Hoeren,* in: NK-BGB, vor §§ 854 Rn. 7.

nicht gegen die Anwendbarkeit besitzrechtlicher Vorschriften.[448] Die Zuordnung solle durch einen sog. Datenbesitz erfolgen. Dass die Existenz eines solchen Datenbesitzes auch nicht fremd sei, zeige das Urteil des BGH aus dem Jahre 1996[449], wonach ein Herausgabeanspruch aus § 667 BGB auch den „tatsächlichen Besitz an Kundendaten" umfassen könne.[450] Der Herausgabeanspruch des § 667 BGB, auf den sich *Hoeren* unter Verweis auf die BGH-Entscheidung bezieht, normiert, dass der Beauftragte verpflichtet, dem Auftraggeber *alles*, was er zur Ausführung des Auftrags erhält und was er aus der Geschäftsbesorgung erlangt, herauszugeben. Zutreffend ist, dass die fehlende Einschränkung auf körperliche Gegenstände grundsätzlich auch die Ausweitung des Anwendungsbereiches auf Daten zulässt. Im Unterschied dazu sind die besitzrechtlichen Vorschriften in ihrer Anwendung jedoch nur auf Sachen beschränkt. § 854 BGB regelt nur die tatsächliche Sachherrschaft über körperliche Gegenstände. Insoweit ist es fraglich, auf Grundlage dieses Urteils auf die Anwendbarkeit besitzrechtlicher Vorschriften zu schließen. Es ist daher davon auszugehen, dass auch hier – wenn überhaupt – nur eine analoge Anwendung besitzrechtlicher Vorschriften in Betracht kommt.[451]

a) Bestimmung des Datenbesitzers

Für die Bestimmung des Datenbesitzers werden von *Hoeren* und *Eckert* unterschiedliche Kriterien herangezogen. *Eckert* stellt darauf ab, „wer den Zugriff auf die zu beurteilenden, auf einen spezifischen Datenträger gespeicherten digitalen Daten auch tatsächlich steuern kann".[452] Als Beispiel nennt er den Inhaber eines Schlüssels bei verschlüsselten Daten oder den Administrator einer Datenbank.[453] Der Steuerung müsse eine gewisse Dauerhaftigkeit bzw. Festigkeit anhaften.[454] Kurze oder zufällige Steuerungsmomente sind nach *Eckert* daher nicht ausreichend.[455] *Hoeren* versucht durch den bereits im Rahmen von § 903 S. 1 BGB herangezogenen Skripturakt für die Bestimmung des Dateninhabers i. S. d. § 303a StGB einen Anhaltspunkt für das Vorhandensein eines Datenbesitzes zu ziehen.[456] Durch die Herausarbeitung der Parallelen des Skripturakts zum Institut des Besitzes, will er die

448 *Hoeren*, MMR 2019, 5, 7.
449 BGH, NJW 1996, 2159, 2161.
450 *Hoeren*, MMR 2019, 5, 6.
451 So auch *Michl*, NJW 2019, 2729, 2730; *Zech*, in: Pertot, Rechte an Daten, S. 91, 96.
452 *Eckert*, SJZ 2016, 265, 266.
453 *Eckert*, SJZ 2016, 265, 266.
454 *Eckert*, SJZ 2016, 265, 266.
455 *Eckert*, SJZ 2016, 265, 266.
456 *Hoeren*, MMR 2019, 5, 6.

Anwendung zivilrechtlicher Besitzvorschriften rechtfertigen.[457] Eine dieser Parallelen sei der tatsächliche Charakter des zivilrechtlichen Besitzes und der strafrechtlichen Dateninhaberschaft i. S. d. § 303a StGB. Der zivilrechtliche Besitz würde durch das Kriterium der tatsächlichen Sachherrschaft auf tatsächliche und nicht auf rechtliche Eigentumsverhältnisse abstellen, ähnlich im Fall des § 303a StGB, bei dem es auf die tatsächliche Handlung der Datenerstellung ankäme.[458] Die Irrelevanz der petitorischer Rechtsverhältnisse im zivilrechtlichen Besitz sei im Strafrecht vom Gesetzgeber ähnlich entschieden.[459] Der Schutz des § 303a StGB sei allein auf den tatsächlichen Inhaber der Daten gerichtet, ohne die tatsächlichen Eigentümerverhältnisse über den betroffenen Datenträger oder die immaterialgüterrechtlichen Schutzrechte im Hinblick auf die Daten zu berücksichtigen.[460] Bedenken hat *Hoeren* allein im Hinblick auf die Publizitätsfunktion des Besitzes, denn während dies im klassischen Fall des Besitzes durch das Kriterium der tatsächlichen Sachherrschaft erfüllt werde, sei die Erkennbarkeit bei Daten nicht möglich.[461] Die Erkennbarkeit nach außen sei nur im ersten Moment des Skripturaktes erkennbar.[462] Die Problematik der späteren Zuordnung nach Erstellungsvorgang erschwere die Gleichstellung mit dem sachenrechtlichen Besitz.[463] Diese Bedenken schwächt *Hoeren* selbst durch Aufzählung von Fällen auf, bei denen die Publizitätsfunktion nicht durchweg eingehalten wird.[464]

b) Mögliche Rechtsfolgen

Als Rechtsfolge sollen dem Datenbesitzer possessorische Besitzschutzansprüche der §§ 861 f. sowie Ansprüche aus den §§ 823 Abs. 1, 1007 BGB zustehen.[465] Für die Anspruchsberechtigung der Besitzschutzansprüche würde es zunächst allein auf das Vorhandensein der tatsächlichen Sachherrschaft ankommen, nicht auf die materielle Berechtigung, die erst im Nachgang durch die gerichtliche Klärung der materiellen Rechtslage geklärt werden würde.[466] Übertragen auf Daten würde dies bedeuten, dass der Datenbesitz ausreichend wäre, um Ansprüche gegen Dritte bei Störung oder Beeinträchtigung des Besitzes geltend zu machen. Da es bisher an einer mate-

457 *Hoeren*, MMR 2019, 5, 7.
458 *Hoeren*, MMR 2019, 5, 7.
459 *Hoeren*, MMR 2019, 5, 7.
460 *Hoeren*, MMR 2019, 5, 7.
461 *Hoeren*, MMR 2019, 5, 7.
462 *Hoeren*, MMR 2019, 5, 7.
463 *Hoeren*, MMR 2019, 5, 7.
464 *Hoeren*, MMR 2019, 5, 7; als Beispiele nennt *Hoeren* den mittelbaren Besitz gem. § 868 BGB und den Erbenbesitz gem. § 857 BGB.
465 *Hoeren*, MMR 2019, 5, 6, 8.
466 *Michl*, NJW 2019, 2729, 2731.

riell-rechtlichen Zuweisung an Daten fehlt, wäre die alleinige Betrachtung der tatsächlichen Datenherrschaft geeignet, eine wenn auch schwache Zuordnung im Hinblick auf Daten zu gewährleisten.[467] Denn auch wenn die Besitzschutzansprüche eine nur vorübergehende Beibehaltung der tatsächlichen Besitzverhältnisse bezwecken, käme sie zumindest im Hinblick auf Daten einer endgültigen Zuordnung gleich, wenn die Besitzstellung über die Daten erst einmal begründet ist. Mangels einer materiell-rechtlichen Zuweisung müsste der Datenbesitzer kein Herausgabeanspruch aus § 985 BGB befürchten. Erst im Fall einer originären Zuweisung der Daten durch neue Rechte an Daten können die besitzrechtlichen Vorschriften eine Absicherung darstellen, bis materiell-rechtliche Ansprüche gerichtlich geklärt werden. Der Datenbesitzer kann damit im Falle der Störung oder Beeinträchtigung seines Besitzes seine Ansprüche aus §§ 861, 862 und 867 BGB gegen Dritte geltend machen, um den ursprünglichen Zustand wiederherzustellen. Ansprüche auf Schadensersatz könnten durch die Ankerkennung des Datenbesitzes als „sonstiges Recht" i. S. d. § 823 Abs. 1 BGB, ergänzend auch über §§ 823 Abs. 2 i. V. m. 858 BGB begründet werden. Dies wäre auch im Einklang mit den strafrechtlichen Vorschriften der §§ 303a, 202a ff. StGB, denn dann wäre auch in zivilrechtlicher Hinsicht der Schutz gewährleistet.

3. Kein ausreichender Schutz von Daten

Der Ansatz, die Zuordnung der Daten über das Konstrukt des Datenbesitzes vorzunehmen, scheint auf den ersten Blick geeignet, den Schutz von Daten über besitzrechtliche Vorschriften zu gewährleisten. Durch Besitzschutzansprüche könnten die Besitzverhältnisse, wenn auch von kurzer Dauer, bei Eingriffen Dritter wiederhergestellt werden. Weiterhin würde die Anerkennung eines Datenbesitzes eine weniger einschneidende Wirkung in die gängige Praxis haben als die Einführung eines absoluten Rechts in Form eines Dateneigentums. Auch wenn der Ansatz von *Hoeren* im ersten Moment eine geeignete Möglichkeit darzustellen vermag, eine Zuordnung der Daten zu bewirken, zeigt eine nähere Auseinandersetzung die Schwächen des Ansatzes. Zunächst stellt sich auch hier die Problematik der mangelnden Körperlichkeit von Daten für die Anwendung besitzrechtlicher Vorschriften. Zwar würde nach *Hoeren* die mangelnde Sachqualität der Daten nicht gegen die Anwendbarkeit der Vorschriften sprechen. Dennoch müssten für eine entsprechende Anwendung der besitzrechtlichen Vorschriften die Voraussetzungen der Analogie vorliegen, die – wie auch im Rahmen des § 903 S. 1 BGB – an der Voraussetzung der planwidrigen Regelungslücke scheitert. Die mangelnde Körperlichkeit lässt auch am Erfordernis der verbotenen

467 *Hoeren* spricht hier von einem „relativ schwachen Konstrukt", *Hoeren*, MMR 2019, 5, 8.

Eigenmacht i. S. d. § 858 zweifeln. Ungeklärt bleibt, wann der Entzug oder die Störung des Besitzes vorliegt, sodass das Vorliegen der Anspruchsvoraussetzungen für die possessorischen Besitzschutzansprüche unklar ist.[468] Ein solcher Ansatz ist nicht im Sinne der Rechtssicherheit, die gerade Ziel der Zuordnung von Daten sein soll. Problematisch ist weiterhin, die Übertragung eines strafrechtlichen Zuordnungskriteriums auf das Zivilrecht. Der Ansatz des Skripturaktes ist selbst im Strafrecht kein unumstrittener Ansatz. Neben dieser Herangehensweise gibt es noch weitere Ansätze, die zur Bestimmung des Verfügungsberechtigten herangezogen werden. So wird an die Verfügungsberechtigung über das jeweilige Speichermedium angeknüpft, sodass das Recht an den Daten dem Recht am Datenträger folge.[469] Eine weitere Anknüpfungsmöglichkeit wird nach dem Inhalt der Daten vertreten, sodass nur demjenigen ein Verfügungsrecht zustehen soll, der vom Inhalt der jeweiligen Daten betroffen ist.[470] Die Ansätze verdeutlichen, dass die Anknüpfung an den Skripturakt zwar am überzeugendsten ist, nicht jedoch die einzige Herangehensweise ist, um den Verfügungsberechtigten im Strafrecht zu bestimmen. Allen Ansätzen ist jedoch gemeinsam, dass sie sich am Schutzzweck der §§ 303a, 202a ff. StGB orientieren. Umso zweifelhafter erscheint es, diese Ansätze auf das Zivilrecht zu übertragen und Rechte an Daten zu begründen. Die Frage der Bestimmung des Schutzberechtigten ist damit auch bei einem Datenbesitz nicht rechtssicher und abschließend geklärt. Schließlich stellt der Datenbesitz einen „blanken“ Besitz dar, denn dem Inhaber stehen durch die besitzschutzrechtlichen Ansprüche keine Verfügungs-, Nutzung- oder Verwertungsbefugnisse zu.[471] Insgesamt lässt sich daher festhalten, dass sachenrechtliche Vorschriften nicht geeignet sind, um Rechte an Daten zu begründen.

V. Bewertung

Die Beschränkung des bürgerlich-rechtlichen Sachbegriffs auf körperliche Gegenstände führt zu einer nicht überwindbaren Sperre der Anwendbarkeit sachenrechtlicher Vorschriften auf nicht-körperliche Güter. Daten sind keine körperlichen Gegenstände, sondern immaterielle Güter, deren Schutz unabhängig von dem Datenträger, auf dem sie gespeichert werden, zu beurteilen ist. Die zunehmende Loslösung von Daten von körperlichen Datenträgern demonstriert gleichsam die bereits in der ökonomischen Untersuchung von Daten festgestellte Güterqualität. Daten haben sich als eigenständiges Wirt-

---

468 *Michl,* NJW 2019, 2729, 2730.

469 *Hofmann,* in: Pertot, Rechte an Daten, S. 20; *Meier/Wehlau,* NJW 1998, 1585; *Wagner*, in: Säcker/Rixecker/Oetker/Limperg/Schulze, MüKo BGB, § 823 Rn. 378.

470 BT-Drs. 10/5058, S. 34.

471 So auch *Michl,* NJW 2019, 2729, 2731; *Hoeren*, MMR 2019, 5, 7, 8.

schaftsgut etabliert, die eine getrennte rechtliche Untersuchung von den sie verkörpernden Datenträgern erfordert. Auch wenn die Güterzuordnung durch das Sachenrecht im ersten Moment Anhaltspunkte zu liefern scheint, wie Daten rechtlich zugeordnet werden sollten, zeigt die genauere Untersuchung der Ansätze, dass sie sich nicht dazu eignen, Daten originär zuzuweisen. Die dogmatische Konstruktion des Sachenrechts beruht auf der Annahme der Rivalität und Knappheit von Gütern. Die Körperlichkeit der Güter führt zu klaren Handlungsbefugnissen, die die Beherrschbarkeit eines körperlichen Gegenstandes mit sich bringt. Die fehlende Körperlichkeit von Daten zeigt, dass klare Zuordnungsmechanismen über sachenrechtliche Vorschriften nicht möglich sind. Nicht nur die Anknüpfung an den Datenträger, sondern auch Konstruktionen eines Dateneigentums über eine analoge Anwendung des § 903 S. 1 BGB sowie eines Datenbesitzes eignen sich nicht, um mit einer originären Zuweisung von Daten einen ausreichenden Schutz zu gewährleisten. Auch Ansätze zur Anknüpfung an eine „Muttersache", die Daten als Früchte oder Nutzungen einer Sache einordnen wollen, gehen fehl. Sie eignen sich nicht, um klare Zuordnungsverhältnisse zu schaffen. Sie verdeutlichen jedoch einen Grundgedanken, der für den künftigen Umgang mit Daten berücksichtigt werden sollte: Der Eigentümer einer Sache, der durch die Nutzung digitale Daten produziert, sollte nach dem Grundgedanken der Fruchtziehung auch an den Daten beteiligt werden, die durch die Nutzung von vernetzten Produkten generiert werden. Gegenwärtig wird der Eigentümer einer vernetzten Maschine oder Geräts aus dieser Fruchtziehung ausgeschlossen. Es sind allein die Hersteller, die den technischen Zugriff auf die Daten haben. Die resultierende Datenherrschaft der Hersteller verdeutlicht, dass das Eigentumsrecht an den vernetzten Geräte nicht ausreicht, um auch Zugang zu den generierten Daten zu erlangen. Vernetzte Systeme zeigen, dass der Grundgedanke des Sachenrechts, dass der Eigentümer einer Sache auch immer Zugriff zu den „Früchten" einer Sache hat, im Zeitalter der Digitalisierung nicht immer vorliegen kann. Es ist eine neue Situation, die bei der Schaffung der Normen des Sachenrechts nicht vorhersehbar waren und die die Eignung der Normen für immaterielle Güter in Frage stellen.

B. Schutz von Daten durch das Urheberrecht

Immaterialgüterrechte weisen unkörperliche Güter bestimmten Rechtssubjekten ausschließlich zu und sind als Rechte des geistigen Eigentums in ihrer Struktur mit klassischen Eigentumsrechten vergleichbar.[472] Im Unterschied zu anderen Immaterialgüterrechten schützt das Urheberrecht nicht nur vermögensrechtliche, sondern auch persönlichkeitsrechtliche Interessen

472 *Kraßer,* GRUR Int 1973, 230, 230.

des Urhebers an seiner geistigen Errungenschaft.[473] Der Schutz durch das Urheberrecht ist an das zentrale Kriterium der persönlich geistigen Schöpfung geknüpft. Bei Vorliegen der Voraussetzungen wird dem Urheber ein zeitlich begrenztes Schutzrecht an seinem Werk gewährt.[474] Über die sog. Leistungsschutzrechte schützt das Urheberrecht auch bestimmte Arbeitsergebnisse, deren Inhalt den immaterialgüterrechtlichen Schutz nicht erreicht, die Leistung aber entwicklungsaufwendig erbracht wird.[475] Sie stellen Leistungen anderer Art dar, die der schöpferischen Leistung des Urhebers ähnlich sind oder im Zusammenhang mit den Werken der Urheber erbracht werden.[476] Im Hinblick auf Datenbanken unterscheidet das Urheberrecht zwischen dem urheberrechtlichen Schutz von Datenbankwerken und dem Leistungsschutzrecht an Datenbanken.[477] Warum der Datenbankschutz des Urheberrechts nicht geeignet ist, Schutzrechte an Daten zu begründen, soll im nachfolgenden Abschnitt dargestellt werden.

I. Datenbankwerk

Datenbankwerke stellen einen Unter- bzw. Sonderfall der in § 4 Abs. 1 UrhG normierten Sammelwerke dar.[478] Sammelwerke bestehen gemäß § 4 Abs. 1 UrhG aus Werken, Daten oder anderen unabhängigen Elementen, deren Auswahl oder Anordnung eine persönlich geistige Schöpfung darstellt. Während die Auswahl den Vorgang des Sammelns und Aufnehmens, des Sichtens, Bewertens und Zusammenstellens von Elementen zu einem bestimmten Thema im Hinblick auf bestimmte Auswahlkriterien meint, wird unter dem Begriff der Anordnung die Einteilung, Präsentation und Zugänglichmachung der ausgewählten Elemente nach einem oder mehreren Ordnungssystemen verstanden.[479] Typische Beispiele für Sammelwerke sind Lexika, Enzyklopädien, Festschriften und Anthologien.[480] Mit Inkrafttreten der europäischen Datenbank-Richtlinie 96/9/EG (nachfolgend: Daten-

473 *Ulmer,* Urheber- und Verlagsrecht, § 1 S. 3; vgl. auch § 11 UrhG; *Wiebe*, in: Spindler/Schuster, Recht der elektronischen Medien, § 1 Rn. 1.

474 *Dreier,* in: Dreier/Schulze, UrhG, Einl. Rn. 3; zur Rechtfertigung der zeitlichen Begrenzung siehe *Katzenberger/Metzer*, in: Schricker/Loewenheim, Urheberrecht, § 64 Rn. 1 ff.

475 *Ensthaler,* Gewerblicher Rechtschutz und Urheberrecht, S. 62.

476 BT-Drs. IV 270, S. 86.

477 *Leistner/Zurth*, in: Loewenheim, Handbuch des Urheberrechts, § 49 Rn. 1.

478 *Dreier,* in: Dreier/Schulze, UrhG, § 4 Rn. 18; *Ahlberg/Lauber-Rönsberg*, in: Götting/Lauber-Rönsberg/Rauer, BeckOK Urheberrecht, § 4 Rn. 18; BGH, GRUR 2007, 685, 686 – *Gedichttitelliste I.*

479 *Marquardt,* in: Wandtke/Bullinger, Urheberrecht, § 4 Rn. 8 f.; *Dreier,* in: Dreier/Schulze, UrhG, § 4 Rn. 11.

480 *Dreier*, in: Dreier/Schulze, UrhG, § 4 Rn. 1; *Kaiser*, in: Erbs/Kohlhaas, Strafrechtliche Nebengesetze, UrhG § 4 Rn. 2.

bank-Richtlinie)[481] wurden mit Schaffung des § 4 Abs. 2 UrhG auch elektronische und nicht elektronische Datenbanken in den Schutzbereich des Datenbankwerks aufgenommen.[482] Während noch in der alten Fassung des § 4 Abs. 1 UrhG das Sammelwerk „Werke oder andere Beiträge“ umfassen musste, wurden in Umsetzung des Art. 3 der Datenbank-Richtlinie „andere Beiträge“ gestrichen und mit „Daten oder andere unabhängige Elemente“ ersetzt.[483] Damit wurde der Schutz auch auf die Datenbanken erweitert, die aus nicht schutzfähigen Elementen bestehen.[484] Liegen die Schutzvoraussetzungen vor, stehen dem Urheber ausschließliche Verwertungsrechte an seinem Datenbankwerk zu, sodass jedes Herstellen von Bearbeitungen oder anderen Umgestaltungen der Datenbank nach § 23 Abs. 2 UrhG die Zustimmung des Urhebers erfordert.[485]

1. Schutzvoraussetzungen

Da das Datenbankwerk eine Unter- bzw. Sonderkategorie des Sammelwerkes darstellt, sind die Schutzvoraussetzungen mit denen des Sammelwerkes in § 4 Abs. 1 UrhG identisch. Als zusätzliches Kriterium setzt das Datenbankwerk voraus, dass die Elemente der Datenbank systematisch oder methodisch angeordnet und einzeln mithilfe elektronischer Mittel oder auf andere Weise zugänglich sein müssen, vgl. § 4 Abs. 2 S. 1 UrhG. Aufgrund der Bezugnahme zum Sammelwerk in § 4 Abs. 1 UrhG gilt auch für das Datenbankwerk das Erfordernis der persönlich geistigen Schöpfung. Das zentrale Kriterium der persönlich geistigen Schöpfung ist in § 2 Abs. 2 UrhG normiert und stellt die zentrale Schutzvoraussetzung für alle Werkarten dar.[486] Das Erfordernis der persönlich geistigen Schöpfung erfordert das Ergebnis eines unmittelbaren und zielgerichteten geistigen Schaffens- bzw. Gestaltungsprozesses.[487] Der Schöpfer eines urheberrechtlichen Werkes kann dabei nur ein Mensch sein.[488] Erzeugnisse von Maschinen, die ohne die steuernde Einwirkung eines Menschen geschaffen wurden, sind damit

481 Richtlinie 96/9/EG des Europäischen Parlaments und des Rates über den rechtlichen Schutz von Datenbanken vom 11.03.1996, ABl. EG Nr. L 77, 20.

482 *Leistner*, in Schricker/Loewenheim, Urheberrecht, § 4 Rn. 44; *Dreier*, in: Dreier/Schulze, UrhG § 4 Rn. 16.

483 *Ahlberg/Lauber-Rönsberg,* in: Götting/Lauber-Rönsberg/Rauer, BeckOK Urheberrecht, § 4 Einl.

484 *Dreier,* in: Dreier/Schulze, UrhG, § 4 Rn. 2.

485 *Ahlberg/Lauber-Rönsberg,* in: Götting/Lauber-Rönsberg/Rauer, BeckOK Urheberrecht, § 4 Rn. 23.

486 *Schulze,* in: Dreier/Schulze, UrhG, § 2 Rn. 6.

487 *Rauer/Bibi,* in: Götting/Lauber-Rönsberg/Rauer, BeckOK Urheberrecht § 2 Rn. 54.

488 *Bullinger,* in: Wandtke/Bullinger, Urheberrecht, § 2 Rn. 15; *Schulze,* in: Dreier/Schulze, UrhG, § 2 Rn. 8; *Rehbinder/Peukert*, Urheberrecht, S. 64 Rn. 11; *Rauer/Bibi*, in: Götting/Lauber-Rönsberg/Rauer, BeckOK Urheberrecht, § 2 Rn. 52.

nicht von dem urheberrechtlichen Schutz umfasst.[489] Werden dagegen technische Hilfsmittel wie Automaten oder Maschinen unter steuernder Einwirkung eines Menschen eingesetzt, kann eine persönlich geistige Schöpfung vorliegen.[490] Das Werk muss sich von der Masse des Alltäglichen oder routinemäßigen Leistungen abheben und Ergebnis schöpferischer Eigentümlichkeit oder Individualität sein.[491] Das Maß der Gestaltungshöhe ist für die verschiedenen Werkarten nicht einheitlich festgelegt.[492] Maßgeblich ist der konkrete Gestaltungsspielraum und das Freihaltebedürfnis der konkreten Werkkategorie, weshalb die Rechtsprechung unterschiedliche Maßstäbe bei einzelnen Werkkategorien anwendet.[493] Für Datenbankwerke muss nach der Rechtsprechung des Europäischen Gerichtshofs der Urheber seine schöpferischen Fähigkeiten in eigenständiger Weise zum Ausdruck bringen und durch eine freie und kreative Entscheidung der Datenbank eine persönliche Note verleihen.[494] Das Datenbankwerk schützt die schöpferische Strukturleistung bzw. die Anordnung und Auswahl, die auf der schöpferischen bzw. individuellen Tätigkeit eines Menschen beruhen muss.[495] Der Gestaltungsspielraum wird in Fällen der systematischen und methodischen Anordnung erheblich eingeschränkt sein.[496] Beruht die Anordnung oder Auswahl der darin enthaltenen Daten auf technischen Erwägungen, Regeln oder Zwängen, ist kein Gestaltungsspielraum für den Ersteller vorhanden, sodass eine individuelle Leistung auszuschließen ist.[497] Dies ist beispielsweise dann der Fall, wenn sich die systematische oder methodische Anordnung aus alphabetischen, nummerischen oder chronologischen Prinzipien ergibt.[498] Die Manifestation einer individuellen schöpferischen Leistung wird bei elektronischen Datenbanken selten in der Datenorganisation zu finden sein. Nach dem OLG Düsseldorf „kann bei Datenbanken, bei denen Daten digital gespeichert werden, eine räumlich-gegenständliche Wirkung der Anordnung

---

489 *Rehbinder/Peukert*, Urheberrecht, S. 64 Rn. 12; *Schulze*, in: Dreier/Schulze, UrhG, § 2 Rn. 8.

490 *Loewenheim/Leistner*, in: Schricker/Loewenheim, Urheberrecht, § 2 Rn. 39 f.; *Nordemann*, in: Fromm/Nordemann, Urheberrecht § 2 Rn. 21.

491 *Schulze*, in: Dreier/Schulze, UrhG, § 2 Rn. 18.

492 *Bullinger*, in: Wandtke/Bullinger, Urheberrecht, § 2 Rn. 25; BVerfG, ZUM 2005, 387; BGHZ 138, 143, 147 – *Les-Paul-Gitarren*.

493 *Schulze*, in: Dreier/Schulze, UrhG, § 2 Rn. 6.

494 EuGH, Urteil vom 01.03.2012 – C-604/10 = MMR 2012, 828 – *Football Dataco*.

495 *Müller*, DuD 2019, 159, 163; *Leistner*, in Schricker/Loewenheim, Urheberrecht, § 4 Rn. 19.

496 *Ahlberg/Lauber-Rönsberg*, in: Götting/Lauber-Rönsberg/Rauer, BeckOK Urheberrecht, § 4 Rn. 32.

497 *Kaiser*, in: Erbs/Kohlhaas, Strafrechtliche Nebengesetze, UrhG § 4 Rn. 3a; OLG Frankfurt a. M., MMR 2003, 45, 46 – *IMS Health*.

498 *Ahlberg/Lauber-Rönsberg*, in: Götting/Lauber-Rönsberg/Rauer, BeckOK Urheberrecht, § 4 Rn. 32.

einzelner Elemente systembedingt nicht wahrgenommen werden".[499] Eine individuelle systematische oder methodische Anordnung kann dagegen in der individuellen Ausgestaltung der Zugangs- und Abfragemöglichkeiten erfolgen, wenn diese nicht allein Zweckmäßigkeitserwägungen folgen.[500]

2. Bewertung

Unabhängig von der Frage, ob maschinen- und verhaltensgenerierte Rohdaten systematisch oder methodisch gespeichert werden, führt schon das Erfordernis der persönlich geistigen Schöpfung zu Schutzhindernissen. Bei der Beurteilung der persönlich-geistigen Schöpfung ist die Einflussnahme des Menschen am Herstellungsverfahren entscheidend.[501] Persönlich ist die Schöpfung nur dann, wenn sie allein vom Menschen geschaffen wurde.[502] Unproblematisch gestalten sich die Fälle, in denen Maschinen nur als technische Hilfsmittel für die Erstellung von Datenbanken genutzt werden und ein Mensch im Datenbankherstellungsvorgang eine individuelle, eigenschöpferische Auswahlentscheidung vornimmt.[503] Bei automatisiert erzeugten Daten wird es jedoch in der Regel schon an einem vorhandenen Gestaltungsspielraum fehlen. Ob und welche Daten in welcher Form in einer Datenbank gespeichert werden, hat der Nutzer einer vernetzten Maschine oder eines Geräts nicht unter seiner Kontrolle. Die Erzeugung der Daten erfolgt automatisiert durch die Maschine und unterliegt keinem individuellen Auswahl- oder Ordnungsprinzip, das die Schutzschwelle des Urheberrechts erreichen könnte.[504] Auswahl und Anordnung der Daten werden nicht durch einen Menschen, sondern automatisiert von einer Maschine vorgenommen.[505] Daran würde auch nicht die im Vorfeld vorgenommene Auswahlentscheidung durch einen Menschen etwas ändern, denn weder der Herstellungsvorgang der Daten noch das Ergebnis ist für den Menschen vorhersehbar und kontrollierbar.[506] Dies gilt umso mehr für Daten, die durch die Nutzung vernetzter Maschinen oder Geräte gesammelt und gespeichert

---

499 OLG Düsseldorf, MMR 1999, 729, 731.

500 OLG Frankfurt a. M., GRUR-RR 2005, 299, 301 – *Online-Stellenmarkt*; OLG Düsseldorf, MMR 1999, 729, 731.

501 *Hessel/Leffer*, MMR 2020, 647, 648.

502 *Dreier*, in: Dreier/Schulze, UrhG, § 2 Rn. 8.

503 Vgl. *Winkler*, Rechte an Daten, S. 72; *Lauber-Rönsberg*, GRUR 2019, 244, 247; *Bullinger*, in: Wandtke/Bullinger, Urheberrecht, § 2 Rn. 16; *Schulze*, in: Dreier/Schulze, UrhG, § 2 Rn. 8. Vgl. *Winkler*, Rechte an Daten, S. 72; *Lauber-Rönsberg*, GRUR 2019, 244, 247; *Bullinger*, in: Wandtke/Bullinger, Urheberrecht, § 2 Rn. 16; *Schulze*, in: Dreier/Schulze, UrhG, § 2 Rn. 8.

504 *Ahlberg/Lauber-Rönsberg*, in: Götting/Lauber-Rönsberg/Rauer, BeckOK Urheberrecht, § 4 Rn. 29.

505 *Dreier*, in: Dreier/Schulze, UrhG, § 4 Rn. 4.

506 *Lauber-Rönsberg*, GRUR 2019, 244, 247.

werden.[507] Investitionsleistungen fallen nicht in den Schutzbereich des § 4 Abs. 2 S. 1 UrhG.[508] Für den Investitionsschutz kommt allein der Sui-generis-Schutz über §§ 87a ff. UrhG in Betracht.[509] Nicht berücksichtigt werden auch geistige Anstrengungen oder die Sachkenntnis, die für die Erzeugung der Daten angewandt wurden.[510] Diesen fehlt das erforderliche Maß an Individualität und Originalität, auch wenn das der Datengenerierung zugrunde liegende Computerprogramm selbst urheberrechtsfähig sein mag.[511] Selbst bei Vorliegen einer schöpferischen Auswahl oder Anordnung wäre nur die Datenbank als solche, nicht jedoch die in der Datenbank enthaltenen Daten geschützt.[512] Die in der Datenbank enthaltenen einzelnen Daten werden damit von dem Schutz des § 4 Abs. 2 S. 1 UrhG nicht erfasst und können bis zur Grenze der Verwertung prägender Werkteile von Dritten verwertet werden.[513] Eine Urheberrechtsverletzung am Datenbankwerk liegt erst dann vor, wenn die individuelle Struktur der Auswahl oder Anordnung übernommen wird.[514] Infolgedessen kommt ein Schutz maschinen- und verhaltensgenerierter Daten durch das Datenbankwerk gem. § 4 Abs. 2 UrhG nicht in Betracht.[515]

II. Datenbankherstellerrecht

In Umsetzung der Datenbank-Richtlinie 96/9 wurde mit den §§ 87a ff. UrhG ein Sui-generis-Schutzrecht an Datenbanken eingeführt.[516] Als Leistungsschutzrecht eigener Art schützt das Datenbankherstellerrecht nicht die schöpferische Struktur, sondern allein die Investition in die Beschaffung,

507 *Roßnagel,* NJW 2017, 10, 11.

508 EuGH, Urteil vom 01.03.2012 – C-604/10 = MMR 2012, 828 Rn. 33, 38 ff. – *Football Dataco/Yahoo*; BGH, Urteil vom 24.5.2007 – I ZR 130/04 = MMR 2007, 589, 590 – *Gedichttitelliste I.*

509 *Dreier*, in: Dreier/Schulze, UrhG, § 4 Rn. 3.

510 EuGH, Urteil vom 01.03.2012 – C-604/10 = MMR 2012, 828 – *Football Dataco/Yahoo.*

511 *Müller*, DuD 2019, 159, 163; *Ory/Sorge*, NJW 2019, 710, 712; *Wiebe*, GRUR 2017, 338; *Peschel/Rockstroh*, MMR 2014, 571, 572.

512 BGH, GRUR 2007, 685 Rn. 16 – *Gedichttitelliste I*; vgl. auch *BMVi*, „Eigentumsordnung" für Mobilitätsdaten?, S. 51.

513 *BMVi*, „Eigentumsordnung" für Mobilitätsdaten?, S. 51.

514 *Leistner*, in: Schricker/Loewenheim, Urheberrecht, § 4 Rn. 34; BGH, GRUR 2007, 685 Rn. 25 – *Gedichttitelliste I.*

515 So auch *Götz*, ZD 2014, 563, 564; *Zieger/Smirra*, MMR 2013, 418, 420; *Peschel/Rockstroh*, MMR 2014, 571, 572; *Zech*, GRUR 2015, 1151, 1157; *Specht*, CR 2016, 293, *Faust*, in: Stiftung Datenschutz, Dateneigentum und Datenhandel, S. 92.

516 *Dreier*, in: Dreier/Schulze, UrhG, vor § 87a Rn. 2.

Überprüfung oder Darstellung einer Datenbank.[517] Das Sui-generis-Schutzrecht ist als Ausschließlichkeitsrecht ausgestaltet.[518] Sind die Schutzvoraussetzungen erfüllt, hat der Datenbankhersteller das Recht die Vervielfältigung, Verbreitung und öffentlichen Wiedergabe der Datenbank zu verbieten. Im Unterschied zum Datenbankwerk hat das Datenbankherstellerrecht keinen persönlichkeitsrechtlichen Bezug.[519] Es handelt sich damit um einen Investitionsschutz für Hersteller von Datenbanken, die durch die Gewährung des Leistungsschutzrechts ihre Datenbank schützen können sollen. Das Vorliegen der Schutzvoraussetzungen des § 87a UrhG hat zur Folge, dass der Inhaber des Sui-generis-Schutzrechts die Nutzung seiner Datenbank kontrollieren kann.[520] Die Kontrolle umfasst die Nutzung der Datenbank als solche oder wesentliche Teile davon durch Dritte.[521] Unwesentliche Teile der Datenbank können dagegen durch Dritte genutzt werden, ohne dass das Sui-generis-Schutzrecht der Datenbankhersteller verletzt wird. Damit wird gleichsam deutlich, dass sich der Schutz nicht auf die Inhalte der Datenbank, sondern auf die in der Datenbank verkörperte Investitionsleistung des Herstellers bezieht.[522] Dies wird auch durch Erwägungsgrund 46 der Datenbank-Richtlinie klargestellt, wonach die Rechte auf Untersagung der unerlaubten Entnahme und/oder Weiterverwendung, die aus dem Schutz der Datenbank resultieren, nicht die Entstehung eines Rechts an den in der Datenbank vorhandenen Daten begründen.[523] Der Sui-generis-Schutz des Datenbankherstellerrechts bezieht sich damit nicht auf die in die Datenbank aufgenommenen Werke und Leistungen, sondern nur auf die Investitionsleistung der Datenbankhersteller.[524] Streng zu trennen ist der Sui-generis-Schutz von dem Schutz für Computerprogramme. Der Schutz von Com-

---

517 *Dreier,* in: Dreier/Schulze, UrhG, vor § 87a Rn. 1; *Wiebe,* GRUR 2017, 338; EuGH, Urteil vom 01.03.2012 – C-604/10 = MMR 2012, 828 – *Football Dataco/Yahoo*; EuGH, Urteil vom 05.03.2009 – C-545/07 = GRUR 2009, 572, 577 – *Apis/Lakorda*; EuGH, Urteil vom 09.10.2008 – C-304/07 = GRUR 2008, 1077, 1079 – *Directmedia Publishing*; EuGH, Urteil vom 09.11.2004 – C-46/02 = GRUR Int. 2005, 244 – *Fixtures-Fußballspielpläne III*; EuGH, Urteil vom 09.11.2004 – C-338/02 = GRUR 2005, 252 – *Fixtures-Fußballspielpläne I*; EuGH, Urteil vom 09.11.2004 – C-444/02 = GRUR 2005, 254 – *Fixtures Fußballspielpläne II*; BGH, GRUR-RR 2010, 232, 233 – *Gedichttitelliste III.*

518 *Vohwinkel,* in: Götting/Lauber-Rönsberg/Rauer, BeckOK Urheberrecht, § 87a Rn. 3; *Hertin/Wagner,* Urheberrecht, Rn. 53.

519 *Vogel,* in: Schricker/Loewenheim, Urheberrecht, vor §§ 87a ff. Rn. 32; *Vohwinkel,* in: Götting/Lauber-Rönsberg/Rauer, BeckOK Urheberrecht, § 87a Rn. 4.

520 *Vohwinkel,* in: Götting/Lauber-Rönsberg/Rauer, BeckOK Urheberrecht, § 87a Rn. 4.

521 *Vohwinkel,* in: Götting/Lauber-Rönsberg/Rauer, BeckOK Urheberrecht, § 87b Rn. 1.

522 *Haberstumpf,* GRUR 2003, 14, 26; *Vogel,* in: Schricker/Loewenheim, Urheberrecht, § 87a Rn. 38.

523 Erwägungsgrund 46 Datenbank-Richtlinie 96/9/EG.

524 *Hermes,* in: Wandtke/Bullinger, Urheberrecht, § 87a Rn. 31.

puterprogrammen, die im Rahmen der Beschaffung oder Verwaltung der Datenbank eingesetzt wurden, richtet sich allein nach den §§ 69a ff. UrhG.[525] Die Beurteilung der Schutzfähigkeit der Datenbank hat daher unabhängig von dem eingesetzten Computerprogramm zu erfolgen.

1. Schutzvoraussetzungen

Die Datenbank-Richtlinie 96/9 stellt sowohl für den urheberrechtlichen Schutz als auch für den sui generis Schutz einheitliche Anforderungen für das Vorliegen einer Datenbank.[526] Der Datenbankbegriff des Art. 7 Datenbank-Richtlinie 96/9 erfordert die Sammlung von Werken, Daten oder anderen unabhängigen Elementen, die systematisch oder methodisch angeordnet und einzeln mit Hilfe elektronischer Mittel oder auf andere Weise zugänglich sind. Der deutsche Gesetzgeber ergänzte die Definition in § 87a Abs. 1 UrhG um die zentrale Anforderung der wesentlichen Investition.[527] Demnach muss die Beschaffung, Überprüfung oder Darstellung der Datenbank eine nach Art oder Umfang wesentliche Investition erfordern, um in den Schutzbereich der §§ 87a ff. UrhG zu fallen.

a) Sammlung von Werken, Daten oder anderen Elementen

Für das Vorliegen einer Datenbank ist zunächst erforderlich, dass es sich um eine Sammlung von Werken, Daten oder anderen Elementen handelt.[528] Unter Werke sind urheberrechtlich geschützte Werke und Leistungen beispielsweise der Literatur, Kunst und Musik zu verstehen.[529] Doch auch nicht schutzfähige Elemente wie Daten, Zahlen und Fakten können nach dem ausdrücklichen Wortlaut der Norm umfasst sein.[530] Es handelt sich um einen weiten Datenbankbegriff, der von minimalen Informationseinheiten wie Datenhaufen bis zu komplexe urheberrechtlich geschützten Elemente wie Romane oder Kunstwerke enthalten kann.[531] Für die Beurteilung der Schutzfähigkeit einer Datenbank ist zwingend erforderlich, dass eine gewisse Menge von Elementen und damit ein gewisser Sammlungscharakter vorhanden ist,

---

525 Vgl. Art. 1 Abs. 3 Datenbank-Richtlinie 96/9/EG; Art. 4 Abs. 2 S. 2 UrhG; *Vohwinkel*, in: Götting/Lauber-Rönsberg/Rauer, BeckOK Urheberrecht, § 87a Rn. 10; *Dreier*, in: Dreier/Schulze, UrhG § 4 Rn. 21.

526 *Dreier*, in: Dreier/Schulze, UrhG, § 87a Rn. 3.

527 *Dreier*, in: Dreier/Schulze, UrhG, § 87a Rn. 3; EuGH, Urteil vom 09.11.2004 – C-203/02 = GRUR 2005, 244 – *BHB-Pferdewetten*.

528 *Dreier*, in: Dreier/Schulze, UrhG, § 87a Rn. 4.

529 *Vogel*, in: Schricker/Loewenheim, Urheberrecht, § 87a Rn. 6; *Hermes*, in: Wandtke/Bullinger, Urheberrecht, § 87a Rn. 9.

530 *Hermes*, in: Wandtke/Bullinger, Urheberrecht, § 87a Rn. 9; *Vogel*, in: Schricker/Loewenheim, Urheberrecht, § 87a Rn. 6.

531 *Hermes*, in: Wandtke/Bullinger, Urheberrecht, § 87a Rn. 9.

auch wenn sich die konkrete Anzahl der in der Datenbank vorhandenen Elemente nicht bestimmen lässt.[532]

b) Unabhängigkeit und Zugänglichkeit der Elemente

Liegt eine Sammlung von Elementen vor, müssen diese voneinander unabhängig sein. Das Erfordernis der Unabhängigkeit der Elemente umfasst jegliches Material, das einen Informationsgehalt aufweist.[533] Darunter können urheberrechtlich geschützte Werke und Leistungen fallen,[534] aber auch sonstige Elemente, die nicht urheberrechtlich geschützt sind, wie die explizit genannten Daten.[535] Die Elemente müssen voneinander getrennt werden können, ohne dass der Wert ihres informativen, literarischen, künstlerischen, musikalischen oder sonstigen Inhalts beeinträchtigt wird.[536] Durch das Kriterium der Unabhängigkeit sollen solche Elemente ausgeschlossen werden, die zueinander in einer inhaltlichen Wechselbeziehung stehen und daher als gedankliche Einheit auftreten.[537] Die einzelnen Elemente müssen sich voneinander trennen lassen können, ohne dass der jeweilige Informationsgehalt beeinträchtigt wird.[538] Nicht unabhängig sind die Elemente, wenn sie zueinander in einer derartigen inhaltlichen Wechselbeziehung stehen, dass der Informationsgehalt erst in ihrem Zusammenwirken erkennbar wird.[539] Ob

---

532 *Haberstumpf*, GRUR 2003, 14, 18; *Dreier*, in: Dreier/Schulze, UrhG, § 87a Rn. 4; *Hermes*, in: Wandtke/Bullinger, Urheberrecht, § 87a Rn. 11; *Schmidt/Zech*, CR 2017, 417, 418.

533 *Hermes*, in: Wandtke/Bullinger, Urheberrecht § 87a Rn. 9; *Vohwinkel*, in: Götting/Lauber-Rönsberg/Rauer, BeckOK Urheberrecht, § 87a Rn. 18; *Wiebe*, CR 2005, 169, 170; EuGH, Urteil vom 09.11.2004 – C-444/02 = GRUR 2005, 254 Rn. 23 – *Fixtures-Fußballspielpläne II;* EuGH, Urteil vom 29.10.2015 – C-490/14 = GRUR 2015, 1187 Rn. 14 – *Freistaat Bayern/Verlag Esterbauer GmbH.*

534 *Vohwinkel*, in: Götting/Lauber-Rönsberg/Rauer, BeckOK Urheberrecht, § 87a Rn. 18 f.; *Dreier*, in: Dreier/Schulze, UrhG, § 87a Rn. 4; *Hermes*, in: Wandtke/Bullinger, Urheberrecht, § 87a Rn. 9.

535 *Dreier*, in: Dreier/Schulze, UrhG, 87a Rn. 4; *Vohwinkel*, in: Götting/Lauber-Rönsberg/Rauer, BeckOK Urheberrecht, § 87a Rn. 18 f.; *Hermes*, in: Wandtke/Bullinger, Urheberrecht, § 87a Rn. 9.

536 EuGH, Urteil vom 09.11.2004 – C-444/02 = GRUR 2005, 254 – *Fixtures-Fußballspielpläne II*; BGH, GRUR 2005, 857, 858 – *HIT BILANZ*; BGH, GRUR 2005, 940, 941 – *Marktstudien*; OLG München, GRUR 2014, 75, 77 – *Topografische Karte*; OLG Dresden, ZUM 2014, 145, 146 – *Topografische Karte.*

537 *Vogel*, in: Schricker/Loewenheim, Urheberrecht, § 87a Rn. 12; *Wiebe*, GRUR 2017, 338, 339.

538 *Hermes*, in: Wandtke/Bullinger, Urheberrecht, § 87a Rn. 12; EuGH, Urteil vom 09.11.2004 – C-444/02 = 2005, 254 Rn. 29 – *Fixtures-Fußballspielpläne II*; EuGH, Urteil vom 01.03.2012 – C-604/10 = MMR 2012, 828 Rn. 26 – *Football Dataco/Yahoo*; BGH, GRUR 2005, 940, 941 – *Marktstudien*; BGH, GRUR 2005, 857, 858 – *HIT BILANZ.*

539 *Wiebe*, GRUR 2017, 338, 339.

auch einzelne Daten als unabhängige Elemente eingeordnet werden können, hängt maßgeblich davon ab, inwieweit ihnen ein Informationswert zuzusprechen ist. Das OLG München entschied im Fall einer topografischen Karte, dass ein Datum als Koordinatenpunkt mit der Angabe, dass sich dort eine Kirche befindet, für sich genommen keinen selbstständigen Informationswert vermittelt.[540] Die zu einem einzelnen Koordinatenpunkt gegebene Information sei allein kaum werthaltig.[541] Zu einem anderen Ergebnis kam der EuGH, der entschied, dass auch einzelne Daten als unabhängige Elemente einer Datenbank eingeordnet werden können, sofern sie einen selbstständigen Informationswert aufweisen.[542] Auch nach Herauslösung der Daten aus der Datenbank würden Daten, sofern sie wirtschaftlich selbstständig verwertet werden, eine sachdienliche Information liefern.[543] Für die Beurteilung des Kriteriums der Unabhängigkeit sind Daten damit nicht isoliert, sondern in einem Kontext zu betrachten.[544] Erst in Kombination mit anderen Daten kann eine werthaltige Information ermittelbar sein, die die Einordnung von Daten als unabhängige Elemente ermöglicht.[545] Ein solches Ergebnis ist zu begrüßen, denn maschinen- und verhaltensgenerierte Daten haben das Potenzial, in Kombination mit anderen Daten semantische Informationen zu beinhalten.[546] Weiterhin müssen die Elemente einzeln zugänglich sein. Die einzelne Zugänglichkeit der Elemente liegt vor, wenn ein einzelner und isolierter Zugriff auf das Element möglich ist.[547] Liegt ein unabhängiges Element vor, wird dieses in der Regel auch isoliert abrufbar sein.[548] Anforderungen an die Zugriffsmöglichkeit werden nicht gestellt. Die Zugänglichkeit muss bei analogen sowie elektronischen Datenbanken mit einem beliebigen Mittel möglich sein.[549] Nicht entscheidend ist dabei die

---

540 OLG München, GRUR 2014, 75, 77 – *Topografische Karte.*

541 OLG München, GRUR 2014, 75, 77 – *Topografische Karte.*

542 EuGH, Urteil vom 29.10.2015 – C-490/14 = GRUR 2015, 1187, 1188 f. – *Freistaat Bayern/Verlag Esterbauer GmbH.*

543 EuGH, Urteil vom 29.10.2015 – C-490/14 = GRUR 2015, 1187 Rn. 27 – *Freistaat Bayern/Verlag Esterbauer GmbH;* EuGH, Urteil vom 09.11.2004 – C-444/02 = GRUR 2005, 254 Rn. 32 – *Fixtures-Fußballspielpläne II.*

544 *Wiebe,* GRUR 2017, 338, 339; *ders.,* GRUR-Prax 2016, 49, 50.

545 OLG München, GRUR 2014, 75, 77 – *Topografische Karte*; EuGH, Urteil vom 01.03.2012 – C-604/10 = MMR 2012, 828 Rn. 26 – *Football Dataco/Yahoo.*

546 So auch *Leistner*, GRUR 2016, 42, 43.

547 EuGH, Urteil vom 09.11.2004 – C-444/02 = GRUR 2005, 254 Rn. 30, 32 – *Fixtures-Fußballspielpläne II; Wiebe,* GRUR 2017, 338, 340; *Schmidt/Zech,* CR 2017, 417, 420; *Hermes,* in: Wandtke/Bullinger, Urheberrecht, § 87a Rn. 14; *Vohwinkel,* in: Götting/Lauber-Rönsberg/Rauer, BeckOK Urheberrecht, § 87a Rn. 35.

548 *Hermes,* in: Wandtke/Bullinger, Urheberrecht, § 87a Rn. 17.

549 EuGH, Urteil vom 09.11.2004 – C-444/02 = GRUR 2005, 254 Rn. 30 – *Fixtures-Fußballspielpläne II*; EuGH, Urteil vom 01.03.2012 – C-604/10 = MMR 2012, 828 Rn. 26 – *Football Dataco/Yahoo*; BGH, Urteil vom 21.04.2005 – I ZR 1/02 = GRUR

bloße technische Zugänglichkeit zu den Daten.[550] Es kommt vielmehr darauf an, ob im Rahmen des bestimmungsgemäßen Gebrauchs der Zugang zu den einzelnen Elementen der Datenbank möglich ist.[551] Denkbar sind Mittel, wie etwa ein Index, ein Inhaltsverzeichnis oder eine Gliederung, durch die der Zugriff auf einzelne Elemente der Datenbank gewährleistet wird.[552]

c) Systematische oder methodische Anordnung

Das Erfordernis der systematischen oder methodischen Anordnung dient als Kriterium zur Abgrenzung schutzfähiger Datenbanken von bloßen Datenhaufen, die nicht unter den Sui-generis-Schutz fallen.[553] Als systematisch gilt eine Anordnung dann, wenn sie sich in einem System, einer Klassifizierung oder einem Ordnungsschema orientiert.[554] Folgt die Anordnung einer bestimmten ordnenden Handlungsanweisung oder einem bestimmten Plan, handelt es sich um eine methodische Anordnung.[555] Für die Beurteilung kommt es nicht darauf an, ob die Speicherung der Daten in systematischer oder methodischer Anordnung erfolgt.[556] Entscheidend ist vielmehr, dass sich die Anordnung der Elemente in der Zugriffsebene der Datenbank an einem System, einer Klassifizierung oder einem Ordnungsschema orientiert.[557] Durch die systematische oder methodische Anordnung wird gleichsam die Wiederauffindbarkeit der Elemente der Datenbank gewährleistet.[558]

2005, 940, 941 – *Marktstudien*; *Hermes,* in: Wandtke/Bullinger, Urheberrecht, § 87a Rn. 14.

550 *Haberstumpf,* GRUR 2003, 14,19.

551 OLG München, GRUR 2014, 75, 77 – *Topografische Karte*; *Haberstumpf,* GRUR 2003, 14,19; *Hermes,* in: Wandtke/Bullinger, Urheberrecht, § 87a Rn. 14.

552 EuGH, Urteil vom 09.11.2004 – C-444/02 = GRUR 2005, 254 Rn. 30 f. – *Fixtures-Fußballspielpläne II*; BGH, GRUR 2011, 1018 Rn. 28 – *Automobil-Onlinebörse; Wiebe,* GRUR 2017, 338, 340.

553 *Vohwinkel,* in: Götting/Lauber-Rönsberg/Rauer, BeckOK Urheberrecht, § 87a Rn. 31; *Schmidt/Zech,* CR 2017, 417, 419; *Haberstumpf,* GRUR 2003, 14, 18 f.

554 *Dreier,* in: Dreier/Schulze, UrhG, § 4 Rn. 16.

555 *Leistner,* in: Schricker/Loewenheim, Urheberrecht, § 4 Rn. 51; *Dreier,* in: Dreier/Schulze, UrhG, § 4 Rn. 17; *Czychowski,* in: Fromm/Nordemann, Urheberrecht, § 87a Rn. 11.

556 Vgl. Erwägungsgrund 21 Datenbank-Richtlinie 96/9/EG; *Haberstumpf,* GRUR 2003, 14, 19.

557 *Dreier,* in: Dreier/Schulze, UrhG, § 4 Rn. 17; *Leistner,* in: Schricker/Loewenheim, Urheberrecht, § 4 Rn. 51; *Czychowski,* in: Fromm/Nordemann, Urheberrecht, § 4 Rn. 34; *Hermes,* in: Wandtke/Bullinger, Urheberrecht, § 87a Rn. 21.

558 EuGH, Urteil vom 09.11.2004 – C-444/02 = GRUR 2005, 254 Rn. 30, 32 – *Fixtures-Fußballspielpläne II*; *Hermes*, in: Wandtke/Bullinger, Urheberrecht, § 87a Rn. 34.

d) Investition

Im Unterschied zum Datenbankwerk erfordert der Sui-generis-Schutz darüber hinaus noch die wesentliche Investitionsleistung in die Beschaffung, Überprüfung oder Darstellung des Datenbankinhalts.[559] Umfasst sind Kosten, die für die Beschaffung der Elemente der Datenbank, die Aufbereitung sowie die Bereitstellung der Datenbank, anfallen.[560] Die erforderliche Investitionsleistung muss jedoch nicht zwingend im Einsatz finanzieller Ressourcen bestehen.[561] Der Investitionsschutz umfasst auch den Einsatz von Zeit, Arbeit oder Energie.[562] Neben bezifferbaren Investitionen fallen damit auch qualitative Investitionen wie geistige Anstrengungen unter den Begriff.[563] Die Investitionsleistung muss sich dabei nicht gleichmäßig auf sämtliche Teile der Datenbank beziehen.[564] Es ist vielmehr ausreichend, dass die Datenbank insgesamt nach Art und Umfang eine wesentliche Investition erfordert hat.[565] Für Hersteller vernetzter Geräte und Maschinen stellt sich die Frage, ob getätigte Investitionen in die Erzeugung von Daten ebenfalls berücksichtigt werden können, um ein Sui-generis-Schutzrecht an der Datenbank zu begründen.

aa) Kein Schutz von Vorinvestitionen in die Datenerzeugung

Durch die Unterscheidung zwischen berücksichtigungsfähigen und nicht berücksichtigungsfähigen Investitionen erfährt der Sui-generis-Schutz eine wesentliche Einschränkung in ihrem sachlichen Anwendungsbereich.[566] Besonders relevant wird die Unterscheidung für den vorgenannten Fall der Datenbeschaffung. Unter dem Begriff der Datenbeschaffung ist die sichtende, beobachtende und auswertende Tätigkeit des Herstellers der Daten-

---

559 *Hermes,* in: Wandtke/Bullinger, Urheberrecht, § 87a Rn. 34; *Dreier,* in: Dreier/Schulze, UrhG, vor § 87a Rn. 11; *Wiebe,* GRUR 2017, 338, 338 f.; *Czychowski,* in: Fromm/Nordemann, Urheberrecht, § 87a Rn. 7; *Europäische Kommission,* Aufbau einer europäischen Datenwirtschaft, COM (2017) 9 final, S. 11; *Vohwinkel,* in: Götting/Lauber-Rönsberg/Rauer, BeckOK Urheberrecht, § 87a Rn. 40.

560 *Wiebe,* in: Spindler/Schuster, Recht der elektronischen Medien. Rn. 7; *Vogel,* in: Schricker/Loewenheim, Urheberrecht, § 87a Rn. 44 ff.

561 *Kotthoff,* in: Dreyer/Kotthoff/Meckel/Hentsch, Urheberrecht, § 87a Rn. 28.

562 *Dreier,* in: Dreier/Schulze, UrhG, § 87a Rn. 12; EuGH, Urteil vom 09.11.2004 – C-444/02 = GRUR 2005, 254 Rn. 44 – *Fixtures-Fußballspielpläne II;* EuGH, Urteil vom 09.11.2004 – C-46/02 = GRUR Int. 2005, 244 Rn. 38 – *Fixtures-Fußballspielpläne III*; KG, ZUM 2001, 70, 71 f. – *Ticketverkauf*; *Vogel,* in: Schricker/Loewenheim, Urheberrecht, § 87a Rn. 42.

563 *Kotthoff,* in: Dreyer/Kotthoff/Meckel/Hentsch, Urheberrecht, § 87a Rn. 28.

564 *Dreier,* in: Dreier/Schulze, UrhG, § 87a Rn. 12.

565 *Dreier,* in: Dreier/Schulze, UrhG, § 87a Rn. 12.

566 *Hermes,* in: Wandtke/Bullinger, Urheberrecht, § 87a Rn. 41; *Wiebe,* CR 2014, 1, 4.

bank zu verstehen.[567] Die Kosten, die für das Ermitteln und Aufbereiten von Daten getätigt werden, sind damit als berücksichtigungsfähige Investitionsleistungen schutzfähig.[568] Nicht berücksichtigungsfähig sind nach der ständigen Rechtsprechung des EuGH dagegen Vorinvestitionen in die Datenerzeugung.[569] Investitionen in Mittel, die für das Erzeugen der unabhängigen Elemente eingesetzt wurden, sollen unberücksichtigt bleiben.[570] Dazu gehören auch Tätigkeiten wie das Zusammenstellen von Daten, die durch die Datenverknüpfungen erst erzeugt werden.[571] Damit sind vorgeschaltete Tätigkeiten, die zum Aufbau der Datenbank aufgewendet werden, als Investitionsleistung nicht berücksichtigungsfähig.[572] Nur Aufwendungen für die Anordnung und Darstellung der bereits erzeugten Daten sind von dem Sui-generis-Schutz erfasst.[573] Ein Dritter kann jedoch als Käufer oder Lizenznehmer die erzeugten Daten von dem Inhaber der Daten erwerben und die Kosten als Investitionen in die Beschaffung der Daten für die Erlangung des Sui-generis-Schutzrechts anführen.[574] Die Investition wird in diesem Fall nicht in die Erzeugung der Daten getätigt. Die Daten wurden bereits erzeugt und werden vom Erwerber der Datenbank „beschafft". Hintergrund des Ausschlusses der Vorinvestitionen ist der Schutzzweck der Datenbank-Richtlinie 96/9, der darin besteht, den Anreiz für die Einrichtung von Systemen zur Speicherung und Verarbeitung bereits vorhandener Information zu schaffen.[575] Nicht geschützt werden sollen daher Single-Source-Da-

---

567 *Vogel,* in: Schricker/Loewenheim, Urheberrecht, § 87a Rn. 44; *Vohwinkel,* in: Götting/Lauber-Rönsberg/Rauer, BeckOK Urheberrecht, § 87a Rn. 41.

568 *Vohwinkel,* in: Götting/Lauber-Rönsberg/Rauer, BeckOK Urheberrecht, § 87a Rn. 42.

569 EuGH, Urteil vom 09.10.2008 – C-304/07 = GRUR 2008, 1077 – *Directmedia Publishing*; EuGH, Urteil vom 09.11.2004 – C-338/02 = GRUR 2005, 252 – *Fixtures-Fußballspielpläne I*; EuGH, Urteil vom 09.11.2004 – C-444/02 = GRUR 2005, 254 – *Fixtures-Fußballspielpläne II*; EuGH, Urteil vom 09.11.2004 – C-46/02 = GRUR Int 2005, 244 – *Fixtures-Fußballspielpläne III*; *Hermes,* in: Wandtke/Bullinger, Urheberrecht, § 87a Rn. 36; *Wiebe*, GRUR Int. 2016, 877, 879; *Ensthaler,* NJW 2016, 3473, 3474.

570 EuGH, Urteil vom 09.11.2004 – C-338/02 = GRUR 2005, 252 Rn. 24 – *Fixtures-Fußballspielpläne I;* EuGH, Urteil vom 09.11.2004 – C-444/02 = GRUR 2005, 254 Rn. 40 ff. – *Fixtures-Fußballspielpläne II;* EuGH, Urteil vom 09.11.2004 – C-46/02 = GRUR Int 2005, 244 Rn. 34 ff. – *Fixtures-Fußballspielpläne III.*

571 *Vohwinkel,* in: Götting/Lauber-Rönsberg/Rauer, BeckOK Urheberrecht, § 87a Rn. 76.

572 *Hermes,* in: Wandtke/Bullinger, Urheberrecht, § 87a Rn. 41; *Vogel,* in: Schricker/Loewenheim, Urheberrecht, § 87a Rn. 49.

573 *Vohwinkel,* in: Götting/Lauber-Rönsberg/Rauer, BeckOK Urheberrecht, § 87a Rn. 44.

574 *Vogel,* in: Schricker/Loewenheim, Urheberrecht, § 87a Rn. 49.

575 EuGH, Urteil vom 09.11.2004 – C-203/02 = GRUR 2005, 244, 247 f. – *BHB-Pferdewetten*; EuGH, Urteil vom 09.11.2004 – C-338/02 = GRUR 2005, 252, 253 – *Fixtures-Fußballspielpläne* I; EuGH, Urteil vom 09.11.2004 – C-444/02 = GRUR 2005, 254, 256 – *Fixtures Fußballspielpläne II.*

tenbanken, zu denen nur die Hersteller vernetzter Maschinen und Geräte exklusiven Zugang haben.[576]

bb) Problem: Abgrenzung zwischen der Erzeugung und Beschaffung von Daten

Die Abgrenzung zwischen Datenerzeugung und Datensammlung ist damit grundlegend für den Sui-generis-Schutz von Datenbanken.[577] Für die Abgrenzung stellt der EuGH darauf ab, ob sich eine separate Tätigkeit der Datensammlung nachweisen lässt, die sich von dem Akt der Datenerzeugung unterscheidet.[578] Erforderlich sind demnach Dokumentationen für den Nachweis, dass und in welchem Umfang die vorgenommenen Investitionen berücksichtigungsfähig sind.[579] Die Differenzierung zwischen dem Akt der Datensammlung und der Datenerzeugung wird in der Praxis nicht immer zu rechtssicheren Ergebnissen führen. Nach der sog. Spin-off-Theorie soll der Schutz jedenfalls dann nicht mehr greifen, wenn es sich bei den Daten um unselbstständige „Spin-offs" bzw. Abfallprodukte handelt, die nebenbei erzeugt werden.[580] Der Investitionsschutzgedanke des Datenbankschutzes greife nur für die Fälle, in denen auch Investitionen in die Herstellung der Daten getätigt wurden.[581] Unter Zugrundelegung dieses Kriteriums würden maschinengenerierte Daten als Nebenprodukte anderer unternehmerischer Tätigkeiten oder sonstiger Dienstleistungen stets aus dem Anwendungsbereich des Sui-generis-Schutzrechts fallen.[582] Eine solche Abgrenzung übersieht jedoch, dass nach der ständigen Rechtsprechung des EuGH auch Datenbanken, die mit der Ausübung einer Haupttätigkeit erstellt wurden, von dem Sui-generis-Schutz umfasst sein können.[583] Erforderlich ist nach dem EuGH in solchen Fällen der Nachweis, „dass die

---

576 *Schmidt*, Zugang zu Daten nach dem europäischen Kartellrecht, S. 113.

577 *Wiebe*, GRUR 2017, 338, 341; *ders.*, CR 2014, 1, 4; *Schmidt,* Zugang zu Daten nach dem europäischen Kartellrecht, S. 114.

578 EuGH, Urteil vom 09.11.2004 – C-338/02 = GRUR 2005, 252 254 Rn. 29 – *Fixtures-Fußballspielpläne I;* EuGH, Urteil vom 09.11.2004 – C-444/02 = GRUR 2005, 254 Rn. 45 – *Fixtures-Fußballspielpläne II.*

579 *Wiebe*, GRUR 2017, 338, 338.

580 *Wiebe,* CR 2014, 1, 4; *Ehmann,* K&R 2014, 394, 397 f.; *Schmidt*, Zugang zu Daten nach europäischem Kartellrecht, S. 117; *Hessel/Leffer,* MMR 2020, 647, 648.

581 *Dreier,* in: Dreier/Schulze, UrhG, § 87a Rn. 13; *Hermes,* in: Wandtke/Bullinger, Urheberrecht, § 87a Rn. 41.

582 *Hermes*, in: Wandtke/Bullinger, Urheberrecht, § 87a Rn. 41; *Dreier*, in: Dreier/Schulze, UrhG, § 87a Rn. 13.

583 EuGH, Urteil vom 09.11.2004 – C-203/02 = GRUR 2005, 244 Rn. 35 – *BHB-Pferdewetten*; EuGH, Urteil vom 09.11.2004 – C-338/02 = GRUR 2005, 252 Rn. 29 – *Fixtures-Fußballspielpläne I*; EuGH, Urteil vom 09.11.2004 – C-444/02 = GRUR 2005, 254 Rn. 45 – *Fixtures-Fußballspielpläne II*; EuGH, Urteil vom 09.11.2004 = GRUR Int. 2005, 244 Rn. 39 – *Fixtures-Fußballspielpläne III.*

Beschaffung der Elemente, ihre Überprüfung oder Darstellung Anlass zu einer wesentlichen Investition gegeben hat, die im Verhältnis zu den Mitteln selbstständig ist, die eingesetzt worden sind, um diese Elemente zu erzeugen".[584] Vor dem Hintergrund der Schwierigkeit der Abgrenzung wird teilweise darauf abgestellt, ob die fraglichen Daten auch durch einen Dritten mit ähnlichem wirtschaftlichem Aufwand hätten gesammelt werden können.[585] Sind die Daten allgemein verfügbar und können sie von einem potenziellen Konkurrenten ebenfalls durch Messungen gesammelt werden, soll ein Fall der Datenbeschaffung vorliegen, der in den Anwendungsbereich des Sui-generis-Schutzrechts fällt.[586] Naturwissenschaftliche Mess- und Beobachtungstätigkeiten wären demnach berücksichtigungsfähige Investitionen, da sie Daten erfassen, die in der Natur bereits vorhanden sind und von jedem Dritten mit dem gleichen Aufwand gesammelt werden könnten.[587] Kann der Dritte die Daten nicht oder nur mit erheblichen Aufwand erlangen, soll ein Fall der Datengenerierung vorliegen, da sie dann allein dem Datenerzeuger bekannt sind.[588] Unter Zugrundelegung dieser Maßstäbe wird es sich bei maschinengenerierten Daten in der Regel um solche Daten handeln, die nur den Betreibern der Geräte oder Maschinen zur Verfügung stehen.[589] Maschinengenerierte Daten werden automatisiert im Rahmen von Produktionsprozessen in Maschinen erzeugt und durch Sensoren erfasst.[590] Sie können Informationen über die sie erzeugende Maschine liefern, die gerade nicht von jedem Dritten gleichermaßen erfasst werden können. Dass die Abgrenzung aufgrund der Tatsache, dass beide Erzeugungsvorgänge über Sensoren Daten erfassen, nicht immer einfach ist, zeigt die Entscheidung des BGH zur Autobahnmaut.[591] Nach dem BGH soll die Registrierung von Lkw-Daten an den stationären Mautterminals

584 a. a. O.

585 BGH, Urteil vom 21.07.2005 – I ZR 290/02 = GRUR 2005, 857, 858 f. – *HIT BILANZ*; BGH, Urteil vom 25.03.2010 – I ZR 47/08, GRUR 2010, 1004, 1005 – *Autobahnmaut*; *Grützmacher*, CR 2016, 485, 488; siehe auch *Zier*, Investition in Maschinendaten, S. 87; *Wiebe*, in: Hornung, Rechtsfragen der Industrie 4.0, S. 97, 105; *Schmidt/Zech*, CR 2017, 417, 421 ff.

586 BGH, Urteil vom 21.07.2005 – I ZR 290/02 = GRUR 2005, 857, 859 – *HIT BILANZ*; *Grützmacher*, CR 2006, 16, 16; *Wiebe*, GRUR 2017, 338, 341; *Leistner*, K&R 2007, 457, 460.

587 *Hermes*, in: Wandtke/Bullinger, Urheberrecht, § 87a Rn. 49; BGH, Urteil vom 21.07.2005 – I ZR 290/02 = GRUR 2005, 857, 858 f. – *HIT BILANZ*; BGH, GRUR 2005, 940, 941 – *Marktstudien; Wiebe,* GRUR 2017, 338, 341.

588 *Wiebe*, GRUR 2017, 338, 341; *Leistner*, K&R 2007, 457, 460; *Schmidt*, Zugang zu Daten nach dem europäischen Kartellrecht, S. 113.

589 So auch *Wunner*, Ein regulatives Vertragsrecht, S. 88.

590 *Fries/Scheufen*, MMR 2019, 721; *Hessel/Leffler*, MMR 2020, 647, 647; *Peitz/Schweitzer*, NJW 2018, 275, 275.

591 BGH, Urteil vom 25.03.2010 – I ZR 47/08 = GRUR 2010, 1004 – *Autobahnmaut.*

durch Toll Collect auf Daten abzielen, die auch vor der Erfassung vorhanden waren.[592] *Wiebe* weist zu Recht darauf hin, dass in solchen Konstellationen auch argumentiert werden könnte, dass die Daten automatisiert durch die Mautterminals erzeugt werden und deshalb keine Datenbeschaffung, sondern Datenerzeugung vorliegt.[593] Daneben ist unklar, ob eine Datenbeschaffung auch dann vorliegt, wenn die Daten zwar in der Natur bereits vorhanden sind und von jedem Dritten mit dem gleichen Aufwand gesammelt werden können, die tatsächliche Beschaffung der Daten allerdings an tatsächlichen Zugangs- bzw. Zutrittsbarrieren scheitert.[594] Eine rein abstrakte Auslegung hätte jedenfalls zur Folge, dass auch in solchen Fällen von einer Datenbeschaffung auszugehen wäre, da in diesem Fall die Daten in der Natur vorhanden sind, auch wenn der Dritte nicht an die Daten gelangt. Die Kriterien eignen sich nicht, um in der Rechtspraxis zu rechtssicheren Ergebnissen zu führen. Es kann jedoch festgehalten werden, dass nicht pauschal alle maschinen- oder verhaltensgenerierten Daten, die von vernetzten Maschinen und Geräten erzeugt werden, pauschal aus dem Anwendungsbereich des Sui-generis-Schutzes fallen.

e) Wesentlichkeit der Investition

Nicht jede beliebige, sondern nur wesentliche Investitionsleistungen führen zur Entstehung des Sui-generis-Schutzes.[595] Weder die europäische Datenbank-Richtlinie 96/9 noch das Gesetz geben klare Kriterien vor, wann die Investitionsleistung als wesentlich einzuordnen ist.[596] Der Begriff der Wesentlichkeit ist ein unbestimmter Rechtsbegriff mit der Folge, dass nur die Rechtsprechung im Einzelfall bestimmen kann, ob eine Investition als wesentlich zu bewerten ist.[597] Qualitative und quantitative Gesichtspunkte können bei der Beurteilung der Wesentlichkeit eine Rolle spielen.[598] Die Wesentlichkeit der Investitionsleistung ist anhand einer wertenden Gesamtbetrachtung festzustellen.[599] Sämtliche wirtschaftliche Aufwendungen für die Beschaffung, Überprüfung oder Darstellung der Datenbank sind dabei zu

---

592 *Wiebe*, GRUR 2023, 227, 228.
593 *Wiebe*, GRUR 2023, 227, 228.
594 *Wiebe*, GRUR 2023, 227, 228.
595 *Hermes,* in: Wandtke/Bullinger, Urheberrecht, § 87a Rn. 52.
596 *Hermes,* in: Wandtke/Bullinger, Urheberrecht, § 87a Rn. 52.
597 *Dreier*, in: Dreier/Schulze, UrhG, § 87a Rn. 15; *Vogel*, in: Schricker/Loewenheim, Urheberrecht, § 87a Rn. 51.
598 *Hermes,* in: Wandtke/Bullinger, Urheberrecht, § 87a Rn. 60.
599 *Czychowski*, in: Fromm/Nordemann, Urheberrecht, § 87a Rn. 15; BGH, GRUR 2011, 724 Rn. 23 – *Zweite Zahnarztmeinung II*; BGH, GRUR 2009, 852 Rn. 23 – *Elektronischer Zolltarif.*

berücksichtigen.[600] Die Anforderungen für die Beurteilung der Wesentlichkeit sind daher niedrig.[601] Unter Zugrundelegung eines nicht allzu strengen objektiven Maßstabs darf die Aufwendung für die Erstellung der Datenbank nicht ganz unbedeutend und von jedermann leicht erbringbar sein.[602] Es ist ausreichend, dass die Summe aller berücksichtigungsfähigen Investitionen wesentlich ist.[603] Unerheblich ist dabei, ob die Investition objektiv erforderlich oder kostengünstiger möglich gewesen ist.[604]

2. Bewertung

Der Investitionsgedanke des Sui-generis-Schutzes mag auf den ersten Blick auf das Investitionsschutzbedürfnis von Herstellern sensorbasierter Technologien passen. Auch wenn die Schutzrichtung Parallelen zum Sui-generis-Recht aufzeigt,[605] ergeben sich für den Schutz maschinen- und verhaltensgenerierter Daten in mehrfacher Hinsicht Anwendungsschwierigkeiten. Die erste Einschränkung erfolgt durch das Erfordernis der systematischen oder methodischen Anordnung. Gerade dieses Kriterium dient dazu, ungeordnete Datenhaufen und Rohdaten aus dem Schutzbereich des Sui-generis-Schutzes herausfallen zu lassen.[606] Bei maschinengenerierten Daten wird es sich in der Regel um ungeordnete Rohdaten handeln, die erst im Rahmen des Wertschöpfungsprozesses verarbeitet werden. Eine weitere Einschränkung ergibt sich aus dem Erfordernis der berücksichtigungsfähigen Investition. Durch den Ausschluss von „Spin-off"-Datenbanken durch die EuGH-Rechtsprechung wurden zahlreiche Datenbanken aus dem Schutzbereich des Sui-generis-Schutzrechts ausgeschlossen.[607] Um solche Datenbanken wird es sich jedoch bei Datenbanken handeln, die Rohdaten enthalten, die durch die Nutzung vernetzter Maschinen und Geräte erzeugt werden. Die Investition in die Erzeugung von Daten wäre demnach nicht geschützt. Den Herstellern bleibt lediglich die Möglichkeit, den Datenbestand Dritten durch den Abschluss von Datennutzungsverträgen zu lizen-

600 *Vogel,* in: Schricker/Loewenheim, Urheberrecht, § 87a Rn. 52; *Czychowski,* in: Fromm/Nordemann, Urheberrecht, § 87a Rn. 15; *Dreier,* in: Dreier/Schulze, UrhG, § 87a Rn. 12.

601 *Hermes,* in: Wandtke/Bullinger, Urheberrecht, § 87a Rn. 54.

602 BGH, GRUR 2011, 724 Rn. 23 – *Zweite Zahnarztmeinung II.*

603 *Vohwinkel,* in: Götting/Lauber-Rönsberg/Rauer, BeckOK Urheberrecht, § 87a Rn. 53; *Hermes,* in: Wandtke/Bullinger, Urheberrecht, § 87a Rn. 61; *Dreier,* in: Dreier/Schulze, UrhG, § 87a Rn. 12 f.

604 *Hermes,* in: Wandtke/Bullinger, Urheberrecht, § 87a Rn. 63.

605 *Schur,* Die Lizenzierung von Daten, S. 45 ff.

606 *Dreier,* in: Dreier/Schulze, UrhG, § 87a Rn. 7; *Hermes,* in: Wandtke/Bullinger, Urheberrecht, § 87a Rn. 24; *Wiebe,* GRUR 2017, 338, 340; *ders.,* CR 2014, 1, 2.

607 *Hermes,* in: Wandtke/Bullinger, Urheberrecht, § 87a Rn. 41; *Wiebe,* CR 2014, 1, 4; *Metzger,* GRUR 2012, 118, 124 f.

zieren.[608] Die Kosten der Lizenzierung für Lizenznehmer können dann als berücksichtigungsfähige Investition in die Datenbeschaffung eingeordnet werden, sodass zwar nicht dem Hersteller, wohl aber dem Lizenznehmer der Sui-generis-Schutz zukommen kann.[609] Weiterhin schützt das Schutzsystem des Datenbankherstellerrechts nur die Datenbank, nicht die einzelnen Daten, die sich in der Datenbank befinden.[610] Die Beurteilung der urheberrechtlichen Schutzfähigkeit der Datenbank und der in ihr vorhandenen Elemente hat getrennt zu erfolgen.[611] Sowohl der Datenbankwerkschutz als auch der Sui-generis-Schutz des Datenbankherstellers umfassen nur die Datenbank als solche, nicht jedoch die in der Datenbank enthaltenen Elementen .[612] Der Anwendungsbereich erfasst nicht die noch zu erhebenden und einzuordnenden Daten.[613] Der EuGH bestätigte, dass die Richtlinie den Anreiz für die Zurverfügungstellung vorhandener Information in Datenbanken setzen soll, nicht hingegen das Erzeugen von neuen Elementen, die später in einer Datenbank zusammengestellt werden können.[614] Der Schutz von Datenbanken durch das Datenbankwerk nach § 4 Abs. 2 S. 1 UrhG oder durch das Sui-generis-Recht des Datenbankherstellers nach den §§ 87a ff. UrhG hat damit nicht zur Folge, dass die in den Datenbanken enthaltenen Daten dem Inhaber der Datenbank rechtlich zugewiesen werden, sondern weiterhin in ihrer Nutzung frei bleiben.[615]

C. Schutz von Daten durch das Geschäftsgeheimnisrecht

Der Schutz von Geschäftsgeheimnissen ist für Unternehmen von grundlegender Bedeutung. Die Investition in den Erwerb von Geschäftsgeheimnissen kann für den Markterfolg und für die Wettbewerbsfähigkeit von Unternehmen entscheidend sein,[616] denn sie stellen das „intellektuelle Kapital" eines Unternehmens dar.[617] Eine besondere Rolle nehmen dabei auch die durch vernetzte Produkte oder Geräte erzeugten Daten ein, die für Unter-

---

608 *Hermes,* in: Wandtke/Bullinger, Urheberrecht, § 87a Rn. 46.

609 *Hermes,* in: Wandtke/Bullinger, Urheberrecht, § 87a Rn. 46 mit Verweis auf BGH, GRUR 2009, 852 Rn. 24 – *Elektronischer Zolltarif.*

610 *Wiebe,* GRUR Int. 2016, 877, 879.

611 *Dreier,* in: Dreier/Schulze, UrhG, § 4 Rn. 4.

612 *Dreier,* in: Dreier/Schulze, UrhG, § 4 Rn. 4.

613 EuGH, Urteil vom 29.10.2015 – C-490/14 = GRUR 2015, 1187, 1188 f. – *Freistaat Bayern/Verlag Esterbauer GmbH* .

614 EuGH, Urteil vom 09.11.2004 – C-203/02 = GRUR Int. 2005, 247 Rn. 31 ff. – *British Horseracing Board Ltd.*

615 *Dreier,* in: Dreier/Schulze, UrhG, § 4 Rn. 4.

616 Erwägungsgrund 1 Europäische Geschäftsgeheimnis-Richtlinie 2016/943.

617 *Europäische Kommission*, Aufbau einer europäischen Datenwirtschaft, COM (2017) 9 final, S. 11.

nehmen wirtschaftlich wertvolle Geschäftsgeheimnisse darstellen können. Aus den Daten können Informationen gewonnen werden, die für die Weiterentwicklung und Optimierung von Produkten eine besondere Bedeutung haben können. Der mit der Zeit gesammelte Datenbestand kann für viele Unternehmen einen zentralen Bestandteil ihres ideellen Firmenwerts ausmachen.[618] Der faktische Ausschluss Dritter und die exklusive Nutzung der generierten Daten wird derzeit durch technische Schutzmaßnahmen gewährleistet.[619] Unternehmen sind jedoch nicht nur technisch, sondern auch rechtlich darauf angewiesen, ihre Daten vor der rechtswidrigen Aneignung durch Dritte zu schützen, denn der vertragliche Schutz wirkt nur relativ und damit nur gegenüber dem Vertragspartner.[620] Der nachfolgende Abschnitt soll darstellen, inwieweit die durch vernetzte Geräte und Maschinen erzeugten Daten in den Schutzbereich des Geschäftsgeheimnisrechts fallen. Hierfür sollen die Schutzvoraussetzungen für das Vorliegen von Geschäftsgeheimnissen untersucht werden. Im Anschluss soll geprüft werden, ob Daten als Geschäftsgeheimnisse geschützt werden können und welche Rechtsposition dem Inhaber eines Geschäftsgeheimnisses zukommt. Unter Berücksichtigung der alten Rechtslage soll dabei ein besonderes Augenmerk auf die Rechtnatur von Geschäftsgeheimnissen gelegt werden.

I. Hintergrund

Der Schutz von Geschäftsgeheimnissen stellte in der deutschen Rechtsordnung lange Zeit eine Schnittstellenmaterie dar, denn die Regelungen zum Geheimnisschutz waren in verschiedenen Gesetzen verankert.[621] Geschäftsgeheimnisse konnten über §§ 17 bis 19 UWG a. F. sowie über §§ 823, 826 BGB ggf. i. V. m. § 1004 BGB analog geschützt werden.[622] Auch innerhalb der europäischen Rechtsordnung war die Bedeutung des Geheimnisschutzes unterschiedlich ausgeprägt. Uneinheitliche Schutzvoraussetzungen führten lange Zeit zur Fragmentierung des europäischen Binnenmarktes.[623] Die Unterschiede im Schutzniveau und im Schutzumfang sorgten für suboptimale Anreize für grenzüberschreitende Innovationsaktivitäten und damit für Nachteile für den Wettbewerb.[624] Hohe Informationskosten für Unterneh-

618 *Schweitzer/Peitz,* Datenmärkte in der digitalisierten Wirtschaft, S. 12.

619 *Stender-Vorwachs/Steege,* NJOZ 2018, 1361, 1363.

620 *Krüger/Wienecke/Koch,* GRUR 2020, 578, 579; *Zech,* CR 2015, 137, 140.

621 *Ohly,* GRUR 2014, 1, 1 f.; *Slawik,* in: Brammsen/Apel, GeschGehG Einl. B Rn. 63; *Ann,* GRUR- Prax 2016, 465, 465.

622 *Zech,* Information als Schutzgegenstand, S. 232; *Dann/Markgraf,* NJW 2019, 1774, 1774.

623 Erwägungsgrund 8 Europäische Geschäftsgeheimnis-Richtlinie 2016/943.

624 *Europäische Kommission,* Aufbau eines gemeinsamen europäischen Datenraums, COM (2018) 232 final, S. 4.

men waren die Folge.[625] Daran anknüpfend soll die europäische Geschäftsgeheimnis-Richtlinie 2016/943 den Schutz von Geschäftsgeheimnissen vor rechtswidrigem Erwerb sowie rechtswidriger Nutzung und Offenlegung innerhalb des europäisches Binnenmarktes gewährleisten. Das Ziel der Richtlinie ist die Förderung der Wettbewerbsfähigkeit europäischer Unternehmen und die Ermöglichung eines rechtssicheren Umgangs mit Geschäftsgeheimnissen.[626] In der deutschen Rechtsordnung wurde die Richtlinie mit Inkrafttreten des Geschäftsgeheimnisgesetzes (GeschGehG) im April 2019 umgesetzt und der durch §§ 17 bis 19 UWG a. F. überwiegend strafrechtlich normierte Geheimnisschutz abgeschafft.

II. Einordnung von Daten als Geschäftsgeheimnis

Im Rahmen der Nutzung vernetzter Maschinen und Geräte werden verhaltens- und maschinengenerierte Daten erzeugt, für deren Schutz ein berechtigtes Geheimhaltungsinteresse vorliegen kann. Während maschinengenerierte Daten unabhängig von dem Nutzerverhalten automatisiert erzeugt werden, werden verhaltensgenerierte Daten durch aktives Nutzerverhalten generiert. Ob und inwieweit maschinen- und verhaltensgenerierte Daten in den Schutzbereich des Geschäftsgeheimnisrechts fallen, hängt maßgeblich von dem Vorliegen der Schutzvoraussetzungen ab. Die einzelnen Schutzvoraussetzungen geben Anhaltspunkte darüber, welche Schutzrichtung das Gesetz bezweckt. Gemeinsam mit den daran anknüpfenden Rechtsfolgen legen sie die Grundlage für die dogmatische Einordnung der Rechtsnatur von Geschäftsgeheimnissen.

1. Schutzvoraussetzungen

Vor Inkrafttreten des GeschGehG gab es keine Legaldefinition für den Begriff des Geschäftsgeheimnisses. Unter der Geltung der §§ 17 bis 19 UWG a. F. wurde die Definition des Begriffs durch die höchstrichterliche Rechtsprechung entwickelt.[627] Danach war ein Geheimnis „jede im Zusammenhang mit einem Geschäftsbetrieb stehende, nicht offenkundige, sondern nur einem beschränkten Personenkreis bekannte Tatsache, an deren Geheimhaltung der Unternehmensinhaber ein berechtigtes wirtschaftliches Interesse hat und die nach seinem bekannten oder erkennbarem Willen geheim

625 *Ohly*, GRUR 2014, 1, 2.

626 *Europäische Kommission*, Aufbau eines gemeinsamen europäischen Datenraums, COM (2018) 232 final, S. 6.

627 BGHSt 41, 140, 142; BGH, GRUR 1955, 424 – *Möbelpaste*; BGH, GRUR1961, 40, 43 – *Wurftaubenpresse*; BGH, GRUR 2006, 1044, 1046 – *Kundendatenprogramm*; BGH, GRUR 2009, 603, 604 – *Versicherungsuntervertreter*; OLG Hamburg, GRUR-RR 2001, 137, 139 – *PM-Regler*.

bleiben soll".[628] Die Definition erforderte die Unternehmensbezogenheit der zu schützenden Tatsache und damit eine Zuordnung in die Sphäre des Unternehmens.[629] Unterschieden wurde weiterhin zwischen Betriebs- und Geschäftsgeheimnissen, ohne dass die Abgrenzung in jedem Fall möglich und notwendig war.[630] Unter dem Begriff der Betriebsgeheimnisse fielen alle technischen Daten, wie Herstellungsverfahren, Eigenschafts- und Wirkungsanalysen, Angaben über Wirkungsgrad oder Kraftstoffverbrauch einzelner Maschinen oder die Zusammensetzung und Funktionsweise von Geräten.[631] Die Geschäftsgeheimnisse bezogen sich dagegen auf den kaufmännischen Bereich, wie etwa auf Kunden- oder Lieferantenlisten.[632] Die Unterscheidung diente lediglich der Klarstellung und hatte für die rechtliche Behandlung beider Erscheinungsformen keinen Einfluss.[633] Mit Umsetzung der Geschäftsgeheimnisrichtlinie wurde die Unterscheidung zwischen Geschäfts- und Betriebsgeheimnissen abgeschafft. Die wortgleich aus der Geschäftsgeheimnis-Richtlinie 2016/943 übernommene Definition in § 2 Abs. 2 GeschGehG erfordert nunmehr „eine Informationen, die weder insgesamt noch in der genauen Anordnung und Zusammensetzung ihrer Bestandteile den Personen in den Kreisen, die üblicherweise mit dieser Art von Informationen umgehen, allgemein bekannt oder ohne Weiteres zugänglich ist und daher von wirtschaftlichem Wert ist und die Gegenstand von den Umständen nach angemessenen Geheimhaltungsmaßnahmen durch ihren rechtmäßigen Inhaber ist und bei der ein berechtigtes Interesse an der Geheimhaltung besteht". Der Begriff umfasst damit sämtliche technischen und nicht-technischen Informationen.[634] Erst wenn die Schutzvoraussetzungen des § 2 Abs. 2 GeschGehG erfüllt sind, ist nach § 1 Abs. 1 GeschGehG der Anwendungsbereich des GeschGehG eröffnet.[635]

---

628 BVerfG, Beschluss vom 14.3.2006 – 1 BvR 2087/03, 1 BvR 2111/03 = MMR 2006, 375, 376; BGH, Urteil vom 07.11.2002 – I ZR 64/00 = GRUR 2003, 356, 358 – *Präzisionsmessgeräte*; BGH, Urteil vom 15.03.1955 – I ZR 111/53 = GRUR 1955, 424 – *Möbelpaste*.

629 *Rengier*, in: Fezer/Büscher/Obergfell, UWG, § 17 Rn. 10.

630 *Rengier*, in: Fezer/Büscher/Obergfell, UWG, § 17 Rn. 8.

631 *Peschel/Rockstroh*, MMR 2014, 571, 574 mwN.

632 *Enders*, GRUR 2012, 25, 27; *McGuire/Joachim/Künzel/Weber*, GRUR Int. 2010, 829; *Kraßer*, GRUR 1970, 587, 589; *Nastelski*, GRUR 1957, 1, 1; BGH, GRUR 2003, 453 – *Verwertung von Kundenlisten*.

633 *Enders*, GRUR 2012, 25, 27; *McGuire/Joachim/Künzel/Weber*, GRUR Int. 2010, 829, 829; *Keller*, in: Keller/Schönknecht/Glienke, GeschGehG, § 2 Nr. 1 Rn. 8.

634 *Hauck*, NJW 2016, 2218, 2220.

635 *Keller*, in: Keller/Schönknecht/Glienke, GeschGehG, § 2 Nr. 1 Rn. 3.

a) Information

Während noch nach dem alten Geheimnisschutzrecht eine unternehmensbezogene Tatsache vorliegen musste, stellt § 2 Nr. 1 GeschGehG auf das Vorliegen einer Information ab. Trotz der uneinheitlichen Verwendung des Informationsbegriffs wird der Begriff der Information auch im Geschäftsgeheimnisrecht nicht definiert.[636] Es ist damit zu fragen, ob unter dem Informationsbegriff i. S. d. § 2 Nr. 1 GeschGehG nur semantische Informationen oder auch syntaktische Informationen in Form von Daten fallen.[637] Nach dem Erwägungsgrund 2 der Geschäftsgeheimnis-Richtlinie sollen ein „breites Spektrum von Informationen, das über das technologische Wissen hinausgeht, und auch Geschäftsdaten wie Informationen über Kunden und Lieferanten, Businesspläne sowie Marktforschung und -strategien" erfasst werden. Damit sind Informationen jedweder Art wie Tatsachen, Daten, Umstände sowie Vorgänge, unabhängig von ihrer Verkörperung, von dem Anwendungsbereich des GeschGehG umfasst.[638] Dies ist auch interessengerecht, denn schon Daten können das Potenzial haben, geheime Informationen zu vermitteln. Der Informationsbegriff des Geheimnisschutzes umfasst damit auch die syntaktische Ebene der Information.[639] Es kann sich damit um jede beliebige Informationen handeln, nur belanglose Informationen sollen nicht von der Definition erfasst sein[640] *Zech* kritisiert das Kriterium, da auch belanglose Informationen in Big-Data-Sachverhalten einen wirtschaftlichen Wert besitzen würden, „wenn man nur genug von ihnen zusammenfügt und analysiert"[641] Dagegen ist einzuwenden, dass der Ausschluss belangloser Informationen nicht Big-Data-Sachverhalte tangiert. Allein die Menge und das darin enthaltene Informations- und Wertpotenzial der Daten schließt eine solche Einordnung aus. Es ist vielmehr davon auszugehen, dass einzelne kontextlose Daten mangels Informations- und Wertpotenzial vom Anwendungsbereich ausgeschlossen werden sollen.[642] Bei den durch vernetzte Produkte erzeugten Daten wird es sich in der Regel um Rohdaten handeln, die in Datensätzen zusammengefasst sind und für das Unternehmen wertvolle Informationen liefern können. Die Kumulation dieser Daten kann damit die Schwelle der belanglosen Daten übersteigen und Informationen i. S. d. § 2 Nr. 1 GeschGehG darstellen.

---

636 Siehe hierzu unter Kapitel 2. A. II.

637 Vgl. *Hauck,* NJW 2016, 2218, 2221.

638 *Keller,* in: Keller/Schönknecht/Glienke, GeschGehG, § 2 Nr. 1 Rn. 15.

639 *Wiebe,* CR 2017, 87, 89.

640 Erwägungsgrund 14 Europäische Geschäftsgeheimnis-Richtlinie 2016/943; *Zech,* GRUR 2015, 1151, 1156.

641 *Zech,* GRUR 2015, 1151, 1156.

642 *Krüger/Wiencke/Koch,* GRUR 2020, 578, 580.

b) Geheimheit der Information

Darüber hinaus darf die Information in ihrer genauen Anordnung und Zusammensetzung ihrer Bestandteile den Personen in Kreisen, die üblicherweise mit dieser Art von Informationen umgehen, nicht allgemein bekannt oder ohne Weiteres zugänglich sein. Dies ist jedenfalls bei Informationen der Fall, die in ihren sämtlichen Bestandteilen geheim sind.[643] Doch auch Informationen mit allgemein bekannten Bestandteilen können noch als geheime Information eingeordnet werden.[644] Damit kann ein „Bündel von Informationen" auch dann als geheim eingestuft werden, wenn einzelne Bestandteile offenkundig sind.[645] Erforderlich ist in diesen Fällen, dass die „Auffindung und Kombination der Einzelelemente mit erheblichem Kosten- und Zeitaufwand verbunden ist".[646] Ist die Zusammenstellung aus öffentlichen Quellen jederzeit ohne großen Aufwand möglich, ist die allgemeine Bekanntheit oder Zugänglichkeit gegeben.[647] Als Maßstab dient dabei die praktische Zugänglichkeit für einen bestimmten Personenkreis.[648] Ausgehend von der Prämisse, dass Daten ein Abbild der Realität[649] darstellen, sind sämtliche Akteure mit ausreichender technischer Ausstattung in der Lage, Daten zu erzeugen. Sie sind das Ergebnis individueller Produktionsabläufe oder Bedingungen sowie individueller Einstellungen der Geräte, sodass selbst bei Nutzung identischer Maschinen nicht dieselben Daten erzeugt werden.[650] Nicht allgemein bekannt ist zudem die spezifische systematische Sammlung bzw. Aggregation der Daten.[651] Die genaue Anordnung oder Zusammensetzung der durch vernetzte Produkte automatisiert erzeugten Daten wird daher in der Regel die erforderliche Geheimnisqualität erreichen.[652] Die Geheimnisqualität wird sich bei den erzeugten Rohdaten in der Regel aus der vorweggenommenen Strukturierung sowie aus ihrem Umfang gewinnen,[653] denn Sammel- und Aggregationsvorgänge sind das Ergebnis menschlicher Vor-

---

643 *Hiéramente,* in: Fuhlrott/Hiéramente, BeckOK GeschGehG, § 2 Rn. 8; *Kalbfus,* WRP 2013, 584, 585; *Ohly,* GRUR 2019, 441, 443.

644 *Krüger/Wiencke/Koch,* GRUR 2020, 578, 580; *Ohly,* GRUR 2019, 441, 443; *Hiéramente,* in: Fuhlrott/Hiéramente, BeckOK GeschGehG, § 2 Rn. 8.

645 *Harte-Bavendamm,* in: Harte-Bavendamm/Ohly/Kalbfuß GeschGehG, § 2 Rn. 22.

646 *Harte-Bavendamm,* in: Harte-Bavendamm/Ohly/Kalbfuß GeschGehG, § 2 Rn. 22.

647 *Harte-Bavendamm,* in: Harte-Bavendamm/Ohly/Kalbfuß GeschGehG, § 2 Rn. 22.

648 *Ohly,* GRUR 2019, 441, 443.

649 BVerfG, Urteil des Ersten Senats vom 15. Dezember 1983 – 1 BvR 209/83 –,NJW 1984, 419 Rn. 148 – *Volkszählung.*

650 *Hessel/Leffer,* MMR 2020, 647, 649.

651 *Krüger/Wiencke/Koch,* GRUR 2020, 578, 581.

652 *Krüger/Wiencke/Koch,* GRUR 2020, 578, 581.

653 BGH, GRUR 2012, 1048 Rn. 21 – *MOVICOL-Zulassungsantrag*; BGH, GRUR 2008, 727 Rn. 19 = NJW-RR 2008, 1214 = WRP 2008, 1085 – *Schweißmodulgenerator*; BGH, GRUR 2009, 603 Rn. 13 = NJW 2009, 1420 – *Versicherungsuntervertreter.*

gaben.[654] Werden die allgemein bekannten Daten ausgewertet und mit Daten zusammengeführt, die allein dem Unternehmen zustehen, kann sich auch daraus die Geheimnisqualität und damit die Schutzwürdigkeit ergeben.[655] Die Geheimnisqualität kann durch die Implementierung technischer Schutzmaßnahmen gewahrt werden.[656] In den Fällen, in denen nicht nur der Hersteller, sondern mehrere Datenverarbeiter oder Dienstleister an Wertschöpfung aus den Daten beteiligt sind, kann die Geheimheit der Daten durch den Abschluss von Geheimhaltungsvereinbarungen erreicht werden. Diese Geheimhaltungsvereinbarungen verhindern die allgemeine Verfügbarkeit der Daten. Der Abschluss von Geheimhaltungsvereinbarungen kann damit ausreichen, um im Fall der Weitergabe der Daten den Geheimnischarakter zu wahren.[657] Problematisch ist die Wahrung der Geheimnisqualität insbesondere in den Fällen, in denen mehrere Personen im Wertschöpfungsprozess beteiligt sind, was regelmäßig bei Industrie-4.0-Sachverhalten der Fall sein dürfte.[658] Eine hohe Anzahl von Zugriffsberechtigten ist dennoch unschädlich, wenn entsprechende Geheimhaltungsvereinbarungen abgeschlossen worden sind.[659] Ein zusätzlicher Schutz ist in solchen Fällen durch organisatorische und technische Schutzmaßnahmen wie Verschlüsselungstechnologien möglich.[660] Problematisch können dagegen Fälle der Vertragsverletzung darstellen. Werden die Daten vertragswidrig weitergegeben, können die Daten in die „public domain“[661] fallen, sodass diesen dann nicht mehr der Geheimnisschutz zukommen kann. Der Wegfall des Geheimnisschutzes ist dann für den jeweiligen Einzelfall gesondert festzustellen.[662]

c) Wirtschaftlicher Wert der Daten

§ 2 Nr. 1 GeschGehG erfordert weiterhin den wirtschaftlichen Wert des Geschäftsgeheimnisses. Das Erfordernis des wirtschaftliches Wertes wird weit

---

654 *Keller,* in: Keller/Schönknecht/Glienke, GeschGehG, § 2 Nr. 1 Rn. 43.
655 *Hiéramente,* in: Fuhlrott/Hiéramente, BeckOK GeschGehG, § 2 Rn. 8.
656 Vgl. *Hessel/Leffer,* MMR 2020, 647, 649.
657 *Krüger/Wiencke/Koch,* GRUR 2020, 578, 581.
658 *Zech,* GRUR 2015, 1151, 1156; *Müllmann,* WRP 2018, 1177, 1179; *Schur*, Die Lizenzierung von Daten, S. 67.
659 BGH, GRUR 2012, 1048 Rn. 31 – *MOVICOL-Zulassungsantrag;* BGH, GRUR 2018, 1161 Rn. 38 – *Hohlfasermembranspinnanlage II; Krüger/Wiencke/Koch,* GRUR 2020, 578, 581; *Ohly*, GRUR 2019, 441, 443; siehe auch *Alexander*, in: Köhler/Feddersen, UWG, GeschGehG § 2 Rn. 34.
660 *Wiebe/Schur*, GRUR Int. 2019, 746, 750 ff.; *Krüger/Wiencke/Koch,* GRUR 2020, 578, 582.
661 *Krüger/Wiencke/Koch,* GRUR 2020, 578, 581.
662 *Schur*, Die Lizenzierung von Daten, S. 67.

ausgelegt.[663] Die Beurteilung richtet sich nicht nach dem Marktwert des Geheimnisses.[664] Ein bestimmter, bezifferbarer Vermögenswert ist damit nicht erforderlich.[665] Erwägungsgrund 14 der Geschäftsgeheimnis-Richtlinie 2016/943 stellt klar, dass eine Information dann einen Handelswert hat, wenn ihre unbefugte Nutzung oder Offenbarung den Inhaber „aller Voraussicht nach dadurch schädigt, dass das wirtschaftliche oder technische Potenzial, die geschäftlichen oder finanziellen Interessen, die strategische Position und die Wettbewerbsfähigkeit untergraben werden". Ausreichend ist das wirtschaftliche Wertpotenzial für den Inhaber des Geschäftsgeheimnisses.[666] Eine bestimmte Wertschwelle muss damit weder erreicht noch überschritten werden.[667] Für die durch vernetzte Produkte erzeugten Daten ist das wirtschaftliche Wertpotenzial zur kommerziellen Nutzung maßgeblich.[668] Die erzeugten Rohdaten werden in der Regel wirtschaftlich wertvoll sein, da sie durch die Zusammenführung, Auswertung und Analysen wertvolle Informationen liefern können.[669] Dass sie vor dem Wertschöpfungsprozess nur ein Wertpotenzial und keinen tatsächlichen Wert haben, ist unschädlich.[670] Gerade der ausschließliche Zugriff auf die erzeugten Daten bietet den Dateninhabern einen Informations- und damit auch einen Wettbewerbsvorsprung gegenüber ihren Konkurrenten.[671]

d) Angemessene Geheimhaltungsmaßnahmen

Die geheime Information muss nach § 1 Nr. 1b GeschGehG darüber hinaus durch angemessene Geheimhaltungsmaßnahmen vor unberechtigter Kenntnisnahme geschützt werden.[672] Gemeint sind „kaufmännisch sinnvolle Schutzmaßnahmen"[673], die der Inhaber dokumentieren und nachwei-

---

663 *Ohly*, GRUR 2019, 441, 443; *Dann/Markgraf*, NJW 2019, 1774, 1775; *Hessel/Leffer*, MMR 2020, 647, 649.

664 *Ohly*, GRUR 2019, 441, 443.

665 BGH, GRUR 2006, 1044 Rn. 19 – *Kundendatenprogramm; Ohly*, GRUR 2019, 441, 443.

666 *Ohly*, GRUR 2019, 441, 443.

667 *Alexander*, WRP 2017, 1034, 1038; *Baranowski/Glaßl*, BB 2016, 2563, 2565; *Heinzke*, CCZ 2016, 179, 182.

668 *Hessel/Leffer*, MMR 2020, 647, 649.

669 *Krüger/Wiencke/Koch*, GRUR 2020, 578, 581; *Alexander*, in: Köhler/Feddersen, UWG, GeschGehG § 2 Rn. 42 f.; *Ohly*, GRUR 2019, 441, 443; *Alexander*, WRP 2017, 1034, 1039; *Sappa*, GRUR Int. 2019, 135, 142; *Zech*, GRUR 2015, 1151, 1156; *Hessel/Leffer*, MMR 2020, 647, 649.

670 *Sappa*, GRUR Int. 2019, 135, 142; *Alexander*, WRP 2017, 1034, 1038; *Wiebe*, GRUR Int. 2016, 877, 880.

671 So auch *Schur*, Lizenzierung von Daten, S. 68, *Schweitzer/Peitz*, Datenmärkte in der digitalisierten Wirtschaft, S. 14.

672 Ausführlich hierzu *Maaßen*, GRUR 2019, 352.

673 *Krüger/Wiencke/Koch*, GRUR 2020, 578, 581.

sen können muss.[674] Die Maßnahmen sind von dem Inhaber der geheimen Information vorzunehmen, da der Geheimnisschutz abhängig von der Vornahme der Geheimhaltungsmaßnahmen ist. Nimmt er keine angemessenen Geheimhaltungsmaßnahmen vor, fällt die Information nicht in den Anwendungsbereich des Gesetzes. Erst angemessene Geheimhaltungsmaßnahmen begründen nach dem ausdrücklichen Wortlaut des Erwägungsgrundes 14 der Geschäftsgeheimnis-Richtlinie 2016/943 die „legitime Erwartung, dass Vertraulichkeit gewahrt wird".[675] Die Maßnahmen können technischer oder rechtlicher Art sein.[676] Technische Maßnahmen werden durch Hersteller und Dateninhaber zum Schutz ihrer Daten getroffen, um sie vom Zugriff durch Dritte zu schützen. Als rechtliche Schutzmaßnahmen können Verschwiegenheitsvereinbarungen mit demjenigen getroffen werden, der Zugang zu den geheimen Informationen erhält.[677] Welche Maßnahmen angemessen sind, ist dabei eine Frage des Einzelfalls.[678] Das Unternehmen muss zur Beurteilung der Maßnahmen eine Risikoanalyse durchführen, in der die Schutzwürdigkeit der Information und mögliche Bedrohungen angemessen berücksichtigt werden.[679] Maßgeblich sind unter anderem der Wert und die Entwicklungskosten des Geschäftsgeheimnisses, aber auch die Bedeutung für das Unternehmen sowie dessen Größe.[680] Dadurch sollen auch kleine und mittelständische Unternehmen mit wirtschaftlich schwächeren Schutzmöglichkeiten berücksichtigt werden.[681] Kann der Zugriff durch Dritte eine existenzielle Bedrohung darstellen, ist der Maßstab höher, als wenn die Offenlegung der geheimen Information zu nur marginalen wirtschaftlichen Einbußen führt.[682] Auch für den Schutz der durch vernetzte Produkte erzeugten Daten nehmen Unternehmen verschiedene technische Maßnahmen vor. Denkbar sind komplexe Datenverschlüsselungen sowie ein Passwort- und Virenschutz.[683] Auf der rechtlichen Ebene ist darüber hinaus auch die Vereinbarung von

---

674 BT-Drs. 19/4724, S. 24.

675 *Ohly*, GRUR 2019, 441, 443.

676 *Voigt/Herrmann/Grabenschröer*, BB 2019, 142, 145 ff.

677 *Krüger/Wiencke/Koch*, GRUR 2020, 578, 582; *Alexander*, in: Köhler/Feddersen, UWG, GeschGehG § 2 Rn. 61; *Schönknecht,* in: Keller/Schönknecht/Glinke, GeschGehG, § 2 Nr. 1 Rn. 65.

678 *Alexander*, in: Köhler/Feddersen, UWG, GeschGehG § 2 Rn. 66; *Hessel/Leffer*, MMR 2020, 647, 649.

679 *Maaßen,* GRUR 2019, 352, 356.

680 BT-Drs. 19/4724, S. 25.

681 *Trebeck/Schulte-Wissermann,* NZA 2018, 1175, 1176.

682 *Maaßen,* GRUR 2019, 352, 354.

683 *Dann/Markgraf*, NJW 2019, 1774, 1776; *Schur*, Lizenzierung von Daten, S. 68 f.; *Naber/Peukert/Seeger*, NZA 2019, 583, 585; *Voigt/Herrmann/Grabenschröer*, BB 2019, 142, 145 ff.

Vertragsstrafen für den Fall der rechtswidrigen Weitergabe der Daten möglich.[684]

e) Berechtigtes Geheimhaltungsinteresse

Anders als in der europäischen Geschäftsgeheimnis-Richtlinie 2016/943 vorausgesetzt, erfordert die Definition des § 2 Nr. 1 GeschGehG ein berechtigtes Geheimhaltungsinteresse des Inhabers.[685] Hintergrund des Erfordernisses ist der Ausschluss rechtlich missbilligter Geheimhaltungsinteressen.[686] Unternehmen werden ein legitimes Interesse daran haben, die durch die Nutzung von vernetzten Produkten erzeugten Rohdaten geheim zu halten, denn bei diesen kann es sich um wertvolle Produkt-, Prozess- oder Analysedaten handeln, die dem Unternehmen einen Wettbewerbsvorsprung gegenüber konkurrierenden Marktteilnehmern verschaffen.[687] Sowohl diese Daten als auch die Ergebnisse der Auswertungen, die der Unternehmer selbst noch nicht kennt, werden in der Regel einem berechtigten Geheimhaltungsinteresse unterliegen. Insbesondere ist nicht davon auszugehen, dass die durch die Nutzung vernetzter Maschinen oder Geräte erzeugten Rohdaten Informationen beinhalten werden, die von der Rechtsordnung missbilligt sind.[688]

2. Inhaber von Geschäftsgeheimnissen

Die Frage der Inhaberschaft ist für das Geheimnisschutzrecht essenziell. Nur dem Inhaber des Geschäftsgeheimnisses stehen die in §§ 6 ff. GeschGehG verankerten Abwehrrechte gegen den Dritten zu. Für Sachverhalte aus dem IoT-Bereich stellt sich die Frage, ob der Nutzer, der Eigentum an der vernetzten Maschine erlangt hat, Inhaber der erzeugten Rohdaten ist oder der Hersteller, für den die Daten einen großes Informationspotenzial haben. Inhaber des Geschäftsgeheimnisses ist nach § 2 Nr. 2 GeschGehG „jede natürliche oder juristische Person, welche die rechtmäßige Kontrolle über ein Geschäftsgeheimnis innehat". Diese systematische Sammlung der durch vernetzte Produkte erzeugten maschinen- und verhaltensgenerierten Daten liegt meist unter der alleinigen Zugriffskontrolle der Hersteller. Damit wird die gegenwärtige faktische Kontrolle der erzeugten Daten durch Unternehmen zusätzlich durch das Geschäftsgeheimnisrecht abgesichert, wenn die Schutzvoraussetzungen vorliegen. Möglich sind dabei auch Konstellationen, in denen Geschäftsgeheimnisse erst durch die Auswertung der

---

684 *Schönknecht,* in: Keller/Schönknecht/Glinke, GeschGehG, § 2 Nr. 1 Rn. 65.
685 Für die Unionswidrigkeit dieses Kriteriums siehe *Schur*, Die Lizenzierung von Daten, S. 69.
686 *Alexander,* in: Köhler/Feddersen, UWG, GeschGehG § 2 Rn. 78 f.
687 *Roßnagel*, NJW 2017, 10,12.
688 So auch *Hessel/Leffer*, MMR 2020, 647, 650.

vorhandenen Daten durch Dienstleister entstehen. In solchen Fällen werden meistens zwischen den Parteien Vereinbarungen bestehen, die die anschließende Inhaberschaft an den durch die Auswertung erlangten Informationen regeln.[689] Für die Nutzer von vernetzten Maschinen und Geräten gestaltet sich die Lage dagegen anders. Diesen stehen in der Regel keine technischen und rechtlichen Möglichkeiten offen, die durch die Nutzung des Produkts erzeugten Daten auszulesen.[690] Aus technischer Sicht scheitert es grundsätzlich bei vernetzten Geräten in Industrie-4.0- oder IoT-Sachverhalten schon an einer ihm zur Verfügung stehenden Schnittstelle, über die er Zugang zu den durch die Nutzung erzeugten Daten haben könnte, oder die Daten sind in einem nicht nutzbaren Format gespeichert oder verschlüsselt.[691] Für die Rechtmäßigkeit der Kontrolle schließen Hersteller in der Regel einen Datennutzungsvertrag mit den Nutzern vernetzter Produkte ab.[692] Der Schutz durch das Geschäftsgeheimnisrecht knüpft damit an die faktische Kontrolle an, sodass ein rechtlicher Schutz nur zugunsten der Unternehmen oder durch diese beauftragten anderen Dateninhaber in Betracht kommt.[693]

3. Rechtsfolgen des Geheimnisschutzes

Ist der Anwendungsbereich des GeschGehG eröffnet, stehen dem Inhaber im Fall der Rechtsverletzung durch Dritte nach den §§ 6 ff. GeschGehG Ansprüche auf Auskunft, Unterlassung, Herausgabe und Rückruf verletzender Produkte und mit § 10 GeschGehG Schadensersatzansprüche gegen den Rechtsverletzer zu. Neben diesen zivilrechtlichen Ansprüchen kommt auch eine strafrechtliche Haftung des Rechtsverletzers nach § 23 GeschGehG in Betracht. Voraussetzung für die Entstehung der Ansprüche ist, dass ein Geschäftsgeheimnis rechtswidrig erlangt, genutzt oder offengelegt wird. Die einzelnen Handlungsverbote sind in der Zentralnorm des § 4 GeschGehG geregelt, die die Ansprüche der §§ 6 ff. GeschGehG auslösen. Damit wird auch die Abkehr vom bisherigen strafrechtlichen Ansatz deutlich.[694] § 4 Abs. 1 GeschGehG regelt als Grundtatbestand das unbefugte Erlangen des Geschäftsgeheimnisses.[695] Umfasst sind Handlungen wie der unbefugte Zugang sowie das Aneignen oder Kopieren von Dokumenten, Gegenständen, Materialien, Stoffen und elektronischen Dateien.[696] Die explizite Aufzäh-

689 *McGuire*, WRP 2019, 679, 687.
690 *BMVi*, „Eigentumsordnung" für Mobilitätsdaten, S. 61.
691 *Krüger/Wiencke/Koch*, GRUR 2020, 578, 582.
692 *Krüger/Wiencke/Koch*, GRUR 2020, 578, 582.
693 So auch *Krüger/Wiencke/Koch*, GRUR 2020, 578, 582; *Hauck*, GRUR-Prax 2019, 223, 223 f.
694 *Ohly*, GRUR 2019, 441 (442).
695 *Hauck/Kamlah*, in: Heermann/Schlingloff, MüKo Lauterkeitsrecht, § 4 Rn. 3.
696 *Hauck/Kamlah*, in: Heermann/Schlingloff, MüKo Lauterkeitsrecht, § 4 Rn. 3.

lung elektronischer Dateien verdeutlicht, dass nicht nur körperliche Informationsträger, sondern auch Daten selbst von dem Schutzbereich erfasst sein sollen. Damit wird noch einmal deutlich, dass anders als die Begriffsbestimmung in § 2 Nr. 1 GeschGehG augenscheinlich voraussetzt, nicht nur die semantische Information, sondern die syntaktische Zeichenebene vom Schutzbereich des GeschGehG umfasst ist. Damit fallen auch Metainformationen zu Dateien und Dateinamen in den Schutzbereich.[697] Erforderlich ist nur, dass aus den Daten Geschäftsgeheimnisse ableitbar sind.[698] Mit § 4 Abs. 1 Nr. 2 GeschGehG wird als Auffangtatbestand auch sonstiges Verhalten, das im Einzelfall nicht dem Grundsatz von Treu und Glauben unter Berücksichtigung der anständigen Marktgepflogenheiten entspricht, in den Anwendungsbereich aufgenommen. Maßgebliches Kriterium für beide Tatbestände ist das Kriterium der Unbefugtheit. Diese liegt jedenfalls immer dann vor, wenn die Befugnis zur Erlangung des Geschäftsgeheimnisses nicht von einer Erlaubnis gedeckt ist.[699] Liegt eine vertragliche Geheimhaltungsvereinbarung vor, ist der entsprechende Umgang mit den Daten nicht unbefugt.[700] In § 4 Abs. 2 GeschGehG werden dann weitere verschiedene Nutzungs- und Offenlegungsverbote normiert. Eine Ausnahme besteht wiederum in den Fällen, in denen sich der Rechtsverletzer auf den Ausnahmetatbestand des § 5 GeschGehG berufen kann. Die Ausnahmeregelung bezweckt einen Interessenausgleich für die Fälle, in denen der Schutz von Geschäftsgeheimnissen mit anderen von der Rechtsordnung gebilligten widerstreitenden Interessen Dritter kollidiert und erinnert an die urheberrechtliche Schrankenregelung.[701] Die in §§ 6 ff. GeschGehG normierten Ansprüche richten sich nur gegen den Verletzer. Verletzer kann nach § 2 Nr. 3 i. V. m. § 4 GeschGehG nur „jede natürliche oder juristische Person [sein], die entgegen § 4 ein Geschäftsgeheimnis rechtswidrig erlangt, nutzt oder offenlegt". Der Verstoß gegen ein Handlungsverbot des § 4 GeschGehG begründet damit auch Ansprüche gegen Dritte, zu denen keine vertraglichen Beziehungen stehen. Damit erweitert der Schutz durch das Geschäftsgeheimnisrecht die Geltendmachung von Ansprüchen außerhalb von Vertragsverletzungen. Der Schutz der Daten wird zugunsten der die Daten kontrollierenden Hersteller/Unternehmen verstärkt, sodass der Schutz durch das Geschäftsgeheimnisrecht augenscheinlich geeignet zu sein scheint, Daten rechtlich zuzuordnen.

---

697 *Hauck/Kamlah,* in: Heermann/Schlingloff, MüKo Lauterkeitsrecht, § 4 Rn. 4.

698 *Hauck/Kamlah,* in: Heermann/Schlingloff, MüKo Lauterkeitsrecht, § 4 Rn. 4.

699 *Hauck/Kamlah,* in: Heermann/Schlingloff, MüKo Lauterkeitsrecht, § 4 Rn. 13, 16.

700 *Roßnagel,* NJW 2017, 10, 12.

701 *Hiéramente,* in: Fuhlrott/Hiéramente, BeckOK GeschGehG, § 5 Rn. 9; *Reling,* in: Fritzsche/Münker/Stollwerck, BeckOK UWG, GeschGehG § 5 Rn. 1; *Alexander,* in: Köhler/Feddersen, UWG, GeschGehG § 5 Rn. 2.

III. Rechtsnatur von Geschäftsgeheimnissen

Ob die durch das Geschäftsgeheimnisrecht erlangte Rechtsposition des Inhabers des Geschäftsgeheimnisses ausreicht, um eine Zuordnung von Daten vorzunehmen, hängt von der Rechtsnatur des Geheimnisschutzes ab. Die Einordnung als Ausschließlichkeitsrecht hätte zur Folge, dass der Geheimnisschutz dem Inhaber eine Position mit einem rechtlichen Zuweisungsgehalt vermittelt.[702] Dem Inhaber wären ausschließliche Befugnisse hinsichtlich des Geschäftsgeheimnisses eingeräumt, die er unter Ausschluss aller geltend machen könnte.[703] Da auch Daten von dem Anwendungsbereich des Geheimnisschutzes umfasst sein können, hätte eine solche Einordnung zur Folge, dass der Inhaber des Geheimnisschutzes auch Inhaber des Ausschließlichkeitsrechts an den Daten wäre. Ein solches Ergebnis scheint nicht von vornherein ausgeschlossen zu sein. Durch das Geschäftsgeheimnisrecht wird dem Inhaber das Recht eingeräumt, andere von dem Zugang und von der Nutzung zu den erzeugten Daten auszuschließen, sodass gerade diese Ausschlussfunktion an die Rechtsnatur von Ausschließlichkeitsrechten erinnert. Ob dem Inhaber ein Ausschließlichkeitsrecht an den Geschäftsgeheimnissen eingeräumt werden soll, hängt davon ab, welche Rechtsnatur Geschäftsgeheimnissen haben.

1. Diskussion nach alter Rechtslage

Nach der alten Rechtslage hatte die Einordnung als Betriebs- oder Geschäftsgeheimnis zur Folge, dass der Angreifer bei Verstoß gegen die §§ 17 ff. UWG a. F. mit strafrechtlichen Sanktionen rechnen musste. Die mittlerweile außer Kraft getretenen §§ 17 bis 19 UWG a. F. bezweckten den Schutz des Geheimhaltungsinteresses des Unternehmers sowie des lauteren Wettbewerbs, weswegen die unter Strafe gestellten Angriffsformen als unlautere Verhaltensweisen eingestuft wurden.[704] Der Verstoß hatte jedoch auch die Entstehung von zivilrechtlichen Ansprüchen zur Folge. Dem Inhaber des Unternehmensgeheimnisses konnten unter anderem Unterlassungs- und Schadensersatzansprüche gemäß §§ 8, 9 UWG und §§ 823 Abs. 2, 826 BGB zustehen.[705]

a) Geheimnisschutz als sonstiges Recht i. S. d. § 823 Abs. 1 BGB

Lange Zeit umstritten war die Frage, ob der Verstoß gegen § 17 UWG a. F. auch die Entstehung einer Fahrlässigkeitshaftung über § 823 Abs. 1 BGB zur

702 *Zech,* Information als Schutzgegenstand, S. 78.
703 *Zech,* Information als Schutzgegenstand, S. 78.
704 *Rengier,* in: Fezer/Bücher/Obergfell, UWG § 17 Rn. 4.
705 *Rengier,* in: Fezer/Bücher/Obergfell, UWG § 17 Rn. 4.

Folge hatte.[706] Über § 823 Abs. 1 BGB sind neben den explizit aufgezählten absoluten Schutzgütern auch vergleichbare sonstige Rechte geschützt.[707] Für Geschäftsgeheimnisse stellte sich damit die Frage, ob auch sie als sonstige Rechte mit Ausschließlichkeitscharakter in den Schutzbereich des § 823 Abs. 1 BGB fallen. Für den Inhaber des Geschäftsgeheimnisses ist die Einordnung von maßgeblicher Bedeutung. Die Einordnung als absolutes Schutzrecht hätte zur Folge, dass der Inhaber des Geschäftsgeheimnisses Ansprüche gegenüber jedermann, nicht nur gegenüber dem Rechtsverletzer geltend machen könnte.[708] Im Falle der Einordnung als absolutes Recht wäre der Geheimnisschutz Teil des verfassungsrechtlichen Eigentumsschutzes.[709] Ansprüche auf Schadensersatz stünden ihm dann über § 823 Abs. 1 BGB auch im Fall einer fahrlässigen Handlung zu.[710] Auch Ansprüche über § 1004 Abs. 1 BGB analog wären möglich.[711] Die analoge Anwendbarkeit der Norm ist bislang für alle absoluten Rechte anerkannt.[712] Die rechtsdogmatische Begründung des Schutzes von Unternehmensgeheimnissen als sonstiges Recht ist unterschiedlich.[713] Zum einen wird vertreten, Unternehmensgeheimnisse grundsätzlich als Bestandteil des eingerichteten und ausgeübten Gewerbebetriebs zu schützen.[714] Das Rahmenrecht schütze einzelne Erscheinungsformen des Gewerbes und damit den gesamten gewerblichen Tätigkeitsbereich.[715] Um nicht jede Verwertung des Geheimnisses als Verletzung des eingerichteten und ausgeübten Gewerbebetriebs einzuordnen,

---

706 Siehe hierzu *Zech*, Information als Schutzgegenstand, S. 233; *Rody*, Der Begriff und die Rechtnatur von Geschäfts- und Betriebsgeheimnissen, S. 190 ff.; *Sprau*, in: Grüneberg, BGB § 823 Rn. 134; *Spindler*, in: Gsell/Krüger/Lorenz/Reymann, BeckOGK BGB, § 823 Rn. 87; *Hager*, in: Staudinger, BGB, § 823 Rn. 139; *Schiemann*, in: Ermann, BGB § 823 Rn. 40; *Ann*, GRUR 2007, 39, 42; *Enders*, GRUR 2012, 25, 28; dazu auch *Ann*, GRUR 2007, 39, 43.

707 *Spindler*, in: Gsell/Krüger/Lorenz/Reymann, BeckOGK BGB, § 823 Rn. 160.

708 *Rody*, Der Begriff und die Rechtsnatur von Geschäfts- und Betriebsgeheimnissen unter Berücksichtigung der Geheimnisschutz-Richtlinie, S. 171.

709 *Ohly*, GRUR 2014, 1, 3.

710 *Rody*, Der Begriff und die Rechtsnatur von Geschäfts- und Betriebsgeheimnissen unter Berücksichtigung der Geheimnisschutz- Richtlinie, S. 190.

711 *Enders*, GRUR 2012, 25, 29.

712 *Rody*, Der Begriff und die Rechtsnatur von Geschäfts- und Betriebsgeheimnissen unter Berücksichtigung der Geheimnisschutz-Richtlinie, S. 191.

713 Für die Einordnung als sonstiges Recht: *Köhler*, in: Bornkamm/Köhler/Feddersen, UWG, § 17 Rn. 53; *Mes*, GRUR 1979, 584, 590–593; *Nastelski*, GRUR 1957, 1, 6 f.; *Ohly*, GRUR 2014, 1, 8; dagegen *Dorner*, Know-how-Schutz im Umbruch, S. 496.

714 *Harte-Bavendamm*, in: Harte-Bavendamm/Henning/Bodewig, UWG, § 17 Rn. 50; *Köhler*, in: Köhler/Bornkamm/Feddersen, UWG, § 17 Rn. 53; *Rody*, Der Begriff und die Rechtsnatur von Geschäfts- und Betriebsgeheimnissen unter Berücksichtigung der Geheimnisschutz- Richtlinie, S. 171.

715 BGHZ 3, 270, 279 – *Constanze I*; BGHZ 29, 65, 70 – *Stromkabel I; Nastelski*, GRUR 1957, 1, 4.

verlangte die ständige Rechtsprechung das Kriterium der Betriebsbezogenheit.[716] Zum anderen wurde vertreten, die Rechtsposition des Geheimnisträgers als eigenständiges sonstiges Recht zu konzipieren.[717] Geschäftsgeheimnisse hätten einen eigenen Zuweisungsgehalt, wenn sie selbstständig übertragbar und vom Unternehmen ablösbar seien.[718] Ob Geschäftsgeheimnisse übertragbar sind, wurde in der Literatur nicht einheitlich beantwortet.[719] Die Beantwortung der Frage wurde eng daran angeknüpft, welche Rechtsnatur Unternehmensgeheimnissen zukommt.[720]

b) Rechtlicher Zuweisungsgehalt des Geheimnisschutzes

Der Schutz durch das Geschäftsgeheimnisrecht über die zivil- und strafrechtlichen Vorschriften führte auch zur Frage, inwieweit Geschäftsgeheimnissen ein eigentumsrechtlicher Zuweisungsgehalt zugesprochen wurde.[721] Die Frage, die sich in diesem Zusammenhang stellt, ist, inwieweit Gemeinsamkeiten zu Ausschließlichkeitsrechten bestehen, insbesondere hinsichtlich des Schutzzwecks.[722] Wie bei anderen Immaterialgüterrechten stehen für den Schutz von Geschäftsgeheimnissen Aspekte der Innovations- und Wettbewerbsförderung im Vordergrund.[723] Auch für Geschäftsgeheimnisse besteht ein besonderer Schutzbedarf, denn das Gut, das geschützt werden soll, ist immateriell und ubiquitär und gegenüber körperlichen Sachen besonders auf den Schutz durch rechtliche Regelungen angewiesen.[724] Dass die Einordnung als Ausschließlichkeitsrecht allerdings nur schwer möglich ist, zeigt die Abhängigkeit des Schutzes von dem Kriterium der Geheimheit.[725] Ist die Information öffentlich zugänglich, entfällt der Geheimnisschutz, ohne dem Inhaber Rechte gegenüber jedermann einzuräumen.[726] Anders als bei Ausschließlichkeitsrechten ist der Schutz damit an den Ag-

---

716 BGH, Beschluss vom 10.12.2002 – VI ZR 171/02, NJW 2003, 1040, 1041 – *Eiskunstläuferin*; BGHZ 29, 65, 74 = NJW 1959, 479 – *Stromkabel I*; BGHZ 66, 388, 393 = NJW 1976, 1740; BGH, NJW 1983, 812, 813.

717 *Denninger*, GRUR 1984, 627, 633; *Paul*, NJW 1963, 2249, 2251; *Mes*, GRUR 79, 584, 590 ff; *Ohly*, in: Ohly/Sosnitza, UWG § 17 Rn. 49; BGHZ 16, 172, 175 = GRUR 55, 388, 389 – *Dücko*.

718 *Köhler*, in: Köhler/Bornkamm, UWG, § 17 Rn. 53; *Hager*, in: Staudinger, BGB, § 823 Rn. 139; *Denninger*, GRUR 1984, 627, 633; *Ohly*, GRUR 2014, 1, 8.

719 Siehe hierzu ausführlich *Zech*, Inforation als Schutzgegenstand, S. 235 f. m. w. N.

720 *Zech*, Inforation als Schutzgegenstand, S. 236.

721 *Dorner*, Know-how-Schutz im Umbruch, S. 25 ff.

722 *McGuire*, GRUR 2015, 424, 426.

723 Erwägungsgrund 1 Europäische Geschäftsgeheimnis-Richtlinie 2016/943.

724 *McGuire*, GRUR 2015, 424, 426.

725 *Ohly*, GRUR 2014, 1, 3.

726 *Ohly*, GRUR 2014, 1, 3.

gregatzustand geknüpft, dass die Information geheim bleibt.[727] Der Schutz hängt damit nicht von der besonderen Qualität der Information ab, sondern allein von der Geheimnisqualität.[728] Nach Offenlegung der geheimen Information verlässt sie die Einflusssphäre des Inhabers. Die Information wird daher nur mittelbar geschützt und bleibt daher frei.[729] Die Feststellung, dass der Geheimnisschutz kein Ausschließlichkeitsrecht begründet, führt zur Frage, ob er dennoch als Immaterialgüterrecht eingeordnet werden kann. Die vor Inkrafttreten des Geschäftsgeheimnisgesetzes bestehende Zersplitterung des Geheimnisschutzes führte lange Zeit zur Diskussion, ob der Geheimnisschutz überhaupt als Teil des Immaterialgüterrechts eingeordnet werden konnte.[730] Die Schwierigkeiten der dogmatischen Einordnung wurzelten darin, dass der Geheimnisschutz Elemente des Immaterialgüterrechts beinhaltet, die konkrete Ausgestaltung der Rechtsfolgen wiederum die Einordnung als Immaterialgüterrecht erschwert.[731] Die Frage ist eng daran geknüpft, ob Immaterialgüterrechte stets Ausschließlichkeitscharakter haben müssen. Geschäftsgeheinisse werden als „Trade Secret" in Art. 39 TRIPS-Übereinkommen erwähnt und gehören danach zum Teil des geistigen Eigentums. Art. 39 TRIPS kann die Einordnung des Geheimnisrechts als Ausschließlichkeitsrecht nicht begründen. *Ohly* verweist zu Recht darauf hin, dass die Unterschiede zu den klassischen Immaterialgüterrechten nicht zu dem Ergebnis führen darf, das Geschäftsgeheimnisrecht nicht zu den Immaterialgüterrechten einzuordnen.[732] Nach ihm stellen „Immaterialgüterrechte Bündel von Befugnissen dar, die teils dichter, teils dünner geschnürt sind"[733], nicht zwingend jedoch als absolute Schutzrechte gegenüber jedermann begründen müssen.[734] Dafür spricht auch die Aufnahme des Geheimnisschutzrechts in Art. 39 TRIPS.[735] Damit wird deutlich, dass die eigentliche dogmatische Frage darin begründet liegt, wie Ausschließlichkeitsrechte von Immaterialgüterrechten zu trennen sind. Die Einordnung als Immaterialgüterrecht hat daher nicht die Begründung eines Ausschließlichkeitsrechts zur Folge.[736]

---

727 *Schur,* Die Lizenzierung von Daten, S. 72 m. w. N.

728 BT-Drs. 18/4724, S. 19.

729 *McGuire*, GRUR 2015, 424, 427; *Ann*, GRUR 2007, 39, 40; *Schur,* Die Lizenzierung von Daten, S. 72.

730 *Ohly,* GRUR 2014, 1, 3 mit Verweis auf *Ann*, GRUR 2007, 39, 42 f.

731 *McGuire* reduziert die Frage darauf, ob das Rechtsgebiet des geistigen Eigentums als Querschnittsmaterie einen bestimmten Typus von Lebenssachverhalten reguliert oder ob auf die Qualifikation der gewährten Schutzposition als absolutes Recht abzustellen ist, *McGuire,* GRUR 2015, 424, 426.

732 *Ohly,* GRUR 2014, 1, 3 f.

733 *Ohly,* GRUR 2014, 1, 3 f.

734 Ohly, GRUR 2014, 3, 4.

735 *Zech,* GRUR 2015, 1151, 1156.

736 *Zech,* GRUR 2015, 1151, 1156.

2. Rechtsnatur nach neuer Rechtslage

Die europäische Geschäftsgeheimnis-Richtlinie hat der Diskussion um die Rechtsnatur von Geschäftsgeheimnissen ein Ende gesetzt. Nach Erwägungsgrund 16 sollen keine Exklusivrechte an als Geschäftsgeheimnis geschütztem Know-how oder als solchem geschützten Informationen begründet werden.[737] Die Richtlinie stellt klar, dass damit die unabhängige Entdeckung desselben Know-hows oder derselben Information möglich bleiben soll. Rechtlich geschützt wird damit allein der geheime und damit der faktische Zustand der Information und nicht die Information als solche.[738] Die konkrete Ausgestaltung der Ansprüche gegen den Rechtsverletzer verdeutlicht, dass die Überwindung und die Offenlegung des Geschäftsgeheimnisses geschützt werden und nicht das Geheimnis als solche. Wird die Geheimnisqualität durch die Überwindung und Offenlegung des Geschäftsgeheimnisses aufgehoben, entfällt der Schutz.[739] Anders als bei klassischen Immaterialgüterrechten ist der Schutz damit an den Aggregatzustand geknüpft, dass die Information geheim bleibt.[740] Die erzeugten Rohdaten und die daraus ableitbaren (semantischen) Informationen werden nur mittelbar geschützt.[741] Die Regelungen in den §§ 6 ff. GeschGehG schützen den Inhaber vor rechtswidrigem Erwerb, der rechtswidrigen Nutzung und der rechtswidrigen Offenlegung und damit nur gegen die explizit geregelten unlauteren Verhaltensweisen des Verletzers.[742] Ist die Geheimnisqualität aufgehoben, ist der Anwendungsbereich des GeschGehG nicht mehr eröffnet, sodass dem Inhaber dann auch keine Ansprüche über das GeschGehG mehr zustehen. Der Schutz von Geschäftsgeheimnissen ist damit relativ.[743] Die Abhängigkeit von der Geheimnisqualität und damit von tatsächlichen Verhältnissen erinnert an den Besitzschutz.[744] Geschützt wird nur der faktische Besitz von geheimen Informationen.[745] Die in den §§ 6 ff. GeschGehG normierten Rechte begründen damit nur relative Abwehrrechte, die abhängig von der Geheimnisqualität der zu schützenden Information sind.

737 Erwägungsgrund 16 Europäische Geschäftsgeheimnis-Richtlinie 2016/943; *Hauck*, NJW 2016, 2218, 2221.

738 *Ohly*, GRUR 2014, 1, 3.

739 Vgl. *Sappa*, GRUR Int. 2019, 135, 142.

740 *Schur*, Die Lizenzierung von Daten, S. 72 m. w. N.

741 *Schur*, Die Lizenzierung von Daten, S. 72; *McGuire*, GRUR 2015, 424, 427; *Ann*, GRUR 2007, 39, 40.

742 *Kraßer*, GUR 1977, 177, 179; *Schur*, Die Lizenzierung von Daten, S. 72 m. w. N.

743 So auch *Rody*, Der Begriff und die Rechtsnatur von Geschäfts- und Betriebsgeheimnissen unter Berücksichtigung der Geheimnisschutz-Richtlinie, S. 260.

744 *Zech*, GRUR 2015, 1151, 1156 m. w. N.

745 *Rody*, Der Begriff und die Rechtsnatur von Geschäfts- und Betriebsgeheimnissen unter Berücksichtigung der Geheimnisschutz-Richtlinie, S. 191 m. w. N.

IV. Bewertung

Die Feststellung, dass das Geschäftsgeheimnisrecht allein zivilrechtliche Abwehrrechte zugunsten des Inhabers begründet, verdeutlicht, dass es sich für die rechtliche Zuordnung von Daten nicht eignet.[746] Das Geschäftsgeheimnisrecht ist nicht mit dem immaterialgüterrechtlichen Schutz vergleichbar. Der Schutz kann nur von temporärer Dauer sein, wenn Daten ihre Geheimnisqualität verlieren. Auch wenn kein eigentumsähnliches Recht begründet wird, sorgt der Schutz durch das Geschäftsgeheimnisrecht für einen erhöhten Schutz im Rechtsverkehr. Die Zurückhaltung von Unternehmen Daten, die wertvolle Geschäftsgeheimnisse beinhalten, Dritten zu lizenzieren, liegt an dem sog. Informationsparadoxon.[747] Für die Wertbestimmung von Geschäftsgeheimnissen wird es in der Regel erforderlich sein, in Lizenzverhandlungen die geheimen Informationen auszutauschen.[748] Ohne einen Vertragsschluss werden die wenigsten Inhaber von Geschäftsgeheimnissen jedoch bereit sein, ihren potenziellen Geschäftspartnern ihre Geschäftsgeheimnisse offenzulegen. Das Geschäftsgeheimnisrecht schafft hier Abhilfe, indem es dem Inhaber der Geschäftsgeheimnisse Abwehrrechte gegen den Dritten im Falle einer Rechtsverletzung einräumt. Das Geschäftsgeheimnisrecht setzt damit die erforderlichen Anreize für die rechtssichere Verhandlung mit Geschäftsgeheimnissen.[749] Ein Informationsparadoxon ist auch im Handel mit Daten denkbar. Auch hier stellt sich für die Parteien die Frage der Wertbestimmung. Inhaber wirtschaftlich wertvoller Daten werden ihren potenziellen Geschäftspartnern ungerne die Datensätze offenlegen, die sie mit aufwendigen technischen Schutzmaßnahmen geheim halten. Liegen die Schutzvoraussetzungen des Geschäftsgeheimnisrechts vor, kann auch im Handel mit maschinen- und verhaltensgenerierten Daten das Geschäftsgeheimnisrecht den erforderlichen Schutz für die Lizenzverhandlungen gewährleisten. Dateninhabern stehen neben technischen Schutzmaßnahmen dann auch rechtliche Abwehrrechte zu, die im Falle einer Rechtsverletzung geltend gemacht werden können. Damit begünstigt das Geschäftsgeheimnisrecht die Hersteller vernetzter Maschinen und Geräte sowie andere Inhaber von Daten. Die Probleme der fehlenden rechtlichen Zuweisung werden dadurch nicht gelöst, sondern vielmehr verschärft,[750] da die faktische Zuweisung von Daten auch dann eine rechtliche Komponente erlangt. Im Falle der Lizenzierung der Geschäftsgeheimnisse wird nur der ausschließliche Zu-

746 So auch *Zech*, GRUR 2015, 1151, 1156.

747 *Ohly*, in: Harte-Bavendamm/Ohly/Kalbfuß, Einl. Rn. 14; *ders.*, GRUR 2014, 1, 3.

748 *Ohly*, in: Ohly/Sosnitza, UWG Vorb. vor §§ 17–19 Rn. 3; *ders.*, in: Harte-Bavendamm/Ohly/Kalbfuß, Einl. Rn. 14.

749 *Ohly*, in: Harte-Bavendamm/Ohly/Kalbfuß, Einl. Rn. 14.

750 So auch *Zech*, GRUR 2015, 1151, 1156.

gang der Hersteller nur zugunsten eines Dritten erweitert.[751] Problematisch wird der Geheimnisschutz in vernetzten Umgebungen jedoch dann, wenn der Datenfluss über verschiedene Unternehmen läuft und Organisations- und Kontrollbereiche mit jeder Zugangserweiterung nicht mehr leicht voneinander getrennt werden können.[752] In solchen Konstellationen wird es für den Geheimnisschutz auf die Eignung der technischen Schutzmaßnahmen ankommen. Versagen technische Schutzmaßnahmen und werden Daten öffentlich, ist auch ein rechtlicher Schutz durch das Geschäftsgeheimnisrecht nicht mehr möglich.

D. Schutz von Daten durch das Deliktsrecht

Der deliktsrechtliche Schutz von Gütern ähnelt dem des Sacheigentums.[753] Dem Inhaber des deliktsrechtlichen Schutzes wird ein Bündel unterschiedlicher Rechtspositionen gewährt, die ihn vor Eingriffen Dritter in seine Rechte oder Rechtsgüter schützen sollen. Charakteristisch für den deliktsrechtlichen Schutz ist, dass die Ersatzpflicht auch gegenüber solchen Dritten geltend gemacht werden kann, zu denen keine Sonderbeziehung besteht.[754] Die Möglichkeit der außervertraglichen Haftung ist im Hinblick auf Daten nicht uninteressant. Keine der bisher untersuchten Rechte eignet sich, einen vollumfänglichen Schutz von Daten zu gewährleisten. Der nachfolgende Abschnitt soll untersuchen, ob und inwieweit Rechte an Daten durch das Deliktsrecht begründet werden können. Der deliktsrechtliche Schutz des § 823 Abs. 1 BGB bezieht sich auf die genannten Rechtsgüter wie Leben, Körper, Gesundheit, Freiheit und Eigentum. Daneben werden auch die sog. „sonstige Rechte“ aufgezählt, deren Anerkennung die Einführung von neuen absoluten Rechten ermöglicht.[755] Es soll zunächst untersucht werden, inwieweit der über den Datenträger gewährte Eigentumsschutz des § 823 Abs. 1 BGB auch den Schutz von Daten umfasst. Im Anschluss soll untersucht werden, ob im Hinblick auf die Etablierung von Daten als eigenständiges Wirtschaftsgut ein unmittelbares Recht am Datenbestand als sonstiges Recht i. S. d. § 823 Abs. 1 BGB begründet werden kann.[756] Mit Blick auf den

---

751 Ähnlich *McGuire/Joachim/Künzel/Weber*, GRUR Int. 2010, 829, 835 f.

752 So auch *Zech*, GRUR 2015, 1151, 1156; *Wiebe*, GRUR Int. 2016, 877, 880.

753 *Berberich*, Virtuelles Eigentum, S. 215.

754 *Kern,* in: Jauernig, BGB § 823 Rn. 1; *Wagner,* in: Säcker/Rixecker/Oetker/Limperg/Schubert, MüKo BGB, vor § 823 Rn. 1.

755 *Kevekordes,* Daten als Gegenstand absoluter Zuordnung, S. 117.

756 Bejahend *Zech*, Information als Schutzgegenstand, 386 f.; *Meier/Wehlau,* NJW 1998, 1585, 1588 f.; *Hoeren*, MMR 2013, 486, 491; *Faustmann,* VUR 2006, 260, 262 f.; *Spindler*, ZUM 1996, 533, 547; *ders.,* in: BeckOGK BGB, § 823 Rn. 135; *Förster,* in Hau/Poseck, BeckOK BGB, § 823 Rn. 141.

strafrechtlichen Schutz von Daten durch §§ 202a, 303a StGB soll schließlich untersucht werden, ob die Schutzmöglichkeiten von Daten über § 823 Abs. 2 BGB ausreichen, um dem Schutzbedürfnis von Daten im Zeitalter der Digitalisierung gerecht zu werden.

I. Eigentumsschutz des § 823 Abs. 1 BGB

Der Eigentumsschutz des § 823 Abs. 1 BGB führt zu einem mittelbaren Schutz von Daten über den geschützten Datenträger. Im Falle der Löschung oder Veränderung der Daten kommt eine Eigentumsverletzung des Datenträgers in Betracht, die eine Ersatzpflicht des Schädigers gegenüber dem Eigentümer begründet.[757] Der Schutz von Daten verkompliziert sich auch im Deliktsrecht dann, wenn die Speicherung der Daten auf externen Servern wie Clouds erfolgt.[758] In Fällen der Löschung oder Veränderung der Daten kann allein der Betreiber der Cloud als Eigentümer des Datenträgers eine Ersatzpflicht gegenüber dem Schädiger geltend machen.[759] Bei einem Datenverlust wird jedoch oft der betroffene Cloud-Nutzer das Interesse daran haben, gegenüber dem Schädiger den bei ihm eingetretenen Schaden geltend zu machen. Um eine uferlose Ausweitung der Ansprüche zu verhindern, bezieht sich die Ersatzberechtigung des § 823 Abs. 1 BGB daher nur auf den unmittelbar Verletzten.[760] Daten sind damit auch im Deliktsrecht nur mittelbar durch ihre Verkörperung auf dem Datenträger geschützt.[761] Der deliktsrechtliche Schutz der Daten ist damit eng an das Eigentumsrecht geknüpft, sodass der Geschädigte nur dann deliktische Ansprüche gegenüber dem Schädiger geltend machen kann, wenn er auch Eigentümer des Speicherplatzes ist.[762] Da dies mit voranschreitender Nutzung von Cloud-Lösungen nur selten der Fall sein wird, wird der deliktsrechtliche Schutz über das Eigentum am Datenträger nur bedingt helfen, um einen deliktsrechtlichen Schutz an den gespeicherten Daten gegenüber Dritten zu begründen.[763] Geschädigte sind dann auf vertragliche Schadensersatzansprüche aus §§ 280 Abs. 1, 241 Abs. 2 BGB gegenüber dem Cloud-Betreiber angewiesen. Erfolgreich sind

---

757 *Kornmeier/Baranowski,* BB 22, 2019, 1219, 1223.

758 *Wagner,* in: Säcker/Rixecker/Oetker/Limperg/Schubert, MüKo BGB, § 823 Rn. 378.

759 *Schneidereit,* Haftung für Datenverlust im Cloud Computing, S. 176; *Kornmeier/Baranowski,* BB 22, 2019, 1219, 1223; *BMVi,* „Eigentumsordnung" für Mobilitätsdaten, S. 115.

760 *Medicus/Lorenz,* Schuldrecht Besonderer Teil, § 71 Rn. 7 f.

761 *Härting,* CR 2016, 647; *Schur,* Lizenzierung von Daten, S. 94; *BMVi,* „Eigentumsordnung" für Mobilitätsdaten, S. 59; ausführlich zur Drittschadensliquidation *Henn,* Zur Daseinsberechtigung der so genannten „Drittschadensliquidation", S. 50 ff.

762 *Kornmeier/Baranowski,* BB 22, 2019, 1219, 1223.

763 Vgl. *Wagner,* in: Säcker/Rixecker/Oetker/Limperg/Schubert, MüKo BGB, § 823 Rn. 378; siehe hierzu auch Kapitel 3 A. II.

solche Ansprüche gegenüber dem Cloud-Betreiber meistens nur dann, wenn diesem ein fahrlässiges oder vorsätzliches Verhalten etwa im Hinblick auf die fehlende Einhaltung erforderlicher technischer Schutzmaßnahmen vorgeworfen werden kann.

Um diese unbefriedigende Haftungssituation zu lösen und die Geltendmachung des Schadens gegenüber dem Schädiger zu ermöglichen, wird die Anwendbarkeit der Grundsätze der Drittschadensliquidation diskutiert.[764] Die Drittschadensliquidation erfasst Konstellationen, in denen ein Gläubiger mangels Schaden keinen Schadensersatzanspruch gegenüber einem Schädiger geltend machen kann, während einem anspruchslosen Dritten ein Schaden entstanden ist.[765] Es handelt sich um Fälle der zufälligen Schadensverlagerung, die für den Schädiger nicht erkennbar ist und zu seiner ungerechtfertigten Entlastung führt.[766] Über die Grundsätze der Drittschadensliquidation kann der anspruchsberechtigte Gläubiger trotz fehlender eigener Interessensbeeinträchtigung den Schaden des Geschädigten geltend machen und so eine Kompensation erreichen.[767] Auf den ersten Blick scheint die Drittschadensliquidation zu passen. Im Bereich Cloud Computing wäre der Betreiber der Cloud als Eigentümer des Datenträgers anspruchsberechtigt. Unabhängig von der Frage, wem die auf seinem Datenträger befindlichen Daten „gehören", begründen Verletzungshandlungen wie das Löschen oder Verändern der Daten Schadensersatzansprüche gegenüber dem Schädiger. Als Schaden könnte der Cloud-Betreiber dann den Datenverlust seiner Kunden, nämlich der Cloud-Nutzer, gegenüber dem Schädiger geltend machen.[768] Wenn gleich die Drittschadensliquidation auf dem ersten Blick geeignet scheint, das Auseinanderfallen von Eigentümer des Datenträgers und Datenberechtigten sachgerecht zu lösen, eignet sie sich jedoch nicht, echte (Schutz-)Rechte an Daten zu begründen. Gegen die Anwendbarkeit der Drittschadensliquidation spricht schon die dadurch hervorgerufene Abhängigkeit des Datenberechtigten vom Eigentümer des Datenträgers im Falle einer Rechtsverfolgung.[769] Dies verkompliziert gerade solche Szenarien, in denen der Nutzer einer Cloud wegen einer Vertragsverletzung auch gegen den Cloud-Betreiber vorgehen will. In den von der Drittschadensliquidation erfassten Fällen ist eine solche Abhängigkeit typischerweise nicht

---

764 *Schneidereit,* Haftung für Datenverlust im Cloud Computing, S. 177 ff; *Specht,* Konsequenzen der Ökonomisierung informationeller Selbstbestimmung, Rn. 818 ff; *Faustmann,* VuR 2006, 260, 262.

765 *Oetker,* in: Säcker/Rixecker/Oetker/Limperg/Schubert, MüKo BGB, § 249 Rn. 289.

766 *Oetker,* in: Säcker/Rixecker/Oetker/Limperg/Schubert, MüKo BGB, § 249 Rn. 289; *Flume,* in: Hau/Poseck, BeckOK BGB, § 249 Rn. 367.

767 *Henn,* Zur Daseinsberechtigung der so genannten „Drittschadensliquidation", S. 50.

768 *Schneidereit,* Haftung für Datenverlust im Cloud Computing, S. 177.

769 So auch *Schneidereit,* Haftung für Datenverlust im Cloud Computing, S. 178; *Faustmann,* VuR 2006, 260, 263; *Schur,* Die Lizenzierung von Daten, S. 96.

gegeben.[770] Darüber hinaus haben sich Daten mittlerweile zu einem selbstständigen Wirtschaftsgut etabliert, deren Schutz nicht von Kooperation mit dem Eigentümer des Datenträgers abhängen sollte.[771] Der Berechtigte sollte im Falle einer Rechtsverfolgung nicht von der Abtretung von Schadensersatzansprüchen des Eigentümers des Datenträgers abhängig sein. Vielmehr sollten ihm eigene Schadensersatzansprüche gegenüber dem Schädiger zustehen.[772] Eine solche Rechtsposition wird dem Berechtigten auch nicht über die Grundsätze der Drittschadensliquidation eingeräumt. Den Schutz von Daten über das Eigentum am Datenträger zu begründen, scheitert damit auch im Deliktsrecht und führt zu keinen praktikablen Ergebnissen.

II. Recht am eigenen Datenbestand als sonstiges Recht i. S. d. § 823 Abs. 1 BGB

Für die Begründung eines deliktsrechtlichen Schutzes zugunsten der Nutzer von (externen) Datenträgern wird ein Recht am Datenbestand als sonstiges Recht im Sinne des § 823 Abs. 1 BGB vertreten.[773] Durch die Einordnung von Daten als „sonstiges Recht“ wäre ein eigenständiger Schutz von Daten möglich, unabhängig von den Eigentumsverhältnissen am Trägermedium. Charakteristisch für die ausdrücklich genannten Rechtsgüter ist ihr absoluter Schutz gegenüber jedermann.[774] Doch auch für die Einordnung als sonstiges Recht i. S. d. § 823 Abs. 1 BGB ist es erforderlich, dass das Recht eine Zuordnungs- bzw. Nutzungs- und Ausschlussposition verspricht.[775] Der Schutz der Rechtsposition muss damit schon außerhalb des Deliktsrechts anerkannt sein.[776] Für die Begründung eines Rechts am Datenbestand als sonstiges Recht werden verschiedene Begründungsansätze herangezogen. Ein Begründungsansatz ist die Heranziehung des berechtigten Besitzes.[777] Nach ständiger Rechtsprechung ist der berechtigte Besitz als sonstiges Recht

770 *Schur,* Die Lizenzierung von Daten, S. 96 f.; *Schneidereit,* Haftung für Datenverlust im Cloud Computing, S. 179 ff.

771 So auch *Schneidereit,* Haftung für Datenverlust im Cloud Computing, S. 179.

772 *Schur,* Die Lizenzierung von Daten, S. 96 ff.; *Schneidereit,* Haftung für Datenverlust im Cloud Computing, S. 179 ff.

773 *Meier/Wehlau,* NJW 1998, 1585, 1588 f.; *Hoeren,* MMR 2013, 486, 491; *Spindler,* ZUM 1996, 533, 547; *ders.,* in: Hau/Poseck, BeckOK BGB, § 823 Rn. 141; *Zech,* Information als Schutzgegenstand, 386.

774 *Wagner,* in: Säcker/Rixecker/Oetker/Limperg/Schubert, MüKo BGB, § 823 Rn. 181; BGH, Urteil vom 18.01.2012 – I ZR 187/10 = NJW 2012, 2034 Rn. 23.

775 *Riehm,* Dateneigentum, in: Hornung, Rechtsfragen der Industrie 4.0, S. 73, 82.

776 *Wagner,* in: Säcker/Rixecker/Oetker/Limperg/Schubert, MüKo BGB, § 823 Rn. 344.

777 *Adam,* NJW 2020, 2063, 2067; *Redeker,* CR 2011, 634, 638 f; *Dorner,* CR 2014, 616, 626; *Riehm,* VersR 2019, 714, 721; *Hoffmann* JZ 2019, 960, 963 f; *Redeker,* CR 2011, 634, 638 f.

i. S. d. § 823 Abs. 1 BGB geschützt.[778] Aus dogmatischer Sicht fällt die Qualifikation des Besitzes als absolutes Schutzrecht schwer, da der Besitz auf einem tatsächlichen Herrschaftsverhältnis beruht und kein Rechtsverhältnis im klassischen Sinne darstellt.[779] Da er dem berechtigten Besitzer jedoch eine Stellung vermittelt, die mit der Stellung des Eigentümers vergleichbar ist, kann der Besitz nach der herrschenden Meinung mit einem absoluten Recht gleichgestellt werden.[780] Der berechtigte Besitz vermittelt dem Besitzer Ansprüche aus §§ 859 ff. BGB, wodurch ihm eine dem Eigentum ähnelnde Nutzungs- und Ausschlussfunktion zukommt.[781] Die besitzrechtlichen Vorschriften sind jedoch nur auf körperliche Gegenstände anwendbar. Für Daten existieren keine vergleichbaren Regelungen, die eine Ausschluss- und Nutzungsfunktion gewähren.[782] Die bisherige Untersuchung hat gezeigt, dass Daten als Bestandteil anderer geschützter Objekte vereinzelt ein mittelbarer Schutz gewährt wird, die eine vergleichbare Nutzungs- und Ausschlussfunktion nicht begründen können.[783] Nach *Wagner* bedarf es einer solchen Konstruktion nicht, denn das Eigentum an Daten werde bereits durch die Rechtsordnung, konkret durch § 303a StGB, als absolut geschütztes Rechtsgut anerkannt.[784] Durch die Normierung von strafbewehrten Verhaltenspflichten zum Schutz der Daten werde deutlich, dass die Rechtsordnung davon ausgehe, dass ein Individualrecht an Daten besteht.[785] Es sei daher nur konsequent, Daten als sonstiges Recht i. S. d. § 823 Abs. 1 BGB in den deliktischen Schutzbereich aufzunehmen.[786] Durch die strafrechtlichen Schutzvorschriften der §§ 202a, 303a StGB wird allein Zugang und Integrität der Daten geschützt, dem Verfügungsberechtigten jedoch keine Ansprüche vermittelt, die einer eigentumsähnlichen Zuweisung von Daten gleichkommt.[787] Auch die Schaffung eines Rechts am Datenbestand durch die norminterne Auslegung des § 823 Abs. 1 BGB durch die Rechtsprechung ist fraglich. Das Erfordernis der Eigentumsähnlichkeit für die Anerkennung eines sonstigen Rechts i. S. d. § 823 Abs. 2 BGB scheint jedenfalls die Rechtsprechung nicht durchgehend einzuhalten. Das Recht am eingerichteten und ausgeübten Gewerbebetrieb und das allgemeinen Persönlichkeitsrecht sind

778 *Förster*, in: Hau/Poseck, BeckOK BGB, § 823 Rn. 156.
779 *Wagner*, in: Säcker/Rixecker/Oetker/Limperg/Schubert, MüKo BGB, § 823 Rn. 370; *Schur*, Die Lizenzierung von Daten, S. 96.
780 *Staudinger*, in: Schulze, BGB § 823 Rn. 35.
781 *Staudinger*, in: Schulze, BGB § 823 Rn. 35.
782 So auch *Schur*, Die Lizenzierung von Daten, S. 96.
783 Ähnlich *Röttgen*, in: Specht-Riemenschneider/Werry/Werry, Datenrecht in der Digitalisierung, § 4.2 Rn. 62.
784 *Wagner*, in: Säcker/Rixecker/Oetker/Limperg/Schubert, MüKo BGB, § 823 Rn. 432; ähnlich *Zech*, Information als Schutzgegenstand, S. 388 ff.
785 *Wagner*, in: Säcker/Rixecker/Oetker/Limperg/Schubert, MüKo § 823 Rn. 432.
786 *Wagner*, in: Säcker/Rixecker/Oetker/Limperg/Schubert, MüKo § 823 Rn. 432.
787 So auch *Schur*, Die Lizenzierung von Daten, S. 96.

als sonstige Rechte vom deliktsrechtlichen Schutzbereich erfasst, wenngleich sie nicht eigentumsähnliche Ausschließlichkeitsrechte darstellen.[788] Eine genauere Betrachtung der Rechte verdeutlicht jedoch, dass sie sich im Kern nur um abwägungsoffene Rahmenrechte handeln, die ihre Existenz aus der verfassungsrechtlichen Schutzpflicht des Staates ableiten.[789] Aus der Existenz beider Rahmenrechte kann nicht geschlussfolgert werden, dass der Gesetzgeber über § 823 Abs. 1 BGB die Möglichkeit schaffen wollte, subjektive Rechte zu schaffen, die nicht schon außerhalb des Deliktsrecht anerkannt sind.[790]

III. Deliktsrechtlicher Schutz nach § 823 Abs. 2 BGB

Der Schutz des § 823 Abs. 2 BGB knüpft die Ersatzpflicht an die schuldhafte Verletzung eines Schutzgesetzes an.[791] Die strafrechtlichen Vorschriften der §§ 202a bis d und 303a StGB sind Schutzgesetze i. S. d. § 823 Abs. 2 BGB. Als Schutzgesetz § 303a StGB schützt vor dem rechtswidrigen Löschen, Unterdrücken, Unbrauchbarmachen oder Verändern und damit das Interesse an der unversehrten Verwendbarkeit der Daten.[792] Die § 202a ff. StGB schützen hingegen das Interesse an der Geheimhaltung von Daten.[793] Wird gegen diese Schutzgesetze verstoßen, werden zivilrechtliche Ansprüche auch in den Fällen begründet, in denen die Daten auf einem Datenträger eines anderen gespeichert sind. Verschafft sich ein Dritter vorsätzlich Zugang zu Daten, die gegen den unberechtigten Zugang besonders gesichert sind, steht dem Verfügungsberechtigten damit auch der zivilrechtliche Anspruch aus § 823 Abs. 2 BGB zu. Zu Schutzlücken kommt es allerdings in den Fällen, in denen der Dritte nicht vorsätzlich i. S. d. § 15 StGB handelt.[794] Ein bloß fahrlässiger Verstoß gegen § 303a StGB kann zivilrechtliche Ansprüche über § 823 Abs. 2 BGB nicht begründen.[795] Damit kann über § 823 Abs. 2 BGB

788 Ausführlich hierzu *Kevekordes,* Daten als Gegenstand absoluter Zuordnung, S. 119 ff.

789 So auch *Kevekordes,* Daten als Gegenstand absoluter Zuordnung, S. 122.

790 So auch *Kevekordes,* Daten als Gegenstand absoluter Zuordnung, S. 122.

791 *Medicus/Lorenz*, Schuldrecht Besonderer Teil, § 71 Rn. 12.

792 *Heger*, in: Lackner/Kühl/Heger, StGB § 303a Rn. 1; *Weidemann*, in: Heintschel-Heinegg, BeckOK StGB, § 303a Rn. 2; *Altenhain*, in: Matt/Renzikowski, StGB, § 303a Rn. 1; *Ernst,* NJW 2007, S. 2661, 2664.

793 *Weidemann*, in: Heintschel-Heinegg, BeckOK StGB, § 202a Rn. 2; *ders*., in: Heintschel-Heinegg, BeckOK StGB, § 202b Rn. 2; *ders*. in: Heintschel-Heinegg, BeckOK StGB, § 202c Rn. 2; *Heger*, in: Lackner/Kühl/Heger, StGB § 202a Rn. 1; *ders*., in: Lackner/Kühl/Heger, StGB § 202b Rn. 1; *Eisele*, in: Schönke/Schröder, StGB § 202a Rn. 1a; *ders*., in: Schönke/Schröder, StGB § 202b Rn. 1.

794 *Wagner,* in: Säcker/Rixecker/Oetker/Limperg/Schubert, MüKo BGB, § 823 Rn. 432; *Spindler*, JZ 2016, 805, 814; *Riehm*, Dateneigentum, in: Hornung, Rechtsfragen der Industrie 4.0, S. 73, 80; *Schur*, Die Lizenzierung von Daten, S. 95.

795 *Spindler*, JZ 2016, 805, 814; *Schur*, Die Lizenzierung von Daten, S. 95.

nur erreicht werden, dass der in den §§ 202a-d und 303a StGB normierte Schutz auch zivilrechtlich gewährleistet wird.[796]

IV. Bewertung

Auch das Deliktsrecht eignet sich nicht, um Ausschließlichkeitsrechte an Daten zu begründen. Das Deliktsrecht setzt für seine Anwendbarkeit voraus, dass das zu schützende Gut bereits als absolutes Schutzrecht anerkannt ist. Zwar eröffnet die Aufzählung der „sonstigen Rechte" die Möglichkeit auch nicht explizit aufgezählte Schutzrechte in den Anwendungsbereich des Art. § 823 Abs. 1 BGB fallen zu lassen. Doch auch die Einordnung als „sonstiges Recht" erfordert, dass dem Inhaber eine Ausschluss- und Nutzungsbefugnis eingeräumt wird. Erforderlich ist ein absoluter Schutzcharakter gegenüber jedermann. Der Schutz der Rechtsposition muss damit schon außerhalb des Deliktsrechts anerkannt sein. Eine solche Anerkennung fehlt im Hinblick auf Daten. Die bisherige Untersuchung zeigt, dass Daten oft nur einen Teilschutz genießen, der nicht geeignet ist, den rechtssicheren Umgang mit Daten zu gewährleisten. Keine der bisher untersuchten Ansätze sind geeignet, einen vollumfänglichen Schutz von Daten zu begründen. Es wird vielmehr ein spezialgesetzlicher Teilschutz gewährleistet, der nicht geeignet ist, die deliktsrechtliche Schwelle zum absoluten Schutzcharakter zu überwinden. Es geht zu weit, über die Schaffung eines Rechts am Datenbestand als sonstiges Recht i. S. d. § 823 Abs. 1 BGB den fehlenden Schutz von Daten gewährleisten zu wollen. Das Deliktsrecht hat nicht die Aufgabe, die Lücke von fehlenden Schutzrechten an immateriellen Gütern zu füllen. Das Deliktsrecht knüpft vielmehr an anerkannten absoluten Gütern an und räumt dem Inhaber weitere Schutzmöglichkeiten gegen fahrlässiges und vorsätzliches Handeln Dritter ein. Dies verdeutlicht die zivilrechtliche Einräumung von Ansprüchen bei Verstoß gegen die Straftatbestände der §§ 202a ff, 303a StGB über § 823 Abs. 2 BGB. Damit ist auch ein weiterer Nachteil des Deliktsrechts genannt. Das Deliktsrecht erfordert für seinen Schutz das Vorliegen eines Verschuldens. Es ist nicht in der Lage, seinem Inhaber konkrete Handlungsbefugnisse an den maschinen- und verhaltensgenerierten Daten einzuräumen, die einen rechtssicheren Umgang mit Daten gewährleisten könnten.

796 Im Ergebnis auch *Wunner*, Ein regulatives Vertragsrecht für die Datenwirtschaft, S. 116.

Kapitel 4: Vertraglicher Schutz von Daten

Die bisherige Untersuchung hat verdeutlicht, dass Daten nach der gegenwärtigen Rechtsordnung keinen ausreichenden Schutz genießen. Sie werden weder dem Nutzer vernetzter IoT-Geräte noch Herstellern solcher Produkte rechtlich zugeordnet. Die bestehenden Schutzdefizite der geltenden Rechtsordnung hinderten den Markt nicht daran, eigene Schutzmechanismen zu entwickeln, um Daten zumindest in bilateralen Verhältnissen rechtlich zu schützen. In vertraglichen Vereinbarungen werden Regelungen getroffen, die den Zugang bzw. die Zuordnung von Daten zum Gegenstand haben.[797] Ermöglicht wird dies durch den verfassungsrechtlich geschützten Grundsatz der Privatautonomie.[798] Der Grundsatz der Privatautonomie gewährt Vertragsparteien umfassende Möglichkeiten in der individuellen und freien Ausgestaltung ihrer Rechtsbeziehungen und Angelegenheiten in Verträgen.[799] Im Rahmen der ihnen gewährten Gestaltungsfreiheit können sie ihre Interessen in eigener Verantwortung in einen angemessenen Ausgleich bringen, ohne eine staatliche Bevormundung befürchten zu müssen.[800] Im nachfolgenden Kapitel soll untersucht werden, ob und inwieweit vertragliche Lösungen geeignet sind, fehlende Rechte an Daten zu überwinden. Die Untersuchung soll mit einer Bestandsaufnahme beginnen. Es soll zunächst untersucht werden, welche Bedeutung die faktische Herrschaftsposition der Hersteller und anderer Dateninhaber für die Entstehung relativer Rechte an Daten hat (A.). Im Anschluss soll untersucht werden, wie die Zuweisung der Datenhoheit in Verträgen vorgenommen wird und wie die vertragliche Zugangsgewährung zu Daten erfolgt (B.). Dabei soll untersucht werden, ob das AGB-Recht geeignet ist, der vertraglichen Gestaltungsfreiheit der Parteien inhaltliche Grenzen zu setzen. Schließlich sollen die Schwächen der Vertragskonzeption dargestellt werden (C.). Diese sollen verdeutlichen, dass nur durch die Einführung von neuen Rechten an Daten, ein rechtssicherer und fairer Umgang mit Daten gewährleistet werden kann.

797 *Podszun,* Handwerk in der digitalen Ökonomie, S. 69.

798 *Herresthal,* in: Gsell/Krüger/Lorenz/Reymann, BeckOGK BGB, § 311 Rn. 17.

799 *Herresthal,* in: Gsell/Krüger/Lorenz/Reymann, BeckOGK BGB, § 311 Rn. 12.

800 *Schubert,* in: Säcker/Rixecker/Limperg/Schubert, MüKo BGB, § 242 Rn. 632; *Di Fabio,* in: Düring/Herzog/Scholz, GG, Art. 2 Abs. 1 Rn. 108; *Podszun,* Handwerk in der digitalen Ökonomie, S. 69.

A. Faktische statt rechtliche Zuweisung von Daten

Die fehlende rechtliche Zuordnung von Daten führt gegenwärtig dazu, dass es die „normative Kraft des Faktischen“[801] ist, die dem Inhaber der Daten eine eigentumsähnliche Position verschafft.[802] Die faktische Datenherrschaft gewährt Herstellern und anderen Dateninhabern die Möglichkeit, Nutzer vernetzter Geräte und Maschinen sowie sonstige Datenzugangspetenten durch die exklusive Nutzung der Daten auszuschließen.[803] Bereits in der Phase der technischen Entwicklung werden Produkte derart konstruiert, dass nur die Hersteller alleinigen Zugriff auf die durch das Produkt erzeugten Daten haben.[804] Die technische Gestaltung der Schnittstellen schließt den Zugriff der Nutzer und anderer Marktteilnehmer aus, wodurch die Realisierung datenbasierter Anwendungsideen verhindert wird.[805] Die dadurch begründete technische Alleinkontrolle der Hersteller führt dazu, dass sie allein über den Abschluss und die inhaltliche Gestaltung von Verträgen mit Dritten entscheiden, die Zugang zu den generierten Daten begehren.[806] Die Möglichkeit mit den generierten Daten zu handeln, wird gegenwärtig damit allein durch den faktischen Alleinzugriff ermöglicht. Dies verschafft Unternehmen einen entscheidenden Wettbewerbsvorteil, weshalb keine Anreize bestehen, Dritten Zugang zu den Daten zu gewähren.[807] Damit werden Hersteller von datengenerierenden Produkten zu faktischen „Eigentümern“ der von den Maschinen oder Geräten erzeugten Daten, auch wenn das Eigentum

---

801 *Faust,* in: Stiftung Datenschutz, Dateneigentum und Datenhandel, S. 93.

802 *BMVi,* „Eigentumsordnung“ für Mobilitätsdaten?, S. 61; *Hofmann,* in: Pertot, Rechte an Daten, S. 20; *Europäische Kommission,* Aufbau einer europäischen Datenwirtschaft, COM (2017) final 9, S. 11 f; *Stender-Vorwachs/Steege,* NJOZ 2018, 1361, 1363; *Schweitzer,* GRUR 2019, 569, 570.

803 *Podszun,* Handwerk in der digitalen Ökonomie, S. 56; *Schweitzer,* GRUR 2019, S. 569, 570.

804 *Kristl,* MMR 2021, 386, 388; *Kerber,* GRUR Int. 2023, 120, 122; *Kerber,* in: Specht-Riemenschneider/Werry/Werry, Datenrechte in der Digitalisierung, § 4.1 Rn. 4; *Schweitzer,* GRUR 2019, 569, 570, 575; *Kerber,* GRUR Int. 2016, 989, 991, 994; *Schweitzer/Peitz,* NJW 2018, 275, 278; *Krüger/Wiencke/Koch,* GRUR 2020, 578, 580; *Stender-Vorwachs/Steege,* NJOZ 2018, 1361, 1363; *Podszun,* Handwerk in der digitalen Ökonomie, S. 56; *Kornmeier/Baranowski,* BB 2019, 1219, 1221; *Max-Planck-Institut für Innovation und Wettbewerb,* Positionspapier vom 16. August 2016, Rn. 7; *Kerber,* GRUR Int. 2023, 120, 122; *Determann,* ZD 2018, 503, 507; *Dewenter/Lüth,* Datenhandel und Plattformen, S. 1; *Schweitzer/Peitz,* Datenmärkte in der digitalisierten Wirtschaft, S. 18 f., 59, 77 f.

805 *Kerber,* GRUR Int. 2023, 120, 122; *Kristl,* MMR 2021, 386, 388; *Wunner,* Ein regulatives Vertragsrecht für die Datenwirtschaft, S. 158.

806 *Specht,* in: Stiftung Datenschutz, Dateneigentum und Datenhandel, S. 306; *Stender-Vorwachs/Steege,* NJOZ 2018, 1361, 1363.

807 *Europäische Kommission,* Aufbau einer europäischen Datenwirtschaft, COM (2017) 2 final S. 12; *Hofmann,* in: Pertot, Rechte an Daten, S. 20.

an den vernetzten Geräten bei den Nutzern liegt.[808] Die tatsächliche Sachherrschaft über ein datenerhebendes Produkt reicht in vernetzten Umgebungen in der Regel nicht mehr aus, um auch die Kontrolle über die mit dem Produkt erzeugten Daten zu erlangen.[809] Im Ergebnis schafft die faktische Kontrollposition eine vorrechtliche Zuweisung von Daten, die den Dateninhabern eine vorteilhafte Position bei der vertraglichen Ausgestaltung der Datenverträge gewährt. Durch den Abschluss vertraglicher Vereinbarungen wird ihre Kontrollposition zusätzlich auf rechtlicher Ebene abgesichert. Das Vertragsrecht kann daher eine regulative Ersatzfunktion einnehmen, wenn eine ausschließlichkeitsrechtliche Zuordnung von Gütern fehlt.[810]

B. Vertragsrechtliche Konzeption

Das Vertragsverhältnis, bestehend aus Haupt- und Nebenpflichten i. S. d. § 242 Abs. 2 BGB, hat die Begründung relativer Rechtspositionen zwischen den Parteien zur Folge.[811] Wie die gegenwärtige Praxis demonstriert, sind Daten bereits in ihren verschiedenen Erscheinungsformen Gegenstände von Verträgen.[812] Das Schuldrecht lässt aufgrund seines weiten Gegenstandsbegriffs den vertraglichen Handel mit Daten zu. Er „umfasst alle individualisierbaren, vermögenswerten Objekte und Güter, über die Rechtsmacht in Form von Herrschafts- oder Nutzungsrechten ausgeübt werden kann".[813] Der Gegenstandsbegriff gilt daher als Oberbegriff für körperliche Sachen und unkörperliche Rechte.[814] Als Objekt können Gegenstände sowohl in Verpflichtungs- als auch in Verfügungsgeschäften auftreten.[815] Im Rahmen von Verpflichtungsgeschäften ist dem meist keine Grenze gesetzt: Neben der Energie und Software können auch Daten Gegenstände von Verpflichtungsgeschäften sein.[816] Hintergrund der flexiblen Anwendung des schuldrecht-

---

808 *Europäische Kommission,* Aufbau einer Europäischen Datenwirtschaft, COM (2017) 2 final S. 11; *Fries/Scheufen,* MMR 2019, 721, 721; *Schlinkert,* ZRP 2017, 222, 224.

809 *Podszun,* Handwerk in der digitalen Ökonomie, S. 56.

810 *Zech,* Information als Schutzgegenstand, S. 64; *Wunner,* Ein regulatives Vertragsrecht für die Datenwirtschaft, S. 169.

811 *Arbeitsgruppe „Digitaler Neustart",* Bericht vom 15.05.2017, S. 35.

812 *Fritzsche,* in: Hau/Poseck, BeckOK BGB, § 90 Rn. 27.

813 *Stresemann,* in: Säcker/Rixecker/Oetker/Limperg/Schubert, MüKo BGB, § 90 Rn. 1.

814 *Prütting,* Sachenrecht, § 1 Rn. 9; *Fritzsche,* in: Hau/Poseck, BeckOK BGB, § 90 Rn. 3; *Dörner,* in: Schulze, BGB § 90 Rn. 1.

815 *Fritzsche,* in: Hau/Poseck, BeckOK BGB, § 90 Rn. 4; *Stresemann,* in: Säcker/Rixecker/Oetker/Limperg/Schubert, MüKo BGB, § 90 Rn. 1.

816 *Berberich,* Virtuelles Eigentum, S. 89; *Stresemann,* in: Säcker/Rixecker/Oetker/Limperg/Schubert, MüKo BGB, § 90 Rn. 5; *Michalki,* in: Westermann/Grunewald/Maier-Reimer, Handkommentar BGB, vor § 90 Rn. 2; *Klink,* in: Soergel, BGB, vor § 90 Rn. 2.

lichen Gegenstandsbegriffs ist dessen Loslösung vom engeren Gegenstandsbegriff für Verfügungsgeschäfte.[817] Die mangelnde Sachqualität von Daten steht damit der Übertragung im Rahmen eines Verpflichtungsgeschäfts nicht entgegen. Enger ist der Gegenstandsbegriff jedoch im Rahmen von Verfügungsgeschäften.[818] Objekt von Verfügungsgeschäften kann nämlich nur das sein, was nach sachenrechtlichen Bestimmungen Gegenstand von Rechten sein kann.[819] Während durch den weiten Gegenstandsbegriff im Verpflichtungsgeschäft Daten problemlos Gegenstand von Verträgen sein können, scheitert die Übertragung auf dinglicher Ebene am mangelnden dinglichen Verfügungsgegenstand, sodass nicht der Besitz an einer Sache, sondern allein eine faktische Position übertragen werden kann.[820]

I. Vertragliche Zuweisung der Datenhoheit

In Verträgen finden sich oftmals verschieden ausgestaltete Dateneigentums- oder Berechtigungsklauseln wieder, die die Datenherrschaft zugunsten bestimmter Akteure zuweisen, die am Entstehungsprozess von Daten beteiligt sind.[821] In seltenen Fällen wird den Nutzern die Rechte an den erzeugten Daten vertraglich zugesichert.[822] Dies ist jedoch nicht der Regelfall. Typisch sind Zuweisungen zugunsten von Unternehmen durch Formulierungen wie „Der Auftragnehmer erkennt die Datenherrschaft des Auftraggebers als Dateneigentümer an“.[823] Solche oder ähnliche Klauseln werden in fast allen Datenverträgen getroffen, um die Zuweisung der Daten zumindest im Zweipersonenverhältnis mit relativer Wirkung bindend festzulegen. Auch wenn die normative Zuordnung keine Position begründet, die mit der Position des Berechtigten eines Ausschließlichkeitsrechts vergleichbar ist, werden zumindest auf vertraglicher Grundlage Handlungsbefugnisse zugewiesen, die den Umgang mit Daten zumindest im Verhältnis zum Vertragspartner klären sollen.[824] Dateneigentums- oder Berechtigungsklauseln finden sich auch oft in Cloud-Computing-Verträgen wieder.[825] Die konkrete Ausgestaltung der Berechtigungsklauseln kann auf unterschiedliche Weise erfolgen. Während manche Anbieter die Rechte an den Daten ausschließlich dem Nutzer einräumen, räumen sich einige andere Anbieter das Recht ein, die Daten unter

---

817 *Berberich*, Virtuelles Eigentum, S. 89.

818 *Berberich*, Virtuelles Eigentum, S. 88 m. w. N.

819 *Stresemann*, in: Säcker/Rixecker/Oetker/Limperg/Schubert, MüKo BGB, § 90 Rn. 3.

820 *Arbeitsgruppe „Digitaler Neustart“*, Bericht vom 15.05.2017, S. 35 m. w. N.; *Zech*, CR 2015, 137, 146.

821 *Martini/Kolain/Neumann/Rehorst/Wagner*, MMR-Beil. 2021, 3, 7 f.

822 *Boehm*, ZEuP 2016, 358, 380 m. w. N.; *Wiebe*, CR 2017, 87, 88.

823 *Stender-Vorwachs/Steege*, NJOZ 2018, 1361. 1363.

824 *Martini/Kolain/Neumann/Rehorst/Wagner*, MMR-Beil. 2021, 3, 8.

825 *Boehm*, ZEuP 2016, 358, 380.

bestimmten Bedingungen offenzulegen oder Dritten mitzuteilen, Zugriff auf die Daten zu haben, die Daten zu modifizieren oder Kopien anzufertigen.[826] Die Tragweite solcher Klauseln ist für den Nutzer meist nur schwer abschätzbar.[827] Möglichkeiten zur Verhandlung werden dem Nutzer nur selten zustehen. Dem Nutzer bleibt damit nur die Möglichkeit, auf andere Cloud-Anbieter zurückzugreifen, die sich keine weitreichenden Nutzungsrechte an den gespeicherten Daten vertraglich einräumen lassen. Bei solchen Klauseln wird es sich regelmäßig um vom Hersteller vorgegebene Allgemeine Geschäftsbedingungen i. S. d. § 305 Abs. 1 S. 1 BGB handeln, auf den die AGB-Inhaltskontrolle nach Maßgabe der §§ 307 bis 309 BGB Anwendung finden wird.[828]

II. Vertraglich vereinbarter Zugang zu Daten

Der Vertragsmechanismus ermöglicht den Parteien, rechtssicher und ohne jede gesetzgeberische Intervention, den Zugang zu Daten nach ihren eigenen Interessen zu vereinbaren.[829] Die konkrete Ausgestaltung des Zugangs ist als Ausfluss der Privatautonomie vielseitig möglich.[830] Ähnlich wie in Datenschutzerklärungen wird in den Verträgen geregelt, zu welchem Zweck der Datengeber dem Datennutzer die Daten zur Nutzung überlässt, wobei die Verwendung oft nur auf den im Vertrag vorgegebenen Zweck beschränkt wird.[831] Darüber hinaus können Vereinbarungen hinsichtlich des Verarbeitungszustandes der überlassenen Daten getroffen werden.[832] Daten können entweder als Rohdaten oder in aggregierter Form Gegenstand von Datenverträgen sein. Dem Datengeber obliegt meist nur die Ermöglichung der faktisch-technischen Nutzung der Daten. Denkbar sind weiterhin Vereinbarungen zu Qualitätssicherungen, zur Gewährung durchgehender Verfügbarkeiten, zu Pflichten hinsichtlich der Aktualisierung, Überarbeitung oder Pflege der Daten. Der Datengeber kann sich vertraglich auf das Recht zusichern, weiteren Dritten entsprechende oder andere Nutzungsrechte einzuräumen. Standardisierte oder einheitliche Vertragstypen haben sich aufgrund der vielfältigen Nutzungsmöglichkeiten und der teilweise nicht leicht zu überschauenden beteiligten Akteure im Wertschöpfungsprozess bislang

826 *Boehm,* ZEuP 2016, 358, 380.
827 *Boehm,* ZEuP 2016, 358, 380.
828 *Ensthaler*, NJW 2016, 3473, 3474; *Wunner*, Ein regulatives Vertragsrecht für die Datenwirtschaft, S. 189; *Schur*, GRUR 2020, 1142, 1146; *Sattler*, in: Sassenberg/Faber, Rechtshandbuch Industrie 4.0, § 2 Rn. 115; siehe hierzu ausführlich Kap. 4 B. III.
829 *Podszun,* Handwerk in der digitalen Ökonomie, S. 69.
830 *Schur,* GRUR 2020, 1142, 1143; *Podszun,* Handwerk in der digitalen Ökonomie, S. 69 f.
831 *Wiebe,* CR 2017, 87, 88.
832 *Hennemann,* RDi 2021, 61, 64.

nicht durchgesetzt, weshalb unterschiedliche Vertragsformen existieren.[833] Je nach Interessenlage der Parteien kann die passende vertragliche Lösung herangezogen werden.[834]

1. Datenkaufvertrag

Eine Möglichkeit ist der Abschluss von Datenkaufverträgen. Der Dateninhaber kann hierdurch seine Daten dauerhaft und unbeschränkt überlassen (sog. Datenkauf).[835] Auf der Verpflichtungsebene ermöglicht § 453 Abs. 1 Alt. 2 BGB den Abschluss des Kaufvertrages über sonstige Gegenstände.[836] Unter sonstige Gegenstände sind auch Kaufgegenstände zu verstehen, die weder als Sachen noch als Rechte zu qualifizieren sind.[837] Damit hat § 453 Abs. 1 Alt. 2 BGB eine Auffangfunktion für die Gegenstände geschaffen, denen die Sach- und Rechtsqualität fehlt.[838] Neben immateriellen Gütern, wie etwa Know-how, Geschäftsideen und nicht patentierten Erfindungen, können auch Daten sonstige Gegenstände i. S. d. § 453 Abs. 1 Alt. 2 BGB sein.[839] Im Unterschied zu Sachen und Rechten haben diese „sonstigen Rechte" gerade keine abstrakte rechtliche Zuweisung.[840] Die Verpflichtung des Kaufvertrages kann damit nicht durch eine Eigentumsverschaffung im Sinne des § 433 Abs. 1 BGB erfüllt werden, sondern nur durch den Realakt der faktischen Übergabe.[841] Wird dem Erwerber eine faktische Position verschafft, kann er mit den erworbenen Daten als Wirtschaftsgut faktisch so verfahren, wie ihm beliebt.[842] Uneinigkeiten bestehen jedoch hinsichtlich der Erfüllungswirkung,[843] insbesondere im Hinblick auf die „Restbeziehung" des Veräußerers zu den von ihm veräußerten Daten.[844] Die Nicht-Rivalität im Konsum ermöglicht – anders als bei körperlichen Gegenständen – auch die weitere Nutzung der Daten durch den Veräußerer. Offen bleibt daher die Frage, ob der Veräußerer für den Eintritt der Erfüllungswirkung seine faktische Kont-

---

833 *Köhler,* in: Leupold/Wiebe/Glossner, IT-Recht, Teil 6.2 Rn. 20–27; *Czychowski/Winzek,* ZD 2022, 81, 83.

834 *Podszun,* Handwerk in der digitalen Ökonomie, S. 69.

835 *Schur,* GRUR 2020, 1142, 1143; *ders.*, Die Lizenzierung von Daten, S. 169; *Żdanowiecki*, in: Bräutigam/Klindt, Digitalisierte Wirtschaft/Industrie 4.0, S. 26.

836 *Schur*, Die Lizenzierung von Daten, S. 169.

837 *Berger,* in: Jauernig, BGB § 453 Rn. 11; *Wilhelm,* in: Gsell/Krüger/Lorenz/Reymann, BeckOGK BGB, § 453 Rn. 146.

838 *Berger,* in: Jauernig, BGB § 453 Rn. 11.

839 *Hoeren,* MMR 2013, 486, 489; *Berger,* in: Jauernig, BGB § 453 Rn. 11.

840 *Hoeren,* MMR 2013, 486, 489.

841 *Specht,* in: Scholz/Funk, DGRI Jahrbuch 2012, Rn. 500; *Stender-Vorwachs/Steege*, NJOZ 2018, 1361, 1363.

842 *Arbeitsgruppe „Digitaler Neustart",* Bericht vom 15.05.2017, S. 8.

843 *Schur*, Die Lizenzierung von Daten, S. 169.

844 *Haberstumpf,* NJOZ 2015, 793, 802.

rolle durch die Löschung der Daten aufgeben muss. *Haberstumpf* stellt hierzu richtigerweise fest, dass es für den Eintritt der Erfüllungswirkung nicht darauf ankommen kann, dass der Veräußerer sämtliche Daten löscht.[845] Der Kaufvertrag ist nicht auf eine Vermögenseinbuße seitens des Veräußerers, sondern vielmehr auf die endgültige Mehrung des Käufervermögens gerichtet, was durch die faktische Übergabe der Daten gewährleistet wird.[846] Charakteristisch für den Datenkaufvertrag i. S. d. § 453 Abs. 1 Alt. 2 BGB ist damit nicht die Aufgabe der Datenkontrolle durch den Datenveräußerer, sondern vielmehr die zeitlich unbefristete Überlassung der Daten an den Erwerber.[847]

2. Datenlizenzvertrag

Möglich ist auch der Abschluss von sog. „Datennutzungsverträgen", auch „Datenlizenzverträge" genannt. Gegenstand von Datenlizenzverträgen ist die entgeltliche oder unentgeltliche Bereitstellung von Daten.[848] Anders als im Datenkaufvertrag werden die Daten in Datennutzungsverträgen in der Regel zeitlich beschränkt und damit nicht dauerhaft überlassen.[849] Dies ist auch der Grund, weshalb Unternehmen statt vom „Datenhandel" von „Datenökosystemen" sprechen, wenn sie ihre Daten nur unter Einhaltung von Überwachungsmaßnahmen weitergeben.[850] Beschränkungen des Zugangs können in vielerlei Hinsicht von den Parteien vereinbart werden. Möglich sind Verwendungsverbote, Haftungsregelungen sowie Regelungen zu Gewährleistungsrechten.[851] Der Abschluss von Datenlizenzverträgen ist für Unternehmen insbesondere dann vorzugswürdig, wenn sie die Kontrolle über ihre Daten beibehalten wollen.[852] Wie Datenlizenzverträge vertragstypologisch einzuordnen sind, ist bislang ungeklärt.[853] Im Unterschied zu Immaterialgüterrechten besteht im Hinblick auf Daten kein Ausschließlichkeitsrecht, das die Nutzung des immateriellen Guts im Verhältnis zu Dritten regelt.[854] Es ist allerdings die technische Exklusivität der Hersteller, die die Nutzung der Daten durch Dritte aus tatsächlichen Gründen verhindert, sodass die Lizenz an Daten als unechte Lizenz eingeordnet werden kann.[855]

845 *Haberstumpf*, NJOZ 2015, 793, 802.
846 *Haberstumpf*, NJOZ 2015, 793, 802.
847 *Schur*, Die Lizenzierung von Daten, S. 169 m. w. N.
848 *Podszun*, Handwerk in der digitalen Ökonomie, S. 70 f.
849 *Czychowski/Winzek*, ZD 2022, 81, 85; *Schur*, Die Lizenzierung von Daten, S. 170.
850 *Schweitzer/Peitz*, Datenmärkte in der digitalisierten Wirtschaft, S. 11 f.
851 *Podszun*, Handwerk in der digitalen Ökonomie, S. 71.
852 *Schur*, GRUR 2020, 1142, 1143.
853 *Specht*, in: Scholz/Funk, DGRI Jahrbuch 2012, Rn. 523; *Schur*, GRUR 2020, 1142, 1144; *ders.*, Die Lizenzierung von Daten, S. 171 ff.
854 *Schur*, GRUR 2020, 1142, 1144.
855 *Schur*, GRUR 2020, 1142, 1144 f., 1151.

Für die dogmatische und praxisrelevante Einordnung stellen sich jedoch dieselben Fragen, die sich auch bei der Einordnung echter Lizenzverträge stellen.[856] Ähneln die charakteristischen und vertragstypischen Besonderheiten einem der BGB-Vertragstypen, sind die betreffenden Regelungen auf den Lizenzvertrag analog anzuwenden.[857] Die Einordnung ist insbesondere für die vertragstypenorientierten Gewährleistungsrechte maßgeblich.[858] Doch auch für die AGB-rechtliche Inhaltskontrolle kann die vertragstypologische Einordnung als gesetzliches Leitbild fungieren. Zum Teil wird vertreten, Datenlizenzverträge als Miet- oder Pachtvertrag einzuordnen.[859] Nach zeitlichem Ablauf des Nutzungsrechts stellt sich jedoch die Frage, wie der Lizenzgeber bei unberechtigter Weiternutzung der Daten durch den ehemaligen Lizenznehmer vorgehen kann, insbesondere weil der Pachtvertrag von der Gebrauchsüberlassung körperlicher Gegenstände ausgeht.[860] *Schur* stellt richtigerweise fest, dass die mangelhafte Übertragbarkeit des Pachtvertrages in der Verpflichtung des Verpächters deutlich wird, die Ziehung von Früchten i. S. d. § 99 BGB zu gewähren, da § 99 BGB die Körperlichkeit voraussetzt.[861] Da die Einordnung als Pachtvertrag mangels Körperlichkeit der Daten nicht passt, wird der Datenlizenzvertrag als Vertrag sui generis eingeordnet, der die analoge Heranziehung einzelner – passender – Regelungen des Pachtrechts ermöglicht.[862] Es wird daher im Wesentlichen auf die vertraglichen Vereinbarungen der Parteien ankommen, die umso umfangreicher ausgestaltet werden müssen. Da ein Ausschließlichkeitsrecht fehlt, das der vertraglichen Gestaltungsfreiheit Grenzen setzen könnte, kann nur das AGB-Recht die Funktion der Begrenzung erfüllen.[863]

III. AGB-rechtliche Inhaltskontrolle von Datenverträgen

Bei den vertraglichen Vereinbarungen der Hersteller mit Nutzern oder sonstigen Datenzugangspetenten wird es sich in der Regel um Allgemeine Geschäftsbedingungen handeln, also um vorformulierte Vertragsbedingungen, die der Hersteller dem Nutzer oder einem Zugangspetenten bei Abschluss

856 *Schur*, Die Lizenzierung von Daten, S. 171.
857 *Obergfell/Hauck*, in: Obergfell/Hauck, Lizenzvertragsrecht, S. 75.
858 *Obergfell/Hauck*, in: Obergfell/Hauck, Lizenzvertragsrecht, S. 75.
859 *Schur*, GRUR 2020, 1142, 1145; *Żdanowiecki*, in: Bräutigam/Klindt, Digitalisierte Wirtschaft/Industrie 4.0, S. 26; *Specht*, in: Scholz/Funk, DGRI Jahrbuch 2012, Rn. 523.
860 *Schur*, GRUR 2020, 1142, 1145; *ders*., Die Lizenzierung von Daten, S. 174.
861 *Schur*, GRUR 2020, 1142, 1145; *ders*., Die Lizenzierung von Daten, S. 177.
862 *Schur*, GRUR 2020, 1142, 1145.
863 *Schur*, Die Lizenzierung von Daten, S. 205; *Hessel/Leffer/Potel*, ZD 2022, 537, 538.

des Vertrages stellt.[864] Allgemeine Geschäftsbedingungen verringern die Aushandlungslast der Parteien[865] und ermöglichen, demjenigen, der sie einseitig bestimmt, eine interessengerechte Ausgestaltung. Die Grenzen der Vertragsfreiheit für Datenverträge finden sich in der AGB-rechtlichen Inhaltskontrolle nach § 307 Abs. 1 S. 1 BGB. Vertragliche Bestimmungen in den Allgemeinen Geschäftsbedingungen sind danach unwirksam, wenn sie den Vertragspartner entgegen den Geboten von Treu und Glauben unangemessen benachteiligen. In § 307 Abs. 2 BGB werden Regelbeispiele der unangemessenen Benachteiligung angeführt, deren Vorliegen eine widerlegliche Vermutungswirkung für eine unangemessene Benachteiligung begründet.[866] Das Regelbeispiel in § 307 Abs. 2 Nr. 1 BGB bejaht eine unangemessene Benachteiligung, wenn eine Bestimmung mit dem wesentlichen Grundgedanken der gesetzlichen Regelung, von der abgewichen wird, nicht zu vereinbaren ist. Das gesetzliche Leitbild für den gewählten Vertragstyp wird in dispositiven Vorschriften erkennbar.[867] Problematisch ist allerdings, dass im Hinblick auf Daten dispositive Vorschriften fehlen, aus denen ein gesetzliches Leitbild abgeleitet werden könnte.[868] Es ist bislang unklar, wem Daten ursprünglich zugeordnet sind und wer eine Gegenleistung für die vertraglich eingeräumte Exklusivposition verlangen kann.[869] Dies gilt auch für die Inhaltskontrolle eines Datenlizenzvertrages. Selbst die Einordnung als Pachtvertrag hätte nicht zur Folge, dass ein gesetzliches Leitbild vorhanden wäre, das der Natur von Daten als unkörperliche Güter immer gerecht werden würde.[870] Auch das Regelbeispiel in § 307 Abs. 2 Nr. 2 BGB eignet sich nicht für eine Inhaltskontrolle, obwohl dieser Verträge erfassen soll, die mangels dispositiver Vorschriften kein gesetzliches Leitbild haben.[871] Die Vorschrift nimmt eine unangemessene Benachteiligung an, wenn die Bestimmung wesentliche Rechte oder Pflichten, die sich aus der Natur des Vertrags ergeben, so einschränkt, dass die Einreichung des Vertragszwecks gefährdet ist. Wesentliche Rechte und Pflichten sind in der Regel die Hauptleistungspflichten von typisierten Vertragsarten.[872] Für die Bestimmung ist

864 *Ensthaler,* NJW 2016, 3473, 3474; *Podszun,* Handwerk in der digitalen Ökonomie, S. 68.

865 *Podszun,* Handwerk in der digitalen Ökonomie, S. 71.

866 *Schmidt*, in: Hau/Poseck, BeckOK BGB, § 307 Rn. 52.

867 *Wurmnest,* in: Säcker/Rixecker/Oetker/Limperg/Schubert, MüKo BGB, § 307 Rn. 72; *Stadler*, in: Jauernig, BGB § 307 Rn. 10; *Acker/Thum*, GRUR 2008, 671, 672.

868 So auch *Kraus*, in: Taeger, Internet der Dinge, S. 537, 545; *Ensthaler*, NJW 2016, 3473, 3474; *Schur*, Lizenzierung von Daten, S. 207; *ders.,* GRUR 2020, 1142, 1146; *Drexl*, NZKart 2017, 415, 420.

869 Vgl. *Ensthaler*, NJW 2016, 3473, 3474.

870 *Schur*, Die Lizenzierung von Daten, S. 207 f.; *ders*., GRUR 2020, S. 1142, 1146.

871 *Stadler*, in: Jauernig, BGB § 307 Rn. 12; *Wurmnest*, in: Säcker/Rixecker/Oetker/Limperg/Schubert, MüKo BGB, § 307 Rn. 78.

872 *Schmidt*, in: Hau/Poseck, BeckOK BGB, § 307 Rn. 67.

die Natur des Vertrages entscheidend.[873] Da für Daten keine gesetzlich typisierten Verträge existieren, fehlt es an einem gesetzlichen Leitbild. Es hat sich bislang auch noch kein typisierter Vertrag für die Lizenzierung und Zuordnung von Daten durchgesetzt, aus dem wesentliche Rechte und Pflichten bestimmt werden könnten.[874] Das Problem des fehlenden gesetzlichen Leitbildes wirkt sich damit auch auf die Inhaltskontrolle des § 307 Abs. 2 Nr. 2 BGB aus. Das Vorhandensein vertraglicher Hauptleistungspflichten wird für die Inhaltskontrolle des § 307 Abs. 2 Nr. 2 BGB jedenfalls nicht ausreichen, da diese ohnehin über § 307 Abs. 3 BGB keiner Inhaltskontrolle unterliegen.[875]

C. Schwächen der Vertragslösung

Der Vorteil der Vertragskonzeption ist, dass die sich gegenüberstehenden Parteien – soweit sie sich auf Augenhöhe begegnen – ihre Interessen bei der Ausgestaltung des Vertrages geltend machen können.[876] Die Privatautonomie ermöglicht ihnen, für jede Fallkonstellation einen interessengerechten Vertrag abzuschließen.[877] Langfristig eignen sich vertragliche Lösungen jedoch nicht, fehlende Rechte an Daten zu ersetzen. Die bisherige Untersuchung hat verdeutlicht, dass sich vertragliche Vereinbarungen an gesetzlichen Leitbildern orientieren, die sich aus dispositiven Vorschriften ableiten lassen. Als zusätzliches Regelungsinstrument sorgen sie für interessengerechte Lösungen Fallgestaltung, bei denen gesetzliche Regelungen nicht geeignet sind, die Bedürfnisse der Parteien ausreichend zu berücksichtigen. Fehlt ein gesetzliches Leitbild, unterliegt die Ausgestaltung der Verträge der Willkür der Person, die die tatsächliche Herrschaft über die Daten hat. Die gegenwärtige Situation verdeutlicht daher, dass die Vertragskonzeption nicht fähig ist, die gesetzliche Ausgestaltung der Zuordnung und des Zugangs zu Daten zu ersetzen. Es entstehen Hindernisse, die den rechtssicheren Umgang mit Daten erschweren. Im nachfolgenden sollen die wichtigsten Nachteile dargestellt werden, die vertragliche Lösungen zur Folge haben.

---

873 *Stadler*, in: Jauernig, BGB § 307 Rn. 12; *Wurmnest*, in: Säcker/Rixecker/Oetker/Limpberg/Schubert, MüKo BGB, § 307 Rn. 78.

874 So auch *Schur*, GRUR 2020, S. 1142, 1146; *ders.*, Die Lizenzierung von Daten, S. 208; siehe hierzu auch *Wunner*, Ein regulatives Vertragsrecht für die Datenwirtschaft, S. 193 ff.

875 *Schur*, Die Lizenzierung von Daten, S. 209.

876 *Podszun,* Handwerk in der digitalen Ökonomie, S. 69.

877 *Podszun,* Handwerk in der digitalen Ökonomie, S. 69.

I. Relativität der Schuldverhältnisse

Die rein vertragliche Ausgestaltung bewirkt zunächst nur einen relativen Schutz zwischen den Parteien und kann einen absoluten Schutz der Daten nicht begründen.[878] Der Grundsatz der Relativität der Schuldverhältnisse bewirkt, dass die abgeschlossene vertragliche Vereinbarung samt ihrer Rechtswirkungen nur zwischen den an ihm beteiligten Parteien gilt.[879] Eine vertragliche Ausgestaltung dergestalt, dass er auch zu Lasten Dritter gelten soll, ist mit dem Grundsatz der Privatautonomie nicht vereinbar und gesetzlich nicht anerkannt.[880] Ohne ihre Mitwirkung können Dritte nicht unmittelbar vertraglich verpflichtet werden.[881] Vertragliche Rechte und Pflichten entfalten ihre Wirkung damit nur zugunsten der unmittelbaren Vertragsparteien.[882] Die relative Wirkung vertraglicher Regelungen gilt im Hinblick auf Daten in zweifacher Hinsicht: Regelungen zur Datenhoheit wirken nur gegenüber dem Vertragspartner. Außerhalb des Vertragsverhältnisses hat die auf vertraglicher Ebene vorgenommene Zuweisung keine Auswirkungen. Dies gilt auch für den vertraglich gewährten Zugang zu Daten im Rahmen von Datenlizenzverträgen. Bei unberechtigter Weitergabe der Daten stehen den Dateninhabern keine Möglichkeiten offen, gegen den Dritten Ansprüche geltend zu machen.[883] Werden die Daten veröffentlicht, kann die Kontrolle über die Daten aufgrund der leichten und schnellen Kopiermöglichkeit nur noch schwer wiederhergestellt werden. Der bloß relative Schutz führt daher zur Zurückhaltung der Unternehmen, ihre Daten mit Dritten zu teilen, wodurch Unmengen von Daten unter Verschluss gehalten werden und nicht für den Wettbewerb zur Verfügung stehen.[884] Zu Bedenken führt daher die Auffassung, eine rein vertragliche Ausgestaltung würde eine originäre rechtliche Zuweisung der Daten obsolet machen.[885]

---

878 So auch *Żdanowiecki,* in: Digitalisierte Wirtschaft/Industrie 4.0, S. 25; *Kommeier/Baranowski,* BB 2019, 1219, 1221; *Determann,* ZD 2018, 503, 504; *Sahl,* RDV 2015, 236, 242; *Schefzig,* in: Taeger, Internet der Dinge, 551, 556.

879 *Mansel,* in: Jauernig, BGB § 241 Rn. 4; *Kraul,* GRUR-Prax 2019, 478, 480; *Krüger/Wiencke/Koch,* GRUR 2020, 578, 579; *Zech* CR 2015, 137, 140, 145; *Kornmeier/Baranowski,* BB 2019, 1219, 1219; *Determann,* ZD 2018, 503, 504.

880 *Gottwald,* in: Säcker/Rixecker/Oetker/Limperg/Schubert, MüKo BGB, § 328 Rn. 263.

881 *Stadler,* in: Jauernig, BGB § 328 Rn. 7; *Fries/Schulze,* in: Schulze, BGB § 328 Rn. 5.

882 *Mansel,* in: Jauernig, BGB § 241 Rn. 4; *Sutschet,* in: Hau/Poseck, BeckOK BGB, § 241 Rn. 8; *Bachmann,* in: Säcker/Rixecker/Oetker/Limperg/Schubert, MüKo BGB, § 241 Rn. 14.

883 *Krüger/Wiencke/Koch,* GRUR 2020, 578, 579.

884 *Denga,* NJW 2018, 1371, 1376; *Europäische Kommission,* Aufbau eines europäischen Datenraums, COM (2018) 232 final, S. 9 ff.

885 *Drexl,* NZKart 2017, 339, 342; *Peitz/Schweitzer,* NJW 2018, 275, 279; *Drexl u. a.,* GRUR Int. 2016, 914, 915.

II. Vertragliche Ungleichgewichte

Weiterhin ist die proklamierte Vertragsfreiheit im Umgang mit Daten ist nur bedingt gegeben.[886] Die Vertragsfreiheit räumt den Vertragsparteien die formale Befugnis ein, über die positive und negative Abschlussfreiheit, die inhaltliche Ausgestaltungsfreiheit und die Formfreiheit zu bestimmen.[887] In materieller Hinsicht sollen Vertragspartner auf Grundlage ihrer Vertragsfreiheit die tatsächliche Möglichkeit haben, durch die Geltendmachung ihrer Interessen von ihrer Vertragsfreiheit Gebrauch zu machen.[888] Die eingeräumte Vertragsfreiheit darf dabei nicht mit der Vertragsgerechtigkeit vermischt werden, die ihre Grundlage in unterschiedlichen Wertideen des Rechts finden.[889] Ob vertraglichen Verhandlungen günstige Bedingungen für die Parteien zur Folge haben, ist eine Frage des Verhandlungsgeschicks, auf die der Gesetzgeber kein Einfluss hat. Erforderlich ist vielmehr, dass beide Parteien überhaupt die Möglichkeit haben, ihre vertragliche Selbstbestimmung zu realisieren.[890] Die Realisierung der vertraglichen Selbstbestimmung kann jedoch nur dann gewährleistet werden, wenn beide Parteien auch die tatsächliche Möglichkeit haben, auf die inhaltliche Gestaltung des Vertrages einzuwirken.[891] Wird der Schutz der Vertragsgestaltungsfreiheit nicht gewährleistet, greift die Schutzpflicht des Staates ein, der durch Regelungen zur Inhaltskontrolle von AGB den Schutz wiederherstellt.[892] Die Ausgestaltung der Verträge wird im Hinblick auf Daten meist durch Unternehmen vorgenommen, die die alleinige Kontrolle über die begehrten Daten haben. Die Gegenseite, die auf den Zugang zu Daten für die Realisierung von datenbasierten Geschäftsmodellen angewiesen ist, wird auf die inhaltliche Gestaltung des Vertrages meist keinen Einfluss haben. Schlechte Verhandlungspositionen und Informationsasymmetrien sind die Folge und führen dazu, dass der Zugang zu Daten für wirtschaftlich schwächere Unternehmen erschwert wird.[893] Die Parteien verhandeln nicht auf Augenhöhe und vertragliche Bedingungen werden einseitig durch Formulare oder Allgemeine Geschäftsbedingungen auferlegt.[894] Eine AGB-rechtliche Inhaltskontrolle,

886 Siehe ausführlich hierzu *Wunner*, Ein regulatives Vertragsrecht für Daten, S. 160 ff.

887 *Herresthal*, in: Gsell/Krüger/Lorenz/Reymann, BeckOGK BGB, § 311 Rn. 2.

888 *Busche*, in: Säcker/Rixecker/Oetker/Limperg/Schubert, MüKo BGB, vor § 145 Rn. 6; *Wunner*, Ein regulatives Vertragsrecht für die Datenwirtschaft, S. 160.

889 *Busche*, in: Säcker/Rixecker/Oetker/Limperg/Schubert, MüKo BGB, vor § 145 Rn. 6, m. w. N.

890 *Busche*, in: Säcker/Rixecker/Oetker/Limperg/Schubert, MüKo BGB, vor § 145 Rn. 6.

891 *Busche*, in: Säcker/Rixecker/Oetker/Limperg/Schubert, MüKo BGB, vor § 145 Rn. 6.

892 *Busche*, in: Säcker/Rixecker/Oetker/Limperg/Schubert, MüKo BGB, vor § 145 Rn. 6; *Wunner*, Ein regulatives Vertragsrecht für die Datenwirtschaft, S. 162 f. m. w. N.; *Schmidt*, in: Hau/Poseck, BeckOK BGB, § 307 Rn. 1.

893 Vgl. auch *Podszun*, Handwerk in der digitalen Ökonomie, S. 70.

894 *Podszun*, Handwerk in der digitalen Ökonomie, S. 69 f.

die die vertragliche Gestaltungsfreiheit wiederherstellen könnte, findet nicht statt. Ein solches Ergebnis hat Markthindernisse zur Folge, insbesondere dann, wenn Datenzugangspetenten keine alternativen Zugangsmöglichkeiten zur Verfügung stehen.

III. Fehlende Partizipation des Nutzers

Während im B2B-Verhältnis davon auszugehen ist, dass Zugangspetenten zumindest versuchen werden, günstige Bedingungen für den Zugang zu Daten auszuhandeln, gestaltet sich die Lage im B2C-Verhältnis noch viel nachteilhafter. Der fehlende Schutz durch das AGB-Recht führt gerade hier dazu, dass Nutzern unfaire Standardvertragsbedingungen aufgezwungen werden können.[895] Hersteller lassen sich in den Verträgen durch standardisierte Klauseln die Hoheit an den maschinen- und verhaltensgenerierten Daten einräumen. Die Folge ist, dass Nutzer von Anfang an von der Wertschöpfung aus den Daten ausgeschlossen werden. Sie sind nicht in der Verhandlungsposition als Nutzer des erworbenen Produkts von dem Hersteller Zugang zu den Daten zu erhalten.

D. Bewertung

Die durch den Grundsatz der Privatautonomie den Parteien gewährte Möglichkeit, Fragen der Zuweisung und des Zugangs durch rein vertragliche Regelungen zu steuern, kann das Bedürfnis nach einer gesetzlichen Konzeption von Rechten an Daten nicht aufheben. Das Vertragsmodell macht als Regulierungsinstrument eine mögliche Zuweisung von Daten nicht überflüssig, da beide Konzeptionen rechtskonstruktiv und rechtsanwendend kumulative Normbereiche darstellen.[896] Mit gleichen Argumenten ist daher auch der Vorschlag von *Sahl* abzulehnen, der den Abschluss individueller Datennutzungsverträge als Alternative zur rechtlichen Zuordnung empfehlt.[897] Zwar sind Datennutzungsverträge flexibel gegenüber künftiger Entwicklungen, die mangelnde rechtliche Zuordnung macht jedoch eine mögliche Drittabwehr unmöglich.[898] Selbst wenn „einige grundlegende Aspekte für jeden Datennutzungsvertrag eingehalten würden“[899], sind gesetzliche Regelungen, die die ursprüngliche Zuordnung vornehmen, aus Gründen der Rechtssicherheit und -klarheit unverzichtbar. Die Untersuchung macht

895 *Europäische Kommission*, Aufbau einer europäischen Datenwirtschaft, COM (2017) 9 final S. 11.

896 *Fezer*, ZD 2017, 99, 100.

897 *Sahl*, PinG 2016, 146, 150.

898 *Sahl*, PinG 2016, 146, 149.

899 *Duisberg*, in: Stiftung Datenschutz, Dateneigentum und Datenhandel, S. 63 m. w. N.

deutlich, dass andernfalls Hersteller und andere Dateninhaber auf Grundlage ihrer faktischen Herrschaftsposition entscheiden, wem Daten vertraglich zugeordnet werden sollen bzw. wer Zugang zu den Daten hat. Durch vertragliche Vereinbarungen sichern Hersteller und andere Dateninhaber ihre faktische Kontrollposition auch rechtlich ab. Problematisch ist dies aus vielerlei Hinsicht. Bei den meisten Verträgen, die mit Nutzern oder Zugangspetenten abgeschlossen werden, wird es sich um Allgemeine Geschäftsbedingungen handeln, die der Inhaltskontrolle unterliegen. Es wurde deutlich, dass die Zuordnungsfrage als Maßstab für die Inhaltskontrolle eine entscheidende Rolle spielt. Eine klare Zuordnung von Daten hätte zur Folge, dass selbst bei unwirksamen AGB-Bestimmungen nicht die faktische, sondern die von Recht vorgenommene ursprüngliche Zuweisung von Daten eingreifen würde.[900] Da die AGB-Kontrolle aufgrund des Fehlens eines gesetzlichen Leitbildes nur bedingt auf solche Verträge anwendbar ist, stehen Nutzer vernetzter Maschinen und Geräte sowie Datenzugangspetenten solchen Verträgen oft schutzlos gegenüber. Die vertraglichen Ungleichgewichte, die durch fehlende vertragliche Kontrollmechanismen verstärkt werden, führen zu Beeinträchtigungen, die sich auf die Innovations- und Wettbewerbsfähigkeit von wirtschaftlich schwächeren Unternehmen auswirkt. Unternehmen können ihren Vertragspartnern unfaire Standardvertragsbedingungen aufzwingen oder zu technischen Mittel wie proprietären Formaten oder Verschlüsselungen zugreifen, um Zugriff und Nutzung ihrer Daten zu kontrollieren.[901] Dadurch wird insbesondere Start-Ups und kleineren Unternehmen der Zutritt in den Markt erschwert und die Entwicklung innovativer datenbasierter Geschäftsmodelle verhindert. Auch Nutzer vernetzter Geräte und Maschinen, die an der Erzeugung der Daten eine wesentliche Rolle einnehmen, werden durch eine rein vertragliche Regulierung von der Wertschöpfung aus Daten vollständig ausgeschlossen. Ihnen stehen weder rechtliche noch technische Mittel zur Verfügung, um an dem Wert der von ihm generierten Daten zu partizipieren. Der entscheidende Nachteil der verschiedenen Vertragsarten sind darüber hinaus die hohen Transaktionskosten, die die Parteien tragen müssen, da für jede Konstellation unterschiedliche Regelungen gelten können.[902]Allein bei Vorhandensein einer rechtlichen Zuordnung kann die Position des i. d. R. wirtschaftlich stärker gestellten Herstellers bei den Vertragsverhandlungen abschwächen.

---

900 *Zech*, CR 2015, 137, 145 m. w. N.

901 *Europäische Kommission*, Aufbau einer europäischen Datenwirtschaft, COM (2017) 9 final, S. 11.

902 *Podszun*, Handwerk in der digitalen Ökonomie, S. 69.

Kapitel 5: Möglichkeiten zur Ausgestaltung von Rechten an Daten

Die Untersuchung der gegenwärtigen Rechtslage hat gezeigt, dass Schutzdefizite im Hinblick auf maschinen- und verhaltensgenerierte Daten bestehen. Bestehende Rechtsinstrumente eignen sich nicht, um ausreichende Möglichkeiten für den Schutz von Daten zu gewährleisten. Die nachteiligen Auswirkungen der gegenwärtigen Rechtslage betreffen nicht nur die Nutzer, sondern auch andere Marktteilnehmer, die für die Entwicklung datenbasierter Geschäftsmodelle oder Innovationen auf den Zugang zu den generierten Daten angewiesen sind.[903] Das nachfolgende Kapitel beschäftigt sich mit der Frage, ob durch die Schaffung eines neuen Datenrechts, die gegenwärtigen Probleme im Umgang mit verhaltens- und maschinengenerierten Daten gelöst werden können. Hierfür soll zunächst untersucht werden, ob ein staatlicher Eingriff in den Markt auf Grundlage deontologischer und ökonomischer Begründungsansätze gerechtfertigt werden kann (A.). Im Anschluss soll untersucht werden, wie ein neues Datenrecht regulatorisch ausgestaltet werden könnte (B.). In diesem Rahmen sollen bestehende Ansätze kritisch untersucht werden, die sich mit der regulatorischen Ausgestaltung von Rechten an Daten *de lege ferenda* beschäftigen. Anschließend soll bewertet werden, welcher Regulierungsansatz geeignet sein könnte, die gegenwärtigen Probleme der fehlenden rechtlichen Zuweisung von Daten zu lösen.

A. Rechtfertigung staatlichen Eingriffs in den Datenmarkt

Staatliche Eingriffe in die Wettbewerbs- und Informationsfreiheit durch die Begründung von Schutzrechten bedürfen einer gesonderten Rechtfertigung.[904] Einen besonderen Rechtfertigungsdruck erfahren Rechte im Hinblick auf immaterielle Güter. Während materielle Güter sich dadurch auszeichnen, dass sie nur in beschränkter Menge vorhanden oder produzierbar sind,[905] können immaterielle Güter dagegen von mehreren kopiert und genutzt werden.[906] Die fehlende Ausschlussmöglichkeit und die Nicht-Rivalität im Konsum bei immateriellen Gütern führen dazu, dass die Knappheit eines immateriellen Gutes nur künstlich durch eine staatliche Regulierung

903 *Europäische Kommission,* Eine europäische Datenstrategie, COM (2020) 66 final, S. 9.

904 *Dorner,* CR 2014, 617, 62; *ders.*, Know-how-Schutz im Umbruch, S. 373 ff.; *Fries/Scheufen*, MMR 2019, 721, 725.

905 *Engelkamp/Sell/Sauer*, Einführung in die Volkswirtschaftslehre, S. 16.

906 *Schack,* in: Chiusi/Gergen/Jung, Das Recht und seine historischen Grundlagen, S. 1005; *Zech,* Information als Schutzgegenstand, S. 149.

geschaffen werden kann, allerdings nur, wenn eine besondere Rechtfertigung für den staatlichen Eingriff vorliegt.[907] Eine Rechtfertigung für die Begründung von Rechten an Daten kann auf verschiedenen Ebenen erfolgen. Als Rechtfertigungsmaßstab kommen rechtstheoretische und ökonomische Ansätze in Betracht, wobei letztere insbesondere für die Zuweisung immaterieller Güter herangezogen werden.[908] Im nachfolgenden Abschnitt soll daher untersucht werden, inwieweit sich die bedeutendsten Rechtfertigungsmodelle eignen, um die Einführung von neuen Rechten an Daten zu rechtfertigen. Erst wenn ein staatlicher Eingriff in den Datenmarkt gerechtfertigt werden kann, ist zu untersuchen, wie Rechte an Daten konkret ausgestaltet werden sollten, um einen bestmöglichen Ausgleich zwischen den Interessen der Akteure herbeizuführen und die gesamtwirtschaftliche Wohlfahrt zu steigern.

I. Deontologische Rechtfertigungsansätze

Gegenstand von deontologischen Rechtsfertigungsansätzen ist die Frage nach der rechtsethischen Legitimation von Privateigentum und somit für die intensivste Form der Zuweisung von Gütern.[909] Doch auch für wenige intensive Zuweisungen von Gütern werden sie als Rechtfertigungsmaßstab herangezogen.[910] Charakteristisch für die deontologischen Theorien ist dabei die Orientierung an einem übergeordneten Gerechtigkeitsprinzip.[911] Nicht die Konsequenzen einer bestimmten Handlungsweise, sondern allein die Moral der Handlung soll entscheidend für die Beurteilung der Richtigkeit einer Handlung sein.[912] Volkswirtschaftliche Funktionen werden bei der Beurteilung außer Betracht gelassen[913] und die Handlung nur nach ihrem intrinsischen Wert beurteilt.[914] Deontologische Theorien können demnach Grundlage für eine moralische Orientierung sein, insbesondere dann, wenn volkswirtschaftliche Ansätze nicht berücksichtigt werden sollen. Zu den bedeutendsten deontologischen Rechtfertigungstheorien gehören die natur-

---

907 *Zech*, Information als Schutzgegenstand, S. 147.

908 Siehe hierzu ausführlich *Zech*, Information als Schutzgegenstand, S. 150 ff., 312 ff.; *Goldhammer*, Geistiges Eigentum und Eigentumstheorien, S. 177 ff.; *Jacob*, Ausschließlichkeitsrechte an immateriellen Gütern, S. 8 ff.

909 *Möschel*, ORDO 2002, Vol. 53, 145, 153.

910 *Zech*, Information als Schutzgegenstand, S. 202.

911 *Schmidt*, Zugang zu Daten nach europäischem Kartellrecht, S. 150.

912 *Schroth*, Zeitschrift für philosophische Forschung, Band 63 I, S. 56.

913 *Zech*, Information als Schutzgegenstand, S. 150; *Schmidt*, Zugang zu Daten nach europäischem Kartellrecht, S. 150.

914 *Seufert*, NZV 2022, 319, 326.

rechtlichen Eigentumstheorien, der Schutz der Persönlichkeit sowie die patentrechtliche Belohnungstheorie.[915]

1. Okkupationstheorie

Eine der bekanntesten und wohl auch ältesten Theorien zur naturrechtlichen Rechtfertigung von Eigentum ist die Okkupationstheorie, deren Einflüsse bis zum Ende des 17. Jahrhunderts reichen.[916] Kerngedanke der Okkupationstheorie ist die vertragliche Einigung der Menschen auf eine zumindest bezweckte Gleichverteilung der Güter, bei der im vorstaatlichen Naturzustand die physische Besitzergreifung, die *prima occupatio*, der eigentumsbegründende Akt sei.[917] Hintergrund dieses absolutistischen Ansatzes ist das Misstrauen *Hobbes* gegenüber Menschen in ihrem natürlichen Zustand. Unter Eindruck des Bürgerkrieges befürchtete *Hobbes* kriegsähnliche und gesetzlose Zustände, die den inneren Frieden stets gefährden, im schlimmsten Fall sogar zu Elend und Bürgerkrieg führen.[918] Diese Zustände sah er durch die absolute Konzeption einer frei von Schranken bestehenden Staatsgewalt vermieden.[919] Es sei allein der Staat, der für die Einhaltung des zwischen den Menschen geschlossenen Vertrages durch Zwangsmittel sorgen könne.[920] Durch seine Gesetzgebungsmacht könne er Regelungen zum Eigentum erlassen und den kriegsähnlichen Kampf um „mein" und „dein" beenden,[921] denn zu diesem Zwecke übertrügen die Menschen durch Vertragsschluss die Macht auf den Staat.[922] Im Umkehrschluss müsse der Staat nach *Hobbes* auch die Möglichkeit haben, das durch seine Gesetzgebung erteilte Eigentumsrecht wieder zu entziehen oder zu ändern.[923] Die Okkupationstheorie wurde ursprünglich für die Begründung des Eigentums an körperlichen Gütern entwickelt. Sie ist dennoch in ihrem Grundgedanken auf die deontologische Rechtfertigung von immateriellen Gütern anwendbar und kann Ansätze liefern, die auf Lösungsmöglichkeiten bei Problemen um „mein" und „dein" hinweisen. Der Gedanke der Friedenssicherung kann im Kern auch auf die Zuordnungsfrage im Hinblick auf Daten angewen-

---

915 *Zech*, Information als Schutzgegenstand, S. 150.

916 Ausführlich zur Okkupationstheorie *Brocker*, Arbeit und Eigentum, S. 30 ff.; *Krause*, in: Heidbrink/Lorch/Rauen, Handbuch Wirtschaftsphilosophie III, S. 150 ff.

917 *Hösch*, Eigentum und Freiheit, S. 85.

918 *Rittstieg*, Eigentum als Verfassungsproblem, S. 63.

919 *Rittstieg*, Eigentum als Verfassungsproblem, S. 63.

920 *Brocker*, Arbeit und Eigentum, S. 98.

921 *Rittstieg*, Eigentum als Verfassungsproblem, S. 63; *Hobbes*, Leviathan oder der Stoff, Form und Gewalt eines kirchlichen und bürgerlichen Staates, Kapitel 18, S. 140.

922 *Hobbes*, Leviathan oder der Stoff, Form und Gewalt eines kirchlichen und bürgerlichen Staates, 18. Kapitel, S. 136 ff.

923 *Hösch*, Eigentum und Freiheit, S. 85; *Rittstieg*, Eigentum als Verfassungsproblem, S. 63.

det werden. Fehlende Rechte zur originären Zuordnung von Daten führen gegenwärtig zu dem Umstand, dass Daten als herrenlose Güter durch die Erlangung des faktisch ausschließlichen Zugangs und deren Geheimhaltung angeeignet werden.[924] Die dadurch begründete Kontrollposition sorgt damit für eine vorrechtliche Zuordnung auf tatsächlicher Ebene, die gerade bei nicht-rivalen Gütern ein entscheidendes Kriterium für die faktische Zuordnung von Daten sein kann. Die Abhängigkeit der Zuordnungsfrage von faktischen Gegebenheiten kann unter Zugrundelegung der Okkupationstheorie damit nur durch staatliche Regelungen zur originären Zuweisung von Daten aufgehoben werden. Es ist ein Eingreifen des Staates erforderlich, um die Frage der originären Zuordnung im Kern zu beantworten.

2. Eigentums- und Arbeitstheorie

Die Arbeitstheorie des englischen Philosophen *John Locke* gehört zu den naturrechtlichen Theorien zur Rechtfertigung und Schaffung von Eigentum.[925] Nach *Locke* ist es die Arbeitsleistung eines Einzelnen, die den Erwerb des Eigentums begründet und rechtfertigt.[926] Ausgangspunkt seiner These ist das derivativ-formale Argument, dass „jeder Mensch ein Eigentum an seiner eigenen Person“[927] habe und durch die Mischung von Arbeit mit der in der Natur vorhandenen Gegebenheiten etwas Eigenes hinzufüge, das den Zustand des gemeinsamen Besitzes beenden und es zu seinem Eigentum machen würde.[928] Nach *Locke* muss Ergebnis der Arbeit eines menschlichen Körpers auch dessen Eigentum sein, auf das Dritte kein Recht mehr beanspruchen dürfen sollen.[929] Die Grenze der Aneignung zieht *Locke* mit dem Eigenbedarf, die dann überschritten sei, wenn etwas ungenutzt verdarb.[930] Durch diese Aussage wird die Bedeutung der effektiven Nutzung von Eigentum von *Locke* unterstrichen. Wird das durch die Arbeitsleistung erworbene Eigentum nicht genutzt, sei mehr angeeignet worden als eigentlich verbraucht werden könne.[931] In der gegenwärtigen Rechtsordnung nimmt die Eigentum- und Arbeitstheorie von *Locke* zur deontologischen Rechtfertigung von Ausschließlichkeitsrechten an Gütern eine entscheidende Rolle

---

924 *Zech*, Information als Schutzgegenstand, S. 315.

925 *Locke*, Zwei Abhandlungen über die Regierung, 5. Kapitel § 26; siehe auch *Stallberg*, Urheberrecht und moralische Rechtfertigung, S. 61 ff.; *Krause*, in: Heidbrink/Lorch/Rauen, Handbuch Wirtschaftsphilosophie III, S. 148 ff.; *Jacob*, Ausschließlichkeitsrechte an immateriellen Gütern, S. 21 f.

926 *Locke*, Zwei Abhandlungen über die Regierung, 5. Kapitel § 27.

927 *Locke*, Zwei Abhandlungen über die Regierung, 5. Kapitel § 27.

928 *Locke*, Zwei Abhandlungen über die Regierung, 5. Kapitel § 27 f.

929 *Locke*, Zwei Abhandlungen über die Regierung, 5. Kapitel § 26 f.

930 *Locke*, Zwei Abhandlungen über die Regierung, 5. Kapitel §§ 37, 45.

931 *Locke*, Zwei Abhandlungen über die Regierung, 5. Kapitel § 46.

ein.[932] Auch wenn sich die Arbeitstheorie von *Locke* ursprünglich auf die Rechtfertigung des Eigentums an materiellen Gütern bezog, wird sie heute auch für die Begründung von Ausschließlichkeitsrechten an immateriellen Gütern herangezogen.[933] Für Daten stellt sich die Frage, inwieweit sie als Ergebnis einer Arbeitsleistung eingeordnet werden können. Zweifellos ist es der Hersteller, der das datengenerierende Produkt konstruiert und durch seine Arbeitsleistung überhaupt die Erzeugung von sensorbasierten Daten vorbereitet.[934] Die unmittelbare Generierung der Daten wird von dem Nutzer erbracht, der durch die Nutzung der vernetzten Maschine syntaktische Zeichen codiert.[935] Der Beitrag des Nutzers kann dabei unterschiedlich ausgestaltet sein. Bei maschinengenerierten Daten erfolgt die Generierung der Daten ohne unmittelbaren Zugriff eines Menschen im Rahmen von Computerprozessen, Anwendungen oder Diensten oder auch durch Sensoren.[936] In diesen Fällen wird eine persönliche Leistung des Nutzers nicht vorliegen.[937] Dagegen sind verhaltensgenerierte Daten auf das Verhalten eines Nutzers zurückzuführen.[938] Erst durch die Nutzung des vernetzten Produkts löst der Nutzer die Codierung syntaktischer Informationen aus.[939] Insbesondere bei aktiv nutzergenerierten Daten findet eine interaktive Kommunikationsleistung des Nutzers statt, bei der Daten für Eigenzwecke erzeugt werden.[940] Dies muss jedoch nicht zwingend der Fall sein – die Datenerhebung kann auch ohne gesonderten Aufwand erfolgen.[941] Ob die Vorbereitung der Datenerhebung als Arbeitsleistung der Herstellers ausreicht, um nach der Theorie von *Locke* ein Recht an den „Früchten" der Maschine zu begründen, bleibt offen, denn welche Anforderungen an die Art Arbeitsleistung gestellt werden, wird von *Locke* nicht definiert.[942] Bei einer weiten Auslegung wären die erzeugten Daten das Ergebnis der Arbeitsleistung beider Akteure,

932 *Krause,* in: Heidbrink/Lorch/Rauen, Handbuch Wirtschaftsphilosophie III, S. 148.

933 *Oberndörfer*, Die philosophische Grundlage des Urheberrechts, S. 57 ff.; *Zech*, Information als Schutzgegenstand, S. 151 m. w. N.

934 Vgl. *Ensthaler*, NJW 2016, 3473, 3473.

935 Vgl. *Zech,* Information als Schutzgegenstand, S. 314.

936 *Europäische Kommission*, Aufbau einer europäischen Datenwirtschaft, COM (2017) 9 final, S. 3; ähnlich *Ensthaler,* NJW 2016, 3473; *Sahl*, RDV 2015, 236, 237; *Sattler*, in: Sassenberg/Faber, Rechtshandbuch Industrie 4.0, S. 39, Rn. 7; *Wiebe*, CR 2017, 87, 87; *Zier*, Investitionsschutz für Maschinendaten, S. 10.

937 *Zech,* Information als Schutzgegenstand, S. 314 f.

938 *Fezer*, ZD 2017, 99, 100; *ders*., MMR 2017, 3, 3.

939 *Schmidt,* Zugang zu Daten nach europäischem Kartellrecht, S. 41.

940 *Bauer*, User Generated Content, S. 25; *Schmidt,* Zugang zu Daten nach europäischem Kartellrecht, S. 41.

941 *Ensthaler*, NJW 2016, 3473, 3476.

942 *Oberndörfer,* Die philosophische Grundlage des Urheberrechts, S. 122 f.; siehe zur gegenwärtigen Interpretation des Arbeitsbegriffs *Krause*, in: Heidbrink/Lorch/Rauen, Handbuch Wirtschaftsphilosophie III, S. 148 ff.

jedenfalls aber das unmittelbare Ergebnis der Arbeitsleistung des Nutzers. Die gegenwärtige Lage bevorzugt nur den Hersteller, der allein faktischen Zugriff zu den Daten hat, was dazu führt, dass das Wertpotenzial von Daten nicht voll ausgeschöpft wird.[943] Eine effektive Nutzung der Daten erfolgt nicht, da mehr Daten erzeugt und gespeichert werden, als tatsächlich für den Eigenbedarf der Hersteller erforderlich ist. Nach der Lock'schen Eigentumstheorie wäre die gegenwärtige (faktische) Verteilung der Daten daher aus deontologischen Gesichtspunkten nicht gerechtfertigt.

3. Persönlichkeitstheorie

Persönlichkeitsrechtliche Ansätze[944] zur Rechtfertigung von Ausschließlichkeitsrechten werden insbesondere im Urheberrecht herangezogen.[945] Der Anknüpfungspunkt der Persönlichkeitstheorie ist nicht die schöpferische Leistung des Urhebers, sondern allein der Persönlichkeitsbezug.[946] Spiegelbildlich dazu verfolgt das Urheberrecht einen dualistischen Ansatz, indem es neben der ausschließlichen Verwertungsmöglichkeit des urheberrechtlich geschütztes Werkes auch den Schutz der ideellen Beziehung des Urhebers zu seinem Werk gewährleistet.[947] Die Rechtfertigung des Urheberrechts beruht damit nicht nur auf der schöpferische Leistung, sondern eben auch auf der persönlichen Beziehung des Urhebers zu seinem Werk.[948] Die Begründung von Ausschließlichkeitsrechten für den Schutz der Persönlichkeit lässt Parallelen zum Schutz von personenbezogenen Daten im Datenschutzrecht erkennen. Wenn auch das Datenschutzrecht keine ausschließliche Zuweisung von personenbezogenen Daten vornimmt,[949] räumt es dennoch umfassende Rechte ein, durch die die datenschutzrechtlich betroffene Person über das Schicksal ihrer personenbezogenen Daten entscheiden kann.[950] Der persönlichkeitsrechtliche Bezug von personenbezogenen Daten kann hergestellt werden, weil sie bereits die semantische Bezugsebene erreicht ha-

943 Siehe hierzu Kap. 5 II. 2 c).

944 Ausführlich hierzu *Stallberg*, Urheberrecht und moralische Rechtfertigung, S. 111 ff.; *Nazari-Khanachayi*, Rechtfertigungsnarrative des Urheberrechts im Praxistext, S. 44 ff.; *Goldhammer*, Geistiges Eigentum und Eigentumstheorie, S. 263 ff.

945 *Zech*, Information als Schutzgegenstand, S. 312.

946 *Schmidt*, Zugang zu Daten nach europäischem Kartellrecht, S. 154.

947 *Stieper*, Rechtfertigung, Rechtsnatur und Disponibilität der Schranken des Urheberrechts, S. 5.

948 *Stieper*, Rechtfertigung, Rechtsnatur und Disponibilität der Schranken des Urheberrechts, S. 18.

949 Siehe ausführlich hierzu *Schmidt*, Datenschutz als Vermögensrecht, 27 ff.; *Ahn*, Der vermögensrechtliche Zuweisungsgehalt des Persönlichkeitsrechts, S. 70 ff.

950 Zu nennen sind hier insbesondere das Recht des Betroffenen auf Auskunft nach Art. 15 DS-GVO und Berichtigung nach Art. 16 DS-GVO sowie das Recht auf Löschung seiner Daten („Recht auf Vergessenwerden") nach Art. 17 DS-GVO.

ben werden. Wie im Rahmen der Begriffserklärung dargestellt, erfordert das Datenschutzrecht das Vorliegen von personenbezogenen *Informationen*. Ein solcher persönlichkeitsrechtlicher Bezug wird für den Bereich der nicht-personenbezogenen Daten allerdings nicht vorliegen.[951] Der Codierungsprozess allein kann keine mit dem Urheberrecht vergleichbare persönliche Schöpfungsleistung darstellen, sodass die Persönlichkeitstheorie nicht für die deontologische Rechtfertigung von Rechten an nicht-personenbezogenen Daten herangezogen werden kann.

4. Belohnungstheorie

Eine weitere Möglichkeit für die Rechtfertigung von Immaterialgüterrechten bietet die Belohnungstheorie.[952] Die Wissensgesellschaft ist darauf angewiesen, dass Wissen geteilt wird. Erst durch die Offenbarung von technischen Erfindungen entsteht neues Wissen, das für die Allgemeinheit von sozialer Nützlichkeit sein kann.[953] Durch die Anerkennung und Gewährung einer besonderen Gegenleistung soll nach der Belohnungstheorie daher der Ansporn geweckt werden, Leistungen zu offenbaren, um den technischen und kulturellen Fortschritt zu fördern.[954] Auch in der patentrechtlichen Praxis wird die Belohnungstheorie herangezogen, um die Begründung des Patentschutzes zu rechtfertigen.[955] Für die Offenbarung der technischen Erfindung wird dem Erfinder ein zeitlich begrenztes Ausschließlichkeitsrecht eingeräumt, das ihm die wirtschaftliche Verwertung seiner Errungenschaft ermöglichen soll.[956] Die Gegenleistung kann damit die Gewährung von Ausschließlichkeitsrechten sein, zwingend notwendig ist dies jedoch nicht. Möglich sind auch andere staatliche Leistungen, wie etwa die Belohnung in Form einer angemessenen Vergütung.[957] Eine tatsächliche Belohnung wird jedoch nur in den Fällen erfolgen, in denen der Erschaffer auch eine angemessene Vergütung verlangen kann, weil seine Leistung von der Allgemeinheit als wirtschaftlich wertvoll angesehen wird.[958] Es ist damit nicht das Ausschließlich-

---

951 So auch *Zech*, Information als Schutzgegenstand, S. 312.

952 *Zech*, Information als Schutzgegenstand, S. 315.

953 *Ann*, Patentrecht, § 3 Rn. 9; *Zech*, Information als Schutzgegenstand, S. 152; BGH, Urteil vom 18.05.1955, Az. I ZR 8/54 = BGHZ 17, 266, 278 – *Grundig-Reporter*.

954 BGH, Urteil vom 11.07.1995, Az. X ZR 99/92 = GRUR 1996, 109, 115 – *Klinische Versuche*; BGH, Urteil vom 12.02.1987, Az. 1987, 231, 232 – *Tollwutvirus*.

955 BGH, Urteil vom 11.07.1995, Az.: X ZR 99/92 = GRUR 1996, 109, 115 – *Klinische Versuche*; BGH, Urteil vom 12.02.1987, Az. 1987, 231, 232 – *Tollwutvirus*; BGH, Urteil vom 11.07.1995, Az. X ZR 99/92 = GRUR 1996, 109, 115 – *Klinische Versuche*; *Godt*, Eigentum an Informationen, S. 517.

956 *Ann*, Patentrecht, § 3 Rn. 9.

957 *Beier*, GRUR Int. 1970, 1, 3.

958 *Fortmann*, Der Patentschutz von neuen Wirkungen bei bereits bekannter Verwendung, S. 14.

keitsrecht, das eine tatsächliche Belohnung gewährleistet, sondern vielmehr der Markt, wenn er die offenbarte Leistung für belohnenswert hält.[959] Wann die Leistung als sozial nützlich und daher belohnenswert ist, bleibt offen.[960] Damit ist auch der Nachteil der Belohnungstheorie schnell erfasst,[961] wenn beurteilt werden soll, ob die Erzeugung von Daten eine belohnenswerte Leistung darstellt. Auch sie eignet sich nicht für die deontologische Rechtfertigung von Rechten an Daten.

II. Ökonomische Rechtfertigungsansätze

Den Ausgangspunkt ökonomischer Rechtfertigungstheorien bildet die Leitidee, dass sich der Markt von selbst reguliert und staatliche Markteingriffe zu Effizienzverlusten führen.[962] Der Grundsatz findet seine Ausnahme in den Fällen, in denen der Markt selbst nicht zu einem optimalen Ergebnis führt und staatliche Eingriffe für die Vermeidung von Effizienzverlusten und Wohlfahrtseinbußen zwingend notwendig sind.[963] Die Schaffung von Rechten müsste daher nachweisliche wohlfahrtsökonomische Vorteile bzw. eine Nutzenmaximierung gegenüber der gegenwärtigen Rechtslage versprechen.[964] Für die ökonomische Rechtfertigung staatlichen Eingreifens sind daher verschiedene Begründungsansätze möglich, die auch für die Begründung von Rechten an Daten herangezogen werden können.

1. Anreizparadigma

Charakteristisch für immaterielle Güter ist, dass sie anders als körperliche Güter von mehreren Personen zeitgleich konsumiert werden können, ohne dass sie sich abnutzen oder ihr Nutzwert beeinträchtigt wird.[965] Nach ihrer Offenlegung können sie zu vernachlässigbaren Kosten vervielfältigt und verbreitet werden, sodass Nachahmungen und Trittbrettfahrer eine nicht ver-

---

959 *Godt,* Eigentum an Information, S. 518 f.

960 *Zech*, Information als Schutzgegenstand, S. 152; *Stallberg*, Urheberrecht und moralische Rechtfertigung, S. 91 ff.; *Schmidt,* Zugang zu Daten nach europäischem Kartellrecht, S. 153.

961 *Zech*, Information als Schutzgegenstand, S. 152; *Schmidt,* Zugang zu Daten, S. 153.

962 *Döring,* Staatliche Markteingriffe und Verhaltensökonomik, S. 11; *Krevekordes*, Daten als Gegenstand absoluter Schutzordnung, S. 285 m. w. N.

963 *Strotebeck,* Einführung in die Mikroökonomik, S. 417; *Döring,* Staatliche Markteingriffe und Verhaltensökonomik, S. 11; *Fries/Scheufen*, MMR 2019, 721, 724 f.

964 *Dorner,* CR 2014, 616, 625; *Zech*, Information als Schutzgegenstand, S. 149; *Jacob*, Ausschließlichkeitsrechte an immateriellen Gütern, S. 12 f.

965 *Schack*, in: Chiusi/Gergen/Jung, Das Recht und seine historischen Grundlagen, S. 1012; *Marly/Wirz,* EuZW, 2017, 16, 16; *Duch-Brown/Mertens/Mueller-Langer,* The economics of ownership, access and trade in digital data, S. 12; *Hansen,* Warum Urheberrecht?, S. 130 m. w. N.; siehe hierzu auch Kap. 2 C II.

meidbare Folge sind.[966] Der Ausschluss nutzungswilliger Dritter ist nicht oder wenn überhaupt nur mit unverhältnismäßig hohen Kosten möglich.[967] Dies führt zu Anreizverlusten, denn die Amortisierung der Kosten ist für den Innovator dann nicht mehr möglich, wenn der Markt nicht bereit ist, einen kostendeckenden Preis für die Nutzung zu zahlen.[968] Ökonomische Anreize dienten schon für die Begründung von Schutzrechten des geistigen Eigentums als zentraler Rechtfertigungsmaßstab.[969] Die Aussicht auf die Erlangung eines ausschließlichen Schutzrechts soll den erforderlichen Anreiz setzen, um in die Schaffung und Entwicklung immaterieller Güter zu investieren und sie kosteneffizient auf dem Markt anzubieten.[970] Insbesondere im Patentrecht wird die Anreiztheorie für die Schaffung von Ausschließlichkeitsrechten an technischen Erfindungen als Rechtfertigungsansatz herangezogen.[971] Durch die Offenbarung seiner technischen Errungenschaft erhält der Erfinder ein durch das Patentrecht künstlich geschaffenes Monopol an seiner Erfindung.[972] Die Aussicht auf das Monopol im Hinblick auf die wirtschaftliche Verwertung der technischen Erfindung soll den erforderlichen Anreiz zur Entwicklung fortschrittlicher technischer Innovationen setzen.[973] Auch im deutschen Urheberrecht dient das Anreizparadigma neben persönlichkeitsrechtlichen Komponenten als Rechtfertigungsansatz für die Schaffung von Ausschließlichkeitsrechten an Kunst- und Kulturgütern.[974] Aus wohlfahrtsökonomischer Sicht ergibt sich jedoch ein Spannungsfeld, denn die Gewährung von Ausschließlichkeitsrechten führt gleichsam zu Einschränkungen in der unbeschränkten Nutzung der geistigen Errungen-

---

966 *Zech*, Information als Schutzgegenstand, S. 154; *Bartke/Ende/Hoffmann/Skiebe*, JURA 2021, 283, 284; *Schack*, in: Chiusi/Gergen/Jung, Das Recht und seine historischen Grundlagen, S. 1017; *Fries/Scheufen*, MMR 2019, 721, 725.

967 *Hansen*, Warum Urheberrecht?, S. 130; *Schäfer/Ott*, Lehrbuch der Ökonomischen Analyse des Zivilrechts, S. 108, 559.

968 *Schmidt*, Zugang zu Daten nach europäischem Kartellrecht, S. 362; *Zech*, Information als Schutzgegenstand, S. 154; *Döring*, Staatliche Markteingriffe und Verhaltensökonomik, S. 14; *Jacob*, Ausschließlichkeitsrechte an immateriellen Gütern, S. 9 ff.

969 *Dewenter/Lüth*, Datenhandel und Plattformen, S. 41; *Zech*, Information als Schutzgegenstand, S. 154; *Beier*, GRUR Int. 1970, 1, 3.

970 *Kerber*, GRUR Int. 2016, 989, 992; *Zech*, Information als Schutzgegenstand, S. 154, 317; *Döring*, Staatliche Markteingriffe und Verhaltensökonomik, S. 14; *Faust*, in: Stiftung Datenschutz, Dateneigentum und Datenhandel, S. 99; *Determann*, ZD 2018, 503, 504; *Godt*, Eigentum an Information, S. 519.

971 *Zech*, Information als Schutzgegenstand, S. 155.

972 *Bartke/Ende/Hoffmann/Skiebe*, JURA 2021, 283, 284.

973 *Bartke/Ende/Hoffmann/Skiebe*, JURA 2021, 283, 284.

974 *Olbricht/Bongers/Pampel*, GRUR 2022, 870, 871; *Zech*, Information als Schutzgegenstand, S. 155; *Schack*, in: Chiusi/Gergen/Jung, Das Recht und seine historischen Grundlagen, S. 1017.

schaften.[975] Einen Ausgleich schafft der Gesetzgeber durch die zeitliche Begrenzung von Immaterialgüterrechten, wenn nach Ablauf der Fristen die ehemals geschützten Werke und Erfindungen als öffentliches Gut wieder der Allgemeinheit zustehen sollen.[976]

a) Anreiz zur Erhebung und Nutzung von Daten

Es ist nicht davon auszugehen, dass für die Erzeugung von Daten das Setzen von Anreizen erforderlich ist. Die massenhafte Erhebung von Daten erfolgt auch ohne die Aussicht auf Gewährung von Ausschließlichkeitsrechten.[977] Daten werden in der Regel automatisiert, kostengünstig und „nebenher" bei der Nutzung vernetzter Maschinen oder Geräte in fast allen Lebensbereichen erzeugt und sind daher ein Nebenprodukt wirtschaftlicher Aktivitäten.[978] Die durch technische Schutzmaßnahmen ermöglichte exklusive Datennutzung schafft Unternehmen entscheidende Wettbewerbsvorteile, die die Kosten der Generierung und Speicherung übersteigen.[979] Die Kosten für die Speicherung der Daten sinken vor dem Hintergrund neuer technologischer Entwicklungen wie Cloud-Computing immer mehr.[980] Es ist daher nicht davon auszugehen, dass in Zukunft mit einem Rückgang der Datenerzeugung zu rechnen ist.[981] Dies belegen auch die Zahlen der *Europäischen Kommission*, wonach die Menge der generierten Daten von 33 Zettabyte im Jahr 2018 auf 175 Zettabyte im Jahr 2025 steigen soll.[982] Auch das Risiko der Nachahmung durch das einfache Kopieren von Datensätzen vermag nicht die Begründung von Schutzrechten an Daten auf Grundlage des Anreizparadigmas rechtfertigen.[983] Die Nicht-Rivalität der Daten ermöglicht zwar die leichte Kopierbarkeit der Daten, dennoch sind Daten anders als geistige

---

975 *Dewenter/Lüth,* Datenhandel und Plattformen, S. 41; *Determann,* ZD 2018, 503, 504; *Wiebe,* GRUR Int. 2016, 877, 878.

976 *Dewenter/Lüth,* Datenhandel und Plattformen, S. 42.

977 *Hoffmann*, in: Pertot, Rechte an Daten, S. 30; *Kerber*, GRUR Int. 2016, 989, 992 ff.; *Heymann*, CR 2016, 650, 653.

978 *Kerber*, GRUR Int. 2016, 989; 992; *Faust*, in: Stiftung Datenschutz, Dateneigentum und Datenhandel, S. 99; *Dewenter/Lüth,* Datenhandel und Plattformen, S. 45; *Duch-Brown/Martens/Mueller-Langer,* Economics of ownership, access and trade, S. 14.

979 *Martens*, in: BMJV/MPI für Innovation und Wettbewerb, Data Access, Consumer Interests and Public Welfare, S. 69, 73.

980 *Schweitzer/Peitz,* Datenmärkte in der digitalisierten Wirtschaft, S. 12 f.; *Dewenter/Lüth,* Datenhandel und Plattformen, S. 45 f.; *Zech,* GRUR 2015, S. 1151, 1152; *Schmidt,* Zugang zu Daten nach europäischem Kartellrecht, S. 491.

981 *Kerber*, GRUR Int. 2016, 989, 992.

982 *Europäische Kommission*, Eine europäische Datenstrategie, COM (2020) 66 final, S. 2.

983 *Kerber*, GRUR Int. 2016, 989, 993; *Dewenter/Lüth,* Datenhandel und Plattformen, S. 45.

Schöpfungen technisch ausschließbar.[984] Die künstliche Verknappung von Gütern kann nicht nur durch die Begründung von Ausschließlichkeitsrechten erreicht werden. Auch die faktische Ausschließbarkeit kann einen Markt für Daten entstehen lassen.[985] Ein gesetzgeberischer Anreiz für die Generierung von Daten muss daher nicht gesetzt werden. Auch ist im Hinblick auf die Nutzung der Daten kein Anreizproblem zu identifizieren. Unternehmen nutzen zielgerichtete Datenanalysemethoden, um aus den Daten Informationen zur Optimierung interner Produkte und Prozesse zu gewinnen.[986] Technologische Entwicklungen wie „Big Data" ermöglichen Echtzeitdatenanalysen, die Unternehmen strategische Vorhersagen ermöglichen.[987] Selbst wirtschaftlich schwächere Unternehmen können umfangreiche Angebote von Analytics-Anbietern für die Analyse ihrer Daten beanspruchen, die die Beibehaltung der analysierten Daten im Unternehmen gewährleisten.[988] Weder die Erhebung noch die exklusive Nutzung in Form der Auswertung und Analyse der Daten ist auf die Begründung von Ausschließlichkeitsrechten angewiesen, sodass die Schaffung von gesetzgeberische Anreizen nicht erforderlich ist.[989]

b) Anreiz zur Offenbarung von Daten

Teilweise wurde vertreten, dass die Aussicht auf ein Ausschließlichkeitsrecht den erforderlichen Anreiz setzen könnte, dass Hersteller oder andere Dateninhaber ihre Daten offenbaren.[990] Eine Parallele kann in diesem Zusammenhang zur Offenbarungstheorie für die Rechtfertigung des Patentrechts gezogen werden.[991] Nach der Offenbarungstheorie führt erst die vollständige Offenbarung technischer Erfindungen zur Erlangung des vollen

---

984 *Kerber*, GRUR Int. 2016, 989, 993; *Peitz/Schweitzer*, NJW 2018, 275, 279; *Schweitzer/Peitz*, Datenmärkte in der digitalisierten Wirtschaft, S. 59.

985 *Kevekordes*, Daten als Gegenstand absoluter Zuordnung, S. 322.

986 *Wunner,* Ein regulatives Vertragsrecht für die Datenwirtschaft, S. 58.

987 *FZI Forschungszentrum Informatik*, Smart-Data-Business – 10 Thesen zur Nutzung von Big-Data-Lösungen in der Wirtschaft, S. 8.

988 *Schweitzer/Peitz,* Datenmärkte in der digitalisierten Wirtschaft, S. 16.

989 So auch *Kerber*, GRUR Int. 2016, 989, 993; *Max-Planck-Institut für Innovation und Wettbewerb,* Positionspapier vom 16. August 2016„ Rn. 7; *Determann*, ZD 2018, 503, 506; *Wiebe,* GRUR Int. 2016, 877, 881; *Dewenter/Lüth*, Datenhandel und Plattformen, S. 46; *Drexl,* JIPITEC 2017, 257 Rn. 76 ff.; *Heymann* CR 2016, 650, 653; *Hofmann,* in: Pertot, Rechte an Daten, S. 9, 30; *Kerber,* GRUR Int. 2016, 989, 992 f.; *Schweitzer/Peitz*, Datenmärkte in der digitalisierten Wirtschaft, S. 68, 70; *Wunner*, Ein regulatives Vertragsrecht für die Datenwirtschaft, S. 125; *Fries/Scheufen*, MMR 2019, 721, 725.

990 *Zech*, CR 2015, 137, 145; *ders*., GRUR 2015, 1151, 1160; *Wiebe*, GRUR Int. 2016, 877, 881.

991 Vgl. *Heymann,* CR 2016, 650, 653.

Patentschutzes.[992] Je mehr der Erfinder in der Anmeldung seines Patents offenbart, desto umfangreicher wird ihm der Schutz durch das Patentrecht gewährt.[993] Problematisch ist allerdings, dass eine Offenlegung von Daten oft nicht im Interesse der Datenerzeuger liegt. Die gewinnbringende Vermarktung von Daten erfolgt auch ohne die Aussicht auf ein Ausschließlichkeitsrecht.[994] Eine solche Möglichkeit steht dem Erfinder einer technischen Lösung gerade nicht zu. Letzterer ist im Falle einer Offenbarung auf den Schutz durch das Patentrecht angewiesen, um die kommerzielle Verwertung seiner Erfindung zu erreichen. Im Unterschied zu Erfindungen sind Daten jedoch technisch ausschließbar, sodass der Handel mit den Daten nicht auf den Schutz durch das Ausschließlichkeitsrecht angewiesen ist. Ähnlich gestaltet sich die Situation im Hinblick auf Daten, die geheime Informationen beinhalten.[995] Hier würde die Offenlegung von Daten dazu führen, dass ein Schutz über das Geschäftsgeheimnisrecht wegfallen würde.[996] Neben einem solchen Geheimhaltungsinteresse werden Unternehmen auch ein Interesse daran haben, die Daten selbst exklusiv zu nutzen, um wettbewerbliche Vorteile aus den gewonnen Informationen zu ziehen.[997] Ein möglicher Anreiz zur Offenlegung würde damit nur im Hinblick auf solche Daten begründet werden, für die der Inhaber der Daten ohnehin kein Verwertungs- oder Geheimhaltungsinteresse hat.[998]

2. Allokatives Marktversagen

Dass die Begründung von Schutzrechten an Daten mit dem Anreizparadigma nicht möglich ist, heißt nicht, dass nicht andere ökonomische Erwägungen für die Begründung von Rechten an Daten herangezogen werden können. Ein möglicher Rechtfertigungsgrund für die Einführung von Rechten an Daten könnte ein allokatives Marktversagen sein.[999] Die Orientierung an der Allokationseffizienz ist zwar kein verfassungsrechtlich normiertes Gebot, das den Gesetzgeber dazu verpflichtet, ökonomische Effizienzgedanken als Maßstab der Entwicklung oder Gestaltung des einfachen Rechts zu-

---

992 *Fortmann,* Der Patentschutz von neuen Wirkungen bei bereits bekannter Verwendung, S. 15.

993 *Osterrieth,* Patentrecht, Rn. 18.

994 *Heymann,* CR 2016, 650, 653.

995 *Drexl,* NZKart 2017, 415, 417.

996 *Heymann,* CR 2016, 650, 653.

997 *Heymann,* CR 2016, 650, 653.

998 *Wunner,* Ein regulatives Vertragsrecht für die Datenwirtschaft, S. 126.

999 *Kerber,* GRUR Int 2016, 639, 640; *Denga,* NJW 2018, 1371, 1374; *Fries/Scheufen,* MMR 2019, 721, 724 f.; *Schweitzer/Welker,* A legal framework for access to data, S. 103, 115; *Max-Planck-Institut für Innovation und Wettbewerb,* Positionspapier vom 16. August 2016, Rn. 39; *Staudenmayer,* IWRZ 2020, 147, 154.

grunde zu legen[1000], dennoch muss die Allokationseffizienz als wesentliches Element gesetzgeberischer Entscheidungsfindung verstanden werden.[1001] Die Allokationseffizienz beruht auf dem Ziel der bestmöglichen Bedürfnisbefriedigung und dient damit dem Allgemeininteresse, das für gesetzgeberische Zuordnungsfragen von besonderer Bedeutung ist.[1002] Von einem allokativen Marktversagen kann dann gesprochen werden, wenn die Schaffung und Nutzung von Daten nicht im gesellschaftlich erwünschten Umfang erfolgt oder wirtschaftliche Faktoren, wie etwa Transaktionskosten oder die Fehlallokation von Erträgen, zu einem Marktversagen führen.[1003] Liegt ein Marktversagen vor, kann ein Eingreifen des Staates zur Verbesserung der Funktionsfähigkeit des Marktes beitragen.[1004] Bei der Beurteilung der Frage, ob ein Marktversagen vorliegt, ist darauf abzustellen, welche Märkte im Hinblick auf Daten existieren und welche Faktoren und Funktionsdefizite die Maximierung der Wohlfahrt auf dem Datenmarkt verhindern.[1005]

a) Ökonomische Einordnung von Datenmärkten

Kennzeichnend für Datenmärkte ist der Handel mit digitalen Daten als Produkte oder Dienste.[1006] Der Wettbewerb weitet sich durch digitale Angebote auch auf branchenfremde Bereiche aus, die neue Wettbewerbssituationen zwischen Unternehmen mit ganz unterschiedlichen Geschäftsmodellen begründen.[1007] Abzugrenzen sind die marktspezifischen Möglichkeiten des Datenzugriffs von den Konstellationen, in denen ein Gegenseitigkeitsverhältnis und damit auch eine Gegenleistung für die Erhebung oder Nutzung der Daten fehlt.[1008] Zu denken ist hier zunächst an die kostenlose Selbsterhebung von Daten.[1009] Die Erhebung von Daten zur Realisierung unternehmensinterner Wertschöpfungsprozesse, wie etwa die Gewinnung von Informationen zur Optimierung von eigenen Produkten oder Prozessen,

---

1000 *Eidenmüller,* Effizienz als Rechtsprinzip, S. 443; *Reich,* Die ökonomische Analyse des Urheberrechts in der Informationsgesellschaft, S. 168 ff.

1001 *Schäfer/Ott,* Lehrbuch der ökonomischen Analyse des Zivilrechts, S. 6.

1002 *Preuß,* Rechtlich geschützte Interessen an virtuellen Gütern, S. 89.

1003 *Weber/Thouvenin,* ZSR 2018, 43, 49.

1004 *Meyer,* Theorie und Politik des Wohnungsmarktes, S. 83.

1005 Siehe hierzu auch ausführlich *Wunner,* Ein regulatives Vertragsrecht für die Datenwirtschaft, S. 44 ff.

1006 *Europäische Kommission,* Aufbau einer europäischen Datenwirtschaft, COM (2017) 9 final, S. 1.

1007 *Rogers,* Digitale Transformation, S. 16, 22.

1008 *Schweitzer/Peitz,* Datenmärkte in der digitalisierten Wirtschaft, S. 21.

1009 *Schweitzer/Peitz,* Datenmärkte in der digitalisierten Wirtschaft, S. 21 f.; *Dewenter/Lüth,* Datenhandel und Plattformen, S. 19.

erfolgt nicht auf Grundlage eines Gegenseitigkeitsverhältnisses.[1010] Fehlt ein solches Gegenseitigkeitsverhältnis und damit auch eine Gegenleistung für die Erhebung oder Nutzung der Daten, liegt ein Handel mit Daten nicht vor.[1011] Dies gilt auch für Open Data-Plattformen, über die ein freier und kostenloser Zugriff auf Daten gewährt wird, die von öffentlichen Stellen oder privaten Unternehmen in einem maschinenlesbaren und strukturieren Format zur Verfügung gestellt werden.[1012] Auch hier wird keine Gegenleistung für den Zugang und für die Nutzung der Daten erbracht.[1013] Der Blick ist daher auf Konstellationen zu richten, in denen sich trotz fehlender Rechte an Daten ein echter Markt für Daten etabliert hat.[1014] Für die Untersuchung der unterschiedlichen Märkte für Daten ist auf die von *Schweitzer/Peitz* vorgenommene Differenzierung zwischen Primär- und Sekundärmärkten für Daten abzustellen.[1015]

aa) Primärmarkt – Datenerhebung beim Nutzer

Auf dem Primärmarkt sind Daten Gegenstand von Austauschgeschäften, die unmittelbar von und bei Nutzern durch die Nutzung von vernetzten Produkten oder durch die Inanspruchnahme von Diensten bei Nutzern generiert werden.[1016] Charakteristisch für den Primärmarkt ist das Geschäftsmodell „Leistungen gegen Daten".[1017] Zu denken ist hier an Austauschplattformen wie soziale Netzwerke oder Suchmaschinen, in denen Dienste gegen die Erhebung der Daten erbracht werden, die durch die Interaktion der Nutzer untereinander oder mit den Plattformen entstehen.[1018] Das Informationspotenzial dieser Daten ist hoch – sie können umfangreiche Informationen über Konsumverhalten und sozioökonomischen Eigenschaften von potenziellen Kunden liefern, die im nachgelagerten Markt beispielsweise für Werbezwecke an Drittunternehmen veräußert werden können.[1019]

1010 *Schweitzer/Peitz*, Datenmärkte in der digitalisierten Wirtschaft, S. 21 f.; *Dewenter/Lüth,* Datenhandel und Plattformen, S. 19.
1011 *Schweitzer/Peitz*, Datenmärkte in der digitalisierten Wirtschaft, S. 21 f.
1012 *Schweitzer/Peitz*, Datenmärkte in der digitalisierten Wirtschaft, S. 22.
1013 *Schweitzer/Peitz*, Datenmärkte in der digitalisierten Wirtschaft, S. 21.
1014 *Sattler,* JZ 2017, 1036, 1037; *Metzger*, AcP 219 (2016), 817, 826.
1015 *Peitz/Schweitzer,* NJW 2018, 275; *Schweitzer/Peitz*, Datenmärkte in der digitalisierten Wirtschaft, S. 21.
1016 *Peitz/Schweitzer,* NJW 2018, 275; *Schweitzer/Peitz*, Datenmärkte in der digitalisierten Wirtschaft, S. 7, 22, 35; *Dewenter/Lüth,* Datenhandel und Plattformen, S. 1.
1017 *Peitz/Schweitzer,* NJW 2018, 275, 275.
1018 *Kilian,* in: Stiftung Datenschutz, Dateneigentum und Datenhandel, S. 196.
1019 *Kilian,* in: Stiftung Datenschutz, Dateneigentum und Datenhandel, S. 196; *Dewenter/Lüth,* Datenhandel und Plattformen, S. 2.

bb) Sekundärmarkt – Handel mit Daten

Eine weitere mittelbare Zugriffsmöglichkeit auf Daten bietet der Sekundärmarkt.[1020] Auf dem Sekundärmarkt existieren verschiedene Formen von Marktbeziehungen, in denen der Handel mit Rohdaten oder mit aggregierten und standardisierten Datenpaketen zwischen Unternehmen und Dienstleistern stattfindet.[1021] In bilateral ausgestaltete Marktbeziehungen wird der Zugang zu Daten oft nur zurückhaltend gewährt.[1022] Die vertraglich zugesicherte Offenlegung der Daten birgt das Risiko, auf entscheidende Wettbewerbsvorteile zu verzichten.[1023] Unter Einhaltung technischer Überwachungsmaßnahmen wird daher lediglich ein kontrollierter Zugang zu den Daten gewährt.[1024] Beschränkungen sind auch hinsichtlich des Inhalts der Daten möglich.[1025] Durch die Vereinbarung von Vertragsstrafen gegen die unlautere Weitergabe der Daten, können Dateninhaber die Kontrolle über ihre Daten und über den Kreis der Zugangsberechtigten behalten.[1026] Denkbar sind auch Konstellationen, in denen nicht der Zugang, sondern eine bestimmte Datendienstleistungen von Interesse sind.[1027] Die begehrte Dienstleistung kann darin bestehen, ein Unternehmen mit einer bestimmten Datenauswertung zu beauftragen.[1028] Zu denken sind hier an die Fälle, in denen Datenhändler, auch „Data Broker“[1029] genannt, von datenreichen Unternehmen Rohdaten erwerben, um sie nach ihrer Nutzung zu bestimmten Analysezwecken als Produkt weiter zu veräußern.[1030] Unternehmen können die für unternehmensinterne Zwecke selbsterhobenen Daten auch zum kostenlosen Austausch auf Data-Sharing-Plattformen anderen Unternehmen anbieten.[1031] Es handelt sich dann um eine Kombination aus kostenloser

---

1020 *Specht*, in: Stiftung Datenschutz, Dateneigentum und Datenhandel, S. 311; *Schweitzer/Peitz*, Datenmärkte in der digitalisierten Wirtschaft, S. 22; *Peitz/Schweitzer*, NJW 2018, 275, 275; *Metzger*, GRUR 2019, 129, 135; *Hauck/Hoffmann/Zech*, ZGE 2016, 141, 147; *Hennemann*, RDi 2021, 61, 61; *Europäische Kommission*, Begleitunterlage „Aufbau eines gemeinsamen europäischen Datenraums“, SWD (2018) 125 final, S. 5.

1021 *Schweitzer/Peitz*, Datenmärkte in der digitalisierten Wirtschaft, S. 7; *Peitz/Schweitzer*, NJW 2018, 275, 275.

1022 *Dewenter/Lüth*, Datenhandel und Plattformen, S. 1.

1023 *Peitz/Schweitzer*, NJW 2018, 275, 275.

1024 *Peitz/Schweitzer*, NJW 2018, 275, 276 m. w. N.

1025 *Schur*, GRUR 2020, 1142, 1143.

1026 *Arbeitsgruppe „Digitaler Neustart“*, Bericht vom 15.05.2017, S. 8; *Żdanowiecki*, in: Digitalisierte Wirtschaft/Industrie 4.0, S. 25; *Assion/Mackert*, PinG 2016, 161, 163.

1027 *Schweitzer/Peitz*, Datenmärkte in der digitalisierten Wirtschaft, S. 23.

1028 *Schweitzer/Peitz*, Datenmärkte in der digitalisierten Wirtschaft, S. 23.

1029 *Dewenter/Lüth*, Datenhandel und Plattformen, S. 30.

1030 *Dewenter/Lüth*, Datenhandel und Plattformen, S. 30; *Fries/Scheufen*, MMR 2019, 721, 722.

1031 *Dewenter/Lüth*, Datenhandel und Plattformen, S. 4.

Selbsterhebung und sekundärem Datenmarkt.[1032] Der Austausch von Daten kann dabei zu unterschiedlichen Zwecken, wie zur Optimierung der eigenen Produkt- und Serviceangebote auf verschiedenen Handelsstufen, erfolgen.[1033]

b) Identifizierung des Marktversagens

Für die Annahme eines korrekturbedürftigen Marktversagens ist zu untersuchen, ob Marktakteuren substituierende Zugangsmöglichkeiten zur Verfügung stehen.[1034] Für die Beurteilung, ob substituierende Zugangsmöglichkeiten gegeben sind, sind die Ziele des Datenzugangspetenten, die Zugriffsmöglichkeiten auf dem Primärmarkt, die Fähigkeit zur wertsteigernden Auswertung von Daten sowie die angebotenen Produkte und Dienstleistungen entscheidend.[1035]

aa) Marktdefizite auf dem Primärmarkt

Der Primärmarkt für Daten zeichnet sich durch eine starke Kontrolle der Hersteller vernetzter Geräte und Maschinen aus. Schon auf technischer Ebene sind die Produkte so konstruiert, dass nur der Hersteller oder der Anbieter des verbundenen Dienstes Zugriff auf die Daten hat, die bei der Nutzung von vernetzten Maschinen und Geräten beim Nutzer erzeugt werden. Als Erstausrüster entscheiden sie, ob und inwieweit weitere Akteure wie Mobilitätsanbieter und Plattformbetreiber Zugang zu den erzeugten Daten haben.[1036] Da der Zugriff auf die im Rahmen der Nutzung erzeugten Daten nur den Herstellern zusteht, entscheiden sie allein über den Zugang zu den generierten Daten und deren Nutzung.[1037] Datenzugangspetenten haben keine Möglichkeit, vertragliche oder technische Barrieren der Hersteller zu überwinden und Zugang zu den Daten zu erlangen. Die faktische Alleinkontrolle der Daten durch die Hersteller hat entscheidende Auswirkungen auf die Nutzer, die als Datenproduzenten die Erhebung maschinen- oder verhaltensgenerierter Daten durch die Inbetriebnahme vernetzter Maschinen oder durch die Nutzung smarter Produkte veranlassen.[1038] Nutzer, die durch ihr Nutzerverhalten wesentlich und unmittelbar zur Entstehung der Daten bei-

---

1032 *Schweitzer/Peitz*, Datenmärkte in der digitalisierten Wirtschaft, S. 21.

1033 *Dewenter/Lüth*, Datenhandel und Plattformen, S. 21.

1034 *Schweitzer/Peitz*, Datenmärkte in der digitalisierten Wirtschaft, S. 24.

1035 *Schweitzer/Peitz*, Datenmärkte in der digitalisierten Wirtschaft, S. 24 f.

1036 *Kristl*, MMR 2021, 386, 388.

1037 *Europäische Kommission*, Aufbau eines gemeinsamen europäischen Datenraums, COM (2018) 232 final, S. 10 f.

1038 *Europäische Kommission*, Aufbau eines gemeinsamen europäischen Datenraums, COM (2018) 232 final, S. 11.

getragen haben, bleiben von dem Zugang und von der Nutzung der Daten ausgeschlossen.[1039] Das Problem stellt sich für Verbraucher und gewerbliche Nutzer gleichermaßen. Weder nehmen sie an der Wertschöpfung aus diesen Daten teil noch erhalten sie für die Erhebung der Daten eine Gegenleistung.[1040] Sie sind weder an Wertschöpfung aus den Daten beteiligt noch steht ihnen die Entscheidungsfreiheit zu, ob und wem diese Daten übertragen werden.[1041] Nutzerfreundliche Schnittstellen als sichere Zugangspunkte für die gemeinsame Nutzung von Daten, u.a. zur Entwicklung neuer und innovativer Geschäftsmodelle, fehlen.[1042] Nur selten ist es daher Nutzern möglich, Zugang zu den erzeugten Daten zu bekommen und sie gewinnbringend einzusetzen.[1043] Auch rechtlich werden Nutzer oft durch Exklusivitätsvereinbarungen von der Nutzung ausgeschlossen.[1044] Schon im Zeitpunkt des Produkterwerbs müssen sie den Allgemeinen Geschäftsbedingungen und damit der Datenübertragung an den Hersteller zustimmen, um das Produkt mit den damit verbundenen Diensten nutzen zu können.[1045] Gerade für gewerbliche Nutzer kann ein solcher Ausschluss Nachteile mit sich bringen. Unter dem Schlagwort Industrie 4.0 werden auch in der Landwirtschaft vermehrt vernetzte Technologien eingesetzt, durch deren Nutzung Produktionsprozesse optimiert und überwacht werden.[1046] Mithilfe von GPS-gesteuerte Drohnen, die angesichts der notwendigen Vegetationsanalysen mit Nahinfrarot- oder Multispektralkameras ausgestattet sind, werden Vegetationsdaten generiert und damit Rückschlüsse bezüglich des Gesundheitszustandes von Pflanzen, der Bodenqualität und der ersten Kalkulationen der zu erwartenden Ernteerträge gegeben.[1047] Die generierten Daten werden häufig an eine kleine Zahl von Landmaschinenhersteller übermittelt, sodass sich insbesondere auch in dieser Branche die Frage stellte, wer Zugriff zu den Daten haben darf.[1048]

1039 *Europäische Kommission,* Aufbau eines gemeinsamen europäischen Datenraums COM (2018) 232 final, S. 10 f; *Kerber,* GRUR Int. 2023, 120, 122; *Podszun/Pfeifer*, GRUR 2022, 953, 953.

1040 *Ensthaler/Üge,* BB 2022, 2051, 2052.

1041 *Kristl,* MMR 2021, 386, 388.

1042 *Europäische Kommission*, Aufbau einer europäischen Datenwirtschaft, COM (2017) 9 final, S. 10.

1043 *Podszun/Pfeifer*, GRUR 2022, 953, 953.

1044 *Wunner,* Ein regulatives Vertragsrecht für die Datenwirtschaft, S. 65.

1045 *Kristl,* MMR 2021, 386, 388.

1046 *Atik/Martens*, JIPITEC 2021, 370, 373.

1047 *Landrock/Baumgärtel,* Die Industriedrohne – der fliegende Roboter, S. 17; *Förderer,* Erfolgsmodell Digitale Plattformen, S. 64.

1048 *Grosskopf,* IPRB 2011, 259, 259; *Atik/Martens*, JIPITEC 12, 2021, 370, 370.

bb) Marktdefizite auf dem Sekundärmarkt

Verschärft wird die Situation durch fehlende substituierende Datenzugangsmöglichkeiten auf dem Sekundärmarkt. Fehlen die technischen und finanziellen Ressourcen für die Selbsterhebung von Daten, sind Unternehmen auf die Bereitstellung der Daten auf dem Sekundärmarkt angewiesen, insbesondere dann, wenn sie auf Grundlage dieser Daten Geschäftsmodelle für Anschlussdienste entwickeln wollen.[1049] Datenreiche Unternehmen sind jedoch selten bereit, den Zugang zu den von ihnen erhobenen Daten zu gewähren und auf entscheidende Wettbewerbsvorteile zu verzichten.[1050] Werden durch Daten wertvolle Informationen gewonnen, bedeutet dies zudem einen Erstzugriff auf Information und damit einen zeitlichen Vorsprung gegenüber den Konkurrenten.[1051] Je mehr Metadaten ein Unternehmen zur Verfügung hat, desto schneller und besser kann es eigene Wertschöpfungsketten und Geschäftsmodelle entwickeln.[1052] Die durch die Nutzung ihrer Produkte generierten Daten können hilfreich für die Gewinnung von Informationen sein, die die Optimierungsmöglichkeiten für eigene Produkte oder Dienstleistungen liefern oder Anhaltspunkte dafür bieten, auf welche Weise bestimmte Kosten in Produktion und Herstellung gesenkt oder vermieden werden können.[1053] Die generierten Datensätze werden daher primär für die Eigennutzung verwendet[1054] und vor unberechtigten Zugriffen durch Dritte geschützt.[1055] Dadurch schaffen sich Unternehmen eine wirtschaftlich wertvolle Kontrollposition, die im Widerspruch zu einer effizienten Ressourcenallokation steht.[1056]

1049 *Huber/Oppermann*, in: Schulz, Industrie 4.0, S. 215, 218; *Schweitzer/Peitz*, Datenmärkte in der digitalisierten Wirtschaft, S. 14, 20, 24; *Schweichhart*, in: Schulz, Industrie 4.0, S. 151, 157; *Dewenter/Lüth*, Datenhandel und Plattformen, S. 2, 29; *Europäische Kommission*, Aufbau eines gemeinsamen europäischen Datenraums, COM (2018) 232 final, S. 10.

1050 *Dewenter/Lüth*, Datenhandel und Plattformen, S. 1; *Europäische Kommission*, Aufbau einer europäischen Datenwirtschaft, COM (2017) 9 final, S. 11.

1051 *FZI Forschungszentrum Informatik*, Daten als Wirtschaftsgut, S. 17.

1052 *FZI Forschungszentrum Informatik*, Daten als Wirtschaftsgut, S. 17.

1053 *Europäische Kommission*, Aufbau einer Europäischen Datenwirtschaft, COM (2017) 9 final, S. 2.

1054 *Schmidt*, Zugang zu Daten nach europäischem Kartellrecht, S. 401; *Schweitzer/Peitz*, Datenmärkte in der digitalisierten Wirtschaft, S. 24, 56; *Staudenmayer*, IWRZ 2020, S. 147, 153; vgl. *Determann*, ZD 2018, 503, 507; *König*, in: Hennemann/Sattler, Immaterialgüter und Digitalisierung, S. 89, 90.

1055 *Bitkom*, Rechtliche Aspekte von Industrie 4.0, S. 14.

1056 *Wunner*, Ein regulatives Vertragsrecht für die Datenwirtschaft, S. 28.

(1) Verhinderung des Wettbewerbs für Anschlussdienste

Daten stellen für die Entwicklung datengetriebener Geschäftsmodelle eine Schlüsselressource dar.[1057] Die Abkehr von traditionellen Geschäftsmodellen hin zu datengetriebenen Geschäftsmodellen ist der höheren Produktivität und Profitabilität von Daten geschuldet.[1058] Durch kundenindividuelle Datenanalyse-Services lassen sich Produkt- und Prozessoptimierung auf Grundlage der Datennutzung erreichen.[1059] Möglich ist auch der Einsatz zielgerichteter Analyseverfahren zur Informationsgewinnung, mit deren Hilfe sich Leistungsversprechen formulieren lassen, die bislang unbefriedigte Märkte befriedigen können.[1060] Interessant sind diese Daten auch für Unternehmen, die neu in den Markt eintreten und die für die Entwicklung produktbezogener Dienstleistungen auf die Zugangsgewährung durch den Hersteller angewiesen sind.[1061] Zu denken ist hier an Anschlussdienste wie die Reparatur und vorausschauende Wartung.[1062] Aus ihnen können Informationen, Erkenntnisse und damit auch entscheidungsrelevantes Wissen für die Entwicklung von datenbasierten Geschäftsmodelle abgeleitet werden.[1063] Fehlende Anreize führen zur fehlenden Bereitschaft der Dateninhaber, ihre Daten Dritten zur Nutzung zur Verfügung zu stellen.[1064] Bei fehlendem Zugang zu Daten sind Drittanbieter nicht in der Lage, Anschlussdienste auf dem nachgelagerten Markt anzubieten.[1065] Unabhängige Diensteanbieter werden ausgeschlossen und die Preise für die Nutzer steigen aufgrund des fehlenden Wettbewerbs auf dem nachgelagerten Markt an.[1066] Die Folge ist, dass die Abhängigkeit der Nutzer von den Leistungen der Dateninhaber steigt und andere, unabhängige Geschäftsverbindungen von vornherein ausgeschlossen werden.[1067] Beispielsweise kann ein Inhaber von Geodaten, der Daten für die Erstellung von Navigationsgeräten nutzt, auch den nachgelagerten Markt für Navigationsdienste beeinflussen, wenn er die erforderlichen Daten diesen nicht zur Verfügung stellt.[1068] Dies führt zu entscheiden-

1057 *Förster/Bansemir/Roth,* HMD Praxis der Wirtschaftsinformatik 2021, 595, 597.

1058 *Strahringer/Wiener,* HMD Praxis der Wirtschaftsinformatik 2021, 546, 457, 459.

1059 *Förster/Bansemir/Roth,* Praxis der Wirtschaftsinformatik 2021, 595, 597.

1060 *Wunner,* Ein regulatives Vertragsrecht für die Datenwirtschaft, S. 58.

1061 *Peitz/Schweitzer,* NJW 2018, 275, 275.

1062 *Wunner,* Ein regulatives Vertragsrecht für die Datenwirtschaft, S. 59; *Podszun,* Handwerk in der digitalen Ökonomie, S. 55.

1063 *Bachmann/Kemper/Gerzer,* Big Data – Fluch oder Segen?, S. 47.

1064 *Europäische Kommission,* COM (2022) 68 final, Erwägungsgrund 2; *dies.,* Aufbau einer europäischen Datenwirtschaft, COM (2017) 9 final, S. 10.

1065 Vgl. *Kerber,* GRUR Int. 2023, 120, 122; *Podszun/Pfeifer,* GRUR 2022, 953, 953.

1066 *Kerber,* GRUR Int. 2023, 120, 122.

1067 *Podszun,* Handwerk in der digitalen Ökonomie, S. 41, 46; *Kerber,* GRUR Int. 2023, 120, 122.

1068 *König,* in: Hennemann/Sattler, Immaterialgüter und Digitalisierung, S. 92.

den Wohlfahrtsverlusten auf dem Sekundärmarkt. Nur der Zugang zu den erforderlichen Daten hätte den positiven Effekt, dass die Entwicklung und der Wettbewerb bezogen auf datenbasierte Anschlussdienste möglich wäre, die stärker an Verbraucherinteressen ausgerichtet wäre.[1069] Für die Entstehung von Innovationen ist die intelligente Nutzung von Daten ein Schlüsselfaktor.[1070] Werden auf den nachgelagerten Märkten Innovationen verhindert, weil kein Zugang zu den Daten möglich ist, sind die Wohlfahrtseinbußen besonders groß.[1071] Die Funktionsfähigkeit des Handels ist jedoch maßgeblich für die Wohlfahrtsmaximierung.[1072] Es liegt damit ein korrekturbedürftiges Marktversagen vor, da der Zugriff auf Daten auf dem nachgelagerten Markt nicht gewährleistet wird.[1073]

(2) Verhinderung der vollen Wertschöpfung aus Daten

Die fehlende Bereitschaft datenreicher Unternehmen, ihre Daten mit Dritten zu teilen, führt dazu, dass das Wertschöpfungspotenzial der Daten nicht voll ausgeschöpft wird und mögliche Synergien verloren gehen.[1074] Nur um die 20 Prozent der Unternehmen machen ihre Daten öffentlich zugänglich oder teilen sie auf Data-Sharing-Plattformen.[1075] Primär erfolgt die Nutzung der Daten in unternehmensinternen Datenverarbeitungsprozessen oder durch externe Auftragsverarbeiter.[1076] Fast 80 Prozent der Daten der europäischen Industrie bleiben als Folge ungenutzt.[1077] Der Hintergrund der fehlenden Wertschöpfung aus Daten ist, dass Unternehmen ihre Daten nicht für sämtliche Analysezwecke nutzen wollen oder aus Ressourcengründen nicht können.[1078] Dabei kann ein Datensatz zeitgleich von mehreren Personen verschiedenen Analysezwecken zugeführt werden, ohne dass die Qualität und

---

1069 *Wunner,* Ein regulatives Vertragsrecht für die Datenwirtschaft, S. 59.

1070 *Boes,* in: Boes/Hess/Pretschner/Kämpf/Vogl, Daten-Innovation-Privatheit, S. 8; *BMWi,* Smart Data – Innovationen aus Daten, S. 2; *Kerber,* GRUR Int. 2023, 120, 122.

1071 *König,* in: Hennemann/Sattler, Immaterialgüter und Digitalisierung, S. 92.

1072 *Dewenter/Lüth,* Datenhandel und Plattformen, S. 1.

1073 *Schweitzer/Peitz,* Datenmärkte in der digitalisierten Wirtschaft, S. 24.

1074 *Europäische Kommission,* COM (2022) 68 final, S. 1; *Podszun/Pfeifer,* GRUR 2022, 953, 953; *Kerber,* GRUR Int. 2023, 120, 122.

1075 *Wiebe,* CR 2017, 87, 88 m. w. N.

1076 *Wiebe,* CR 2017, 87, 88.

1077 *Boes,* in: Boes/Hess/Pretschner/Kämpf/Vogl, Daten-Innovation-Privatheit, S. 9; *Zurawski/Schaller,* ZD 2022, 01119.

1078 *Schweitzer/Peitz,* Datenmärkte in der digitalisierten Wirtschaft, S. 18, 24, 56; *Europäische Kommission,* Aufbau einer europäischen Datenwirtschaft, COM (2017) 9 final, S. 10; *dies.,* Commission Staff Working Document on the free flow of data, SWD (2017) 2 final, S. 15; *Determann,* ZD 2018, 503, 507; *Duch-Brown/Martens/Mueller-Langer,* Economics of ownership, access and trade, S. 20; *Staudenmayer,* IWRZ 2020, 147, 153.

Quantität des Datensatzes beeinträchtigt wird.[1079] Die Nicht-Rivalität der Daten im Konsum ermöglicht die zeitgleiche Nutzung von Datensätzen, ohne dass ein qualitätsmindernder Verbrauch der Daten eintreten und die Nutzungsmöglichkeiten der Dateninhaber beeinträchtigt werden würde.[1080] Die Beschränkung der exklusiven Datenherrschaft von Unternehmen mit der Folge, dass mehr Marktakteure an der Nutzung der Daten beteiligt sind, hätte damit nicht zur Folge, dass sich die Grenzkosten wegen einer intensiveren Datennutzung erhöhen würden.[1081] Es ist daher zu erwarten, dass ein verbesserter Datenzugriff sich wohlfahrtsökonomisch positiv auf den Wettbewerb auswirken würde. Anbieter von Anschlussdiensten hätten die Möglichkeit, Nutzern von vernetzten Geräten und Maschinen kostengünstigere Dienste anzubieten und die Abhängigkeiten der Nutzer vom Hersteller aufzuheben. Vermehrte Möglichkeiten des Datenaustauschs würden den Handel mit Daten verstärken und die Wohlfahrtseffekte auf dem Datenmarkt steigern.[1082] Damit kann erst die Ausweitung datenbezogener Zugriffsmöglichkeiten die volle Ausschöpfung der Daten gewährleisten und zur Erhöhung der Wohlfahrt beitragen.[1083] Wird die Zugangsmöglichkeit der Daten auf dem Sekundärmarkt erweitert, kann dies zur Erreichung von Effizienzgewinnen und Generierung von Innovationen führen.[1084] Die Analyse der Daten und die dadurch gewonnenen Erkenntnisse verschaffen Unternehmen die Möglichkeit, sich bei Innovationen konkret an den identifizierten Marktbedürfnissen zu orientieren.[1085] Durch die anwendungsbezogene Analyse von kombinierten Datensätzen können neue Informationen und Erkenntnisse generiert werden, die für die Entwicklung einer Wissensgesellschaft entscheidend sein können. Fehlt der Zugang zu Daten, werden Optimierungspotenziale im Hinblick auf Innovationen und Wettbewerb verhindert[1086] und Marktzutrittsschranken begründet. Einen gesamtgesellschaftlichen Nutzen werden Daten erst dann haben, wenn ein breiterer Datenzugriff die bestehenden Markt-

---

1079 *Europäische Kommission*, COM (2022) 68 final, Erwägungsgrund 1.

1080 *Wunner*, Ein regulatives Vertragsrecht für die Datenwirtschaft, S. 70 f.; *Kerber*, in: Specht-Riemenschneider/Werry/Werry, Datenrecht in der Digitalisierung, § 4.1 Rn. 2; *Martens*, in: BMJV/MPI für Innovation und Wettbewerb, Data Access, Consumer Interests and Public Welfare, S. 69, 75.

1081 *Martens*, in: BMJV/MPI für Innovation und Wettbewerb, Data Access, Consumer Interests and Public Welfare, S. 69, 75.

1082 *Dewenter/Lüth*, Datenhandel und Plattformen, S. 1.

1083 *Schweitzer/Peitz*, Datenmärkte in der digitalisierten Wirtschaft, S. 18; *Dewenter/Lüth*, Datenhandel und Plattformen, S. 2.

1084 *Dewenter/Lüth*, Datenhandel und Plattformen, S. 1 f.

1085 *Bachmann/Kemper/Gerzer*, Big Data – Fluch oder Segen?, S. 243; *Kerber*, in: Specht-Riemenschneider/Werry/Werry, Datenrecht in der Digitalisierung, § 4.1 Rn. 10.

1086 *Kerber*, GRUR Int. 2023, 120, 122.

zutrittsschranken aufhebt und die Entstehung von datenbasierten Geschäftsmodellen ermöglicht.

(3) Entstehung von Ungleichgewichten auf dem Markt

Gegenwärtig bestehen Marktungleichgewichte und Abhängigkeiten beim Zugang zu Daten, die effiziente Allokation von Daten durch den Markt verhindern.[1087] Eine kleine Anzahl von großen Unternehmen wie zentrale Plattformbetreiber erzeugen riesige Datenmengen, die ihnen entscheidende Wettbewerbsvorteile schaffen.[1088] Die ausschließliche Kontrolle der Daten führt zu einer monopolähnlichen Stellung, die zu negative Auswirkungen und Wettbewerbsverzerrungen auf dem Sekundärmarkt führen kann.[1089] Die starke monopolähnliche Position auf dem Markt ermächtigt Unternehmen dazu, die Preise vorzugeben und die Konditionen für den Handel einseitig festzulegen.[1090] Eine Verhandlung auf Augenhöhe fehlt, was zur Marktabschottung des benachteiligten Datenpetenten führen kann.[1091] Marktzugangsbarrieren verhindern den freien Marktzugang neuer potenzieller Mitbewerber mit der Folge, dass der freie Wettbewerb zwischen den Marktkräften geschwächt und betroffene Güter nicht mehr maximal wohlfahrtssteigernd eingesetzt werden können.[1092] Besonders schwerwiegend gestaltet sich die gegenwärtige Situation für kleine und mittelständische Unternehmen, denn diese verfügen meist keine digitalen Ressourcen oder Kompetenzen, um im Rahmen der Selbsterhebung eigene Daten zu erzeugen und zu analysieren.[1093] Selbst im Falle der Selbsterhebung werden kleinere Unternehmen mit einer geringeren Nutzerzahl nicht vergleichbar große und qualitativ wertvolle Datensätze generieren können.[1094] Für die Entwicklung datenbasierter Geschäftsmodelle sind daher auf den Zugang zu Daten von Dateninhabern angewiesen.[1095] Diese Ungleichgewichte führen zu Nachteilen in der vertraglichen Ausgestaltung. Wirtschaftlich schwächere Unternehmen sind nur selten in der Lage, vorteilhafte Vertragsbedingungen auszuhandeln.[1096] Missbräuchliche Vertragsklauseln werden vereinbart, die die Bereitschaft zum Abschluss von Datenverträgen von Mitbewerbern schwächt und den

1087 *Europäische Kommission*, Eine europäische Datenstrategie, COM (2020) 66 final, S. 9; *Podszun/Pfeifer*, GRUR 2022, 953, 954; *Podszun*, Handwerk in der digitalen Ökonomie, S. 112.
1088 *Europäische Kommission*, COM (2022) 68 final, Erwägungsgrund 36.
1089 *Kerber*, GRUR Int. 2023, 120, 122.
1090 *Kevekordes*, Daten als Gegenstand absoluter Zuordnung, S. 65 m. w. N.
1091 *Podszun*, Handwerk in der digitalen Ökonomie, S. 112.
1092 *Kevekordes*, Daten als Gegenstand absoluter Zuordnung, S. 64.
1093 *Europäische Kommission*, COM (2022) 68 final, Erwägungsgrund 3.
1094 *Kevekordes*, Daten als Gegenstand absoluter Zuordnung, S. 65.
1095 *Kevekordes*, Daten als Gegenstand absoluter Zuordnung, S. 65.
1096 *Europäische Kommission*, COM (2022) 68 final, Erwägungsgrund 51.

Wettbewerb verhindert. Die ungleichen Vertragspositionen, insbesondere in Fällen, in denen Start-Ups und kleine und mittelständische Unternehmen als Vertragspartner gegenüberstehen, führen zu missbräuchlichen Vertragsklauseln, die auf die missbräuchliche Ausnutzung von Ungleichgewichten zwischen den Vertragsparteien zurückzuführen sind.[1097] Gerade der dadurch erlangte Wettbewerbsvorteil führt zur Beeinträchtigungen des freien Marktzugangs, der sich nicht nur auf den Markt von Online-Plattformen, sondern auch auf verschiedene andere Märkte für Waren oder Dienstleistungen, die von der Plattform bedient werden.[1098] Beeinträchtigungen im Marktzugang sowie einseitig auferlegte Regeln und Bedingungen sind daher die Folge.[1099] Die vorteilhafte Position datenreicher Unternehmen ermöglicht diesen damit einseitige Bedingungen für den Datenzugang und die Datennutzung festzulegen.[1100] Das Wettbewerbsrecht ist nicht geeignet, vertragliche Ungleichgewichte, die gegenwärtig im Rahmen der Zugangsgewährung zu Daten durch datenreiche Unternehmen zu verzeichnen sind, zu lösen. Das datenreiche Unternehmen wird nur selten die Schwelle der marktbeherrschen Stellung erreichen.[1101] Darüber hinaus fehlen klare Maßstäbe zur Abgrenzung der Datenmärkte.[1102]

III. Bewertung

Die Untersuchung der Rechtfertigungsmodelle hat gezeigt, dass im Rahmen der deontologischen Rechtfertigungsmodelle die Grundgedanken der Okkupations- und Arbeitstheorie als Rechtfertigungsgrundlage herangezogen werden können, um die Begründung von Rechten an Daten zu rechtfertigen. Unter Zugrundelegung der Okkupationstheorie ist es allein der Gesetzgeber, der die Frage der Zuordnung von Daten endgültig beenden kann. Andernfalls ist es – wie gegenwärtig durch die exklusive Datenherrschaft der Dateninhaber zeigt – der faktische Zugriff auf die Daten, der entscheidet, wem die Daten zugeordnet sind. Die exklusive Datenherrschaft gewährt Dateninhabern eine Position, die mit der von Inhabern von Ausschließlichkeitsrechten vergleichbar ist. Klare Regelungen, wem welche Rechte an den

---

1097 *Europäische Kommission*, Eine europäische Datenstrategie, COM (2020) 66 final, S. 9, *dies.*, Aufbau einer europäischen Datenwirtschaft, COM (2017) 9 final, S. 12.

1098 *Europäische Kommission*, Eine europäische Datenstrategie, COM (2020) 66 final, S. 9.

1099 *Europäische Kommission*, Eine europäische Datenstrategie, COM (2020) 66 final, S. 9.

1100 *Europäische Kommission*, Eine europäische Datenstrategie, COM (2020) 66 final, S. 9.

1101 *Stender-Vorwachs/Steege*, NJOZ 2018, 1361, 1367; *Louven*, NZKart 2018, 217, 220.

1102 *Mischau*, GRUR Int. 2020, 233, 239 f.; *Max-Planck-Institut für Innovation und Wettbewerb*, Positionspapier vom 16. August 2016, S. 11 f.

Daten zur Verfügung stehen, hätten zur Folge, dass nicht mehr die faktische Datenherrschaft entscheiden würde, wem welche Rechte an den Daten zustehen. Nach der Arbeitstheorie von *Locke* würde der Hersteller mit seiner Investition in die Erhebung und Speicherung der Daten zu der Erzeugung der Rohdaten beitragen. Unter Zugrundelegung einer weiten Auslegung des Arbeitsbegriffs wäre es auch der Nutzer, der durch die Nutzung der vernetzten Maschinen und Geräte aktiv eine Leistung erbringt, die unmittelbar zur Generierung verhaltensgenerierter Daten führt. Es wäre nach der Lock'schen Arbeitstheorie daher vertretbar, zugunsten Hersteller und Nutzer ein Recht an den generierten Daten einzuräumen. Im Rahmen der Untersuchung der ökonomischen Rechtfertigungsmodelle wurde deutlich, dass Rechte an Daten nicht auf Grundlage des Anreizparadigmas begründet werden können. Die gegenwärtige Entwicklung auf dem Datenmarkt macht deutlich, dass Anreize weder zur Erzeugung, Nutzung oder zur Offenbarung von Daten gesetzt werden müssen. Dennoch ergab die Untersuchung der Datenmärkte, dass sowohl auf dem Primär- als auch auf dem Sekundärmarkt für Daten Ineffizienzen und Funktionsdefizite feststellbar sind, die auf ein korrekturbedürftiges Marktversagen im Zusammenhang mit den Zugriffsmöglichkeiten auf maschinen- und verhaltensgenerierte Daten hinweisen. Die gegenwärtig realisierte Wertschöpfung aus Daten liegt unterhalb der potenziell möglichen Ausschöpfung. Der fehlende oder nur beschränkte Zugriff auf die generierten Daten hemmt insbesondere die Wohlfahrtsmaximierung auf dem Sekundärmarkt für Daten. Erst wenn möglichst viele Marktakteure Zugang zu den Daten haben, werden die positiven und wohlfahrtsmaximierenden Auswirkungen auf den Wettbewerb zu verzeichnen sein. Bestehende Abhängigkeiten, Informationsasymmetrien sowie Marktungleichgewichte könnten ausgeglichen werden, wenn die ausschließliche Datenherrschaft datenreicher Unternehmen beschränkt wird. Ökonomische Anreizverluste seitens der Hersteller und Dateninhaber sind nicht zu befürchten, denn die kostengünstige Erhebung und Speicherung von Daten bringt Unternehmen auch dann einen Mehrwert, wenn ihnen an den erzeugten Daten keine exklusiven Nutzungsmöglichkeiten mehr zustehen. Daraus darf jedoch nicht geschlussfolgert werden, dass die durch die Nutzung vernetzter Produkte erzeugten Daten ohne Einschränkung jedermann zugänglich sein sollten. Ein offener Datenzugriff kann zu Anreizproblemen im Hinblick auf die Investition in die Sammlung und Speicherung von Daten führen.[1103] Die Probleme, die der Alleinzugriff durch Unternehmen und ein offener Datenzugriff mit sich bringen, sind damit durch einen angemessenen Ausgleich der berechtigten Interessen aller Marktakteure zu lösen. Auch für Nutzer vernetzter

1103 So auch *Schweitzer/Peitz*, Datenmärkte in der digitalisierten Wirtschaft, S. 18; *Fries/Scheufen*, MMR 2019, 721, 725; *Tombal*, IIC 2020, 70, 73; *Kevekordes*, Daten als Gegenstand absoluter Zuordnung, S. 67.

Geräte und Maschinen bringt die Alleinkontrolle der Daten durch Hersteller vernetzter Produkte Nachteile mit sich. Der mangelnde Zugriff zu den Daten führt dazu, dass Nutzer nicht Reparatur- und Anschlussdienste in Anspruch nehmen können und an die Dienste der Produkthersteller angewiesen sind.[1104] Aufgrund technischer und rechtlicher Hindernisse ist es ihnen nicht möglich, die Daten für eigene Zwecke zu verwerten oder auf dem Markt zu monetarisieren. Ein korrekturbedürftiges Marktversagen ist damit gegeben, sodass ein staatliches Eingreifen gerechtfertigt wäre. Ob die identifizierten Marktdefizite durch ein gesetzgeberisches Eingreifen bewältigt werden können, um eine funktionsfähige Marktwirtschaft zu gewährleisten, ist von der konkreten Ausgestaltung des Rechtsrahmens abhängig.[1105]

B. Mögliche Ansätze zur Zuweisung von Rechten an Daten

Die Zuweisung von subjektiven Rechten zugunsten Individuen gilt als wesentliches Gestaltungsmerkmal der Privatrechtsordnung.[1106] Subjektive Rechte sind das Produkt einer Entwicklung, die die Idee der inklusiven Gerechtigkeitsordnung der antiken Polis in sich vereint und die die heute bestehenden modernen funktional organisierten Gesellschaften wesentlich bestimmen.[1107] Die Funktion subjektiver Rechte war bis vor Inkrafttreten des Bürgerliches Gesetzbuches lange Zeit umstritten.[1108] Zu nennen ist hier die maßgeblich von *Savigny* und *Windscheid* geprägte Willenstheorie, die subjektive Rechte als eine von der Rechtsordnung gewährte Willensmacht einordnet, durch die der Einzelne befugt werde, seine Freiheit auszuüben und zu entfalten.[1109] Dagegen ordnete die insbesondere von *Jhering* vertretene Interessentheorie subjektive Rechte als Instrumente der Befriedigung menschlicher Interessen ein.[1110] Ihren Ausgangspunkt fand die Interessentheorie in einem utilitaristischen Ansatz, der vermutet, dass Effizienz und

1104 *Europäische Kommission*, COM (2022) 68 final, Erwägungsgrund 19.

1105 *Hardes/Uhly*, Grundzüge der Volkswirtschaftslehre, S. 54.

1106 *Rody*, Der Begriff und die Rechtsnatur von Geschäfts- und Betriebsgeheimnissen unter Berücksichtigung der Geheimnisschutz-Richtlinie, S. 172 m. w. N.

1107 *Hilgendorf/Zabel*, in: Hilgendorf/Zabel, Die Idee der subjektiven Rechte, S. 1.

1108 *Kevekordes*, Daten als Gegenstand absoluter Zuordnung, S. 72; ausführlich hierzu auch: *Fezer*, Teilhabe und Verantwortung, S. 216; *Wagner*, AcP 193 (1993), 319, 321 ff.

1109 *Windscheid*, Lehrbuch des Pandektenrechts, § 37; *Fezer*, Teilhabe und Verantwortung, S. 216; *Kevekordes*, Daten als Gegenstand absoluter Zuordnung, S. 72 f.; *Auer*, AcP (208) 2008, 584, 594.

1110 *Jhering*, Geist des römischen Rechts auf den verschiedenen Stufen seiner Entwicklung, S. 331.

Bedürfnisbefriedigung maßgebliche Eckpfeiler des Handelns von Individuen sind.[1111] Das heutige Verständnis des subjektiven Rechts kombiniert beide Ansätze, indem es subjektiven Rechten die Funktion der Willens- und Interessenwahrnehmung zuspricht.[1112] Die objektive Rechtsordnung verleiht dem Einzelnen subjektive Rechte zur Befriedigung seiner Interessen und zur Durchsetzung seines individuellen Willens.[1113] Durch die dadurch verliehene Rechts- und Willensmacht soll der Berechtigte über einen Gegenstand verfügen oder andere von der Nutzung ausschließen können.[1114] Subjektive Rechte sind damit das Ergebnis der rechtlichen Zuweisung von Gütern, die wiederum nichts anderes beschreibt als die Zuweisung von Handlungsbefugnissen an Gütern.[1115] Die Zuweisung von Gütern ist dabei nicht als abschließender Prozess zu verstehen.[1116] Die Entwicklung neuer zuordnungsfähiger Objekte führt dazu, dass sich die Frage der konkreten Zuordnung immer wieder neu stellt.[1117] Die Frage der rechtlichen Zuweisung von Daten als immaterielles Gut führt zu der Frage, welche Handlungsrechte an Daten bestehen und wie intensiv die Handlungsbefugnisse an Daten rechtlich zugewiesen werden sollten.

I. Handlungsbefugnisse an Daten als Gegenstand von Rechten

Aus der Art und Weise des Umgangs mit einem bestimmten Rechtsgut lassen sich abstrakte Handlungsbefugnisse bestimmen, die Gegenstand einer rechtlichen Zuweisung sein können.[1118] Die Bestimmung von Handlungsbefugnissen führt gleichsam zur Bestimmung des Umfangs und der Reichweite eines Schutzrechts, in das Dritte eingreifen können, wenn sie sich bestimmte Handlungsbefugnisse anmaßen, die ansonsten nur dem ausschließlichen Inhaber des Schutzrechts gewährt sind.[1119] Handlungsbefugnisse lassen sich bei körperlichen Gütern aus ihrer Beherrschbarkeit,

---

1111 *Fezer*, Teilhabe und Verantwortung, S. 222.

1112 *Köhler*, BGB AT, § 17 Rn. 5; *Stadler*, BGB AT § 4 Rn. 1.

1113 *Zabel*, in: Hilgendorf/Zabel, Die Idee subjektiver Rechte, S. 1; *Brox/Walker*, BGB AT, S. 282.

1114 *Peukert*, in: Hilty/Jaeger/Kitz, Geistiges Eigentum, S. 54 f.; *ders.*, Güterzuordnung als Rechtsprinzip, S. 55; *Zech*, Information als Schutzgegenstand, S. 86.

1115 *Zech*, Materielle und immaterielle Güter – Die Güterzuweisungsfunktion des Privatrechts, S. 11; *Kevekordes*, Daten als Gegenstand absoluter Zuordnung, S. 72; *Zech*, Information als Schutzgegenstand, S. 85 ff.

1116 *Wilhelm*, Sachenrecht, S. 175.

1117 *Wilhelm*, Sachenrecht, S. 175; *Pfister*, Das technische Geheimnis, S. 41. *Preuß*, Rechtlich geschützte Interessen an virtuellen Gütern, S. 64.

1118 *Zech*, Materielle und immaterielle Güter – Die Güterzuweisungsfunktion des Privatrechts, S. 11.

1119 *Zech*, Materielle und immaterielle Güter – Die Güterzuweisungsfunktion des Privatrechts, S. 11 f.

dem körperlichen Innehaben, ableiten.[1120] Körperlichen Gütern kommt die Funktion zu, die abstrakte Bestimmung von Handlungsbefugnissen durch das Recht zu vereinfachen.[1121] Als Beispiel dient hier § 903 S. 1 BGB, der dem Eigentümer einer Sache die Befugnis einräumt, mit der Sache nach Belieben zu verfahren und andere von jeder Einwirkung auszuschließen. Die Grenze zieht § 903 S. 1 BGB durch entgegenstehende Gesetze oder Rechte Dritter. In den übrigen Fällen steht es dem Eigentümer frei, in den Grenzen des Möglichen, sämtliche Handlungsbefugnisse im Umgang mit der Sache wahrzunehmen. Im Unterschied zu körperlichen Gütern können die Handlungsbefugnisse bei unkörperlichen Gütern nicht von der Beherrschbarkeit des Gutes abgeleitet werden.[1122] Die Typisierung von Handlungsbefugnissen kann jedoch mit der Betrachtung von Gütern als Bündel von Einzelrechten erfolgen.[1123] Die Betrachtung von Gütern als Rechtebündel ist auf die Property Rights Theory zurückzuführen.[1124] Zu den Handlungsrechten zählt die Property Rights Theorie das Nutzungsrecht (*usus*), das Recht der Aneignung des Nutzungsertrags (*usus factus*) und das Recht nach Belieben das Gut zu verändern, zu vernichten oder zu veräußern (*absusus*).[1125] Bei körperlichen Gütern erfordern die vorgenannten Handlungsrechte das körperliche Innehaben der Sache.[1126] Mangels sachlicher Beherrschbarkeit lassen sich auf dieser Grundlage für unkörperliche Güter die Kategorien Zugang, Nutzung und Integritätsbeeinträchtigung ableiten.[1127]

1. Zugangsrechte als Gegenstand der Zuweisung

Die Beherrschbarkeit von Daten ist nicht aufgrund ihrer körperlichen Struktur, sondern allenfalls durch ihre Geheimhaltung möglich.[1128] Die unkörperliche Struktur von Daten führt dazu, dass das Beherrschen von Daten kein alleiniges Innehaben und damit auch keine ausschließliche Nutzbarkeit gewährt, sodass bei Daten schwer von „Innehaben" gesprochen

1120 *Zech,* Information als Schutzgegenstand, S. 98.

1121 *Zech,* Materielle und immaterielle Güter – Die Güterzuweisungsfunktion des Privatrechts, S. 11.

1122 *Zech,* Materielle und immaterielle Güter – Die Güterzuweisungsfunktion des Privatrechts, S. 12.

1123 *Ott/Schäfer*, Lehrbuch der ökonomischen Analyse des Zivilrechts, S. 76; *Zech,* Materielle und immaterielle Güter – Die Güterzuweisungsfunktion des Privatrechts, S. 11.

1124 Ausführlich hierzu: *Schäfer/Ott,* Lehrbuch der ökonomischen Analyse, S. 76.

1125 *Ott/Schäfer,* Lehrbuch der ökonomischen Analyse des Zivilrechts, S. 76.

1126 *Zech*, Information als Schutzgegenstand, S. 116; *ders.*, Materielle und immaterielle Güter – Die Güterzuweisungsfunktion des Privatrechts, S. 12.

1127 *Zech,* Materielle und immaterielle Güter – Die Güterzuweisungsfunktion des Privatrechts, S. 13.

1128 *Zech*, Information als Schutzgegenstand, S. 119 f.

werden kann.[1129] Richtigerweise ist bei Daten daher der Zugang als zuweisbare Handlungsbefugnis zu identifizieren.[1130] Zugangsrechte können auf verschiedene Art und Weise ihren Inhabern zugewiesen werden. Als Unterscheidungsmerkmal dient das Merkmal der Ausschließlichkeit. Die schwächste Ausprägung des Zugangsrechts ist die nicht ausschließliche Zuweisung der bloßen „Möglichkeit der Kenntnisnahme oder des sonstigen Umgangs mit Daten“.[1131] Dem Inhaber des einfachen Zugangsrecht steht das Recht zu, den Zugang zu dem immateriellen Gut nach seinem Belieben wahrzunehmen.[1132] Die Nicht-Rivalität von Daten ermöglicht die zeitgleiche Verwendung der Daten durch mehrere Personen, ohne dass die Nutzung des einen die Nutzung des jeweils anderen beeinträchtigt.[1133] Mehrere Personen kann damit das Recht eingeräumt werden, die Einräumung des Zugangs zu bestimmten Daten zu verlangen, ohne den Zugang des anderen Zugangsberechtigten zu verhindern.[1134] Der Eingriff in dieses Zugangsrecht hängt von den Zugangsmöglichkeiten des Inhabers ab. Erfolgt die Wahrnehmung der Kenntnisnahme allein aus dem Besitz eines bestimmten Datenträgers, kann dessen Wegnahme einen Eingriff darstellen.[1135] Sind die Daten dagegen im Netzwerk gespeichert, könnte der Eingriff in der Aufhebung der Zugangsmöglichkeit zu sehen sein.[1136] Möglich ist auch die bloß faktisch ausschließliche Zuweisung des Zugangs, die von der rechtlich ausschließlichen Zuweisung zu unterscheiden ist. Die faktisch ausschließliche Zuweisung bedeutet die Zuweisung des alleinigen Zugangs zu Daten.[1137] Wird der alleinige Zugang beeinträchtigt, handelt es sich um eine Verletzung eines Geheimnisses, denn sobald die Daten öffentlich werden, werden sie zu Gemeingütern, sodass die faktische Zuweisung an einen Inhaber aufgehoben wird.[1138] Für den Schutz der faktischen Kontrolle werden dem Inhaber Abwehrrechte gewährt. Eine andere Befugnis steht ihm insoweit nicht zu. Der Inhaber der faktischen Zuweisung kann seine faktische Kontrollposition nur gegenüber demjenigen geltend machen, der seinen ausschließlichen Zugang beeinträchtigt. Eine faktische Zuweisung erfolgt auch durch das Geschäftsgeheimnisrecht. Dem Inhaber des Geschäftsgeheimnisses werden die Informationen nicht ausschließlich zugewiesen. Vielmehr wird die Geheimheit

---

1129 *Zech*, Information als Schutzgegenstand, S. 115, 117, 119.
1130 *Zech*, Materielle und immaterielle Güter – Die Güterzuweisungsfunktion des Privatrechts, S. 13.
1131 *Zech*, Information als Schutzgegenstand, S. 120.
1132 *Zech*, Information als Schutzgegenstand, S. 121.
1133 *Kornmeier/Baranowski*, BB 2019, 1219, 1219.
1134 *Zech*, Information als Schutzgegenstand, S. 121.
1135 *Zech*, Information als Schutzgegenstand, S. 121.
1136 *Zech*, Information als Schutzgegenstand, S. 121.
1137 *Zech*, Information als Schutzgegenstand, S. 122.
1138 *Zech*, Information als Schutzgegenstand, S. 122 f.

der Information durch die Gewährung von Abwehrrechten geschützt.[1139] Die ausschließliche Zuweisung von Daten meint dagegen die ausschließlich dem Inhaber zustehende Möglichkeit, Daten zu vervielfältigen und zu übertragen.[1140] Der Inhaber dieses ausschließlichen Zugangsrechts kann über die Weiterverbreitung durch Vervielfältigung und Übertragung bestimmen.[1141] Damit stellt die Weiterverbreitung von Daten eine weitere Handlungsoption im Umgang mit Daten dar.

2. Nutzungsrechte für die umfassende Verwertung von Daten

Eine weitere Handlungsbefugnis im Hinblick auf Daten ist das Nutzungsrecht. Auch das Nutzungsrecht kann ausschließlich zugewiesen werden, wenn dem Inhaber in Folge der Zuweisung die Befugnis zusteht, andere von der Nutzung auszuschließen, wodurch eine Art Verknappung von Nutzungsmöglichkeiten erreicht wird.[1142] Die ausschließliche Nutzung kann aufgrund der Nicht-Rivalität von Daten nur durch das Recht erzeugt werden.[1143] Die schwächste Ausprägung des Nutzungsrecht ist dabei die einfache Kenntnisnahme der Daten.[1144] Die einfache Kenntnisnahme kann mit dem urheberrechtlichen Werkgenuss verglichen werden.[1145] Sie hat insbesondere für die Allgemeinheit eine große Rolle.[1146] Für die kommerzielle Verwertung von Daten reicht das Recht zur bloßen Kenntnisnahme allein nicht aus. Vielmehr muss die Möglichkeit bestehen, dass die Daten auf eigenen Servern gespeichert werden können, um sie mit anderen Datensätzen zu kombinieren und sie verschiedenen Analyseverfahren zuführen zu können. Eine solche Verwertungsmöglichkeit steht dem Inhaber des einfachen Rechts zur Kenntnisnahme nicht zu. Denkbar sind allerdings auch Konstellationen, in denen es Marktteilnehmern auf die bloße Kenntnisnahme der Daten ankommen kann. Daten können Informationen enthalten, die für Marktteilnehmer entscheidende Wettbewerbsvorteile bringen können. Sobald die in den Datensätzen enthaltenen Informationen öffentlich bekannt sind, haben sie für die Nachfrager jedoch keinen Wert mehr.[1147] Für die volle Wertschöpfung aus Daten muss das zuzuweisende Nutzungsrecht auch das Recht zur umfassende Verwertung der Daten beinhalten. Problematisch am Recht der einfachen Kenntnisnahme ist, dass anders als bei körperlichen Gütern die

1139 Siehe hierzu Kapitel 3 C.
1140 *Zech*, Information als Schutzgegenstand, S. 123.
1141 *Zech*, Information als Schutzgegenstand, S. 123.
1142 *Zech*, Information als Schutzgegenstand, S. 124.
1143 *Zech*, Information als Schutzgegenstand, S. 124.
1144 *Zech*, Information als Schutzgegenstand, S. 124.
1145 *Zech*, Information als Schutzgegenstand, S. 124.
1146 *Zech*, Information als Schutzgegenstand, S. 124.
1147 *Kevekordes*, Daten als Gegenstand absoluter Zuordnung, S. 68.

bloße Entziehung nicht ausreicht, um sie erneut der exklusiven Nutzung zuführen zu können. Über das Recht zur Kenntnisnahme kann damit nur so lange bestimmt werden, solange die Daten noch geheim sind.[1148] Damit lässt sich die Kenntnisnahme auch nicht ausschließlich zuweisen.[1149] Weitere Nutzungsformen sind die Vervielfältigung und die Weiterverbreitung von Daten.[1150] Die Vervielfältigung von Daten kann durch einfache Kopiervorgänge erfolgen. Unter Weiterverbreitung von Daten ist die „Schaffung eines Zugangs für Dritte" zu verstehen.[1151] Als weitere Nutzungsrechte kommen auch Verwertungshandlungen in Betracht, die im Rahmen der Wertschöpfung aus Daten identifiziert wurden. Zu denken sind an Nutzungen durch Big-Data-Analyseverfahren wie Text- und Data-Mining, aber auch die kommerzielle Bereitstellung von Daten für das Trainieren der Künstlichen Intelligenz.[1152] Auch die Weiterübertragung der Daten stellt eine Nutzungshandlung dar. Gemeint ist hier die Befugnis über die Weiterverbreitung der Daten zu bestimmen, die naturgemäß auch die Entscheidungsbefugnis beinhaltet, wer Zugang zu den Daten erlangen soll.[1153] Sie fällt damit mit dem Recht zur Weiterverbreitung im Zugangsrecht zusammen.

3. Entscheidung über die Integrität von Daten

Schließlich kann eine Zuweisung auch über die Einräumung der Befugnis erfolgen, über die Integrität der Daten zu entscheiden.[1154] Die Befugnis umfasst das Recht, Daten in ihrer Form zu verändern oder sie durch ihre Löschung zu zerstören. Gleichsam ist die Befugnis als Abwehrrecht ausgestaltet, wenn Dritte die Integrität der Daten verletzen.[1155] Die Veränderung der Daten kann sich auf ihre Qualität auswirken, wenn sie sich nicht mehr für eine wertschöpfende Verwendung eignen. Sind die Daten auf einem körperlichen Datenträger gespeichert, kann gegen die Integritätsbeeinträchtigungen Dritter über den Schutz des Sacheigentums und des berechtigten Besitzes am Datenträger vorgegangen werden.[1156] Problematisch wird der zivilrechtliche Schutz jedoch dann, wenn die Daten auf externen Datenträgern von Dienstleistern gespeichert werden.[1157] Eine explizite Zuweisung der Integritätsbefugnis könnte daher auch für Daten nicht von vornherein

1148 *Zech*, Information als Schutzgegenstand, S. 124.
1149 *Zech*, Information als Schutzgegenstand, S. 124.
1150 *Zech*, Information als Schutzgegenstand, S. 125 f.; *ders.*, CR 2015, 137, 139.
1151 Zech, Information als Schutzgegenstand, S. 126.
1152 *Hessel/Leffer/Potel*, ZD 2022, 537, 537.
1153 Zech, Information als Schutzgegenstand, S. 126.
1154 *Zech,* Information als Schutzgegenstand, S. 115 ff.; *ders.*, CR 2015, 137, 139.
1155 *Zech,* Information als Schutzgegenstand, S. 128; *ders.*, CR 2015, 137, 139.
1156 *Zech*, Information als Schutzgegenstand, S. 128.
1157 Siehe auch Kap. 3 A. II.

ausgeschlossen sein. Auch strafrechtliche Regelungen schützen vor der Veränderung und Zerstörung der Daten durch Dritte. Abwehrrechte für den Schutz der Integrität der Daten vor Zerstörungen sind daher Handlungsbefugnisse, die im Rahmen der Untersuchung in Betracht zu ziehen sind.

II. Möglichkeiten der Zuweisung von Rechten

Die Rechtsordnung kann Rechtsgüter in unterschiedlicher Intensität zuweisen. Die Intensität der Zuweisung lässt sich durch den Umfang der zugewiesenen Handlungsbefugnisse ermitteln. Je mehr Handlungsbefugnisse dem Einzelnen an einem Gut zustehen, desto eher wird ein Zuweisungsgehalt des subjektiven Rechts anzunehmen sein.[1158] Die verschiedenen Intensitätsstufen der Zuweisungsmechanismen können dabei auch unterschiedliche wohlfahrtsökonomische Auswirkungen haben. Die bestehende Abhängigkeit zwischen der Rechtsordnung und der Allokationseffizienz führt dazu, dass Güter so zugewiesen werden müssen, dass eine Funktionsbeeinträchtigung des freien Marktes nicht zu befürchten ist und einem gegebenenfalls bestehenden Marktversagen vorgebeugt wird.[1159] Es ist daher zu untersuchen, in welcher Intensität die Zuweisung von Handlungsrechten an Daten erfolgen sollte.

1. Ausgestaltung als Ausschließlichkeitsrecht

In Betracht kommt zunächst die ausschließliche Zuweisung von Handlungsrechten an Daten. Ausschließlichkeitsrechte stellen die intensivste Form der rechtlichen Zuweisung von Handlungsbefugnissen dar.[1160] Oft werden Ausschließlichkeitsrechte mit dem Begriff der absoluten subjektiven Rechte gleichgesetzt, wenn auch diese Gleichsetzung richtigerweise von *Zech* und *Peukert* als nicht trennscharf genug kritisiert wird, da auch deliktsrechtliche Rahmenrechte wie das Recht am eingerichteten und ausgeübten Gewerbebetrieb sowie das allgemeine Persönlichkeitsrecht unter den Begriff der absoluten Rechte fallen.[1161] Ausschließlichkeitsrechte sind vielmehr als ein Unterfall der absoluten Rechte zu verstehen, für die jedenfalls ihre absolute Wirkung charakteristisch ist.[1162] Damit lassen sie sich von den relativen Rechten abgrenzen, die ihre Wirkung nur im Zweipersonenverhältnis ent-

1158 *Schmidt,* Datenschutz als Vermögensrecht, S. 20.

1159 *Ahn,* Der vermögensrechtliche Zuweisungsgehalt des Persönlichkeitsrechts, S. 105.

1160 *Wellenhofer,* Sachenrecht, § 1 Rn. 2, *dies.,* Sachenrecht § 2 Rn. 2; *Zech,* CR 2015, 137, 140.

1161 *Peukert,* Güterzuordnung als Rechtsprinzip, S. 54; *Zech,* Information als Schutzgegenstand, S. 65.

1162 *Zech,* Information als Schutzgegenstand, S. 65.

falten.[1163] Ausschließlichkeitsrechte gehören zu den subjektiven Rechten mit Abwehr- und Zuweisungswirkung gegenüber jedermann.[1164] Charakteristisch für Ausschließlichkeitsrechte ist die ausschließliche und positive Zuweisung von Handlungsbefugnissen in tatsächlicher und rechtlicher Art, die der Inhaber nach seinem Belieben ausüben kann und die gleichsam die rechtliche Gestaltung einer Güterzuweisungsordnung bewirkt.[1165] Gleichzeitig gewähren Ausschließlichkeitsrechte dem Inhaber die negative Befugnis, andere durch die Geltendmachung von Abwehransprüchen von der Nutzung auszuschließen.[1166] Die Durchsetzung von Abwehransprüchen erfolgt durch Unterlassungs- und Beseitigungsansprüche.[1167] Bei diesen handelt es sich um Rechtsdurchsetzungsrechte, die dem Inhaber die Möglichkeit einräumen, gegen einzelne Dritte, die in rechtswidriger Weise das Ausschließlichkeitsrecht des Inhabers verletzen, vorzugehen. Die Zuweisung von Gütern ist nur über Stammrechte, nicht jedoch über Rechtsdurchsetzungsrechte wie § 1004 BGB oder § 823 Abs. 1 BGB möglich, da sie sich nur gegen das Verhalten einer bestimmten Personen richten und damit die Verwirklichung von Stammrechten gewährleisten.[1168] Im Gegensatz zu den Ausschließlichkeitsrechten können sie daher nicht Gegenstand von Verfügungen sein.[1169] Wird in den rechtlichen Zuweisungsgehalt eingegriffen, stehen dem Inhaber weitere sekundäre Ansprüche wie Ausgleichs- und Ersatzansprüche zu.[1170] Klassische Ausschließlichkeitsrechte sind das Sacheigentum sowie Rechte des gewerblichen Rechtsschutz und des Urheberrechts.[1171] Insbesondere das Sachenrecht stellt mit seinen Rechtsfolgen eine Modellregelung dar, die für die Weiterentwicklung der Güterzuordnung eine besondere Rolle einnimmt.[1172] Gegenstand des ausschließlichen Zugangsrechts wäre im Hinblick auf Daten die Befugnis, über die Schaffung eines Zugangs für Dritte

1163 *Hofmann,* in: Pertot, Rechte an Daten, S. 14; *Kevekordes*, Daten als Gegenstand absoluter Zuordnung, S. 72.

1164 *Oelffen,* in: Ballestrem/Bär/Gausling/Hack/von Oelffen, Künstliche Intelligenz, S. 78; *Zech*, Information als Schutzgegenstand, S. 64 f.

1165 *Zech*, Information als Schutzgegenstand, S. 64, 66; *ders.*, Materielle und immaterielle Güter – Die Güterzuweisungsfunktion des Privatrechts, S. 14; *Peukert*, in: Hilty/Jaeger/Kitz, Geistiges Eigentum, S. 54; *Kommeier/Baranowski,* BB 2019, 1219, 1219.

1166 *Peukert,* Güterzuordnung als Rechtsprinzip, S. 58; *Zech*, Information als Schutzgegenstand, S. 67.

1167 *Zech,* Materielle und immaterielle Güter – Die Güterzuweisungsfunktion des Privatrechts, S. 13.

1168 *Hoffmann*, in: Pertot, Rechte an Daten, S. 12; *Zech,* Information als Schutzgegenstand, S. 68; *Peukert,* in: Hilty/Jaeger/Kitz, Geistiges Eigentum, S. 53.

1169 *Schöneich,* Der Begriff der Dinglichkeit im Immaterialgüterrecht, S. 173.

1170 *Zech*, Information als Schutzgegenstand, S. 68, 74; *Peukert,* in: Hilty/Jaeger/Kitz, Geistiges Eigentum, S. 54.

1171 *Zech*, Information als Schutzgegenstand, S. 86.

1172 *Wilhelm*, Sachenrecht, S. 178.

zu entscheiden.[1173] Die Erteilung des Zugangs zu bestimmten Daten könnte durch die Erteilung von Lizenzen erfolgen.[1174] Der Inhaber des Ausschließlichkeitsrechts könnte in Fällen des widerrechtlichen Zugriffs durch Dritte Abwehransprüche sowie Ansprüche auf Schadensersatz für den unbefugten Zugang oder die unbefugte Nutzung der Daten geltend machen.[1175] Mit der Ausgestaltung als Ausschließlichkeitsrecht ist jedoch noch nicht geklärt, welche rechtsdogmatischen Anknüpfungspunkte für den Erwerb des Datenrechts heranzuzuziehen sind und wer als Inhaber des Ausschließlichkeitsrechts in Betracht kommt.[1176] Die Fragen stellen sich gleichermaßen bei der Ausgestaltung als Abwehr- oder Teilhaberecht. Die verschiedenen Ansätze zur Ausgestaltung von Rechten an Daten *de lege ferenda* unterscheiden sich in ihrem Fokus, der sich entweder auf die individuelle Freiheitssicherung oder auf die Schaffung von Marktfunktionalität richtet.[1177] Für die faire Ausgestaltung von Datenrechten dürften beide Zielsetzungen gleichermaßen zu berücksichtigen sein.

a) Schaffensprozess als Anknüpfungspunkt

Für körperliche Gegenstände sieht das Bürgerliche Gesetzbuch verschiedene Möglichkeiten des Erwerbs von Eigentum vor. Neben dem rechtsgeschäftlichen Erwerb von Eigentum nach den §§ 929 ff. BGB sind gesetzliche Erwerbstatbestände der §§ 946 ff. BGB zur Verbindung, Vermischung, Verarbeitung und zur Aneignung herrenloser Sachen zu nennen.[1178] Die Regelungen dienen zur Klarstellung der Rechtszuständigkeit bei „mehreren kollidierenden Eigentumsrechten".[1179] Der Schutz von geistigen Leistungen ist dagegen abhängig von der umfassenden gesetzlichen Normierung des Schutzguts.[1180] Erst die gesetzliche Ausgestaltung ermöglicht die Zuordnung

1173 *Zech*, Information als Schutzgegenstand, S. 126.

1174 *Europäische Kommission*, Commission staff working document on the free flow of data and emerging issues of the European data economy, SWD (2017) 2 final, S. 33 f.

1175 *Europäische Kommission*, Commission staff working document on the free flow of data and emerging issues of the European data economy, SWD (2017) 2 final, S. 33 f.

1176 *Dorner*, CR 2014, 617; *Drexl*, NZKart 2017, 339, 431 ff.; *Härting*, CR 2016, 646, 646; *Heymann*, CR 2016, 650; *Kerber*, GRUR Int 2016, 989; *Specht*, CR 2016, 288; *Wiebe*, GRUR Int 2016, 877; *Zech*, GRUR 2015, 1151; *ders.*, CR 2015, 137; *Fezer*, MMR 2017, 3; *ders.* ZD 2017, 99; *Determann*; MMR 2018, 277; *ders.* ZD 2018, 503; *Stender-Vorwachs/Steege*, NJOZ 2018, 1361; *Kühling/Sackmann*, ZD 2020, 24; *Boehm*, ZEuP 2016, 258; *Müller*, DuD 2019, 159; *Podszun*, Handwerk in der digitalen Ökonomie, S. 57 ff.

1177 *Wunner*, Ein regulatives Vertragsrecht für die Datenwirtschaft, S. 119.

1178 *Schöneich*, Der Begriff der Dinglichkeit im Immaterialgüterrecht, S. 196; *Oechsler*, in: Säcker/Rixecker/Oetker/Limperg/Schubert, MüKo BGB, § 929 Rn. 12; *Wilhelm*, Sachenrecht, S. 484 ff; *Lüke*, Sachenrecht, Rn. 227.

1179 *Schöneich*, Der Begriff der Dinglichkeit im Immaterialgüterrecht, S. 196 m. w. N.

1180 *Schöneich*, Der Begriff der Dinglichkeit im Immaterialgüterrecht, S. 196.

der geistigen Leistung zu seinem Inhaber.[1181] Dies gilt auch für die Frage des originären Erwerbs. Insoweit kann im Hinblick auf Daten daher eine Parallele zum Immaterialgüterrecht hergestellt werden. Auch der Schutz von Daten bedarf einer umfassenden gesetzlichen Ausgestaltung. Die Einführung von Ausschließlichkeitsrechten an Daten hätte zur Folge, dass sich die Rechtssicherheit im Umgang mit Daten erhöhen würde.[1182] Es bestünden klare Zuordnungsverhältnisse, da nicht die faktische Kontrollposition, sondern bestehende Ausschließlichkeitsrechte darüber entscheiden würden, wem Nutzungsrechte an den Daten zustehen.[1183] Als Anknüpfungspunkte für den originären Erwerb von Daten kann der Schaffensprozess dienen. Die Analyse von Daten zum Zwecke des Informationsgewinns wird dagegen nicht berücksichtigt. Sobald die Analyse von Daten zur Gewinnung von Informationen führt, ist die semantische Ebene der Information betroffen. Die Untersuchung bezieht sich vorliegend auf die syntaktische (Zeichen-) Ebene, die den semantischen Gehalt als Ergebnis von Analyseprozessen unberücksichtigt lässt. Die semantische Informationsebene ist bereits durch die Immaterialgüterrechte und durch das Datenschutzrecht umfassend reguliert. Die Erzeugung oder Generierung von Daten stellt daher einen geeigneten Anknüpfungspunkt dar, um Daten auf der Ebene der Codierung rechtlich zuzuweisen und den originären Erwerb des Rechts in dem Moment der Erzeugung zu begründen.[1184]

aa) Immaterialgüterrecht sui generis

Fezer sieht in der Erzeugung von Daten durch das Verhalten einzelner Rechtssubjekte einen geeigneten Anknüpfungspunkt für den Erwerb von Rechten an Daten. Konkret schlägt er die Einführung eines Immaterialgüterrechts sui generis an verhaltensgenerierten Daten vor.[1185] Er unterscheidet dabei zwischen einem vertragsrechtlichen, einem persönlichkeitsrechtlichen sowie einem eigentumsrechtlichen Personenbezug von Daten.[1186] Im Hinblick auf den eigentumsrechtlichen Personenbezug von Daten müsse ein originäres Immaterialgüterrecht sui generis eingeführt werden.[1187] Erst der Dreiklang zwischen Eigentumsschutz, Vertragsschutz und Persönlichkeitsschutz des informationellen Selbstbestimmungsrechts bilde ein System und die Ordnungsstruktur eines privatrechtlichen Rechtsschutzes.[1188] Alleiniger

---

1181 *Schöneich,* Der Begriff der Dinglichkeit im Immaterialgüterrecht, S. 196.
1182 *Zech,* CR 2015, 137, 145; *Hoeren,* MMR 2013, 486, 491.
1183 *Weber/Thouvenin,* ZSR 2018, 43, 43 ff.
1184 So auch *Amstutz,* AcP 2018 (2018), 438, 547.
1185 *Fezer,* ZD 2017, 99, 99; *ders.*, MMR 2017, 3, 3.
1186 *Fezer,* ZD 2017, 99, 100; *ders.*, MMR 2017, 3, 3.
1187 *Fezer,* ZD 2017, 99, 100; *ders.*, MMR 2017, 3, 3.
1188 *Fezer,* ZD 2017, 99, 100; *ders.*, MMR 2017, 3, 3.

Legitimationsgrund für die Anerkennung eines solchen Dateneigentums an Informationsdaten sei die Verhaltensgenerierung.[1189] Zwar sollen verhaltensgenerierte Daten die soziale Lebenswirklichkeit abbilden, gleichzeitig sollen diese aber infolge der Verhaltensgenerierung eine eigentumsrechtliche Zuordnung konstruieren.[1190] Nur durch ein solches Immaterialgüterrecht sui generis könne dem Bürger eine zivilgesellschaftliche Gestaltungskompetenz und damit auch eine Mitwirkung an der kommerziellen Vermarktung der Informationsdaten eingeräumt werden.[1191] Die Rechtsnatur des Eigentumsrechts soll mithilfe eines Einwilligungsvorbehalts gegenüber Erhebung und Weiterbenutzung der Daten zu Gunsten der Bürger als Abwehrrecht konstruiert werden.[1192] Der Bürger kann damit Dritten die Benutzung der Informationsdaten untersagen. Neben der Rechtsnatur als Abwehrrecht soll das Dateneigentumsrecht als Vermögensrecht ausgestaltet werden, sodass der Bürger von jedem Dritten, der ohne Einwilligung des Rechtsinhabers die verhaltensgenerierten Personendaten benutzt, wegen immaterialgüterrechtlicher Eigentumsverletzung einen Vermögensausgleich verlangen kann.[1193] Selbst bei einer Anonymisierung der Daten sollen die Eigentumsrechte des Bürgers nicht verloren gehen und selbst dann bestehen bleiben, wenn nach ihrer Entstehung neue Immaterialgüterrechte anderer Personen durch Weiterbenutzung entstehen.[1194] Im Hinblick auf die Wahrnehmbarkeit dieser Rechte vertritt *Fezer* die Ansicht, dass diese entweder organisiert und gemeinsam durch eine privatrechtliche oder öffentlich-rechtliche Einrichtung, wie etwa das Bundeskartellamt, wahrgenommen werden könne. Für die Umsetzung müsse durch einen unionsrechtlichen Akt und die mitgliedstaatliche Regulierung eine gesetzliche Rahmenordnung geschaffen werden, die das Dateneigentumsrecht der Bürger und die kommerzielle Vermarktung der Informationsdaten regelt.[1195] Der Kernansatz *Fezers* beruht auf der Vorstellung, dass dem Nutzer eine wesentliche Rolle bei der Datenentstehung zukommt, die durch die Gewährung eines Immaterialgüterrechts belohnt werden soll. Damit schafft *Fezer* einen Ansatz, der die Partizipation der Nutzer vernetzter Maschinen und Geräte bezweckt, die gegenwärtig durch die faktische Alleinkontrolle der Hersteller und anderer Dateninhaber ausgeschlossen ist. Die Partizipation der Nutzer vernetzter Maschinen und Geräte, die durch ihre Nutzung Unmengen von Daten erzeugen, ist grundsätzlich ein begrüßenswerter Ansatz, um die Wertschöpfung aus Daten zu erhöhen. Problematisch ist jedoch die konkrete Ausgestaltung des vorgeschlagenen

1189 *Fezer*, ZD 2017, 99, 99; *ders.*, MMR 2017, 3, 4.
1190 *Fezer*, ZD 2017, 99, 101; *ders.*, MMR 2017, 3, 4.
1191 *Fezer*, ZD 2017, 99, 99; *ders.*, MMR 2017, 3, 5.
1192 *Fezer*, ZD 2017, 99, 101 f; *ders.*, MMR 2017, 3, 4 f.; *ders.*, ZGE 2017, 356, 363.
1193 *Fezer*, ZD 2017, 99, 101; *ders.*, ZGE 2017, 356, 364.
1194 *Fezer*, ZD 2017, 99, 102; *ders.*, MMR 2017, 3, 5; *ders.*, ZGE 2017, 356, 364.
1195 *Fezer*, ZD 2017, 99, 100.

Sui-generis-Schutzrechts. Zunächst soll nach *Fezer* das Schutzrecht als Ausschließlichkeitsrecht ausgestaltet werden.[1196] Inhaber des Ausschließlichkeitsrecht soll nur der Nutzer sein, der durch sein Verhalten die Daten erzeugt hat. Damit würden die Hersteller aus der Wertschöpfung aus den Daten vollständig ausgeschlossen werden. Ein solcher Ausschluss hätte die gegenwärtige Situation in umgekehrter Konstellation zur Folge. Es wären die Nutzer, die die alleinige Kontrolle über die generierten Daten hätten. Die Verlagerung der Konzentration der Datenherrschaft auf den Nutzer hätte sogar weitreichendere wohlfahrtsökonomische Folgen. Hersteller und Dateninhaber nutzen die erzeugten Daten für Prozess- und Produktoptimierungen oder räumen – wenn auch zurückhaltend – interessierten Drittunternehmen gegen ein entsprechendes Entgelt auf dem Sekundärmarkt Zugang zu den Daten ein. Ein Ausschließlichkeitsrecht zugunsten der Nutzer hätte daher zur Folge, dass solche Verwertungshandlungen nur unter hohen Transaktionskosten möglich wären. Problematisch ist darüber hinaus, dass die Eigentümerbefugnisse nach *Fezer* weder durch eine Anonymisierung noch durch eine Weiterbenutzung durch Dritte erlöschen sollen.[1197] Dies hätte weitreichende Konsequenzen für den Markt: Sollten Datensätze unterschiedlicher Nutzer ausgewertet werden, müssten die Einwilligungen aller Nutzer eingeholt werden.[1198] Echtzeit-Auswertungen riesiger Datenmengen durch Technologien wie Big Data wären nicht mehr möglich. Ein solcher Ansatz würde die Funktionsfähigkeit des Marktes beeinträchtigen und Innovation und Wettbewerb verhindern. Insbesondere aus wohlfahrtsökonomischen Gesichtspunkten lässt sich die Einführung eines solchen Rechts daher nicht rechtfertigen.[1199]

bb) Datenerzeugerrecht

Ein weiterer Ansatz ist die Begründung eines Rechts zugunsten des Datenerzeugers von *Zech* und *Wiebe*.[1200] Durch die Einführung des Schutzrechts soll der Anreiz geschaffen werden, Daten zu erzeugen und zu offenbaren, da die Aussicht auf ein Ausschließlichkeitsrecht die Kosten der Datenerhebung rentieren würde.[1201] Die Entstehung des Ausschließlichkeitsrechts an Daten soll an die Erzeugung bzw. Codierung von Daten anknüpfen.[1202] Die erzeugten Daten sollen dem Erzeuger der Daten ausschließlich zugeordnet werden.

1196 *Fezer*, ZD 2017, 99, 99; *ders*., MMR 2017, 3, 3 ff.; *ders*., ZGE 2017, 356, 357.
1197 *Fezer*, ZD 2018, 99, 102; *ders*., MMR 2017, S. 3, 5; *ders*., ZGE 2017, 356, 364.
1198 Vgl. *Wunner*, Ein regulatives Vertragsrecht für die Datenwirtschaft, S. 121.
1199 Siehe hierzu Kap. 6 B. II 1 c).
1200 *Wiebe*, GRUR Int. 2016, 877, 882; *Zech*, CR 2015, 237, 144; *ders*., Information als Schutzgegenstand, S. 422 ff.; *ders.*, GRUR 2015, 1151, 1159.
1201 *Zech*, GRUR 2015, 1151, 1160; *ders*. CR 2015, 137, 144 f.
1202 *Zech*, CR 2015, 237, 144 ff; *ders*., Information als Schutzgegenstand, S. 422 ff.

Dabei sollen nach *Zech* verhaltens- und maschinengenerierte Daten gleichermaßen vom Schutzrecht umfasst sein.[1203] *Wiebe* dagegen schlägt vor, Differenzierungen zwischen von Sensoren generierten Daten und solchen, die von Maschinen erzeugt werden (z.B. Bitcoins), zu treffen.[1204] Für die Bestimmung des Datenerzeugers stellt *Zech* auf die Codierung als Anknüpfungspunkt ab. Datenerzeuger ist demnach derjenige, der die Codierung wirtschaftlich und organisatorisch veranlasst hat.[1205] Die Bestimmung des Datenerzeugers kann in einigen technisch geprägten Sachverhalten Schwierigkeiten bereiten. Bei maschinengenerierten Daten wird es nach *Zech* jedenfalls der wirtschaftliche Betreiber sein, der die Produktionsmaschinen in seinem Betrieb einsetzt und unterhält.[1206] In Auftrags- und Weisungsverhältnissen soll der Auftrags- oder Weisungsgeber als wirtschaftlich Berechtigter als Datenerzeuger qualifiziert werden.[1207] Als Rechtsfolge sieht *Zech* die ausschließliche Zuweisung der Datennutzung zugunsten des wirtschaftlich Verantwortlichen Datenerzeuger vor.[1208] Durch den Akt der Codierung soll dieser das Ausschließlichkeitsrecht an den erzeugten Daten originär erwerben und ggf. über Verträge an Dritte übertragen können.[1209] Das Recht des Datenerzeugers soll nach *Zech* jedoch zugunsten der Allgemeinheit nicht schrankenlos gewährt werden. Beschränkungen schlägt er durch die Einführung einer kurzen Schutzdauer und durch die Schaffung von Schrankenregelungen vor.[1210] *Wiebe* schlägt konkret eine Schutzfrist von 5 Jahren vor.[1211] Der Schutz soll nach beiden durch das Erfordernis der Neuheit eingeschränkt werden.[1212] Das Erfordernis der Neuheit habe zur Folge, dass der Schutz nur bis zur ersten Codierung reicht, sodass die zweite Codierung, also die Erzeugung identischer Daten frei bleiben würde.[1213] Die Schutzwirkung der ersten Codierung würde sich dann nur auf einen Schutz vor Übernahme der Daten beziehen.[1214] Die Kodierung für die originärer Zuweisung von Rechten an Daten ist als Zuweisungskriterium geeignet, um Rechte an Daten ausschließlich zuzuweisen. Die Schaffung eines Ausschließlichkeitsrechts hätte – wie *Zech* zutreffend argumentiert – zum Vorteil, dass nicht

1203 *Zech*, CR 2015, 237, 144.
1204 *Wiebe*, GRUR Int. 2016, 877, 882.
1205 *Zech*, CR 2015, 237, 144; *Wagner*, in: Säcker/Rixecker/Oetker/Limperg/Schubert, MüKo BGB, § 823 Rn. 382.
1206 *Zech*, CR 2015, 237, 144.
1207 *Zech*, CR 2015, 237, 146.
1208 *Zech*, CR 2015, 237, 145.
1209 *Zech*, CR 2015, 237, 145.
1210 *Zech*, CR 2015, 237, 146.
1211 *Wiebe*, GRUR Int. 2016, 877, 882.
1212 *Wiebe*, GRUR Int. 2016, 877, 882.
1213 *Zech*, Information als Schutzgegenstand, S. 426; *ders.*, CR 2015, 137, 146; *Wiebe*, GRUR Int. 2016, 877, 882.
1214 *Zech*, CR 2015, 137, 146.

mehr die faktische Exklusivität entscheidend für die Frage wäre, wer die Daten gewinnbringend verwerten darf.[1215] Klare Zuordnungsverhältnisse hätten zum Vorteil, dass der Handel mit Daten rechtssicher erfolgen könnte. Durch die Zuordnung der Daten gäbe es ein gesetzliches Leitbild für die Inhaltskontrolle von Allgemeinen Geschäftsbedingungen.[1216] Problematisch ist jedoch die Rechtfertigung des Rechts des Datenerzeugers aus ökonomischen Gesichtspunkten. Die gegenwärtige Marktsituation macht deutlich, dass es gerade nicht erforderlich ist, den Erzeugern von Daten ein Ausschließlichkeitsrecht in Aussicht zu stellen, um einen Anreiz in die Schaffung oder Offenbarung von Daten zu begründen.[1217] *Zech* selbst räumt ein, dass die Kosten für die Generierung der Daten immer weiter sinken und die Möglichkeit der Auswertung von Daten „bereits für einen hinreichenden Codierungsanreiz" sorgt.[1218] Auch im Hinblick auf den Offenbarungsanreiz ist festzustellen, dass nicht das fehlende Ausschließlichkeitsrecht Inhaber von Daten daran hindert, ihre Daten zu offenbaren. Die Hintergründe für die exklusive Nutzung der Daten können vielfältig sein. Das Geheimhalten der Daten kann Unternehmen einen Wissens- und damit auch Wettbewerbsvorsprung gegenüber den Mitbewerbern ermöglichen. Auch können Geschäftsgeheimnisse betroffen sein, für deren rechtlichen Schutz die Geheimhaltung der Daten erforderlich ist. Schließlich existieren bereits jetzt technische und rechtliche Möglichkeiten Dritten einen kontrollierten Zugang zu Daten zu gewähren, sodass ein Offenbarungsanreiz auch vor diesem Hintergrund nur schwer begründbar ist. Da die Zuweisung von Gütern nur insoweit erfolgen sollte, als eine Funktionsbeeinträchtigung des freien Marktes nicht zu befürchten ist,[1219] kann die ausschließliche Zuweisung von Daten nicht gerechtfertigt werden.[1220]

1215 *Zech*, GRUR 2015, 1151, 1160.

1216 *Zech*, CR 2015, 137, 145; *ders.*, GRUR 2015, 1151, 1160; *Graf von Westphalen*, IWRZ 2018, 9, 13.

1217 Siehe Kap. 5 A. II. 1; *Determann*, ZD 2018, 503, 506; *Schweitzer/Peitz*, Datenmärkte in der digitalisierten Wirtschaft, S. 68, 70; *Dewenter/Lüth*, Datenhandel und Plattformen, S. 46; *Drexl*, JIPITEC 2017, 257 Rn. 76 ff.; *Hofmann*, in: Pertot, Rechte an Daten, S. 9, 30; *Kerber*, GRUR Int. 2016, 989, 992 f.; *Max-Planck-Institut für Innovation und Wettbewerb*, Positionspapier vom 16. August 2016, Rn. 6 f.; *Heymann*, CR 2016, 650, 653; *Wunner*, Ein regulatives Vertragsrecht für die Datenwirtschaft, S. 125.

1218 *Zech*, CR 2015, 137, 145.

1219 *Ahn*, Der vermögensrechtliche Zuweisungsgehalt des Persönlichkeitsrechts, S. 105.

1220 *Fries/Scheufen*, MMR 2019, 721, 725; *Schlinkert*, ZRP 2017, 222, 224; *Peitz/Schweitzer*, NJW 2018, 275, 278 f.

cc) Dateneigentumsrecht

Nach *Amstutz* sind Daten nicht als Güter zu qualifizieren, weshalb sie nicht von einem Marktversagen bedroht seien.[1221] Daten seien „phänomenologisch" den körperlichen Sachen näher, weshalb die Ausgestaltung des Dateneigentums – ähnlich wie körperliche Sachen – in eine Funktionalität eingebunden werden solle.[1222] Inhaber des Dateneigentums seien die Nutzer, die durch die Erzeugung und Übertragung von Daten die Gewinnung von Informationen und damit auch die Erlangung von Wissen gewährleisten.[1223] Die für Big-Data-Analysen erforderlichen Daten liefern nach *Amstutz* allein die Nutzer als Datenproduzenten.[1224] Dies legitimiere sie gleichsam, die Entscheidung über den „zivilgesellschaftlichen Gebrauch des Mediums Daten zu treffen".[1225] Eine solche Bewertung stimme auch „mit den Wertungen der Privatrechtsordnung überein, wonach – dem Grundsatz nach – neu geschaffene Gegenstände ihrem Erzeuger zuzuweisen sind, und nicht demjenigen, der sich aus irgendeiner für ihn glücklichen Fügung *de facto* imstande sieht, sich diese Gegenstände anzueignen".[1226] Die gegenwärtige Lage führt nach *Amstutz* zu „gesellschaftlichen Dysfunktionen", die allein durch zu suchende rechtliche Lösungen eingedämmt werden könne.[1227] Selbstlernende Algorithmen hätten eine eigene digitale Wirklichkeit erzeugt, die immer mehr die Gestaltung der Zivilgesellschaft beeinflussten.[1228] Durch die Zuweisung von Daten durch das Recht sollen Kompetenzen zur Gestaltung der „zivilen Sphäre" zugunsten der Nutzer wieder eingeräumt werden.[1229] Unter Bezugnahme auf *Zech* stellt *Amstutz* auf das Zuweisungskriterium der Codierung ab, da dieses „mit der Logik des zivilgesellschaftlichen Dateneigentums im Einklang" stehe.[1230] Im Unterschied zu *Zech* hält auch *Amstutz* das Abstellen auf den wirtschaftlich oder organisatorisch verantwortlichen wirtschaftlich Berechtigten für schwierig, da die Person des Datenproduzenten und des Dateneigentümers identisch sein müssten.[1231] Dem Dateneigentümer soll nach dem Vorbild des § 903 S. 1 BGB die Befugnis zugewiesen werden, nach seinem Belieben mit den Daten zu verfahren

1221 *Amstutz*, AcP 218 (2018), 438, 439, 528.
1222 *Amstutz*, AcP 218 (2018), 438, 439, 528; vgl. auch *Berberich*, Virtuelles Eigentum, S. 89; *Weber/Thouvenin*, ZSR 2018, 43, 49.
1223 *Amstutz*, AcP 218 (2018), 438, 526.
1224 *Amstutz*, AcP 218 (2018), 438, 526.
1225 *Amstutz*, AcP 218 (2018), 438, 526.
1226 *Amstutz*, AcP 218 (2018), 438, 526 m. w. N.
1227 *Amstutz*, AcP 218 (2018), 438, 443.
1228 *Amstutz*, AcP 218 (2018), 438, 525.
1229 *Amstutz*, AcP 218 (2018), 438, 525.
1230 *Amstutz*, AcP 218 (2018), 438, 547.
1231 *Amstutz*, AcP 218 (2018), 438, 547.

und Einwirkungen Dritter abzuwehren.[1232] Grenzen soll das Dateneigentum nach *Amstutz* durch Inhalts- und Schrankenbestimmungen erfahren, die sich an gesamtgesellschaftlichen Zwecken orientieren sollen. Neben der individualistischen Funktion des Dateneigentums kommt ihm nach *Amstutz* noch eine kollektive Funktion zu, nämlich die Beschränkung des Dateneigentum zugunsten der Allgemeinheit.[1233] Problematisch an der Ansicht von *Amstutz* ist, dass sie die ökonomischen Auswirkungen eines solchen Dateneigentums außer Acht lässt.[1234] Die Verlagerung der Konzentration der Datenherrschaft auf den Nutzer würde auch hier die gegenwärtigen Marktdefizite nicht aufheben.[1235] Hersteller würden für ihre Investitionsleistung nicht belohnt und von der Wertschöpfung aus Daten ausgeschlossen werden, was sich negativ auf die gesamtwirtschaftliche Wohlfahrt auswirken würde.

b) Investitionsleistung als Anknüpfungspunkt

Ein weiterer Anknüpfungspunkt für die Begründung von Rechten an Daten könnte daher die Investitionsleistung sein.[1236] Der Schutz der Investition ist der Rechtsordnung nicht neu. Wirtschaftliche, organisatorische und technische Leistungen werden im Urheberrecht durch Leistungsschutzrechte umfassend geschützt.[1237] Dazu gehört auch der Sui-generis-Schutz der Datenbanken in den §§ 87a ff. UrhG, der die Investition in die Beschaffung, Überprüfung oder Darstellung des Inhalts einer Datenbank schützt, nicht jedoch die Investition in die Erzeugung der Daten selbst.[1238] Möglich wäre daher die Gestaltung des neuen Datenrechts als Leistungsschutzrecht, das die Investition in die Erzeugung der Daten selbst schützt.[1239] Als Rechteinhaber kämen der Hersteller und der wirtschaftliche Betreiber der vernetzten Maschine oder Einrichtung in Betracht.[1240] Auch *Ensthaler* schlägt für die rechtliche Zuordnung von Daten die Schaffung von Leistungsschutzrech-

---

1232 *Amstutz*, AcP 218 (2018), 438, 548.

1233 *Amstutz*, AcP 218 (2018), 438, 438, 550 f.

1234 So auch *Wunner*, Ein regulatives Vertragsrecht für die Datenwirtschaft, S. 122.

1235 Siehe hierzu Kap. 6 B. II 1 c).

1236 *Wiebe*, in: Leupold/Wiebe/Glossner, IT-Recht, Teil 6.7 Rn. 51.

1237 *Wandtke/Ostendorff*, Urheberrecht, S. 284.

1238 EuGH, Urteil vom 09.11.2004 – C-338/02 = GRUR 2005, 252 Rn. 24 ff. – *Fixtures-Fußballspielpläne I*; EuGH, Urteil vom 09.11.2004 – C-444/02 = GRUR 2005, 254 Rn. 40 – *Fixtures-Fußballspielpläne II*; EuGH, Urteil vom 09.11.2004 – C-46/02 = GRUR Int 2005, 244 Rn. 32 ff. – *Fixtures-Fußballspielpläne III*; EuGH, Urteil vom 09.11.2004 – C-203/02 = GRUR 2005, 244, 247 Rn. 31, 42 – *BHB-Pferdewetten.*

1239 *Ensthaler*, NJW 2016, 3473, 3476; *Wiebe/Schur*, ZUM 2017, 461, 464; *Wiebe*, in: Leupold/Glossner, IT-Recht, Teil 6.7, Rn. 51; ausführlich hierzu auch *Zier*, Investitionsschutz in Maschinendaten, S. 210 ff.

1240 *Wiebe*, in: Leupold/Wiebe/Glossner, IT-Recht, Teil 6.7 Rn. 51.

ten vor.[1241] Durch die Gewährung von Leistungsschutzrechten soll der mit der Erhebung der Daten erforderliche Aufwand im gewerblichen Bereich belohnt werden.[1242] Als rechtsdogmatischen Anknüpfungspunkt zieht *Ensthaler* den Normzweck des § 950 BGB heran.[1243] Regelungsgegenstand der Norm ist die Herbeiführung neuer Eigentumsverhältnisse im Falle der Bearbeitung eines Rohstoffs bzw. Weiterverarbeitung eines Produkts zu einer neuen Sache.[1244] Derjenige, der die Bearbeitung veranlasst hat, erwirbt das Eigentum, soweit nicht der Wert der Bearbeitung geringer als der des bearbeiteten Stoffs ist.[1245] Für die Frage, wann eine Sache neu ist, wird neben der Verkehrsanschauung[1246] auf die wirtschaftliche Betrachtung abgestellt.[1247] Maßgeblich dabei ist, ob die Verarbeitung die Individualität des Stoffs verändert hat.[1248] Die Besonderheit der Norm liegt darin, dass sie sich im Rahmen des Interessenkonflikts zwischen Bearbeiter und Eigentümern zugunsten des Bearbeiters entscheidet. Der bisherige Eigentümer verliert sein Eigentum und erhält nach § 951 BGB einen Ausgleichsanspruch gegen den neuen Eigentümer. Dieser Entscheidung liegt keine sozialpolitische („Arbeit vor Kapital“), sondern eine allein wirtschaftspolitische Erwägung zugrunde.[1249] Nach *Ensthaler* sei der Grundgedanke der Regelung passend für die Frage der Berechtigung an Daten.[1250] Es soll ein neues Leistungsschutzrecht eingeführt werden, das sich am Normzweck des § 950 BGB orientiert.[1251] Unter Daten versteht *Ensthaler* dabei „Informationen, die nicht oder nicht ausreichend bearbeitet wurden, dass sie den Schutzbereich von Immaterialgüterrechten, wie insbesondere das Patent- oder Urheberrecht erreichen“.[1252] Mit anderen Worten soll es sich bei Daten um virtuelle Rohmaterialien handeln, die „noch keiner für einen bislang anerkannten Schutzbereich hinreichenden Bearbeitung unterzogen wurden“.[1253] Der Bearbeiter sei in dem Fall das Unternehmen, das die technischen Vorrichtungen zur Erfassung und Übermittlung der Daten an der jeweiligen Maschine anbringt, während der Nut-

---

1241 *Ensthaler*, NJW 2016, 3473, 3476.
1242 *Ensthaler*, NJW 2016, 3473, 3476.
1243 *Ensthaler*, NJW 2016, 3473, 3476.
1244 *Schermaier*, in: Gsell/Krüger/Lorenz/Reymann, BeckOGK BGB, § 950 Rn. 1.
1245 *Ensthaler*, NJW 2016, 3473, 3475.
1246 BGHZ 20, 159, 163 = NJW 1956, 788; BGH, ZUM 2016, 47 Rn. 17 – *Kohl-Tagebücher*; OLG Stuttgart, NJW 2001, 2889, 2890; *Kindl*, in: Hau/Poseck, BeckOK BGB, § 950 Rn. 5.
1247 *Füller*, in: Säcker/Rixecker/Oetker/Limperg/Schubert, MüKo BGB, § 950 Rn. 7.
1248 *Schulte-Nölke*, in: Schulze, BGB, § 950 Rn. 4.
1249 BGHZ 56, 88, 90; *Berger*, in: Jauernig BGB, § 950 Rn. 1.
1250 *Ensthaler*, NJW 2016, 3473, 3476.
1251 *Ensthaler*, NJW 2016, 3473, 3476.
1252 *Ensthaler*, NJW 2016, 3473, 3476.
1253 *Ensthaler*, NJW 2016, 3473, 3473 f.

zer, der die Daten generiert, das Rohmaterial liefern soll.[1254] Erst durch die vorbereitende Bearbeitung sollen Rohdaten wertvoll werden, sodass dann erst die semantische Ebene erreicht wird.[1255] Daher habe der Bearbeiter der Daten ein berechtigtes Interesse, ein Leistungsschutzrecht an diesen Daten zu erlangen. Der Nutzer, der die Daten erhebt, soll für den Verlust der Daten entsprechend dem Rechtsgedanken des § 951 BGB einen Wertausgleich bekommen.[1256] *Ensthaler* geht mit seinem Vorschlag daher einen Mittelweg, indem er beide Akteure entsprechend ihrer Rolle im Rahmen der Entstehung der Daten berücksichtigt. Die Beteiligung des Herstellers und des Nutzers an der Wertschöpfung ist zu begrüßen, da für die Erhebung der Daten beide Akteure eine entscheidende Rolle spielen und daher an der Wertschöpfung aus den Daten beteiligt werden sollten. Problematisch ist allerdings die Frage nach Art und Umfang des dem Nutzer zu leistenden Wertausgleichs.

c) Schwächen der Ausgestaltung als Ausschließlichkeitsrecht

Die dargestellten Ansichten haben alle gemeinsam, dass sie Rechte an Daten einführen wollen, um eine gerechtere Verteilung von Daten in der Gesellschaft zu gewährleisten. Problematisch ist jedoch die Ausgestaltung des neuen Datenrechts als Ausschließlichkeitsrecht. Die Einführung eines eigentumsartigen Datenrechts wäre nicht geeignet, die identifizierten Marktdefizite im Umgang mit Daten zu beseitigen. Ökonomische Gesichtspunkte werden kaum oder nicht hinreichend berücksichtigt. Im Unterschied zu anderen immateriellen Gütern wie Erfindungen oder urheberrechtlich geschützten Werken werden Daten auch ohne Aussicht auf ein Ausschließlichkeitsrecht erzeugt, sodass das Anreizparadigma für die Einführung eines Ausschließlichkeitsrechts nicht als Rechtfertigungsansatz dienen kann.[1257] Für eine digitale Datenwirtschaft spielt insbesondere die bessere Verfügbarkeit von Daten eine Rolle. Nur dann, wenn die Akteure eines Marktes Zugang zu Daten bekommen, können datengetriebene Geschäftsmodelle und Innovationen entstehen und die Wettbewerbsfähigkeit von Unternehmen gestärkt werden.[1258] Die Einführung von Ausschließlichkeitsrechten hätte allerdings

1254 *Ensthaler*, NJW 2016, 3473, 3476.
1255 *Ensthaler*, NJW 2016, 3473, 3476.
1256 *Ensthaler*, NJW 2016, 3473, 3476 f.
1257 *Dorner*, CR 2014, 617, 626; *Drexl u.* a., GRUR Int. 2016, 914, 915; *Heymann*, CR 2016, 650, 653; *Kerber*, GRUR Int. 2016, 989, 992 f.; *Wiebe*, GRUR Int. 2016, 877, 881; siehe hierzu auch Kap. 5 A. II. 1.
1258 *Sahl*, RDV 2015, 236, 242; *Wiebe*, ZGE/IPJ 2017, 394, 395; *Heymann*, CR 2015, 807, 810; *Faust*, in: Stiftung Datenschutz, Dateneigentum und Datenhandel, S. 98; *Europäische Kommission*, Vorschlag für eine Verordnung des Europäischen Parlaments und des Rates über harmonisierte Vorschriften für einen fairen Datenzugang und eine faire Datennutzung (Datengesetz) COM (2022) 68 final, COM (2022) 68 final, S. 1; *Kerber*, GRUR Int. 2016, 989, 989 ff.

zur Folge, dass mehr Zugangsbarrieren entstehen würden als die faktische Kontrollposition der Unternehmen ohnehin gegenwärtig verursacht. Markzugangshindernisse würden dafür sorgen, dass sich die Datenmacht noch stärker auf einige wenige datenreiche Unternehmen konzentrieren würde.[1259] Zudem ist mit erhöhten Transaktionskosten für Unternehmen zu rechnen, denn an Daten besteht in der Regel eine faktische Herrschaft, die nicht unbedingt mit der rechtlichen Zuordnung übereinstimmen muss.[1260] Die Klärung von Eigentumsverhältnissen sowie die Einholung der Einwilligung von dem „richtigen" Berechtigten wären daher Fragen, mit denen sich Unternehmen beschäftigen müssten.[1261] Neben den negativen Marktauswirkungen wäre darüber hinaus noch zu klären, wem Daten ausschließlich zugeordnet werden sollten.[1262] Die ausschließliche Zuweisung an die Hersteller würde die gegenwärtigen Marktungleichgewichte verschärfen, da Unternehmen dann nicht nur faktische, sondern auch rechtliche Inhaber der Daten wären.[1263] Auch eine ausschließliche Zuordnung zugunsten der Nutzer vernetzter Geräte oder Maschinen wäre nicht interessengerecht. Die gegenwärtige Konzentration der Daten auf einige wenige Unternehmen würde sich zwar auflösen, jedoch nicht unbedingt mit der Folge, dass durch die ausschließliche Zuweisung der Daten an Nutzer die Verfügbarkeit von Daten auf dem Datenmarkt steigen würde. Die alleinige Zuweisung von Rechten an den Datenerzeuger würde erneut zu Verzerrungen auf dem Datenmarkt führen, wenn dieser sich entscheidet, die von ihm erzeugten Daten auf dem Sekundärmarkt niemandem zur Nutzung zur Verfügung zu stellen.[1264] Gewerbliche Datenerzeuger könnten anderen Marktteilnehmern den Zugang zu Daten verweigern, um ihre Wettbewerbsvorteile nicht aufzugeben. Es würden Marktungleichgewichte in umgekehrter Konstellation entstehen, die die Entwicklung datenbasierter Geschäftsmodelle verhindern würde. Problematisch sind auch die Folgen, die die ausschließliche Zuweisung von Daten auf

---

1259 *Schlinkert*, ZRP 2017, 222, 224; *Kerber*, GRUR Int. 2016, 989, 994 f.; *Drexl*, NZKart 2017, 339, 343.

1260 *Wiebe*, GRUR Int. 2016, 877, 882; *Kerber*, GRUR Int. 2016, 989, 996 f.; *Kühling/Sackmann*, NVwZ 2018, 681, 685; *Dorner*, CR 2014, 617, 625 f.; *Thouvenin/Früh*, Zuordnung von Sachdaten, S. 41.

1261 *Heymann*, CR 2015, 807, 810; *Sahl*, RDV 2015, 236, 242; *Sattler*, in: Sassenberg/Faber, Rechtshandbuch Industrie 4.0 und Internet of Things, § 2 Rn. 103 ff.; *Wiebe*, ZGE/IPJ 2017, 394, 395; *Thouvenin/Früh*, Zuordnung von Sachdaten, S. 41; *Faust*, in: Stiftung Datenschutz, Dateneigentum und Datenhandel, S. 98.

1262 *Thouvenin/Früh*, Zuordnung von Sachdaten, S. 43.

1263 Im Ergebnis auch *Kerber*, GRUR Int 2016, 989, 996; *Peitz/Schweitzer*, NJW 2018. 275, 278.

1264 *Duch-Brown/Martens/Mueller-Langer*, Economics of ownership, access and trade, S. 19.

die mittelbar betroffenen Informationen haben würde.[1265] Der Grundsatz des Gemeingebrauchs der Information wäre gefährdet, da der Schutz der syntaktischen Ebene mittelbar auch die dahinterstehende Information erfassen würde.[1266] Übernommen werden soll daher der Ansatz von *Ensthaler*, dass nicht nur der Hersteller, sondern auch der Nutzer im Rahmen der Verteilung der Wertschöpfung berücksichtigt werden müssen.

2. Ausgestaltung als Abwehrrecht

Vorgeschlagen wird weiterhin die Konstruktion des neuen Datenrechts als subjektives Abwehrrecht.[1267] Inhaber eines solchen Abwehrrechts könnten dabei die Hersteller vernetzter Produkte und Geräte sein, deren Investition in die Schaffung der Daten dadurch auch rechtlich mittelbar geschützt werden würde.[1268] Im Unterschied zu Ausschließlichkeitsrechten begründen Abwehrrechte keinen rechtlichen Zuweisungsgehalt, denn sie ermöglichen dem Rechteinhaber nur die Abwehr bestimmter Handlungen.[1269] Im Falle einer unrechtmäßigen Aneignung von Daten könnte der Rechteinhaber den Dritten verklagen oder auch Unterlassungsansprüche für die rechtswidrige Nutzung der Daten durch Dritte geltend machen.[1270] Möglich wären auch Schadensersatzansprüche bei unbefugter Nutzung der Daten durch Dritte.[1271] Das Ziel des Abwehrrechts wäre die Förderung der gemeinsamen Nutzung von Daten.[1272] Durch die rechtliche Sicherung der faktischen Herrschaftsposition der Dateninhaber würden dem Dateninhaber gegen Dritte verschiedene Befugnisse zustehen, die den Schutz seiner faktischen Kontrollposition auch außerhalb vertraglicher Schutzmöglichkeiten gewährleisten würde.[1273] Ge-

1265 *Specht,* CR 2016, 288, 290; *Wiebe*, CR 2017, 87, 91; *Kerber*, GRUR Int. 2016, 989, 992; *Heymann*, CR 2016, 650, 655; *Wiebe/Schur*, ZUM 2017, 461, 470.

1266 *Wiebe/Schur*, ZUM 2017, 461, 472; *Kerber*, GRUR Int. 2016, 989, 992; *Heymann*, CR 2016, 807, 810.

1267 *Max-Planck-Institut für Innovation und Wettbewerb*, Positionspapier vom 16. August 2016, Rn. 28; *Europäische Kommission*, Commission staff working document on the free flow of data and emerging issues of the European data economy, SWD (2017) 2 final, S. 33 f.; *Wiebe* in: Leupold/Wiebe/Glossner, IT-Recht, Teil 6.7 Rn. 52; *Kerber*, GRUR Int. 2016, 989, 993 ff.; *Wiebe*, GRUR Int. 2016, 879; *ders.,* CR 2017, 87, 89.

1268 *Wiebe*, CR 2017, 87, 90.

1269 *Zech*, Information als Schutzgegenstand, S. 78, 89.

1270 *Wiebe,* CR 2017, 87, 89; *Europäische Kommission*, Commission Staff Working Document on the free flow of data, SWD (2017) 2 final, S. 34.

1271 *Europäische Kommission*, Commission Staff Working Document on the free flow of data, SWD (2017) 2 final, S. 34; *Wiebe*, CR 2017, 87, 89.

1272 *Europäische Kommission*, Commission Staff Working Document on the free flow of data, SWD (2017) 2 final, S. 33.

1273 *Europäische Kommission*, Commission Staff Working Document on the free flow of data, SWD (2017) 2 final, S. 33 f.; *Wunner*, Ein regulatives Vertragsrecht für die Datenwirtschaft, S. 132.

rechtfertigt könnte ein solches Abwehrrecht mit dem Interesse des Herstellers an Produktverbesserungen und an Produktbeobachtung werden.[1274]

a) Faktischer Ausschluss als Anknüpfungspunkt

Der Anknüpfungspunkt für die Entstehung des Schutzes wäre die faktische Alleinkontrolle der Hersteller über die Daten.[1275] Gegenstand des Schutzes wäre damit die *de-facto*-Besitzlage.[1276] Damit würde das Abwehrrecht in seiner Konzeption dem Know-how-Schutz ähneln.[1277] Da der Handel mit Daten erfordert, dass die Daten gegenüber externen Dritten offengelegt werden, würde der Schutz des Abwehrrechts unterhalb der Schwelle des Geheimnisschutzes anknüpfen.[1278] Für die Entstehung des Schutzes könnten technische und rechtliche Schutzmaßnahmen in Betracht kommen. Dem Inhaber würden durch die Einräumung von Abwehrrechten auch die Befugnis zur Weiterverbreitung der Daten und damit auch die Aufhebung der technischen Exklusivität eingeräumt werden.[1279] Durch die kontrollierte Zugänglichmachung der Daten an ausgewählte Vertragspartner, würde dem Inhaber gegen unberechtigte Dritte Abwehransprüche zustehen, zu denen er in keinem vertraglichen Verhältnis steht. Mit Aufhebung der technisch-faktischen Alleinkontrolle und der öffentlichen Zugänglichmachung der Daten wäre auch der Schutz der Daten durch die Abwehrrechte beendet.

b) Schwächen der Ausgestaltung als Abwehrrecht

Auch wenn die Einführung von Abwehrrechten die Exklusivposition der Hersteller auch gegenüber Dritten stärken würde, die sich unberechtigterweise Zugang zu den Daten verschaffen, eignen sich Abwehrrechte nicht, um die Probleme der fehlenden rechtlichen Zuweisung von Daten zu lösen. Im Unterschied zu den Ausschließlichkeitsrechten und einigen Rahmenrechten weisen Abwehrrechte dem Inhaber keinen bereicherungsrechtlichen Zuweisungsgehalt zu.[1280] Die Ausgestaltung als Abwehrrecht würde allein die defensiven Elemente eines dinglichen Rechts übernehmen.[1281] Sie normieren bloße Handlungsverbote, die den Inhaber vor einer Beeinträchtigung schützen sollen.[1282] Sie gewährleisten nur den ungestörten Schutz

---

1274 *Wiebe,* CR 2017, 87, 90.
1275 *Wiebe,* CR 2017, 87, 89.
1276 *Wiebe,* CR 2017, 87, 89.
1277 *Zech,* Information als Schutzgegenstand, S. 89; *Wiebe,* CR 2017, 87, 90.
1278 *Wiebe*, CR 2017, 87, 90.
1279 *Zech,* Information als Schutzgegenstand, S. 122.
1280 *Zech,* Information als Schutzgegenstand, S. 89.
1281 *Europäische Kommission,* Commission Staff Working Document on the free flow of data, SWD (2017) 2 final, S. 33 f.
1282 *Zech,* CR 2015, 137, 140; *ders.*, Information als Schutzgegenstand, S. 89.

der faktischen Herrschaftsposition und ähneln daher dem Besitzschutz.[1283] Der Inhaber des Abwehrrechts kann gegen bestimmte Handlungen vorgehen, die den Beeinträchtigten in seiner Schutzsphäre verletzen.[1284] Trotz des Schutzes vor Beeinträchtigungen nehmen Abwehrrechte keine Güterzuweisung vor.[1285] Deutlich wurde dies bereits in der Untersuchung der Rechtsnatur von Geschäftsgeheimnissen. Das Geschäftsgeheimnisrecht weist das Geschäftsgeheimnis nicht dem Inhaber ausschließlich zu, sondern gewährt ihm Abwehrrechte, deren Bestehen von der Geheimnisqualität der Information abhängen. Damit schützt das Geschäftsgeheimnis nur die faktische Position, ohne die semantische Information dem Inhaber rechtlich zuzuweisen.[1286] Bei einer Ausgestaltung als subjektives Abwehrrecht wäre auch der Schutz der Daten von der Geheimhaltung der Daten abhängig.[1287] Dies wurde bereits von der Europäischen Kommission als Alternative zur dinglichen Ausgestaltung des neuen Datenrechts in Betracht gezogen.[1288] Eine solche Konstruktion könnte von seiner Ausgestaltung dem Geschäftsgeheimnisschutz ähneln. Die Daten würden demnach nicht rechtlich, sondern nur faktisch zugewiesen werden.[1289] Die geschützte Rechtsposition wäre der „Besitz", demnach der Zugang bzw. die Nutzung der Daten durch den Inhaber.[1290] Diesem stünden bei Eingriffen Dritter rechtliche Abwehransprüche zu. Denkbar wäre es bei widerrechtlichem Zugriff durch Dritte, Unterlassungsansprüche gegen den Dritten zu erheben, um die weitere Verwendung von Daten zu verhindern, oder das Recht, Produkte, die auf der Grundlage missbräuchlich verwendeter Daten hergestellt wurden, von der Vermarktung ausschließen zu lassen, sowie die Möglichkeit, Schadensersatz für die unbefugte Verwendung der Daten zu verlangen.[1291] Gegen die Ausgestaltung als bloßes Abwehrrecht spricht jedoch, dass damit nicht die identifizierten Probleme des Datenmarktes gelöst werden würden. Gegenwärtig wird die faktische Alleinkontrolle der Datenhersteller durch technische und vertragliche Schutzmaßnahmen geschützt. Durch die Konstruktion des Datenrechts als

1283 *Martini/Kolain/Neumann,* MMR- Beil. 2021, 3, 21; *Europäische Kommission*, Commission Staff Working Document on the free flow of data, SWD (2017) 2 final, S. 34.

1284 *Zech*, CR 2015, 137, 140.

1285 *Zech*, CR 2015, 137, 140.

1286 Siehe hierzu Kap. 3. D; *Europäische Kommission*, Commission Staff Working Document on the free flow of data, SWD (2017) 2 final, S. 34.

1287 *Wiebe,* in: Leupold/Wiebe/Glossner, IT-Recht, Teil 6.7 Rn. 52.

1288 *Europäische Kommission*, Commission staff working document on the free flow of data and emerging issues of the European data economy, SWD (2017) 2 final, S. 33 f.

1289 *Europäische Kommission*, Commission staff working document on the free flow of data and emerging issues of the European data economy, SWD (2017) 2 final, S. 35.

1290 *Europäische Kommission*, Commission staff working document on the free flow of data and emerging issues of the European data economy, SWD (2017) 2 final, S. 33 f.

1291 *Europäische Kommission*, Commission staff working document on the free flow of data and emerging issues of the European data economy, SWD (2017) 2 final, S. 33 f.

Abwehrrecht – ähnlich dem Geschäftsgeheimnisrecht – würde die Position der Hersteller zwar gestärkt, die Hindernisse auf den Datenmärkten jedoch nicht aufgehoben. Die Nutzer der vernetzten Produkte und Maschinen würden weiterhin an der Wertschöpfung aus den Daten ausgeschlossen werden. Auch auf dem Sekundärmarkt würde es nicht zu mehr Handel mit den Daten kommen, denn Hintergrund der zurückhaltenden Zugangsgewährung sind nicht fehlende Abwehrrechte im Falle des widerrechtlichen Zugangs durch Dritte, sondern der zu schützende Wettbewerbsvorsprung, den die exklusive Datennutzung gewährt.[1292] Die Bereitschaft, Daten auf dem Sekundärmarkt zu teilen, würde sich durch die Gewährung von Abwehrrechten nicht erhöhen, sondern vielmehr verringern, sodass mit steigenden Wohlfahrtsverlusten zu rechnen wäre.[1293]

3. Ausgestaltung als Zugangs- und Nutzungsrecht

Möglich ist auch die Zuweisung von Teilhaberechten.[1294] Unter Teilhaberechten werden solche Rechte verstanden, die „den einfachen Zugang oder die nicht ausschließliche Nutzung von Daten, nicht jedoch die Möglichkeit der Integritätsverletzung“ zuweisen.[1295] Im Unterschied zu Ausschließlichkeitsrechten weisen Teilhaberechte Handlungsbefugnisse nicht einem bestimmten Rechteinhaber ausschließlich zu.[1296] Vielmehr können sie mehreren Personen eingeräumt werden, die ihre Befugnis unabhängig voneinander wahrnehmen können, ohne sich gegenseitig zu beeinträchtigen.[1297] Dem Inhaber eines solchen Teilhaberechts stünde gegen den Inhaber der Daten ein relativer Anspruch auf Einräumung des Zugangs sowie ein Abwehrrecht im Falle der Beeinträchtigung des Zugangs zu.[1298] Teilhaberechte eignen sich daher besonders für immaterielle Güter, die in ihrem Konsum nicht-rival sind.[1299] Angesichts der Schwächen der Ausgestaltung als Ausschließlichkeitsrecht wurden Zugangsrechte an Daten immer mehr Gegenstand der rechtlichen Diskussion für die Ausgestaltung des Datenrechts.[1300] Regelungen für den Zugang zu Daten eignen sich im Vergleich zu Ausschließlich-

1292 Vgl. *Wunner*, Ein regulatives Vertragsrecht für die Datenwirtschaft, S. 133.
1293 Vgl *Wunner*, Ein regulatives Vertragsrecht für die Datenwirtschaft, S. 133; *Drexl*, NZKart 2017, 339, 342 f.; *Kim*, GRUR Int. 2017, 697, 703.
1294 *Zech*, CR 2015, 137, 140.
1295 *Zech*, CR 2015, 137, 140.
1296 *Zech*, Information als Schutzgegenstand, S. 71.
1297 *Zech*, Information als Schutzgegenstand, S. 71.
1298 *Zech*, Information als Schutzgegenstand, S. 71.
1299 *Zech*, Information als Schutzgegenstand, S. 71.
1300 *Drexl*, JIPITEC 8 (2017), 257, 258 ff.; *Fries/Scheufen*, MMR 2019, 721, 725 f.; *Louven*, NZKart 2018, 217, 217 ff.; *Raue/v. Ungern-Sternberg*, ZRP 2020, 49, 50; *Richter/Slowinski*, IIC 2019, 4, 4 ff.; *Schweitzer*, GRUR 2019, 569, 569 ff.; *Wiebe*, CR 2017, 87; *Wischmeyer/Herzog*, NJW 2020, 288 ff.

keitsrechten besser, um individuelle Zugangsinteressen einzelner Marktakteure zu berücksichtigen, ohne dabei die Funktionsfähigkeit des Marktes zu behindern.[1301] Für die vollständige Wertschöpfung aus Daten könnte daher der von *Ensthaler* vorgeschlagene Wertausgleich für Nutzer auch darin bestehen, den Nutzern ebenfalls Zugangs- und Nutzungsrechte an den Daten einzuräumen.

a) Erhebung und Investition als Anknüpfungspunkte

Sowohl Hersteller vernetzter Maschinen und Geräte als auch die Nutzer dieser Produkte haben ein berechtigtes Interesse an der Nutzung der erzeugten Daten. Der Hersteller stattet seine Produkte und Maschinen mit Datenerfassungsgeräten wie Sensoren aus und bereitet damit die Erhebung der Daten wesentlich vor.[1302] Der Nutzer erzeugt durch die private oder gewerbliche Nutzung der Maschine oder des vernetzten Produkts Unmengen von Daten.[1303] Die Zuweisung von Zugangs- und Nutzungsrechten an den Hersteller vernetzter Maschinen und Geräte sowie an den Nutzer dieser Produkte würde beide Akteure für ihre Leistung im Rahmen der Datenerschaffung belohnen. Auch *Schweitzer* und *Peitz* möchten sowohl den Hersteller als auch den Nutzer der vernetzten Maschine am Wert der Daten teilhaben lassen.[1304] Hierfür schlagen sie ein Datennutzungsrecht zugunsten der Datenhersteller vor, der jedoch nicht die Begründung einer Ausschließungsbefugnis des Nutzers im Verhältnis zum Hersteller bedeuten soll.[1305] Dem Nutzer soll lediglich ein einfaches Nutzungsrecht eingeräumt werden, das er gegenüber dem Hersteller geltend machen können soll.[1306] Durch das Recht der Maschinennutzer auf Zugänglichmachung von Daten soll der Alleinzugriff der Hersteller eingeschränkt und Lock-in-Effekte vermieden werden.[1307] Parallelen ziehen sie zur Datenportabilität nach Art. 20 DS-GVO, der Nutzern die Möglichkeit bietet, ihre personenbezogenen Daten konkurrierenden Diensteanbietern zur Verfügung zu stellen.[1308] Dem Nutzer soll die Möglichkeit gewährt werden, die durch seine Nutzung erzeugten Daten zu eigenen Zwecken zu nutzen oder Dritten zur Beanspruchung datenbasierter Mehrwertdienste zur Verfügung zu stellen.[1309] Das Recht auf Datenporta-

1301 *Fries/Scheufen,* MMR 2019, 721, 725 f.
1302 *Ensthaler,* NJW 2016, 3473, 3474.
1303 *Ensthaler,* NJW 2016, 3473, 3474.
1304 *Schweitzer/Peitz,* Datenmärkte in der digitalisierten Wirtschaft, S. 85.
1305 *Schweitzer/Peitz,* Datenmärkte in der digitalisierten Wirtschaft, S. 85.
1306 *Schweitzer/Peitz,* Datenmärkte in der digitalisierten Wirtschaft, S. 85.
1307 *Schweitzer/Peitz,* Datenmärkte in der digitalisierten Wirtschaft, S. 84 f.
1308 *Schweitzer/Peitz,* Datenmärkte in der digitalisierten Wirtschaft, S. 85; *Max-Planck-Institut für Innovation und Wettbewerb,* Positionspapier vom 16. August 2016, Rn. 39.
1309 *Schweitzer/Peitz,* Datenmärkte in der digitalisierten Wirtschaft, S. 85.

bilität sei jedenfalls für die Fälle gerechtfertigt, in denen ein „lock-in“ entstanden ist oder „wenn die aus der eigenen Machtposition beziehungsweise aus der Wettbewerbslage folgende Verhandlungsmacht von vornherein so beschränkt ist, dass der Maschinen- oder Dienstenutzer die eigenen wirtschaftlichen Interessen nicht effektiv durchsetzen kann“.[1310] Möglich seien Konstellationen, in denen der Verzicht auf den Datenzugriff im beiderseitigen Interesse sein könne.[1311] Die bedingungslose Einräumung eines Datenportabilitätsrechts hätte nach *Schweitzer* und *Peitz* zur Folge, dass die Anreize zur Investition in die Datengenerierung sinken würden, da Hersteller und Diensteanbieter „jederzeit mit einem Wechsel unter Mitnahme der Daten beziehungsweise in eine eigene wirtschaftliche Verwertung der Daten durch die Maschinen- und Dienstenutzer rechnen müss[t]en“.[1312] Damit wird auch der entscheidende Nachteil des Ansatzes deutlich, der den Nutzern nur ein marktmachtabhängiges Recht auf Portabilität ihrer Daten gewähren will. Entgegen der Ansicht von *Schweitzer* und *Peitz* sind vertragliche Ungleichgewichte nicht nur in B2C-, sondern auch in B2B-Verhältnissen denkbar. Maschinen- und Dienstenutzer werden regelmäßig in der vertraglich unterlegenen Position sein.[1313] Den Nutzern sollte daher ein marktmachtunabhängiges Zugangs- und Nutzungsrecht zustehen, auf Grundlage derer sie die Daten kommerziell verwerten könnten. Der Ansatz von *Schweitzer* und *Peitz* eignet sich daher nur bedingt, die Probleme der Datenmärkte zu lösen.

b) Vorteile eines Zugangs- und Nutzungsrechts

Unter Zugrundelegung bisheriger Erkenntnisse sollte in Betracht gezogen werden, sowohl dem Hersteller als auch dem Nutzer vernetzter Maschinen und Geräte Rechte an den erzeugten Daten zu gewähren.[1314] *Specht* weist zu Recht darauf hin, dass zwar das Verhalten des Nutzers zur Generierung von Daten beiträgt, die Investition in die Produktion von Aufzeichnungsgerätschaften und Software auch Parameter seien, die bei der Erzeugung der Daten eine Rolle spielen.[1315] Es wäre daher nur interessengerecht, beiden ein gleich gestaltetes voneinander unabhängiges Teilhaberecht einzuräumen. Für die Ausgestaltung des Schutzrechts sollte beiden Akteuren ein voneinander unabhängig bestehendes Zugangs- und Nutzungsrecht eingeräumt werden. Die nicht-rivale Nutzungsmöglichkeit von Daten und ihre fehlende Abnutzbarkeit würden eine solche parallele private und kommerzielle Nut-

---

1310 *Schweitzer/Peitz,* Datenmärkte in der digitalisierten Wirtschaft, S. 85.

1311 *Schweitzer/Peitz,* Datenmärkte in der digitalisierten Wirtschaft, S. 85 f.

1312 *Schweitzer/Peitz,* Datenmärkte in der digitalisierten Wirtschaft, S. 86.

1313 Ähnlich *Wunner*, Ein regulatives Vertragsrecht für die Datenwirtschaft, S. 131.

1314 *Europäische Kommission*, Commission staff working document on the free flow of data and emerging issues of the European data economy, SWD (2017) 2 final, S. 33 f.

1315 *Specht*, in: Stiftung Datenschutz, Dateneigentum und Datenhandel, S. 308.

zung ermöglichen. Die Wahrnehmung der Nutzerrechte könnte durch eine privatrechtliche oder öffentlich-rechtliche Einrichtung, wie etwa das Bundeskartellamt, wahrgenommen werden.[1316]

c) Kein ausreichender Zugang zu Daten durch die geltende Rechtslage

Der Einführung von Zugangs- und Nutzungsrechten an Daten stünden auch keine anderweitigen Regelungen entgegen. Der Zugang zu Daten wird auf gesetzlicher Ebene nur durch wenige sektorspezifische Vorschriften geregelt.[1317] Bei diesen handelt es sich um branchenspezifische Zugangsregelungen, die den besonderen Bedürfnissen des jeweiligen Sektors gerecht werden sollen. Dagegen ist ein sektorübergreifender Zugang nur über die kartellrechtliche Essential-facilities-Doktrin denkbar.[1318] Die Essential-facilities-Doktrin wurde für solche Fälle entwickelt, in denen Unternehmen Zugang zu ihren Einrichtungen verweigern und die Zugangsverweigerung als unbillig eingeordnet wird.[1319] Die Folge einer solchen Verweigerung kann unter Umständen wettbewerbsbeeinträchtigende Auswirkungen haben, insbesondere dann, wenn es sich bei dem verweigernden Unternehmen um ein Unternehmen mit Monopolstellung handelt.[1320] Zur Verhinderung von Wettbewerbsnachteilen wurde schließlich das Verbot der wettbewerbsschädigenden Verweigerung des Zugangs zu Monopolen und der faktische Zwang eines Geschäftsabschlusses eingeführt.[1321] Im europäischen Rechtsraum findet sich ein solcher Anspruch in Art. 101 AEUV, wonach die missbräuchliche Ausnutzung der marktbeherrschenden Stellung strengstens verboten ist. Anders als die amerikanische Rechtsprechung zu den essential facilities, übertrug die europäische Rechtsprechung die Grundsätze auf Grundlage des Art. 101 AEUV auch auf rechtliche Monopole. Während sich die Grundsätze der essential facilities auf natürliche Monopole beziehen, werden die Grundsätze nach der europäischen Rechtsprechung auch auf gewerbliche Schutzrechte übertragen.[1322] Den Inhabern gewerblicher Schutzrechte ist es möglich, Dritte durch Geltendmachung von Unterlassungs- und Schadensersatzansprüchen vom Markt auszuschließen.[1323] Wird der Zugang zu gewerb-

---

1316 *Fezer*, ZD 2017, 99, 99.

1317 *Hennemann,* RDi 2021, 61, 62.

1318 *Wunner,* Ein regulatives Vertragsrecht, S. 137 ff.; *Körber,* MMR 2020, 290, 291; *Telle,* in: Hennemann/Sattler, Immaterialgüter und Digitalisierung, S. 73, 77 f.

1319 *Louven,* NZKart 2018, 217, 218.

1320 *Wunner,* Ein regulatives Vertragsrecht, S. 137; *Louven,* NZKart 2018, 217, 218.

1321 *Louven,* NZKart 2018, 217, 218.

1322 *Louven,* NZKart 2018, 217, 218; m. w. N.: EuGH, Urteil vom 29.04.2004 – C-418/01 = NJW 2004, 2725 (Ls.) – *IMS Health*; EuGH, Urteil vom 06.04.1995 – C-241/91 P und C- 242/91 = GRUR Int. 1995, 490 – *Magil;* EuGH, Urteil vom 17.09.2007 – T-201/04 = WuW 2007, 1169 – *Microsoft.*

1323 *Louven,* NZKart 2018, 217, 218.

lichen Schutzrechten in marktmachtmissbräuchlicher Weise vom Inhaber verhindert und ist das gewerbliche Schutzrecht unersetzbar oder nicht mit eigenen Mittel reproduzierbar, kann bei entsprechender Wettbewerbsverhinderung eine Zwangslizenz in Betracht kommen.[1324] Da ein solches rechtliches oder natürliches Monopol im Hinblick auf Daten nicht in Betracht kommt, führt *Louven* ein sog. faktisches Monopol i. S. d. § 18 Abs. 1 GWB ein.[1325] Dieses faktische Monopol sei durch das Vorliegen von Datenmacht gegeben, die keinesfalls mit Marktmacht gleichgestellt werden dürfe.[1326] Von einer Datenmacht im Sinne einer marktbeherrschen Stellung könne dann gesprochen werden, „wenn das inne habende Unternehmen durch seine Entscheidung den Wettbewerb beeinflussen oder sich Wettbewerbsdruck entziehen kann.“[1327] Es ist zweifelhaft, ob die Konstruktion eines faktischen Monopols ausreicht, um die Voraussetzungen eines branchenübergreifenden Zugangs zu erfüllen. Dateninhaber werden weiterhin die Möglichkeit haben, den Zugang unter Berufung auf ihren Geschäftsgeheimnisschutz zu verweigern.[1328] Eine solche Zugangsverweigerung wird unter Berücksichtigung der Voraussetzungen des Geheimnisschutzes nicht selten der Fall sein.

III. Bewertung

Grundsätzlich hängt die Frage, ob ein Recht an Daten zu mehr Vorteilen oder zu mehr Hindernissen führt, von der konkreten Ausgestaltung des Rechtsrahmens ab.[1329] Die konkrete Ausgestaltung von Handlungsrechten wirkt sich unmittelbar auf die Allokation knapper Güter und Ressourcen aus.[1330] Rechtliche Regelungen müssen geeignet sein, die identifizierten Marktdefizite aufzulösen und gegebenenfalls erforderliche Korrekturen vorzunehmen.[1331] Die dem Einzelnen durch die Rechtsordnung zugewiesenen Handlungsbefugnisse können durch Rechtsgeschäfte und Verträge auf Dritte übertragen werden.[1332] Damit wird der unmittelbare Einfluss der originären Zuweisung auf die faktische Verteilung von Handlungsrechten deutlich, die durch die rechtsgeschäftliche Übertragung erfolgt.[1333] Die Unter-

---

1324 *Louven,* NZKart 2018, 217, 218.
1325 *Louven,* NZKart 2018, 217, 219.
1326 *Louven,* NZKart 2018, 217, 219 f. m. w. N.
1327 *Louven,* NZKart 2018, 217, 220 mit Verweis auf *Surblyte,* EuCML 2015, 170, 176; *Telle,* WRP 2016, 814, 817.
1328 *Weber,* WRP 2020, 559 Rn. 16.
1329 *Wiebe,* GRUR Int. 2016, 877, 878.
1330 *Hardege,* Informationstechnologische Entwicklungen und der Schutz von Verfügungsrechten für Informationsgüter, S. 23.
1331 *Ahn,* Der vermögensrechtliche Zuweisungsgehalt des Persönlichkeitsrechts, S. 105 f.
1332 *Ott/Schäfer,* Lehrbuch der ökonomischen Analyse des Zivilrechts, S. 78 f.
1333 *Ott/Schäfer,* Lehrbuch der ökonomischen Analyse des Zivilrechts, S. 79.

suchung verschiedener Ausgestaltungsmöglichkeiten hat gezeigt, dass die Ausgestaltung der neuen Datenrechte als Zugangs- und Nutzungsrechte erfolgen sollte. Als Folge der Einräumung der Zugangsrechte stünden dem Inhaber Ansprüche auf Zugangsgewährung und Ansprüche auf Beseitigung von Zugangshindernissen zu.[1334] Die Ausgestaltung als Teilhaberecht würde die Berücksichtigung der Interessen des Herstellers und Dateninhabers gleichermaßen zulassen. Für die Lösung der Probleme im Umgang mit Daten kommt es jedoch auf die konkrete Ausgestaltung des Zugangsrechts an.[1335] Gegenwärtige gesetzliche Zugangsansprüche sind nicht geeignet, den rechtssicheren Umgang zu Daten zu ermöglichen. Es ist daher davon auszugehen, dass erst ein Datenrecht, das einen „fairen Vorteilsausgleich für alle an der Wertschöpfung Beteiligten“[1336] sicherstellt, geeignet ist, die identifizierten Probleme auf dem Markt zu lösen. Eine Ausgestaltung als Ausschließlichkeitsrecht ist dagegen nicht geeignet, die gegenwärtigen Probleme der Datenwirtschaft zu lösen.

1334 *Zech,* Information als Schutzgegenstand, S. 121.

1335 *Specht-Riemenschneider,* MMR 2022, 809, 809.

1336 *Europäische Kommission,* Aufbau einer europäischen Datenwirtschaft, COM (2017) 9 final, S. 12 f.

Kapitel 6: EU-Data Act als Lösung

Am 23. Februar 2022 veröffentlichte die Europäische Kommission ihren Entwurf zum EU-Data Act (auch: Datenverordnung).[1337] Der inzwischen in Kraft getretene Data Act[1338] ist eine der Maßnahmen, die die Europäische Kommission in ihrer europäischen Datenstrategie angekündigt hat.[1339] Der Data Act soll das „Herzstück"[1340] der Vorschläge zur EU-Datenregulierung sein.[1341] Mit dem Data Act schlägt die Europäische Kommission einen innovativen Rechtsrahmen[1342] für den Zugang und für die Nutzung von Daten vor, die durch die Nutzung vernetzter Geräte und damit verbundener Dienste generiert werden. Der nachfolgende Abschnitt soll darstellen, warum der Data Act nicht geeignet ist, die gegenwärtigen Probleme, die durch fehlende Rechte an Daten hervorgerufen werden, zu lösen. Für die Untersuchung sollen zunächst die konkreten Ziele des Data Acts vorgestellt werden (A.). Im Anschluss soll untersucht werden, welche Regelungen der Data Act zur Umsetzung der Ziele vorsieht. Hierfür sollen zunächst Regelungsgegenstand und Anwendungsbereich des Data Acts dargestellt werden (B.). Im Anschluss soll untersucht werden, welche Rechte und Pflichten der Data Act für Nutzer, Dateninhaber und Datenempfänger vorsieht (C.). Im Rahmen einer kritischen Würdigung sollen dann die Schwächen des Data Acts aufgezeigt werden (D.). Das Kapitel endet mit Korrekturvorschlägen, deren Umsetzung die volle Wertausschöpfung von Daten im europäischen Datenraum gewährleisten würde (E.).

1337 *Europäische Kommission,* Pressemitteilung vom 23.02.2022, Datengesetz: Kommission schlägt Maßnahmen für eine faire und innovative Datenwirtschaft vor, abrufbar unter: https://ec.europa.eu/commission/presscorner/detail/de/ip_22_1113.

1338 Europäische Kommission, Verordnung (EU) 2023/2854 des Europäischen Parlaments und des Rates vom 13. Dezember 2023 über harmonisierte Vorschriften für einen fairen Datenzugang und eine faire Datennutzung sowie zur Änderung der Verordnung (EU) 2017/239 und der Richtlinie (EU) 2020/1828 (Datenverordnung), abrufbar unter: https://bmdv.bund.de/SharedDocs/DE/Anlage/DG/Digitales/eu-data-act-deutsche-fassung-22-12-23.pdf?__blob=publicationFile.

1339 *Europäische Kommission,* Eine europäische Datenstrategie, COM (2020) 66 final, S. 1 f., 13 ff.

1340 *Bomhard/Merkle,* RDi 2022, 168, 168; *Hennemann/Steinrötter,* NJW 2022, 1481, 1481.

1341 *Hennemann/Steinrötter,* NJW 2022, 1481, 1481.

1342 *Bomhard/Merkle,* RDi 2022, 168, 175.

A. Zielsetzung

Hintergrund des neuen Data Acts ist das Problem der ausschließlichen Kontrollposition von Unternehmen, die gegenwärtig den Zugang zu Daten für Nutzer verhindern.[1343] Die negativen Auswirkungen spüren auch Diensteanbieter nachgelagerter Märkte, denen meist keine alternativen Zugangsmöglichkeiten zu Daten zustehen.[1344] Die Europäische Kommission sieht in der Regulierung des Zugangs und der Nutzung von Daten einen entscheidenden Schritt zur vollen Ausschöpfung des vollen Wertpotenzials des digitalen Zeitalters.[1345] Im Einklang mit der europäischen Datenstrategie soll der Data Act dazu beitragen, einen echten Binnenmarkt für Daten zu schaffen.[1346] Die Zielvorstellung des Data Acts liegt dabei im gesamtgesellschaftlichen Interesse.[1347] Im Sinne der europäischen Datenstrategie soll durch die gerechtere Verteilung der Wertschöpfung aus Daten die Innovations- und Wettbewerbsfähigkeit europäischer Unternehmen branchenübergreifend gewährleistet werden.[1348] Durch die verbesserte Verfügbarkeit von Daten soll der Wert der Daten in Wirtschaft und Gesellschaft maximiert werden.[1349] Auch öffentliche Stellen sollen in vorgesehenen Ausnahmesituationen für die Bewältigung wichtiger politischer und gesellschaftlicher Herausforderungen Zugang zu den Daten erlangen, die gegenwärtig unter der Kontrolle datenreicher Unternehmen stehen.[1350] In Fällen einer außergewöhnlichen Notwendigkeit, wie etwa bei öffentlichen Notständen und anderen Ausnahmesituationen, soll auch diesen der Zugang zu den Daten des Privatsektors gewährt werden.[1351] Die vorgenannten Ziele des Data Acts verdeutlichen den Willen der Kommission, die gegenwärtigen Probleme im Umgang mit Daten zu lösen. Mit ihrer Zielsetzung will die Kommission verhindern, dass weiterhin Daten aufgrund widersprüchlicher wirtschaftlicher Anreize oder technologischer Hindernisse nicht voll ausgeschöpft werden.[1352]

1343 *Kerber*, GRUR Int. 2023, 120, 120.

1344 *Podszun/Pfeifer*, GRUR 2022, 953, 953.

1345 *Europäische Kommission*, Vorschlag für eine Verordnung des Europäischen Parlaments und des Rates über harmonisierte Vorschriften für einen fairen Datenzugang und eine faire Datennutzung (Datengesetz) COM (2022) 68 final, S. 1.

1346 Erwägungsgrund 119 Data Act.

1347 *Specht-Riemenschneider*, MMR 2022, 809, 809.

1348 *Europäische Kommission*, Eine europäische Datenstrategie, COM (2020), 66 final, S. 1; *dies.*, COM (2022) 68 final, S. 1, 3; *Specht-Riemenschneider*, MMR 2022, 809, 810; *Wiebe*, GRUR 2023, 227, 228; *Kerber*, GRUR Int. 2023, 120, 120.

1349 *Europäische Kommission*, SWD (2022) 34 final, S. 25; *Wiebe*, GRUR 2023, 227, 228.

1350 *Europäische Kommission*, COM (2022) 68 final, S. 19.

1351 *Europäische Kommission*, COM (2022) 68 final, S. 3 f.

1352 *Europäische Kommission*, COM (2022) 68 final, S. 1.

B. Regelungsgegenstand und Anwendungsbereich

Regelungsgegenstand des Data Acts ist unter anderem die Bereitstellung von Produktdaten und verbundenen Dienstdaten für den Nutzer des vernetzten Produkts oder verbundenen Dienstes, (vgl. Art. 1 Abs. 1 lit. a Data Act) sowie die Bereitstellung von Daten durch Dateninhaber für Datenempfänger (vgl. Art. 1 Abs. 1 lit. b Data Act). Gemeinsam mit dem bereits in Kraft getretenen Data Governance Act (kurz: DGA)[1353] soll der Data Act einen horizontalen Mindeststandard schaffen, der durch sektorspezifische Regelungen ergänzt werden soll.[1354] Bestehende sektorspezifische Vorschriften, die bereits in der Automobilindustrie sowie im Energie- und Bankensektor erlassen wurden, sollen in ihrer Anwendung unberührt bleiben und ggf. an den horizontalen Mindeststandard des Data Acts angepasst werden.[1355] Dadurch soll es weiterhin möglich sein, durch vertikale Rechtsvorschriften detailliertere Regelungen zu erlassen, die sektorspezifischen Besonderheiten gerecht werden.[1356] Anwendung finden soll der Data Act auf B2B-, B2C- und B2G-Verhältnisse.[1357] Entsprechend weit ist der Anwendungsbereich der Verordnung.[1358]

I. Persönlicher Anwendungsbereich

Der persönliche Anwendungsbereich des Data Acts bezieht sich auf Hersteller vernetzter Produkte und Anbieter verbundener Dienste (vgl. Art. 1 Abs. 3 lit. a Data Act) sowie Nutzer solcher Produkte oder Dienste (vgl. Art. 1 Abs. 3 lit. b Data Act). Für den Fall, dass Hersteller oder Anbieter verbundener Dienste nicht auch Inhaber der erzeugten Daten sind, nennt der Data Act explizit auch die sog. „Dateninhaber" als weitere Adressaten der Verordnung (vgl. Art. 1 Abs. 3 lit. c Data Act). Neben den Nutzern werden von dem Data Act auch potenzielle Empfänger der Daten, die sog. „Datenempfänger" (vgl. Art. 1 Abs. 3 lit. d Data Act), aber auch „öffentliche Stellen" (vgl. Art. 1 Abs. 3 lit. e Data Act) sowie „Anbieter von Datenverarbeitungsdiensten" (vgl. Art. 1 Abs. 3 lit. f Data Act) wie Cloud- und Edge-Diensteanbieter und „Teilnehmer an Datenräumen und Anbieter von Anwendungen, die intelli-

1353 Verordnung (EU) 2022/868 des Europäischen Parlaments und des Rates vom 30. Mai 2022 über europäische Daten-Governance und zur Änderung der Verordnung (EU) 2018/1724 (Daten-Governance-Rechtsakt) ABl. 2022 L 152, 1; siehe hierzu auch *Tolks,* MMR 2022, 444.

1354 Erwägungsgrund 6, 42 Data Act; Erwägungsgrund 3 DGA.

1355 *Europäische Kommission,* COM (2022) 68 final, 5, Erwägungsgründe 25, 79; *dies.*, SWD (2022) 34 final, S. 7.

1356 *Europäische Kommission*, SWD (2022) 34 final, S. 7.

1357 *Europäische Kommission*, COM (2022) 68 final, Erwägungsgrund 4; *Specht-Riemenschneider,* MMR 2022, 809, 810.

1358 *Podszun/Pfeifer,* GRUR 2022, 953, 955.

gente Verträge verwenden, und Personen, deren gewerbliche, geschäftliche oder berufliche Tätigkeit die Einführung intelligenter Verträge" (vgl. Art. 1 Abs. 3 lit. g Data Act) erfasst. Der Fokus dieser Untersuchung richtet sich auf das Verhältnis von Nutzern, Dateninhabern und Datenempfängern.

1. Nutzer vernetzter Produkte und verbundener Dienste

Die bisherige Untersuchung zeigt, dass die gegenwärtige Position von Nutzern vernetzter Maschinen und Geräte oft nicht ihren ökonomischen Teilhabeinteressen gerecht wird. Die begrenzte Verwertungsmöglichkeit von Daten für Nutzer wird auch im Data Act betont.[1359] Nutzer vernetzter Produkte oder verbundener Dienste haben daher eine zentrale Stellung im Data Act. Die Einräumung von Zugangs- und Nutzungsrechten ist nutzerspezifisch ausgestaltet. Erst die Einordnung als „Nutzer" soll das Recht auf Zugang und Nutzung der Daten einräumen.[1360] Der Begriff des Nutzers ist in Art. 2 Nr. 12 Data Act definiert und meint „eine natürliche oder juristische Person, die ein vernetztes Produkt besitzt oder der vertraglich zeitweilige Rechte für die Nutzung des vernetzten Produkts übertragen wurden oder die verbundenen Dienste in Anspruch nimmt". Nach der Begriffsbestimmung in Art. 2 Nr. 12 Data Act fallen natürliche und juristische Personen gleichermaßen in den Anwendungsbereich der Verordnung.[1361] Dabei ist es irrelevant, ob die Nutzung zu privaten oder gewerblichen Zwecken erfolgt.[1362] Neben Verbrauchern sollen auch gewerblich nutzende Unternehmen in den Anwendungsbereich des Data Acts fallen. Nicht als Nutzer qualifiziert der Data Act die sog. „Torwächter". Damit sind große Online-Plattformbetreiber gemeint, die zentrale Plattformdienste erbringen und erheblichen Einfluss auf den europäischen Binnenparkt ausüben können.[1363] Wurde ein Unternehmen von der Kommission als sog. „Torwächter" eingeordnet, sollen dem Unternehmen die in dem Data Act geregelten Datenzugangs- und Nutzungsrechte nicht zustehen.[1364] Hintergrund des Ausschlusses ist das Ziel der Kommission, diese Unternehmen nicht durch zusätzlich gesetzlich gewährte

1359 *Europäische Kommission*, COM (2022) 68 final, Erwägungsgrund 19.

1360 *Max-Planck-Institut für Innovation und Wettbewerb*, Position Statement of 26 April 2017, Rn. 59.

1361 Noch zum Entwurf *Specht-Riemenschneider*, MMR 2022, 809, 813; *dies.*, ZRP 2022, 137, 138; *Europäische Kommission*, Vorschlag für eine Verordnung des Europäischen Parlaments und des Rates über harmonisierte Vorschriften für einen fairen Datenzugang und eine faire Datennutzung (Datengesetz) COM (2022) 68 final, Erwägungsgrund 18.

1362 *Specht-Riemenschneider*, MMR 2022, 809, 813.

1363 Erwägungsgrund 40 Data Act.

1364 Erwägungsgrund 40 Data Act.

Zugangs- und Nutzungsrechte weiter zu stärken und die durch sie hervorgerufene Marktungleichgewichte aufzuheben.[1365]

a) Vertragliche Nutzung als Anknüpfungspunkt

Nach dem Data Act wird eine Person dann als „Nutzer" eingeordnet, wenn sie ein vernetztes Produkt „besitzt oder der vertraglich zeitweilige Rechte für die Nutzung des vernetzten Produkts übertragen wurden", vgl. Art. 2 Nr. 12 Data Act. Die Formulierung verdeutlicht, dass es für die Qualifikation als Nutzer auf das Vorliegen eines berechtigten Besitzes auf Grundlage (irgend-) eines Vertrages ankommt.[1366] Der Nutzer muss das Produkt rechtmäßig nutzen oder die Dienstleistung in rechtmäßiger Weise in Anspruch nehmen.[1367] Damit fallen solche Konstellationen aus dem Anwendungsbereich heraus, in denen ein Produkt oder eine Dienstleistung nicht auf Grundlage eines (wirksamen) Vertrages genutzt oder beansprucht wird.[1368] In Erwägungsgrund 18 wird der Zugangsanspruch auf jede Person erweitert, die „Eigentümer eines vernetzten Produkts oder – beispielsweise durch einen Miet- oder Leasingvertrag – Inhaber bestimmter befristeter Rechte auf Zugang zu Daten aus dem vernetzten Produkt oder auf deren Nutzung ist oder verbundene Dienste für das vernetzte Produkt in Anspruch nimmt." In diesen Fällen sollen Nutzer durch getrennte Nutzerkonten ihr Zugangsverlangen gegenüber dem Hersteller geltend machen können.[1369] Damit wird auf die berechtigte Nutzung auf Grundlage eines Vertrages abgestellt, ohne tatsächliche Nutzungsverhältnisse zu berücksichtigen.[1370] Für die Einordnung als Nutzer ist damit entscheidend, ob ein Rechtstitel an dem Produkt besteht.[1371] Es ist daher davon auszugehen, dass es für die Einordnung als Nutzer nicht auf die tatsächlichen Nutzungsverhältnisse im Wertschöpfungsprozess, sondern allein auf die rechtmäßige Nutzung des Produktes ankommt.[1372] Dies wird mit *Zech* in der Regel auch derjenige sein, der wirtschaftlich und organisatorisch die Co-

---

1365 Erwägungsgrund 40 Data Act.

1366 Vgl. *Specht-Riemenschneider,* MMR 2022, 809, 814.

1367 Vgl. *Specht-Riemenschneider,* MMR 2022, 809, 813 f.

1368 *Specht-Riemenschneider,* MMR 2022, 809, 814.

1369 Erwägungsgrund 21 Data Act.

1370 So auch *Max-Planck-Institut für Innovation und Wettbewerb*, Position Statement of 25 May 2022, Rn. 60; *Specht-Riemenschneider*, MMR 2022, 809, 815.

1371 *Max-Planck-Institut für Innovation und Wettbewerb*, Position Statement of 25 May 2022, Rn. 60; im Ergebnis auch *Hartmann/McGuire/Schulte-Nölke*, RDi 2023, 49, 56.

1372 Im Ergebnis auch *Specht-Riemenschneider,* MMR 2022, 809, 814; ähnlich *Bomhard/ Merkle*, RDi 2022, 168, 170; kritisch hierzu *Drexl/Banda/Otero/Hoffmann u.* a., Position Statement of the Max Planck Institute, Rn. 60, die auf das berechtigte Interesse am Zugang abstellen wollen.

dierung veranlasst hat.[1373] Handelt es sich um Dritte, die dem Eigentümer, Leasingnehmer oder Mieter durch Abschluss eines Besitzmittlungsverhältnisses i. S. d. § 868 BGB den Besitz mitteln, können auch diese, soweit der Mietvertrag eine solche Untermiete zulässt oder eine entsprechende Zustimmung des Vermieters vorliegt, als Beteiligte des Vertrages Zugang zu den erzeugten Daten verlangen.[1374] Die Begrenzung der Nutzerstellung auf den rechtlich Berechtigten ist begrüßenswert. Die Berücksichtigung von tatsächlichen Nutzungsverhältnissen hätte andernfalls zur Folge, dass auch nur vorübergehende Nutzungen des IoT-Geräts ausreichen würden, um gegenüber dem Dateninhaber Zugangs- und Nutzungsansprüche geltend zu machen.[1375] Der Dateninhaber müsste für jeden Fall gesondert überprüfen, ob eine Nutzung tatsächlich erfolgt ist. Die Anknüpfung an die vertraglich berechtigte Nutzung eignet sich daher, um zugangs- und nutzungsberechtigte Nutzer klar zu identifizieren.

b) Inanspruchnahme eines verbundenen Dienstes

Weiter als Nutzer wird nach der Definition des Data Acts eine Person qualifiziert, die „einen verbundenen Dienst in Anspruch nimmt".[1376] In der Entwurfsfassung war aufgrund der weiteren Formulierung („eine Dienstleistung in Anspruch nimmt") noch unklar, ob damit nur die Inanspruchnahme von „verbundenen Diensten" gemeint war oder auch weitergehende Sachverhalte erfasst sind, in denen externe Dienstleistungen in Anspruch genommen werden.[1377] Der nunmehr klargestellte Ausschluss der Inanspruchnahme externer Dienstleistungen hat zur Folge, dass beispielsweise Konstellationen ausgeschlossen sind, in denen ein Landwirt, dem eigene wirtschaftliche und technische Ressourcen fehlen, eine Vereinbarung mit einem landwirtschaftlichen Dienstleister trifft, der mit seinen eigenen vernetzten Maschinen und seinem Personal Dienstleistungen erbringt.[1378] Mangels Nutzerstellung hat in diesem Fall der Landwirt nicht das Recht, Zugang zu den Daten zu erlangen, die durch die Beauftragung des externen Dienstleisters erzeugt wurden.[1379] Im vorgenannten Beispiel ist damit nicht der Landwirt, sondern der externe Dienstleister, der seine vernetzten Produkte im Rahmen der Erbrin-

1373 *Zech*, CR 2015, 237, 146; siehe hierzu ausführlich Kap. 5 II. 2. b).

1374 Erwägungsgrund 18 Data Act.

1375 So auch *Max-Planck-Institut für Innovation und Wettbewerb*, Position Statement of 25 May 2022, Rn. 60.

1376 Vgl. Art. 2 Nr. 12 Data Act.

1377 Noch zum Entwurf *Max-Planck-Institut für Innovation und Wettbewerb*, Position Statement of 25 May 2022, Rn. 61.

1378 Noch zum Entwurf *Max-Planck-Institut für Innovation und Wettbewerb*, Position Statement of 25 May 2022, Rn. . 61.

1379 *Max-Planck-Institut für Innovation und Wettbewerb*, Position Statement of 25 May 2022, Rn. 61.

gung von Dienstleistungen nutzt, als gewerblicher Nutzer i. S. d. Art. 2 Nr. 12 Data Act zu qualifizieren. Mangels Nutzerstellung hat der Landwirt nach dem Data Act bei Inanspruchnahme von externen Dienstleistungen keinen gesetzlichen Anspruch auf Zugang und Nutzung der Daten. Es ist vielmehr davon auszugehen, dass dem Landwirten auf Grundlage vertraglicher Regelungen ein entsprechender Zugang vom Dienstleister gewährt werden würde.

2. Dateninhaber

Für den Fall, dass Hersteller oder Anbieter verbundener Dienste nicht Inhaber der Daten sind, adressiert der Data Act in Art. 2 Nr. 13 Data Act die sog. „Dateninhaber" als Inhaber der erzeugten Daten. Unter den Begriff des Dateninhabers fallen nach Art. 2 Nr. 13 Data Act „eine natürliche oder juristische Person, die nach dieser Verordnung, nach geltendem Unionsrecht oder nach nationalen Rechtsvorschriften zur Umsetzung des Unionsrechts berechtigt oder verpflichtet ist, Daten – soweit vertraglich vereinbart, auch Produktdaten oder verbundene Dienstdaten – zu nutzen und bereitzustellen, die sie während der Erbringung eines verbundenen Dienstes abgerufen oder generiert hat". Damit ist die Definition deutlich weiter als die von der in der Entwurfsfassung vorgesehenen Definition des Dateninhabers.[1380] Für die Einordnung als „Dateninhaber" muss dieser die faktische Kontrolle über die Daten wie auch das Recht oder die Pflicht zur Nutzung und Bereitstellung der Daten haben. In der Regel wird es sich dabei um den Produkthersteller handeln, dem gegenüber der Nutzer sein Datennutzungsverlangen geltend machen müsste.[1381] Für den Fall, dass die Hersteller die Kontrolle über die technische Konzeption anderen Unternehmen übertragen, wäre dann das erwerbende Unternehmen als Dateninhaber verpflichtet, dem Nutzer Zugang zu den Daten zu gewähren.[1382] Für die Einordnung als Dateninhaber ist es auch unerheblich, ob die Daten bei einem externen Dienstleister gespeichert und nach eigenen Vorgaben verarbeiten werden, solange die Möglichkeit besteht, dem Nutzer bzw. dem von ihm benannten Dritten die Daten zur Verfügung zu stellen.[1383] Denkbar sind auch Konstellationen, in denen Nutzer ihr Datennutzungsverlangen gegenüber Dateninhabern geltend machen, zu denen sie in keiner vertraglichen Beziehung stehen.[1384] Eine Pflicht zur Aufbewahrung der Daten sieht der Data Act nicht vor. Offen bleibt daher die Frage, inwieweit Dateninhaber durch die Löschung der Daten die Einord-

1380 Siehe hierzu Art. 2 Nr. 8 der VO (EU) 2022/868.
1381 *Specht-Riemenschneider*, MMR 2022, 809, 813.
1382 *Kerber*, GRUR Int. 2023, 120, 123; *Max-Planck-Institut für Innovation und Wettbewerb*, Position Statement of 25 May 2022, Rn. 62.
1383 *Specht-Riemenschneider*, MMR 2022, 809, 813.
1384 *Specht-Riemenschneider*, MMR 2022, 809, 813.

nung als Dateninhaber und damit die Pflicht zur Zugangsgewährung gegenüber Nutzern verhindern können.[1385] Eine Aufbewahrungspflicht könnte zur Gewährleistung der Zugangs- und Nutzungsrechte der Nutzer jedenfalls nur indirekt abgeleitet werden.

3. Datenempfänger

Ein weiterer Adressat des Data Acts ist der sog. „Datenempfänger“. Nach Art. 2 Nr. 14 Data Act ist der Datenempfänger „eine natürliche oder juristische Person, die zu Zwecken innerhalb ihrer gewerblichen, geschäftlichen, handwerklichen oder beruflichen Tätigkeit handelt, ohne Nutzer eines vernetzten Produktes oder verbundenen Dienstes zu sein, und dem vom Dateninhaber Daten bereitgestellt werden, einschließlich eines Dritten, dem der Dateninhaber auf Verlangen des Nutzers oder im Einklang mit einer rechtlichen Verpflichtung aus anderem Unionsrecht oder aus nationalen Rechtsvorschriften, die im Einklang mit Unionsrecht erlassen wurden, Daten bereitstellt“. Der Datenempfänger kann demnach sowohl im Verhältnis Nutzer-Datenempfänger als auch im Verhältnis Dateninhaber-Datenempfänger eine Rolle spielen. Im Verhältnis Nutzer-Datenempfänger ist er der Dritte, mit dem der Nutzer einen Vertrag über die Erbringung von Anschlussdiensten etwa zur Reparatur oder Wartung eines vernetzten Produktes abschließt. Auf Grundlage dieses Vertrages soll der Nutzer von dem Dateninhaber die Bereitstellung der Daten an den Dritten fordern können. Im Verhältnis Dateninhaber-Datenempfänger soll der Dateninhaber dann dem von dem Nutzer benannten Dritten die Daten zu angemessenen Bedingungen zur Verfügung stellen (vgl. Art. 8 Data Act). Als Datenempfänger kommen aber auch sonstige Dritte in Betracht, mit denen der Dateninhaber Datenlizenzverträge über den Zugang zu Daten abschließt.

II. Sachlicher Anwendungsbereich

Wie bereits dargestellt, bezieht sich der Regelungsgegenstand des Data Acts nur auf Daten, die durch die Nutzung von Produkten und damit verbundenen Diensten erzeugt werden. Die Eingrenzung auf vernetzte Produkte und verbundene Dienste verdeutlicht, dass den Nutzern nicht der Zugang zu sämtlichen Daten von datenerhebenden Produkten oder Diensten gewährt werden soll.[1386] Der Data Act erfasst nur solche Daten, die durch die Nutzung von IoT-Produkten oder durch die Inanspruchnahme von verbundenen Diensten generiert werden.[1387] Für die Anwendbarkeit des Data Acts ist es daher ent-

1385 *Bomhard/Merkle*, RDi 2022, 168, 174.
1386 Vgl. Art. Abs. 1 a) Data Act.
1387 *Europäische Kommission*, COM (2022) 68 final, Erwägungsgrund 14.

scheidend, ab wann ein Gerät als „vernetztes Produkt“ in den Anwendungsbereich des Data Acts fällt und welche Dienste als „verbundene Dienste“ qualifiziert werden können. Daneben ist es für die Bestimmung des Inhalts des Zugangsanspruchs maßgeblich, was der Data Act konkret unter dem Begriff „Daten“ versteht und in welchem Aggregatzustand sie den Nutzern bzw. den von den Nutzern benannten Dritten zur Verfügung gestellt werden sollen.

1. Daten

Im Unterschied zur DS-GVO setzen sowohl der Data Act als auch der Data Governance Act den Datenbegriff nicht mit dem Informationsbegriff gleich.[1388] Beide verstehen unter Daten „jede digitale Darstellung von Handlungen, Tatsachen oder Informationen sowie jede Zusammenstellung solcher Handlungen, Tatsachen oder Informationen auch in Form von Ton-, Bild- oder audiovisuellem Material.“[1389] Die Legaldefinition von Daten verdeutlicht, dass es in der Behandlung von Daten als Objekte von Zugangs- und Nutzungsrechten nicht auf die semantische Ebene ankommt. Sämtliche digitale Darstellungen sollen unabhängig von ihrer semantischen Bedeutung von dem Datenbegriff umfasst sein. Eine Eingrenzung wird auch nicht im Hinblick auf personenbezogene Daten vorgenommen. Ob die erzeugten Datensätze personenbezogene oder nicht personenbezogene Daten enthalten, soll für die Anwendbarkeit des Data Acts irrelevant sein. Bei gemischten Datensätzen sollen die Vorgaben des Data Acts und der DS-GVO daher gleichermaßen Anwendung finden.[1390] Abgeleitete oder verarbeitete Daten sowie Informationen sollen aus dem Anwendungsbereich des Data Acts fallen.[1391] Es ist davon auszugehen, dass der Data Act mit abgeleiteten Daten solche Daten aus dem Anwendungsbereich ausschließen will, die mit Mitteln der Datenanalyse gewonnen wurden und daher das Ergebnis von Investitionen sind.[1392] Ob durch den Ausschluss abgeleiteter oder verarbeiteter Informationen nur Rohdaten als Gegenstand des Zugangs- und Nutzungsanspruchs in Betracht kommen, bleibt nach dem Data Act unklar.[1393] Hintergrund des Ausschlusses wird auch hier der bezweckte Investitionsschutz für Dateninhaber sein, die durch kostenaufwendige Datenanalysen die verarbeiteten oder abgeleiteten Daten oder Informationen gewonnen haben werden. Es ist daher davon auszugehen, dass der Data Act unter dem Begriff „Daten“

1388 Vgl. *Hennemann/Steinrötter*, NJW 2022, 1481, 1482.
1389 Vgl. Art. 2 Abs. 5 Data Act; Art. 2 Nr. 1 DGA.
1390 *Europäische Kommission*, COM (2022) 68 final, 16; Erwägungsgrund 7.
1391 Erwägungsgrund 15 Data Act.
1392 *Peitz/Schweitzer*, NJW 2018, 275, 276; *Schweitzer*, GRUR 2019, 569, 571.
1393 Siehe hierzu Kap. 6 D. I 3.

nur die unverarbeiteten Rohdaten versteht, die unmittelbares Ergebnis des Datenerhebungsprozesses sind.

2. Vernetztes Produkt

Unter dem Begriff „vernetztes Produkt“ versteht der Data Act nach Art. 2 Nr. 5 Data-Act „einen Gegenstand, der Daten über seine Nutzung oder Umgebung erlangt, generiert oder erhebt und der Produktdaten über einen elektronischen Kommunikationsdienst, eine physische Verbindung oder einen geräteinternen Zugang übermitteln kann und dessen Hauptfunktion nicht die Speicherung, Verarbeitung oder Übertragung von Daten im Namen einer anderen Partei – außer dem Nutzer – ist“. Erfasst sind nach dem Data Act sämtliche IoT-Produkte wie vernetzte Fahrzeuge, Haushaltsgeräte, Konsumgüter, Medizin- und Gesundheitsprodukte oder landwirtschaftliche und industrielle Maschinen.[1394] Ausgeschlossen werden Daten von Produkten, die Inhalte aufzeichnen, übermitteln, anzeigen oder abspielen.[1395] Damit will der Data Act offenbar digitale Inhalte aus seinem Anwendungsbereich ausschließen, die unmittelbares Ergebnis kreativen Schaffens sind und im Rahmen der Nutzung von IoT-Geräten nicht automatisiert generiert werden.[1396] Unklar bleibt, ob der menschliche Beitrag den Ausschluss solcher Produkte aus dem Anwendungsbereich rechtfertigen kann. Auch im Rahmen der Nutzung von Smartphones, Kameras oder Tablets werden durch aktives oder passives Nutzerverhalten Daten aufgezeichnet, zu denen ein berechtigtes Zugangsinteresse bestehen wird.[1397] Ein solches Zugangsinteresse kann gerade in den Fällen relevant sein, in denen der Nutzer zur Reparatur solcher Geräte Anschlussdienste von Drittanbietern in Anspruch nehmen will.[1398] Durch den Ausschluss würde ein wesentlicher Teil der täglich von den Verbrauchern genutzten Geräte aus dem Anwendungsbereich des Data Acts fallen.[1399] Auch ist zu befürchten, dass die genannten Einschränkungen in der Praxis auch nicht immer zu rechtssicheren Ergebnissen führen werden.[1400] Ob die genannten Produkte tatsächlich primär nur dafür genutzt werden, Inhalte anzuzeigen oder abzuspielen, dürfte nicht immer klar festzustellen sein. Für die Frage der Anwendbarkeit des Data Acts dürfte es dann auf die

---

1394 *Europäische Kommission*, COM (2023) 2854 final, Erwägungsgrund 14.

1395 *Europäische Kommission*, COM (2023) 68 final, Erwägungsgrund 16.

1396 *Max-Planck-Institut für Innovation und Wettbewerb*, Position Statement of 25 May 2022, Rn. 58.

1397 So auch *Max-Planck-Institut für Innovation und Wettbewerb*, Position Statement of 25 May 2022, Rn. 58.

1398 *Max-Planck-Institut für Innovation und Wettbewerb*, Position Statement of 25 May 2022, Rn. 58.

1399 *Max-Planck-Institut für Innovation und Wettbewerb*, Position Statement of 25 May 2022, Rn. 58.

1400 *Bomhard/Merkle*, RDi 2022, 168, 170.

abstrakte Zweckbestimmung des Produkts ankommen, die im Vorfeld vom Hersteller bestimmt werden müsste.[1401]

3. Verbundene Dienste

Neben den vernetzten Produkten erfasst der Anwendungsbereich des Data Acts auch verbundene Dienste, die als Teil von Kauf-, Miet- oder Leasingverträgen erbracht werden können.[1402] Unter verbundenen Diensten versteht Art. 2 Nr. 6 Data Act „einen digitalen Dienst, bei dem es sich nicht um einen elektronischen Kommunikationsdienst handelt, – einschließlich Software –, der zum Zeitpunkt des Kaufs, der Miete oder des Leasings so mit dem Produkt verbunden ist, dass das vernetzte Produkt ohne ihn eine oder mehrere seiner Funktionen nicht ausführen könnte oder der anschließend vom Hersteller oder einem Dritten mit dem Produkt verbunden wird, um die Funktionen des vernetzten Produkts zu ergänzen, zu aktualisieren oder anzupassen“. Verbundene Dienste können damit nur integraler Bestandteil von Produkten sein und die Funktionsfähigkeit des Produkts maßgeblich beeinflussen, sodass reine Online-Dienste aus dem Anwendungsbereich herausfallen.[1403] Sie können unabhängig von dem eigenständig vernetzten Produkt Daten erzeugen und speichern.[1404] Damit stehen dem Nutzer nach dem Data Act zwei potenzielle Anspruchsgegner als Dateninhaber gegenüber: Der Hersteller des vernetzten Produkts und der Anbieter des verbundenen Dienstes.

C. Rechte und Pflichten von Akteuren der Wertschöpfungskette

Die Zuweisung von Handlungsbefugnissen zugunsten einzelner Akteure der Datenwirtschaft wird im Data Act als Mittel zur gerechteren Verteilung der Wertschöpfung aus Daten angesehen.[1405] Gleichsam spiegelt der Zuweisungsmechanismus die Bedeutung wider, die der europäische Gesetzgeber im Rahmen der Wertschöpfung aus Daten einzelnen Akteuren beimisst. Die Entscheidung der konkreten Ausgestaltung des Rechtsrahmens hat Folgen für die digitale Transformation von Wirtschaft und Gesellschaft.[1406] Auch

1401 Eine solche abstrakte Zweckbestimmung wird bereits von den Herstellern für Medizinprodukte vorgenommen; siehe hierzu auch LG Hamburg, Urteil vom 12.08.2020, Az. 416 HKO 114/20.

1402 *Europäische Kommission*, COM (2022) 68 final, Erwägungsgrund 16.

1403 *Specht-Riemenschneider*, MMR 2022, 809, 814; *Europäische Kommission*, COM (2022) 68 final, Erwägungsgrund 16.

1404 *Europäische Kommission*, COM (2022) 68 final, Erwägungsgrund 16.

1405 Erwägungsgrund 40 Data Act.

1406 *Kerber*, GRUR Int. 2023, 120, 120.

wenn die Ziele des Data Acts zu begrüßen sind, ist es letztlich die konkrete Ausgestaltung der verschiedenen Handlungsbefugnisse, die entscheidet, ob der Data Act die bestehenden Probleme des Datenmarktes lösen wird.[1407] Es soll daher untersucht werden, wie der Data Act das Spannungsverhältnis zwischen Dateninhabern, Nutzern und Drittempfängern zu lösen versucht. Dabei soll der Fokus insbesondere auf die verschiedenen Rechte und Pflichten gelegt werden, die der Data Act Nutzern, Dateninhabern und Datenempfängern zuweist.[1408]

I. Verhältnis zwischen Nutzer und Hersteller/Dateninhaber

Eine besondere Bedeutung hat für die Untersuchung von Rechten an Daten das durch den Data Act geregelte Verhältnis zwischen Nutzern und Dateninhabern. Beide haben im Wertschöpfungsprozess eine besondere Bedeutung. Die Hersteller schaffen einerseits durch die Implementierung von Produktsensoren die Grundlage für die Erhebung von Daten. Andererseits sind es die Nutzer, die durch die Nutzung dieser Produkte Unmengen von Daten generieren, die die Hersteller bzw. Dateninhaber ausschließlich kontrollieren. Ausgelöst durch den steigenden Wert von Daten, werden beide Akteure ein berechtigtes Interesse am Zugang zu diesen Daten haben. Im Data Act werden den Dateninhabern verschiedene Pflichten auferlegt, die die Rechte der Nutzer stärken sollen. Zu den wesentlichen Neuerungen des Data Acts zählen dabei die Rechte der Nutzer gegenüber den Dateninhabern. Daneben sind Vorgaben für Dateninhaber im Verhältnis zu den Datenempfängern vorgesehen, zu denen auch die vom Nutzer benannten Dritte i. S. d. Art. 5 Data Act gehören können.

1. Pflichten des Dateninhabers

Bislang hatten Unternehmen nur bei personenbezogenen Daten die Einhaltung von gesetzlichen Vorgaben zu gewährleisten. Mit Inkrafttreten des Data Acts werden Unternehmen neben den Vorgaben der DS-GVO auch die Vorgaben des Data Act berücksichtigen müssen. Dies gilt jedenfalls dann, wenn es sich bei den Daten um personenbezogene Daten handelt, auf die beide Verordnungen gleichermaßen Anwendung finden.[1409] Die einzelnen Pflichten, die Dateninhabern auferlegt werden, zielen darauf ab, die Interessen der Nutzer zu stärken und an der Wertschöpfung von Daten stärker zu beteiligen. Die Rechte der Nutzer werden jedoch nicht schrankenlos gewährt.

1407 So auch *Specht-Riemenschneider*, MMR 2022, 809, 809.

1408 Kritisch zur Rolle von öffentlichen Stellen *Schaller/Zurawski,* ZD-Aktuell 2022, 01169.

1409 Erwägungsgrund 7 Data Act.

Verschiedene Einschränkungen sollen dafür sorgen, dass auch die Interessen der Dateninhaber zum Schutz von Investitionsanreizen ausreichend berücksichtigt werden sollen.[1410]

a) Vorvertragliche Informationspflichten

Im Data Act sind verschiedene vorvertragliche Informationspflichten vorgesehen, die gegenüber dem Nutzer vor Abschluss eines Kauf-, Miet- oder Leasingvertrages für ein vernetztes Produkt erfüllt werden sollen (vgl. Art. 3 Abs. 2 Data Act). Während es im Verordnungsentwurf noch unklar war, ob nur der Hersteller oder der spätere Vertragspartner des Nutzers bei Abschluss des Kauf-, Miet- oder Leasingvertrages die Informationspflichten erfüllen soll, wird in Art. 3 Abs. 2 Data Act nun klargestellt, dass die Informationspflichten den Verkäufer, Vermieter oder Leasinggeber treffen, bei denen es sich auch um den Hersteller handeln kann. Der Hersteller wird die Informationen dann dem entsprechenden Verkäufer, Vermieter oder Leasinggeber zur Verfügung stellen müssen, wenn nicht sie es sind, die im Vertragsverhältnis zu dem Nutzer stehen.[1411] Die Informationspflichten stellen nur Mindestinformationen dar, die dem Nutzer in einem klaren und verständlichen Format bereitgestellt werden müssen.[1412] Zu diesen gehören unter anderem Informationen zu Art und Umfang der Daten, die das vernetzte Produkt generieren kann (vgl. Art. 3 Abs. 2a Data Act), sowie Informationen darüber, ob das vernetzte Produkt in der Lage ist, Daten kontinuierlich und in Echtzeit zu generieren (vgl. Art. 3 Abs. 2b Data Act), wie der Nutzer auf diese Daten zugreifen kann (vgl. Art. 3 Abs. 2d Data Act) und ob der Dateninhaber erwartet, ohne Weiteres verfügbare Daten selbst zu verwenden, zu Zwecken zu denen diese Daten verwendet werden sollen, und ob er beabsichtigt, einem oder mehreren Dritten zu gestatten, die Daten zu mit dem Nutzer vereinbarten Zwecken zu verwenden (vgl. Art. 3 Abs. 3c Data Act). Eine weitere Informationspflicht besteht auch dahingehend, wie der Nutzer veranlassen kann, dass die Daten an einen Dritten weitergegeben werden (vgl. Art. 3 Abs. 3f Data Act). Damit will der Data Act die Dateninhaber dazu veranlassen, vor Vertragsschluss darüber zu entscheiden, welche Daten für welche Zwecke erzeugt werden und wie und mit wem sie verwendet werden sollen. Solche vorvertraglichen Informationspflichten werden in Zukunft die Flexibilität der Hersteller im Hinblick auf die Erzeugung und Nutzung von Daten von IoT-Produkten hindern.[1413] Sollten nach Abschluss des Vertrages

1410 Siehe unter Kap. 6. C. I. 3.

1411 *Metzger/Schweitzer*, ZEuP 2023, 42, 53.

1412 Vgl. Art. 3 Abs. 3 Data Act.

1413 *Kerber*, GRUR Int. 2023, 120, 124.

Änderungen im Nutzungszweck eintreten, wäre für jede Zweckänderung die nachträgliche Anpassung des Vertrages erforderlich.[1414]

b) Zugang durch technische Voreinstellung

Zur Überwindung der technischen Exklusivität der Dateninhaber greift der Data Act auch in die technische Gestaltung von Produkten ein. Zur Gewährleistung des Datenzugangs sieht Art. 3 Abs. 1 Data Act die Verpflichtung vor, dass Produkte so konzipiert und hergestellt und verbundene Dienste so konzipiert und erbracht werden, dass die bei ihrer Nutzung erzeugten Daten standardmäßig für den Nutzer einfach, sicher, unentgeltlich in einem umfassenden, strukturierten, gängigen und maschinenlesbaren Format und, soweit relevant und technisch durchführbar, direktzugänglich sind. Wer als Adressat der Norm verpflichtet werden soll, lässt der Data Act offen.[1415] Es ist jedoch davon auszugehen, dass sich die Verpflichtung an die Hersteller und Diensteanbieter richtet, die ihre Produkte und Dienste so gestalten, dass der Zugang zu den durch die Nutzung erzeugten Daten für die Nutzer nicht möglich ist.[1416] Die Pflicht der Hersteller, die erzeugten Daten den Nutzern standardmäßig einfach, sicher und direkt zugänglich zu machen, erweckt den Eindruck, dass die Nutzer mit Erwerb des Produktes oder mit Inanspruchnahme der Dienstleistung standardmäßig direkten Zugang zu den erzeugten Daten haben sollen. Dass dies jedoch nicht zwingend der Fall sein muss, verdeutlicht Art. 4 Abs. 1 S. 2 Data Act, wonach der Nutzer, der nicht direkt von dem Produkt aus auf die Daten zugreifen kann, durch einfaches Verlangen auf elektronischem Wege sein Zugangsbegehren gegenüber dem Dateninhaber geltend machen soll.[1417] Ein standardmäßiger und direkter Zugang zu den Daten soll nur in den Fällen erforderlich sein, in denen ein solcher Zugriff relevant und technisch durchführbar ist.[1418] Wann ein direkter Zugriff relevant und technisch durchführbar ist, wird weder in den Erwägungsgründen noch im Verordnungstext erläutert.[1419] Es ist daher davon auszugehen, dass im Regelfall erst mit Geltendmachung des Datennutzungsverlangens Hersteller und Dateninhaber den Nutzern die Daten zur

---

1414 *Kerber*, GRUR Int. 2023, 120, 124.

1415 *Max-Planck-Institut für Innovation und Wettbewerb*, Position Statement of 25 May 2022, Rn. 74.

1416 Im Ergebnis auch *Max-Planck-Institut für Innovation und Wettbewerb*, Position Statement of 25 May 2022, Rn. 74.

1417 *Specht-Riemenschneider*, MMR 2022, 809, 815.

1418 *Specht-Riemenschneider*, MMR 2022, 809, 815; *Podszun/Pfeifer*, GRUR 953, 956.

1419 Kritisch hierzu auch *Max-Planck-Institut für Innovation und Wettbewerb*, Position Statement of 25 May 2022, Rn. 73; *Specht-Riemenschneider*, MMR 2022, 809, 815.

Verfügung stellen werden. Damit würde aber der technisch-faktische Alleinzugriff der Hersteller weiter bestehen bleiben.[1420]

c) Erfordernis der Datennutzungslizenz

Eine wesentliche Neuerung sieht die Verordnung in Art. 4 Abs. 13 S. 1 Data Act im Hinblick auf die Nutzung von nicht-personenbezogenen Daten vor. Danach darf der Dateninhaber ohne Weiteres verfügbare nicht-personenbezogene Daten nur auf der Grundlage eines Vertrags mit dem Nutzer nutzen. Eingeschränkt wird das Nutzungsrecht des Dateninhabers auch im Hinblick auf den Zweck der Verwendung. Der Dateninhaber soll die Daten nicht verwenden dürfen, um aus diesen Einblicke in die wirtschaftliche Lage, Vermögenswerte und Produktionsmethoden des Nutzers oder in die Nutzung durch den Nutzer zu erlangen, wenn dies die gewerbliche Position des Nutzers auf den Märkten, auf denen dieser tätig ist, untergraben könnte.[1421] Außerhalb dieser gesetzlichen Einschränkung soll der Dateninhaber die Daten zu sämtlichen Zwecken frei nutzen dürfen.[1422] Die erforderliche Vereinbarung zwischen Nutzer und Hersteller bzw. Dateninhaber soll Teil des abgeschlossenen Kauf-, Miet- oder Leasingvertrages für das Produkt sein können.[1423] Die Vertragsbedingung, in der die Nutzung der nicht-personenbezogenen Daten vereinbart wird, soll für den Nutzer im Einklang mit den vorgesehenen vorvertraglichen Informationspflichten transparent sein, d. h. ihn darüber aufklären, zu welchen Zwecken der Dateninhaber beabsichtigt, die von ihm erzeugten Daten zu benutzen.[1424] Hintergrund der Regelung ist die beabsichtigte Stärkung der Nutzerrechte im Hinblick auf die von diesen erzeugten Daten. Das zeigt die im Erwägungsgrund 25 vorgesehene Möglichkeit für Nutzer, die Nutzung der Daten oder bestimmte Kategorien von Daten durch den Dateninhaber auszuschließen oder einzuschränken.[1425] Im Ergebnis soll durch die Regelung nicht nur die Nutzung von personenbezogenen Daten, sondern auch die Nutzung von nicht-personenbezogenen Daten von dem Vorliegen einer vertraglichen Einwilligung abhängig sein.

2. Rechte des Nutzers gegenüber dem Dateninhaber

Die Kommission betonte bereits in ihrer Mitteilung zur europäischen Datenstrategie, dass die Art und Weise, wie Daten gesammelt und verwendet wer-

---

1420 Kritisch hierzu auch *Specht-Riemenschneider,* MMR 2022, 809, 815; siehe auch Kapitel 6 E. I.

1421 Vgl. Art. 4 Abs. 10 S. 2 Data Act; *Specht-Riemenschneider,* MMR 2022, 809, 813.

1422 *Specht-Riemenschneider,* MMR 2022, 809, 817.

1423 Erwägungsgrund 25 Data Act.

1424 Erwägungsgrund 25 Data Act.

1425 Erwägungsgrund 25 Data Act.

den, zuallererst den Interessen des Einzelnen entsprechen müssen.[1426] Damit scheint der Data Act insbesondere die Nutzer vernetzter Produkte und damit verbundener Dienste zu adressieren, die durch die Nutzung von vernetzten Produkten und damit verbundenen Diensten in sämtlichen Lebensbereichen Unmengen von Daten erzeugen, wegen technischer Zugangshindernisse jedoch gegenwärtig von der Wertschöpfung ausgeschlossen werden. Zu den wichtigsten Neuerungen des Data Act gehört daher das Zugangs- und Nutzungsrecht von Nutzern, die das Kernelement des materiell-rechtlichen Teils des Data Acts bilden.[1427]

a) Bereitstellung der Daten durch Dateninhaber an Nutzer, Art. 4 Data Act

Für den Ausgleich der berechtigten Interessen der Nutzer sieht der Data Act die Einführung von Zugangs- und Nutzungsrechten zugunsten Nutzer vernetzter Produkte und verbundener Dienste vor. Das Recht der Nutzer Zugang zu den durch die Nutzung erzeugten Daten erlangen, ist in Art. 4 Abs. 1 Data Act vorgesehen. Danach soll „soweit der Nutzer nicht direkt vom vernetzten Produkt aus auf die Daten zugreifen kann, [...] der Dateninhaber dem Nutzer die bei der Nutzung eines Produktes oder verbundenen Dienstes erzeugten Daten unverzüglich, einfach, sicher unentgeltlich, in einem umfassenden, gängigen und maschinenlesbaren Format und – falls relevant und technisch durchführbar – in der gleichen Qualität wie für den Dateninhaber kontinuierlich und in Echtzeit bereit[stellen]“. Damit scheint Art. 4 Abs. 1 S. 1 Data Act die Fälle abdecken zu wollen, in denen dem Nutzer nicht bereits über einen technischen Direktzugriff i. S. d. Art. 3 Abs. 1 S. 1 Data Act Zugang zu den durch die Nutzung erzeugten Daten gewährt wird.[1428] In diesen Fällen wird dem Nutzer die Möglichkeit eingeräumt, über Art. 4 Abs. 1 S. 1 Data Act den Zugangs- und Nutzungsanspruch gegenüber dem Dateninhaber geltend zu machen.[1429] Ein solches Zugangsrecht ist nicht neu: Auch das Recht auf Datenübertragbarkeit nach Art. 20 DS-GVO räumt der betroffenen Person das Recht ein, von dem datenschutzrechtlich Verantwortlichen Zugang zu personenbezogenen Daten zu erhalten, um sie im Anschluss an einen anderen Verantwortlichen zur Verarbeitung der Daten zu übermitteln. Die kostenlose und gegebenenfalls kontinuierlich zu erfolgende Zugangsge-

---

1426 *Europäische Kommission*, Eine europäische Datenstrategie, COM (2020) 66 final, S. 1.

1427 *Max-Planck-Institut für Innovation und Wettbewerb*, Position Statement of 25 May 2022, Rn. 10.

1428 *Max-Planck-Institut für Innovation und Wettbewerb*, Position Statement of 25 May 2022, Rn. 79.

1429 *Max-Planck-Institut für Innovation und Wettbewerb*, Position Statement of 25 May 2022, Rn. 79; *Specht-Riemenschneider*, MMR 2022, 809, 815.

währung verdeutlicht, dass die Position der Nutzer der Position der Dateninhaber angenähert werden soll. Welche konkreten Nutzungshandlungen dem Nutzer mit den zur Verfügung gestellten Daten eingeräumt werden sollen, wird in Art. 4 Data Act nicht weiter konkretisiert. Im Erwägungsgrund 30 ist lediglich vorgesehen, dass es dem Nutzer freistehen soll, die Daten für jeden rechtmäßigen Zweck zu verwenden. Dazu gehöre auch die in Art. 5 Data Act vorgesehene Bereitstellung der Daten für einen Dritten, der einen Anschlussdienst anbietet. Ob dem Nutzer nach Gewährleistung des Zugangs durch den Dateninhaber sämtliche Nutzungsmöglichkeiten erlaubt werden sollen, wird in Art. 4 Data Act nicht klargestellt.

b) Recht zur Weitergabe der Daten an Dritte, Art. 5 Data Act

Zur Förderung der Entstehung von datenbasierten Anschlussdiensten auf dem nachgelagerten Markt sieht der Data Act für den Nutzer das Recht auf Weitergabe in Art. 5 Abs. 1 Data Act vor. Auf Verlangen des Nutzers oder einer im Namen eines Nutzers handelnden Partei soll der Dateninhaber einem Dritten ohne Weiteres verfügbare Daten sowie die für die Auslegung und Nutzung dieser Daten erforderlichen Metadaten unverzüglich, für den Nutzer unentgeltlich, in derselben Qualität, die dem Dateninhaber zur Verfügung steht, einfach, sicher, für den Nutzer unentgeltlich, in einem umfassenden, strukturierten, gängigen und maschinenlesbaren Format und, soweit relevant und technisch durchführbar, kontinuierlich und in Echtzeit bereitstellen. Es ist davon auszugehen, dass die Verpflichtung des Dateninhabers zur Bereitstellung der Daten an den Dritten auch dann bestehen soll, wenn der Nutzer selbst durch den über Art. 3 Abs. 1 Data Act gewährleisteten technischen Direktzugriff Zugang zu den erzeugten Daten hat.[1430] Durch den Zugang zu den Daten soll der Dritte seine vertragliche Verpflichtung wie etwa die Erbringung von Wartungs- und Reparaturdiensten gegenüber dem Nutzer erfüllen können. Das Ziel der Regelung ist damit die Förderung des nachgelagerten Marktes, in dem Diensteanbieter aufgrund fehlender Datenzugänge nicht in der Lage sind, Nutzern attraktivere und kostengünstigere Dienstleistungen anzubieten.

3. Einschränkungen

Der Data Act räumt die vorgenannten nutzerspezifischen Rechte jedoch nicht uneingeschränkt ein. Der Zugangsanspruch des Nutzers soll nur unter Beachtung der Vorgaben der DS-GVO erfolgen.[1431] Dies wird insbesondere in den Konstellationen erforderlich sein, in denen Gegenstand des Zugangs-

1430 So auch *Max-Planck-Institut für Innovation und Wettbewerb*, Position Statement of 25 May 2022, Rn. 80.

1431 *Specht-Riemenschneider*, MMR 2022, 809, 816.

anspruchs personenbezogene Daten sind, die eine andere Person betreffen als den Nutzer.[1432] Weitere Schrankenregelungen sollen dafür sorgen, dass ein Anreizverlust auf Seiten der Dateninhaber wegen marktbeeinträchtigenden Auswirkungen durch die vorgesehenen Rechte für Nutzer und öffentliche Stellen verhindert werden soll.[1433]

a) Wettbewerbsverbot

Zu diesen investitionsschützenden Einschränkungen gehört das in Art. 4 Abs. 10 Data Act vorgesehene Wettbewerbsverbot. Die erlangten Daten sollen demnach „nicht zur Entwicklung eines vernetzten Produkts genutzt werden dürfen, das mit dem Produkt, von dem die Daten stammen, im Wettbewerb steht". Das Wettbewerbsverbot soll sich jedoch nicht auf die Entwicklung von konkurrierenden verbundenen Diensten beziehen, die auf der Grundlage der erzeugten Daten entwickelt werden. Damit soll es den Nutzern offenstehen, auf Grundlage der erlangten Daten, die durch die Inanspruchnahme eines verbundenen Dienstes generiert wurden, konkurrierende verbundene Dienste zu entwickeln. Die Gründe für die unterschiedliche Behandlung von Produkten und verbundenen Diensten lässt der Data Act offen. Nach dem Anreizparadigma dürfte gerade auch für Anbieter von verbundenen Diensten die Pflicht zur Herausgabe der Daten die Bereitschaft zur Investition in die Entwicklung verbundener Dienste schwächen, wenn im Anschluss die erzeugten Daten als Grundlage für die Entwicklung konkurrierender Dienste genutzt werden können.

b) Schutz von Geschäftsgeheimnissen

Eine weitere Einschränkung des Zugangs- und Nutzungsrechts wird im Data Act zum Schutz von Geschäftsgeheimnissen von Dateninhabern vorgesehen. In Art. 4 Abs. 6 S. 1 Data Act ist geregelt, dass der Dateninhaber die Daten nur dann offenlegen soll, „wenn vom Dateninhaber und vom Nutzer vor der Offenlegung alle Maßnahmen getroffen worden sind, die erforderlich sind, um die Vertraulichkeit der Geschäftsgeheimnisse, insbesondere gegenüber Dritten, zu wahren." Für die Wahrung der Vertraulichkeit der Geschäftsgeheimnisse schlägt der Data Act die Vereinbarung von Maßnahmen vor.[1434] Bei diesen Maßnahmen wird es sich um Geheimhaltungsvereinbarungen und technische Schutzmaßnahmen handeln, die im Fall der Zugangsgewährung einen ausreichenden Schutz der geheimen Informationen gewährleisten sollen. Geschützt sind dabei nur die Geschäftsgeheimnisse des

1432 *Specht-Riemenschneider*, MMR 2022, 809, 810.

1433 *Europäische Kommission*, COM (2022) 68 final, Erwägungsgrund 28; Folgenabschätzung, S. 50.

1434 Vgl. Art. 4 Abs. 6 S. 2 Data Act.

Dateninhabers. Auch im Rahmen der Weitergabe der Daten an den Dritten soll der Dateninhaber die Geschäftsgeheimnisse gegenüber dem Dritten nur insoweit offenlegen, als dies für den zwischen dem Nutzer und dem Dritten vereinbarten Zweck unbedingt erforderlich ist und der Dritte alle zwischen ihm und dem Dateninhaber vereinbarten besonderen Maßnahmen getroffen hat, die für die Wahrung von Geschäftsgeheimnissen erforderlich sind, vgl. Art. 5 Abs. 9 S. 2 Data Act.

II. Verhältnis zwischen Nutzer und Dritten

Für die Förderung des nachgelagerten Marktes regelt der Data Act auch das Verhältnis zwischen dem Nutzer und dem Dritten. Der für die Erbringung der Dienstleistungen erforderliche Zugang soll dem Dritten nicht uneingeschränkt gewährt werden. Der Data Act sieht in Art. 6 Data Act verschiedene Pflichten vor, die der Dritte beachten muss, sofern ihm die Daten von dem Dateninhaber auf Verlangen des Dritten zur Verfügung gestellt werden. Hintergrund dieser Einschränkungen ist neben dem Schutz der Investitionsanreize der Hersteller und Dateninhaber, der Schutz der berechtigten Interessen von Nutzern, die vor unlauteren Einflussnahmen durch Dritte geschützt werden sollen.

1. Zweckbindungsgrundsatz

Eine wesentliche Einschränkung der Nutzungsmöglichkeiten des Dritten ist der Zweckbindungsgrundsatz. Nach diesem darf der Dritte die ihm über Art. 5 Data Act bereitgestellten Daten nur für die Zwecke und nur unter den Bedingungen verarbeiten, die er mit dem Nutzer vereinbart hat, vgl. Art. 6 Abs. 1 Data Act. Werden die Daten für den vereinbarten Zweck nicht mehr benötigt, soll der Dritte die Daten löschen, vgl. Art. 6 Abs. 1 S. 2 Data Act. Der Dritte darf die Daten des Nutzers damit nur zu den vom Nutzer vorbestimmten Zwecken nutzen.[1435] Auch ist nach dem Wortlaut des Art. 6 Abs. 1 Data Act unklar, ob jeder beliebige Zweck zwischen dem Nutzer und dem Dritten vereinbart werden kann oder der Data Act unter den zu vereinbarenden Zwecken nur die Inanspruchnahme von nachgelagerten Diensten versteht.

2. Verbot der Weitergabe der Daten an weitere Dritte

Eine weitere Einschränkung wird in Art. 6 Abs. 2 c) Data Act im Hinblick auf die Weitergabe der Daten durch den Dritten getroffen. Danach darf der Dritte die erhaltenen Daten nicht einem anderen Dritten bereitstellen. Die

1435 *Kerber*, GRUR Int. 2023, 120, 123.

Weitergabe der Daten an einen anderen Dritten soll nur dann zulässig sein, wenn dies erforderlich ist, um den von dem Nutzer gewünschten Dienst zu erbringen. Auch Nutzern und Datenempfängern soll es nach Art. 6 Abs. 2 d) Data Act untersagt werden, die erhaltenen Daten Torwächtern zur Verfügung zu stellen. Dadurch sollen die ohnehin wirtschaftlich starken Plattformbetreiber nicht die Vorteile des Data-Acts für sich nutzen können.[1436]

III. Verhältnis zwischen Dateninhabern und Datenempfängern

Der Data Act regelt auch das Verhältnis zwischen Dateninhabern und Datenempfängern, zu denen auch Dritte zählen, denen auf Verlangen des Nutzers nach Art. 5 Data Act die Daten vom Dateninhaber zur Verfügung gestellt werden sollen.

1. Pflichten der Dateninhaber gegenüber Dritten

Der Data Act verpflichtet den Dateninhaber und den Datenempfänger nicht zum Abschluss eines Lizenzvertrages bestimmten Inhalts über den Zugang zu den Daten. Es soll den Parteien obliegen, auf der Grundlage der Privatautonomie die konkreten Bedingungen für Zugang und Nutzung der Daten auszuhandeln.[1437] In Art. 8 und Art. 9 Data Act sind jedoch Bedingungen vorgesehen, die die Grundlage für das Verhältnis zwischen Dateninhabern und Dritten legen sollen. Hintergrund der Regelungen ist das Ziel der Kommission, vertragliche Ungleichgewichte in der Ausgestaltung von Datennutzungsverträgen zu verhindern und insbesondere eine Besserstellung von Kleinstunternehmen, kleinen und mittleren Unternehmen zu erreichen.[1438] Für die Anwendbarkeit der Bestimmungen ist ein bestehender originärer Datenzugangsanspruch des Datenempfängers erforderlich, der über Art. 5 Abs. 1 Data Act oder sektorspezifische Vorschriften begründet werden kann.[1439]

a) FRAND-Bedingungen für die Bereitstellung der Daten

In Art. 8 Abs. 1 Data Act wird geregelt, dass der Dateninhaber einem Datenempfänger die Daten zu fairen, angemessenen, nichtdiskriminierenden Bedingungen und in transparenter Weise bereitstellen soll, um eine faire sektorübergreifende Datennutzung zu gewährleisten.[1440] Wird der Zugang zu Daten nicht zu den vorgesehenen Bedingungen gewährt, wird der Daten-

1436 *Europäische Kommission*, COM (2022) 68 final, Erwägungsgrund 36.
1437 *Europäische Kommission*, COM (2022) 68 final, Erwägungsgrund 39.
1438 *Europäische Kommission*, COM (2022) 68 final, Erwägungsgrund 5; *Specht-Riemenschneider*, MMR 2022, 809, 821.
1439 *Specht-Riemenschneider*, MMR 2022, 809, 821.
1440 *Europäische Kommission*, COM (2022) 68 final, Erwägungsgrund 38.

empfänger über Art. 8 Abs. 1 Data Act gegenüber den Dateninhaber den Anspruch geltend machen können, ihm den Zugang zu fairen, angemessenen und nicht-diskriminierenden und transparenten Bedingungen zu schaffen. Ob der Datenzugang tatsächlich zu fairen, angemessenen und nicht-diskriminierenden Bedingungen erfolgt, wird der Dateninhaber nachweisen müssen.[1441] Bei Streitigkeiten in Bezug auf die Festlegung der Bedingungen der Bereitstellung der Daten sieht Art. 10 Abs. 1 Data Act den Zugang zu Streitbeilegungsstellen für Dateninhaber und Datenempfänger vor.

b) Angemessene Gegenleistung

Während dem Nutzer die Daten kostenlos zur Verfügung gestellt werden sollen, soll es dem Dateninhaber freistehen, von dem vom Nutzer benannten Dritten eine angemessene Gebühr für die Zurverfügungstellung von Daten zu verlangen.[1442] Hintergrund der Regelung ist das Ziel des Data Acts, den Verlust von Anreizen für Hersteller und Dateninhaber zu vermeiden, die durch die Pflicht zur Weitergabe der Daten an Dritte nach Art. 5 Abs. 1 Data Act eintreten könnten.[1443] Zur Erhaltung von Investitionsanreizen soll dem Dateninhaber das Recht eingeräumt werden, eine angemessene Gegenleistung von dem Datenempfänger zu verlangen.[1444] Die Gegenleistung soll dabei nicht als Bezahlung für die Daten selbst verstanden werden und daher nur die unmittelbaren Kosten der Bereitstellung der Daten umfassen.[1445] Unter den unmittelbaren Kosten für die Bereitstellung von Daten versteht der Data Act jedoch nicht die Kosten der Datensammlung oder -produktion.[1446] Vielmehr sind die Kosten gemeint, die für die Reproduktion, die elektronische Verbreitung und Speicherung von Daten erforderlich sind.[1447] Als Faktoren für die Verhandlung nennt die Verordnung Menge, Format, Art, Angebot und Nachfrage sowie die Kosten für die Sammlung und Bereitstellung der Daten für den Datenempfänger.[1448] Teilweise wird vertreten, dass der Datenempfänger die Gegenleistungspflicht dadurch umgehen können soll, dass nicht er, sondern der Nutzer Zugang zu den Daten beantragt, die dieser dann an den Datenempfänger weiterreicht.[1449] Ob eine solche Übermittlung „über Eck" nach dem Data Act zulässig sein soll, hängt eng mit

1441 *Specht-Riemenschneider,* MMR 2022, 809, 821.
1442 Erwägungsgrund 46 Data Act; vgl. Art. 9 Abs. 1 Data Act.
1443 Erwägungsgrund 46 Data Act.
1444 Erwägungsgrund 46 Data Act.
1445 Erwägungsgrund 46 Data Act.
1446 Erwägungsgrund 47 Data Act.
1447 Erwägungsgrund 47 Data Act.
1448 Erwägungsgrund 47 Data Act.
1449 *Bomhard/Merkle,* RDi 2022, 168 Rn. 15 f.; *Specht-Riemenschneider,* MMR 2022, 809, 822.

der Frage zusammen, welche Verwendungsmöglichkeiten dem Nutzer nach Zugang zu den Daten zustehen.[1450] Angesichts der vorgesehenen Regelungen in den Art. 8 ff. Data Act, die das Verhältnis zwischen Dateninhaber und Datenempfänger ausdrücklich regeln, ist nicht davon auszugehen, dass die Verordnung eine solche Umgehung der Gegenleistung zulassen will. Eine Übermittlung „über Eck"[1451] hätte andernfalls zur Folge, dass der beabsichtigte Schutz des Dateninhabers ins Leere geht. Das Recht auf Gegenleistung soll Dateninhabern die Kosten kompensieren, die ihnen durch die Bereitstellung der Daten entstehen, weil ein Dritter die Daten nutzen will. Allein der Zugang und die Nutzung durch den Nutzer soll nach Art. 4 Abs. 1 Data Act kostenlos erfolgen. Auch ist nicht davon auszugehen, dass dem Nutzer über Art. 4 Abs. 1 Data Act eine uneingeschränkte Nutzungsmöglichkeit eingeräumt wird. Eine direkte Übermittlung der Daten durch den Nutzer an den Dritten wird insbesondere auch aufgrund des Rechts der Dateninhaber, den Zugang nur „in-situ" zu gewährleisten, aller Wahrscheinlichkeit nach nicht möglich sein.[1452]

c) Verbot missbräuchlicher Klauseln

Zum Schutz von Kleinstunternehmen, kleinen oder mittleren Unternehmen werden in Art. 13 Abs. 1 Data Act missbräuchliche Klauseln, die diesen einseitig auferlegt werden, für nicht bindend erklärt. Als missbräuchlich soll eine Klausel dann eingestuft werden, „wenn ihre Anwendung eine grobe Abweichung von der guten Geschäftspraxis bei Datenzugang und Datennutzung darstellt oder gegen das Gebot von Treu und Glauben verstößt." Für absolut unzulässige Vertragsklauseln enthält die Verordnung in Art. 13 Abs. 4 und 5 Data Act einen Katalog von Klauseln, die aufgrund ihrer unwiderleglichen Missbräuchlichkeit keine vertragliche Bindung auslösen. Die Verordnung fordert, dass die Klausel von einer Vertragspartei eingebracht wird und die andere Vertragspartei ihren Inhalt trotz des Versuchs, hierüber zu verhandeln, nicht beeinflussen kann (vgl. Art. 13 Abs. 6 Data Act). Außerhalb dieser Vorgaben soll es den Parteien im Rahmen der Privatautonomie freistehen, Bedingungen für die Bereitstellung der Daten vertraglich auszuhandeln.[1453]

2. Einschränkungen

Auch im Verhältnis zwischen Dateninhaber und Datenempfänger trifft der Data Act Einschränkungen, die zum Schutz der Dateninhaber eine unein-

1450 Siehe zu dieser Problematik Kap. 6 D. I. 2.
1451 *Specht-Riemenschneider*, MMR 2022, 809, 822.
1452 Im Ergebnis auch *Kerber*, GRUR Int. 2023, 120, 123.
1453 Vgl. Art. 1 Abs. 10 Data Act.

geschränkte Nutzung der Daten durch den Datenempfänger verhindern soll. Die Einschränkungen ähneln denen, die gegenüber dem Nutzer getroffen wurden.

a) Wettbewerbsverbot

Der Data Act sieht auch für den vom Nutzer benannten Dritten ein Wettbewerbsverbot vor. Der Dritte soll nach Art. 6 Abs. 2 e) Data Act die erlangten Daten nicht dafür nutzen, „um ein Produkt zu entwickeln, das mit dem vernetzten Produkt, von dem die Daten stammen, im Wettbewerb steht, oder die Daten zu diesem Zweck an einen anderen Dritten weiterzugeben.“. Die Einschränkung gilt auch hier nur im Hinblick auf Produkte i. S. d. Art. 2 Nr. 5 Data Act. Die Entwicklung von verbundenen Diensten auf Grundlage der von dem Dateninhaber erlangten Daten sollte demnach auch für den Dritten zulässig sein. Zum Schutz des Dritten sieht die Verordnung vor, dass auch der Dateninhaber die bei der Nutzung des Produkts oder verbundenen Dienstes erzeugten Daten nicht dafür verwenden können soll, um Einblicke in die wirtschaftliche Lage des Dritten, dessen Vermögenswerte und Produktionsmethoden zu erlangen.[1454] Wie die Verordnung den vorgesehenen Schutz für Datenempfänger und Dateninhaber konkret gewährleisten will, bleibt offen. Insbesondere wird nicht klar, wie eine Abgrenzung zwischen einem neuen Produkt und einem Konkurrenzprodukt zu ziehen ist.

b) Schutz von Geschäftsgeheimnissen

Auch im Verhältnis zum Datenempfänger sollen die Geschäftsgeheimnisse des Dateninhabers umfassend geschützt werden. Über Art. 8 Abs. 6 Data Act soll der Dateninhaber die Bereitstellung der Daten an den Datenempfänger verweigern können, wenn es sich bei den herauszugebenden Daten um Geschäftsgeheimnisse handelt. Während im Verhältnis zum Nutzer rechtliche und technische Schutzmaßnahmen getroffen werden müssen, kann der Zugang gegenüber dem Datenempfänger zum Schutz der Geschäftsgeheimnisse gänzlich verwehrt werden.[1455] Handelt es sich bei den herauszugebenden Daten um personenbezogene Daten, ist eine gänzliche Verweigerung der Bereitstellung wegen des Rechts auf Datenportabilität gem. Art. 20 DS-GVO nicht ohne Weiteres möglich.[1456] Erforderlich ist in diesem Fall eine Abwägung zwischen dem Recht auf Geheimnisschutz des Dateninhabers nach Art. 17 GRCh und dem Recht auf Schutz von personenbezogenen Daten aus den Art. 7 und 8 GRCh, aus denen das Recht auf Datenportabilität abgelei-

1454 *Europäische Kommission*, COM (2022) 68 final, Erwägungsgrund 33.
1455 *Specht-Riemenschneider*, MMR 2022, 809, 821.
1456 *Specht-Riemenschneider*, MMR 2022, 809, 821.

tet wird.[1457] Eine weitere Einschränkung wird im Hinblick auf den Umfang der bereitzustellenden Daten getroffen. Nach Art. 8 Abs. 5 Data Act braucht der Dateninhaber keine Informationen herauszugeben, die über das hinausgehen, was erforderlich ist, um die Einhaltung der für die Datenbereitstellung vereinbarten Vertragsbedingungen oder die Erfüllung von gesetzlichen Pflichten zu gewährleisten. Exklusiv sollen die Daten dem Datenempfänger nur dann zur Verfügung gestellt werden, wenn dies explizit von dem Nutzer verlangt wird, Art. 8 Abs. 4 Data Act. Die Einschränkungen gelten jedoch nicht gegenüber dem vom Nutzer benannten Dritten. Nach Art. 5 Abs. 9 S. 1 Data Act soll der Dateninhaber dem Dritten offenlegen, als dies für den zwischen dem Nutzer und dem Dritten vereinbarten Zweck unbedingt erforderlich ist und der Dritte alle zwischen ihm und dem Dateninhaber vereinbarten besonderen Maßnahmen getroffen hat, die erforderlich sind, um die Vertraulichkeit des Geschäftsgeheimnisses zu wahren. Durch die unterschiedliche Behandlung des Dritten gegenüber anderen Datenempfängern wird deutlich, dass der Data Act die Wirksamkeit der in Art. 4 und Art. 5 Data Act vorgesehenen Nutzerrechte gewährleisten will.

c) Schutz vor unbefugter Nutzung oder Offenlegung von Daten

In Art. 11 Data Act werden zugunsten des Dateninhabers verschiedene Befugnisse vorgesehen, um die unbefugte Nutzung oder Offenlegung von Daten zu verhindern. Dem Dateninhaber soll es freistehen, hierfür geeignete technische Schutzmaßnahmen zu treffen, die jedoch nicht zu dem Zweck eingesetzt werden dürfen, das Recht des Nutzers auf Weitergabe der Daten an einen Dritten nach Art. 5 Data Act zu verhindern.[1458] In Art. 11 Abs. 2 Data Act werden dem Dateninhaber Rechte zugewiesen, die er gegenüber einem Datenempfänger geltend machen soll, wenn eine der dort geregelten Fallgruppen greift. Konkret betroffen sind Fallgruppen, in denen der Datenempfänger dem Dateninhaber zwecks Erlangung der Daten ungenaue oder falsche Informationen gibt, Täuschungen und Zwangsmittel einsetzt oder offensichtliche Lücken in der dem Schutz der Daten dienenden technischen Infrastruktur des Dateninhabers missbraucht, die bereitgestellten Daten für nicht genehmigte Zwecke nutzt oder ohne Zustimmung des Dateninhabers die Daten an eine andere Partei weitergegeben hat (vgl. Art. 11 Abs. 2 Data Act).

1457 *Specht-Riemenschneider*, MMR 2022, 809, 821.
1458 Vgl. Art. 11 Abs. 1 Data Act.

D. Kritische Würdigung: Schwächen des Data Acts

Die konkrete Ausgestaltung des Data Acts wird den grundsätzlich begrüßenswerten Zielen des geplanten Datengesetzes nicht gerecht.[1459] Der Data Act ist in seiner Ausgestaltung nicht geeignet, die Stellung der Nutzer zu stärken und eine verbesserte Verfügbarkeit der Daten zur Förderung von Innovation und Wettbewerb auf dem europäischen Datenmarkt zu gewährleisten.[1460] Die Diskrepanzen zwischen der Zielvorstellung im Data Act und der konkreten Ausgestaltung der Vorschriften wird in der Praxis zur Rechtsunsicherheit führen und dadurch größere Hindernisse bereiten als die gegenwärtigen Rechtslage ohnehin verursacht.[1461] Im nachfolgenden Abschnitt sollen Schwächen des Data Acts dargestellt werden, auf deren Grundlage im Nachgang Vorschläge zur Ausgestaltung des neuen Datengesetzes vorgestellt werden sollen.

I. Keine ausreichende Stärkung der Position der Nutzer

Das Ziel des Data Acts ist die Stärkung der Position der Nutzer durch ihre Partizipation an die Wertschöpfung aus Daten.[1462] Eigentümer von vernetzten Produkten sollen durch die vorgesehenen Zugangs- und Nutzungsrechte rechtmäßig erworbenes Eigentum vollumfänglich nutzen und darüber verfügen können.[1463] Eine nähere Untersuchung des Data Acts verdeutlicht jedoch, dass die für die Nutzer vorgesehenen Zugangs- und Nutzungsrechte in ihrer konkreten Ausgestaltung nicht ausreichen, um der Rolle der Nutzer im Rahmen der Wertschöpfung aus Daten gerecht zu werden und ihre berechtigten Interessen ausreichend zu berücksichtigen.[1464] Die Neuerungen stellen nur formale Besserstellungen dar, die nicht geeignet sind, die Position der Nutzer der starken Kontrollposition der Dateninhaber anzunähern.

1. Erfordernis der Datennutzungslizenz

Das Erfordernis der Datenlizenz scheint auf dem ersten Blick eine wesentliche Stärkung der Position der Nutzer zu bewirken. Nicht-personenbezogene Daten, die im Rahmen der Nutzung eines Produktes oder verbundenen

---

1459 Vgl. *Kerber*, GRUR Int. 2023, 120, 121; *Specht-Riemenschneider,* MMR 2022, 809, 810 f.

1460 Vgl. *Kerber*, GRUR Int. 2023, 120, 120.

1461 Siehe auch *Max-Planck-Institut für Innovation und Wettbewerb*, Position Statement of 25 May 2022, Rn. 6; *Specht-Riemenschneider*, MMR 2022, 809, 810 f.

1462 *Europäische Kommission*, COM (2022) 68 final, 3.

1463 *Europäische Kommission*, COM (2022) 68 final, 16.

1464 Im Ergebnis auch *Specht-Riemenschneider,* MMR 2022, 809, 809; *Kerber*, GRUR Int. 2023, 120, 120.

Dienstes erzeugt werden, sollen nur auf der Grundlage einer vertraglichen Vereinbarung mit dem Nutzer genutzt werden dürfen.[1465] In Zukunft wird die faktisch-technische Datenkontrolle der Hersteller damit nicht mehr ausreichen, um die uneingeschränkte Nutzung der Daten zu legitimieren, denn bislang waren diese nur bei personenbezogenen Daten verpflichtet, datenschutzrechtliche Vorgaben, wie die Einholung der Einwilligung der betroffenen Person nach Art. 6 Abs. 1 lit. a DS-GVO, zu beachten.[1466] Ein wesentlicher Unterschied zur DS-GVO liegt jedoch darin, dass die DS-GVO neben der Einwilligung in Art. 6 Abs. 1a) DS-GVO noch weitere gesetzliche Erlaubnistatbestände normiert, nach denen die Verarbeitung personenbezogener Daten rechtmäßig sein kann. Nach dem Data Act soll die Nutzung von nicht-personenbezogenen Daten dagegen nur auf Grundlage einer vertraglichen Nutzungserlaubnis möglich sein. Dass die Nutzung von nicht-personenbezogenen Daten strengeren Voraussetzungen unterliegt als die Verarbeitung personenbezogener Daten, ist ein überraschendes Ergebnis.[1467] Das Erfordernis der Datennutzungslizenz wird daher oft als „Revolution" für die Datenwirtschaft bezeichnet.[1468] Eine genauere Untersuchung der Vorschrift verdeutlicht jedoch, dass das Erfordernis der vertraglichen Vereinbarung in Art. 4 Abs. 6 S. 1 Data Act nicht geeignet ist, um die Position der Nutzer im Hinblick auf ihre Daten zu stärken.[1469]

a) Kein Ausschließlichkeitsrecht zugunsten Nutzer

Die in Art. 4 Abs. 13 S. 1 Data Act vorgesehene Notwendigkeit der vertraglichen Vereinbarung erweckt den Eindruck, dass dem Nutzer die durch die Nutzung vernetzter Produkte und damit verbundener Dienste erzeugten Daten zugewiesen werden sollen.[1470] Das Erfordernis der Datennutzungslizenz erinnert an die Ausgestaltung von Immaterialgüterrechten. Erst nach der Einholung der Datenlizenz soll der Dateninhaber die Daten nutzen dürfen.[1471] Der Data Act stellt jedoch ausdrücklich klar, dass die Zuweisung von (einfachen) Zugangs- und Nutzungsrechten der Gewährung von ausschließlichen Zugangs- und Nutzungsrechten vorzuziehen ist.[1472] Weder dem Nutzer noch dem Dateninhaber sollen mit der Verordnung ausschließ-

---

1465 Bereits vorgeschlagen von *Fezer*, MMR 2017, 5.

1466 *Kerber*, GRUR Int. 2023, 120, 131.

1467 *Specht-Riemenschneider*, MMR 2022, 809, 816.

1468 *Hennemann/Steinrötter*, NJW 2022, 1481, 1483; *Bomhard/Merkle*, RDi 2022, 168, 174.

1469 *Specht-Riemenschneider*, MMR 2022, 809, 818.

1470 Ähnlich *Hennemann/Steinrötter*, NJW 2022, 1481, 1483; *Max-Planck-Institut für Innovation und Wettbewerb*, Position Statement of 25 May 2022, Rn. 81; *Podszun/Pfeifer*, GRUR 2022, 953, 956.

1471 So auch *Kerber*, GRUR Int. 2023, 120, 128.

1472 Erwägungsgrund 6 Data Act; *Wiebe*, GRUR 2023, 227, 228.

liche Handlungsbefugnisse an den erzeugten Daten zugewiesen werden.[1473] Werden die Daten ohne die vertragliche Erlaubnis des Nutzers genutzt, würde eine solche unberechtigte Nutzung nur Ansprüche gegenüber dem Dateninhaber begründen, nicht jedoch gegenüber jeden beliebigen Dritten.[1474] Gegen die Einordnung als Ausschließlichkeitsrecht spricht auch das in Art. 4 Abs. 10 Data Act geregelte Wettbewerbsverbot, nach dem der Nutzer die Daten nicht zur Entwicklung eines Produktes verwenden darf, das mit dem Produkt, von dem die Daten stammen, in Wettbewerb steht.[1475] Das Erfordernis der Datennutzungserlaubnis kann daher nicht mit der immaterialgüterrechtlichen Lizenz gleichgestellt werden. Unter Berücksichtigung der vorgesehenen vorvertraglichen Informationspflichten ist vielmehr davon auszugehen, dass im Rahmen der Ausgestaltung der Verordnung das Regelwerk der DS-GVO als Vorbild gedient hat. Ein Ausschließlichkeitsrecht soll mit dem Erfordernis der Datenlizenz damit nicht eingeführt werden.

b) Verhandlungsbasis für gewerbliche Nutzer?

Inhaltliche Mindestanforderungen sind im Hinblick auf den vorgesehenen Datennutzungsvertrag zwischen Nutzern und Dateninhabern nicht vorgesehen.[1476] Der Grundsatz der Privatautonomie soll weiter bestehen bleiben, sodass die Parteien die Möglichkeit haben sollen, weitere Vereinbarungen zu treffen.[1477] Es ist zu erwarten, dass das Erfordernis der Datennutzungslizenz die Position der gewerblichen Nutzer gegenüber Dateninhabern in Verhandlungen wesentlich stärken wird. Dateninhaber werden aufgrund des Erfordernisses zur Datenlizenz eher zu Verhandlungen bereit sein, als wenn sie die Daten allein aufgrund ihrer faktischen Kontrollposition uneingeschränkt nutzen können. Gewerbliche Nutzer könnten die dem Dateninhaber erforderliche Datennutzungserlaubnis versagen, wenn die vertraglichen Verhandlungen zu keiner Einigung führen. Aufgrund der wesentlichen Besserstellung der Verhandlungsposition von gewerblichen Nutzern ist ein Marktversagen im B2B-Verhältnis daher nicht zu erwarten.[1478]

1473 *Podszun/Pfeifer*, GRUR 2022, 953, 956.
1474 *Specht-Riemenschneider*, MMR 2022, 809, 816.
1475 *Metzger/Schweitzer*, ZEuP 2023, 42, 48.
1476 *Bomhard/Merkle*, RDi 2022, 168, 174; *Hennemann/Steinrötter*, NJW 2022, 1481, 1483.
1477 *Kerber*, GRUR Int. 2023, 120, 131.
1478 *Kerber*, GRUR Int. 2023, 120, 131.

c) Fehlender Verbraucherschutz

Problematisch sind allerdings die Konstellationen, in denen es sich bei den Nutzern um Verbraucher handelt.[1479] Diese werden nur selten die vorvertraglichen Informationen über die Nutzungsabsichten der Dateninhaber lesen und sich den Wert ihrer Daten bewusst sein.[1480] Weigert sich der Nutzer in die Nutzung der Daten durch den Hersteller oder Dateninhaber zuzustimmen, wird ihm der Erwerb des Produkts oder die Nutzung des verbundenen Dienstes nicht möglich sein.[1481] Die Situation ist vergleichbar mit Konstellationen, in denen Nutzer meist ohne Kenntnis des genauen Inhalts der Verträge in die Verarbeitung ihrer personenbezogenen Daten zustimmen, um einen vermeintlich kostenlosen Dienst nutzen zu können.[1482] Eine ähnliche Entwicklung wäre mit dem Data Act auch im Umgang mit nicht-personenbezogenen Daten zu erwarten. Ein mit Art. 6 Abs. 4 DS-GVO vergleichbares Kopplungsverbot ist nicht vorgesehen, sodass es Dateninhabern möglich sein wird, die Nutzung ihrer Produkte oder die Inanspruchnahme ihrer Diensten von der Erteilung der Datennutzungslizenz abhängig zu machen („take it or leave it").[1483] Es ist daher davon auszugehen, dass insbesondere Verbraucher den Dateninhabern die erforderliche Datenlizenz erteilen werden, da ihnen andernfalls der Erwerb des IoT-Produkts nicht möglich sein wird.[1484] Mangels inhaltlicher Vorgaben stünde es Dateninhabern auch frei, die Datennutzungslizenz für Vereinbarungen einzuholen, nach denen der Dateninhaber die generierten Daten für alle Arten von Verwendungen, wie etwa zum Verkauf bzw. der Übertragung an andere Unternehmen oder zur Wertschöpfung aus den Daten, nutzen kann.[1485] Nach dem Data Act ist es für Dateninhaber jedenfalls nicht ausgeschlossen, solche „Buy-out-Verträge" einseitig einzuholen.[1486] Offen bleibt auch die Frage, ob die einmalige Erteilung der Nutzungserlaubnis für Dateninhaber von unbegrenzter Dauer sein soll.[1487] In der Verordnung fehlen Regelungen zur Kündigungs- und Widerspruchsmöglichkeit, sodass Nutzer kraft Gesetzes nicht das Recht haben werden, die einmal erteilte Datennutzungslizenz wieder rückgängig zu ma-

1479 *Kerber*, GRUR Int. 2023, 120, 132.
1480 *Kerber*, GRUR Int. 2023, 120, 132.
1481 *Podszun/Pfeifer*, GRUR 2022, 953, 956; *Specht-Riemenschneider,* MMR 2022, 809, 816 f.
1482 *Riesenhuber,* in: Ochs/Friedewald/Hess/Lamla, Die Zukunft der Datenökonomie, S. 30; *Kerber,* GRUR Int. 2023, 120, 132.
1483 *Bomhard/Merkle*, RDi 2022, 168, 174; *Podszun/Pfeifer*, GRUR 2022, 953, 956.
1484 *Podszun/Pfeifer*, GRUR 2022, 953, 956; *Kerber,* GRUR Int. 2023, 120, 132; *Kerber.*
1485 *Kerber,* GRUR Int. 2023, 120, 131.
1486 *Specht-Riemenschneider,* MMR 2022, 809, 809, 818; *Podszun/Pfeifer*, GRUR 2022, 953, 961; *Kerber,* GRUR Int. 2023, 120, 132.
1487 *Hennemann/Steinrötter*, NJW 2022, 1481, 1483; *Kerber,* GRUR Int. 2023, 120, 131.

chen.[1488] Da auch Vorschriften im Hinblick auf die zeitliche Beschränkung der Nutzung durch Dateninhaber fehlen, ist insoweit davon auszugehen, dass der Nutzer mit der Erteilung der Datennutzungslizenz für die gesamte Lebensdauer des Produkts dem Dateninhaber die Nutzung und Kommerzialisierung der damit erzeugten Daten gewähren wird.[1489] Das Erfordernis der vertraglichen Vereinbarung ist daher nur eine Formalie, die die Dateninhaber mit der richtigen Ausgestaltung der vertraglichen Vereinbarung umgehen werden können.[1490] Es sollte daher in Betracht gezogen werden, zum Schutz von Verbrauchern inhaltliche Mindestanforderungen einzuführen. Denkbar sind Kopplungsverbote, Kündigungsmöglichkeiten sowie zeitlichen Begrenzungen der Nutzung durch AGB-rechtliche Kontrollmechanismen.[1491]

2. Reichweite des Zugangs- und Nutzungsrechts

Im Erwägungsgrund 30 wird klargestellt, dass es Nutzern freistehen soll, die Daten für jeden rechtmäßigen Zweck zu verwenden. Damit scheint der Data Act das Recht auf Nutzung der generierten Daten nur durch das in Art. 4 Abs. 10 Data Act vorgesehene Wettbewerbsverbot einschränken zu wollen.[1492] Eine nähere Untersuchung der Zugangs- und Nutzungsrechte zeigt jedoch auch hier, dass der Data Act dem Nutzer nur schwach ausgeprägte Zugangs- und Nutzungsrechte einräumen will.[1493] *Specht-Riemenschneider* stellt daher richtig fest, dass nicht jedes Zugangs- und Nutzungsrecht geeignet ist, die Probleme im Umgang mit Daten zu lösen.[1494] Entscheidend ist vielmehr, inwieweit die konkrete Ausgestaltung der Rechte geeignet ist, eine Besserstellung der Nutzer zu bewirken.[1495]

a) Kein standardmäßiger und unabhängiger Direktzugriff für Nutzer

Zunächst ist zu befürchten, dass der in Art. 3 Abs. 1 Data Act vorgesehene standardmäßige Direktzugriff für Nutzer in der Praxis zur Ausnahme wird. Problematisch ist nämlich, dass die Gewährung eines standardmäßigen Direktzugriff für Nutzer nur dann verpflichtend sein soll, wenn der Zugriff „relevant und technisch durchführbar“ ist. Da der Data Act offenlässt, wann dies der Fall sein soll, ist davon auszugehen, dass die Begründung mit einem hohen technischen oder rechtlichen Aufwand ausreichen wird, um den

1488 Vgl. auch *Kerber*, GRUR Int. 2023, 120, 131.
1489 *Kerber*, GRUR Int. 2023, 120, 123.
1490 So auch *Specht-Riemenschneider*, MMR 2022, 809, 816.
1491 So auch *Specht-Riemenschneider*, MMR 2022, 809, 817.
1492 *Kerber*, GRUR Int. 2023, 120, 124.
1493 So auch *Kerber*, GRUR Int. 2023, 120, 128.
1494 *Specht-Riemenschneider*, MMR 2022, 809, 809.
1495 *Specht-Riemenschneider*, MMR 2022, 809, 809.

Direktzugriff für Nutzer zu verhindern. Um auch für Nutzer einen fairen Zugang zu gewährleisten, sollte in Erwägung gezogen werden, den Direktzugriff als Regelfall auszugestalten und die Abhängigkeit vom Verlangen des Nutzers nur in explizit gesetzlich geregelten Ausnahmetatbeständen für zulässig zu erklären. Andernfalls droht der vorgesehene Direktzugriff des Nutzers in Art. 3 Abs. 1 Data Act ausgehebelt zu werden. Wenn erst mit der Geltendmachung des Datennutzungsverlangens, dem Nutzer die erzeugten Daten unverzüglich und in Echtzeit zur Verfügung gestellt werden sollen, wäre die Konsequenz, dass den Nutzern insoweit eine Aktionslast auferlegt wird.[1496] Der Grundsatz der technischen Alleinkontrolle durch die Dateninhaber wäre damit nur dann durchbrochen, wenn der Nutzer sein Datennutzungsverlangen gegenüber dem Dateninhaber geltend macht.[1497] Es ist nicht ersichtlich, warum dem Nutzer nicht mit Beginn der Produktnutzung bzw. der Inanspruchnahme des verbundenen Dienstes ein Direktzugang zu den erzeugten Rohdaten eingeräumt wird. Erst wenn Dateninhaber verpflichtet werden, dem Nutzer einen unabhängigen Zugriff zu den Daten zu gewähren, kann eine miteigentumsähnliche Konstellation herbeigeführt werden, die dem Beitrag des Nutzers im Wertschöpfungsprozess gerecht werden würde.

b) In-situ-Zugangsgewährung als Nutzungseinschränkung?

Problematisch ist auch die Ausgestaltung der konkreten Zugangsgewährung. Die Reichweite des Zugangsrechts der Nutzer ist im Erwägungsgrund 22 geregelt. Danach können die Daten dem Nutzer direkt von einem Datenspeicher auf dem Gerät oder von einem entfernten Server, an den die Daten übermittelt werden, bereitgestellt werden. Bei dem Server könne es sich um die eigenen lokalen Serverkapazitäten des Herstellers oder um die eines Dritten oder einem Cloud-Diensteanbieters handeln, der als Dateninhaber fungiert.[1498] Der Nutzer oder ein Dritter könne die Daten dann auf dem Produkt oder auf einer Rechnerinstanz des Herstellers verarbeiten.[1499] Damit soll der Dateninhaber dem Nutzer oder dem von dem Nutzer benannten Dritten keine Kopien der Daten übermitteln müssen, sondern die Nutzungsmöglichkeit dahingehend beschränken können, dass die Daten nur auf seinen eigenen Servern genutzt werden können.[1500] Es handelt sich damit um einen bloßen In-situ-Zugang, den die Dateninhaber den Nutzern in der Regel

1496 *Specht-Riemenschneider*, MMR 2022, 809, 815.
1497 *Specht-Riemenschneider*, MMR 2022, 809, 815.
1498 Erwägungsgrund 22 Data Act.
1499 Erwägungsgrund 22 Data Act.
1500 *Kerber*, GRUR Int. 2023, 120, 124; *Specht-Riemenschneider*, MMR 2022, 809, 816, *dies*. ZRP, 2022, 137, 139.

gewähren werden.[1501] Es ist zu fragen, ob ein solcher Zugang die vollumfängliche Nutzung in Form der Speicherung, Übernahme, Bearbeitung oder Weiterverteilung der Daten durch die Nutzer ermöglichen wird.[1502] Gerade mit Blick auf die Nutzung der Daten zur Kombination mit anderen Datenquellen kann ein bloßer In-situ-Zugang nicht ausreichend sein, um die Daten verschiedenen Analysezwecken zuzuführen.[1503] Ein bloßer In-situ-Zugang ist daher mit dem von der Kommission gesetzten Ziel der vollen Wertschöpfung aus Daten nicht vereinbar und sollte aufgehoben oder jedenfalls zur Ausnahme erklärt werden.[1504]

c) Keine uneingeschränkte Nutzungsmöglichkeit der Daten

Unklarheiten bestehen auch dahingehend, ob nach Data Act die Weitergabe der Daten an Dritte auch für andere Zwecke als zur Inanspruchnahme von Anschlussdiensten möglich sein soll oder ob die Weitergabemöglichkeit an Dritte nur auf die Inanspruchnahme von Anschlussdiensten beschränkt ist.[1505] Da das Ziel des Data Acts die Förderung und Entwicklung neuer, innovativer Produkte oder verbundener Dienste zum Gegenstand hat, sollte auch die Weitergabe der Daten an Dritte i. S. d. Art. 5 Data Act zu jedem beliebigen Zweck zulässig sein. Möglich wäre demnach auch die Zugangsgewährung an Diensteanbieter, die sämtliche Daten von Verbrauchern des entsprechendes Produkts oder Dienstes sammeln und aggregieren, um daraus Datensätze zur Schaffung datenbasierter Geschäftsmodelle oder Innovationen zu entwickeln.[1506] Auch der Einsatz von Datenhändlern, die von Verbrauchern ihre Rohdaten erwerben, um sie nach ihrer Nutzung zu bestimmten Analysezwecken als Produkt weiter zu veräußern, wäre demnach denkbar.[1507] Durch entsprechende Zweckvereinbarungen im Vertrag zwischen dem Nutzer und dem Dritten könnten solche Geschäftsmodelle möglich werden.[1508] Es ist jedoch nicht davon auszugehen, dass der Data Act bei der Einräumung von Zugangs- und Nutzungsrechten zugunsten der Nutzer solche Verwendungen beabsichtigt hat.[1509] Im Folgeabschätzungsbericht

---

1501 *Kerber,* GRUR Int. 2023, 120, 124; *Specht-Riemenschneider*, MMR 2022, 809, 810; *Podszun/Pfeifer*, GRUR 2022, 953, 961.

1502 *Podszun/Pfeifer*, GRUR 2022, 953, 957; *Max-Planck-Institut für Innovation und Wettbewerb*, Position Statement of 25 May 2022, Rn. 66.

1503 *Kerber,* GRUR Int. 2023, 120, S. 9; *Max-Planck-Institut für Innovation und Wettbewerb*, Position Statement of 25 May 2022, Rn. 66.

1504 *Specht-Riemenschneider*, MMR 2022, 809, 816 f., 818; *dies.*, ZRP 2022, 137, 139.

1505 *Kerber,* GRUR Int. 2023, 120, 125; *Drexl/Banda/Otero/Hoffmann u.* a., Position Statement of the Max Planck Institute, Rn. 15; *Kerber,* GRUR Int. 2023, 120, 123.

1506 *Kerber,* GRUR Int. 2023, 120, 125.

1507 *Kerber,* GRUR Int. 2023, 120, 125.

1508 *Kerber,* GRUR Int. 2023, 120, 125.

1509 So auch *Kerber,* GRUR Int. 2023, 120, 125.

zum Data Act wird klargestellt, dass unter der rechtmäßigen Nutzung der Daten nur die Weitergabe der Daten an Dritte zur Inanspruchnahme von Anschlussdiensten verstanden wird.[1510] In Bezug auf das Recht des Dritten auf Verlangen des Nutzers Zugriff zu den Daten zu erlangen, wird der Dritte nur im Zusammenhang mit der Erbringung von Mehrwertdiensten genannt, die den Zugang zu den Daten erfordern.[1511] Andere Verwendungsmöglichkeiten außerhalb der produktbezogenen Dienstleistungen sind nicht vorgesehen.[1512] Für diese Auslegung spricht auch Art. 6 Abs. 2 c) Data Act, der regelt, dass es dem Dritten untersagt ist, die erhaltenen Daten einem anderen Dritten bereitzustellen, „es sei denn, die Daten werden auf der Grundlage eines Vertrags mit dem Nutzer bereitgestellt".[1513] Für andere Nutzungen durch den Dritten sieht der Data Act keine Einschränkungen vor. Damit wäre eine Weitergabe der Daten an Dritte zu jedem anderen beliebigen Zweck außer zur Inanspruchnahme von Anschlussdiensten ausgeschlossen.[1514] Explizit klargestellt wird dies jedoch nicht. Die Begründung des Data Act erweckt daher im ersten Moment den Eindruck, dass dem Nutzer ein uneingeschränktes Nutzungsrecht an den erzeugten Daten eingeräumt werden soll. Nur die genauere Untersuchung zeigt, dass der Data Act eine uneingeschränkte Nutzungsmöglichkeit nur im Hinblick auf die Alleinnutzung durch den Nutzer gewähren will, die ihre Grenzen in der Entwicklung von Konkurrenzprodukten findet. Es ist daher davon auszugehen, dass der Data Act die Weiterübertragung der Daten an Dritte ausschließlich zur Inanspruchnahme von Anschlussdiensten erlaubt, um im Einklang mit der Zielvorstellung die Entstehung wettbewerbsorientierter Angebote von Anschlussdiensten zu gewährleisten.[1515] Für die rechtssichere Nutzung der Daten sollten die Nutzungsmöglichkeiten der Nutzer, einschließlich die zulässigen Zwecke zur Weitergabe der Daten an Dritte weiter konkretisiert werden.[1516]

3. Umfang des Zugangsrechts

Der Zugangsanspruch der Nutzer soll sich damit auf alle verhaltensgenerierten Daten beziehen, die durch die Nutzung eines vernetzten Produkts oder

---

1510 *Europäische Kommission*, Folgeabschätzung, S. 63, 67; *Drexl/Banda/Otero/Hoffmann u.* a., Position Statement of the Max Planck Institute, Rn. 11.

1511 *Europäische Kommission*, Folgeabschätzung, S. 63, 67.

1512 *Drexl/Banda/Otero/Hoffmann u.* a., Position Statement of the Max Planck, Rn. 17.

1513 Noch zum Entwurf *Max-Planck-Institut für Innovation und Wettbewerb*, Position Statement of 25 May 2022, Rn. 14.

1514 *Max-Planck-Institut für Innovation und Wettbewerb*, Position Statement of 25 May 2022, Rn. 12, 13.

1515 Siehe hierzu auch *Max-Planck-Institut für Innovation und Wettbewerb*, Position Statement of 25 May 2022, Rn. 14 ff.

1516 Im Ergebnis auch *Max-Planck-Institut für Innovation und Wettbewerb*, Position Statement of 25 May 2022, Rn. 18.

verbundenen Dienstes erzeugt wurden. Doch auch maschinengenerierte Daten sollen Gegenstand des Zugangsanspruchs sein. Der Data Act stellt klar, dass auch solche Daten erfasst werden sollen, die ohne jegliche Nutzeraktion erzeugt werden.[1517] Auch auf semantischer Ebene werden keine Einschränkungen getroffen. Der Zugangsanspruch soll personenbezogene und nicht-personenbezogene Daten gleichermaßen umfassen, wenn auch bei personenbezogenen Daten die Vorgaben der DS-GVO vom Dateninhaber zusätzlich zu beachten sind.[1518]

a) Ausschluss abgeleiteter und verarbeiteter Daten

Nicht in den Anwendungsbereich des Data Act fallen „aus solchen Daten gefolgerte oder abgeleitete Informationen, die das Ergebnis zusätzlicher Investitionen in die Zuweisung von Werten oder Erkenntnissen aus den Daten sind".[1519] Hintergrund des Ausschlusses ist der Schutz der Investition von Dateninhabern in Datenverarbeitungsprozesse. Wurden Investitionen in die Analyse der Rohdaten getätigt, sollen diese von dem Zugangsanspruch des Nutzers ausgeschlossen werden. Im Umkehrschluss dürfte sich der Zugangsanspruch des Nutzers nur auf die erzeugten Rohdaten beziehen, die durch die Nutzung des Produkts oder damit verbundenen Dienstes erzeugt wurden und nicht vom Dateninhaber verarbeitet worden sind.[1520]

b) Problem: Unzulänglichkeit von Rohdaten für Anschlussdienste

Soll sich der Zugangsanspruch des Nutzers nur auf die erzeugten Rohdaten, nicht jedoch auf die abgeleiteten oder verarbeiteten Daten beziehen, kann dies zu dem Umstand führen, dass die dem Dritten zur Verfügung gestellten Datensätze zu klein und damit nicht geeignet sind, auf dem nachgelagerten Markt für Anschluss- und Reparaturdienste eingesetzt zu werden.[1521] Die Beurteilung des Umfangs des Zugangsanspruchs hängt daher auch eng mit der Frage zusammen, für welche Zwecke die Daten dem Dritten zur Verfügung gestellt werden sollen. Möglich wäre es, den Zugang des Dritten daher zweckorientiert zu bestimmen.[1522] Für die Erreichung der Ziele des Data Acts sollte der Zugangsanspruch gerade im Hinblick auf die Bereitstel-

---

1517 *Europäische Kommission*, COM (2022) 68 final, Erwägungsgrund 15.

1518 Erwägungsgrund 7 Data Act.

1519 Erwägungsgrund 15 Data Act.

1520 *Podszun/Pfeifer*, GRUR 2022, 953, 961; *Kerber*, GRUR Int. 2023, 120, 122.

1521 So auch *Kerber*, GRUR Int. 2023, 120, 127; *Max-Planck-Institut für Innovation und Wettbewerb*, Position Statement of 25 May 2022, Rn. 24; *Podszun/Pfeifer*, GRUR 2022, 953, 961.

1522 So auch *Max-Planck-Institut für Innovation und Wettbewerb*, Position Statement of 25 May 2022, Rn. 22.

lung der Daten an den Dritten nicht nur die durch die Nutzung des Produkts erzeugten (Roh-)Daten, sondern auch abgeleitete und gefolgerte Informationen erfassen, die zur Erbringung des Anschlussdienstes erforderlich sind.[1523] Nur durch einen zweckorientierten Ansatz wird der nachgelagerte Markt in der Lage sein, dem Nutzer geeignete Dienstleistungen anzubieten.[1524] Einen zweckorientierten Ansatz verfolgt auch das Typengenehmigungsrecht, das dem nachgelagerten Markt unbeschränkten Zugang zu Fahrzeugreparatur und- Wartungsinformationen, nicht jedoch zu Rohdaten, einräumt.[1525] Der Datenzugangspetent soll nur die Informationen bekommen, die für die Erbringung des Anschlussdienstes erforderlich sind. Denkbar wäre es auch hier, dass die Dateninhaber dem Dritten nicht alle (Roh-)daten des Nutzers, sondern nur die erforderlichen abgeleiteten Daten zur Verfügung stellt, die für die Erbringung von Anschlussdiensten zweckdienlicher wären als die bloßen Rohdaten eines einzelnen Nutzers.[1526] Es ist nicht auszuschließen, dass auch der europäische Gesetzgeber dieses Problem erkannt hat und den Data Act daher nur als horizontalen Mindeststandard ausgestalten will, um den Erlass sektorspezifischer Vorschriften voranzutreiben.[1527] Der Data Act wird nach seiner gegenwärtigen Ausgestaltung jedenfalls nicht gewährleisten, dass Datenempfängern die Daten zur Verfügung gestellt bekommen, die sie für die Erbringung der Dienstleistung brauchen.[1528]

II. Anerkennung der technisch-faktischen Alleinkontrolle der Dateninhaber

In ihrer Mitteilung zum Aufbau einer europäischen Datenwirtschaft hatte die Europäische Kommission noch die Aufhebung des ausschließlichen Zugangs der Hersteller als Ziel formuliert.[1529] Der Hersteller sollte nur ausnahmsweise unter genau festgelegten Voraussetzungen Zugang zu den Daten des Nutzers erlangen.[1530] Von diesen Überlegungen hat die Kommission

1523 So auch *Max-Planck-Institut für Innovation und Wettbewerb*, Position Statement of 25 May 2022, Rn. 22 ff.

1524 *Max-Planck-Institut für Innovation und Wettbewerb*, Position Statement of of 25 May 2022, Rn. 25.

1525 *Max-Planck-Institut für Innovation und Wettbewerb*, Position Statement of 25 May 2022, Rn. 25; OLG Frankfurt a. M., Urteil vom 23.02.2017, Az. 6 U 37, 16 = GRUR-RR 2017, 231, 233.

1526 So auch *Max-Planck-Institut für Innovation und Wettbewerb*, Position Statement of 25 May 2022, Rn. 22.

1527 *Europäische Kommission*, SWD (2022) 34 final, S. 7.

1528 Vgl. *Kerber*, GRUR Int. 2023, 120, 127.

1529 *Europäische Kommission*, Aufbau einer europäischen Datenwirtschaft, COM (2017) 9 final, S. 14.

1530 *Europäische Kommission*, Aufbau einer europäischen Datenwirtschaft, COM (2017) 9 final, S. 14.

mit dem Data Act Abstand genommen. In der Begründung des Data Acts wird die faktisch-technische Alleinkontrolle der Hersteller und Dateninhaber weiterhin als Innovations- und Wettbewerbshindernis eingestuft.[1531] Der Data Act soll Herstellern und Dateninhabern keine Rechtsgrundlage schaffen, wonach sie die durch den Nutzer erzeugten Daten besitzen, auf sie zugreifen oder sie verarbeiten dürfen.[1532] Ausschließlichkeitsrechte an Daten soll es nach dem Data Act nicht geben.[1533] Eine nähere Untersuchung des Data Acts verdeutlicht jedoch, dass auch wenn eine rechtliche Zuweisung von Daten zugunsten Hersteller und Dateninhaber fehlt, die faktisch-technische Alleinkontrolle der Hersteller durch die geplanten Vorschriften rechtlich anerkannt wird.[1534]

1. Uneingeschränkte Zugangs- und Nutzungsmöglichkeit für Dateninhaber

Aufgrund der nur schwach ausgeprägten Zugangs- und Nutzungsrechte der Nutzer wird die Position der Hersteller und Dateninhaber nur augenscheinlich eingeschränkt.[1535] Durch die rechtliche Anerkennung der de facto-Kontrolle der Dateninhaber legitimiert der Data Act die rechtfertigungsbedürftige technisch-faktische Zuordnung der Daten zugunsten der Dateninhaber, die eine ähnliche wirtschaftliche Auswirkungen haben wird wie die rechtliche Zuweisung der Daten.[1536] Aufgrund der fehlenden eigentumsähnlichen Zuweisung sind Daten gegenwärtig nicht-rivale Gemeingüter, die nicht nach Belieben monopolisiert werden sollten.[1537] Die Verordnung begründet die Stellung der Hersteller und Dateninhaber im mit dem Investitionsschutzgedanken.[1538] Es ist allerdings fraglich, ob überhaupt ein Anreizproblem im Hinblick auf die Investition in datenerhebende Produkte besteht, das die faktisch-technischen Alleinkontrolle der Hersteller und Dateninhaber rechtfertigen könnte.[1539] Die bisherige Untersuchung hat gezeigt, dass ein Anreizproblem im Hinblick auf die Investition in datenerhebende IoT-Geräte gerade nicht vorliegt und Unternehmen immer mehr auf datenbasierte Geschäftsmodelle umsteigen.[1540] Das wirtschaftliche Wertpotenzial von

---

1531 Erwägungsgrund 5 Data Act.
1532 Erwägungsgrund 5 Data Act.
1533 Erwägungsgrund 6 Data Act.
1534 So auch *Specht-Riemenschneider,* MMR 2022, 809, 809, 818; *Kerber*, GRUR Int. 2023, 120, 128; *Metzger/Schweitzer*, ZEuP 2023, 42, 45.
1535 So auch *Kerber,* GRUR Int. 2023, 120, 121, 128.
1536 So auch *Kerber,* GRUR Int. 2023, 120, 128.
1537 *Specht-Riemenschneider*, MMR 2022, 809, 818; *dies.*, ZRP 2022, 137, 137 f., 139; *Metzger/Schweitzer*, ZEuP 2023, 42, 50; *Podszun/Pfeifer*, GRUR 2022, 953, 955.
1538 Erwägungsgrund 32 Data Act.
1539 Kritisch auch *Kerber,* GRUR Int. 2023, 120, 120.
1540 Siehe hierzu Kap. 5 A. II. 1.

Daten bietet Unternehmen den erforderlichen Anreiz in die Erhebung von Daten zu investieren.[1541] Darüber hinaus wurden Investitionen in die Erzeugung von Daten von der Rechtsprechung gerade nicht als nicht schutzrechtsbegründend angesehen, was die klare Trennung von Datenerzeugung und Datenbeschaffung im Rahmen des Datenbankherstellerrechts verdeutlicht.[1542] Schließlich ist es nicht allein die Investitionsleistung der Hersteller und Dateninhaber, die zur Entstehung der Daten führt.[1543] Es sind auch die Nutzer vernetzter Produkte und damit verbundener Dienste die Unmengen von Daten erzeugen und damit einen entscheidenden Beitrag für die Erhebung der Daten leisten. Dennoch erfolgt die rechtliche Anerkennung der uneingeschränkte Kontrollposition nur zugunsten der Dateninhaber, ohne die Position der Nutzer anzupassen.

2. Kontrollmöglichkeit durch In-situ-Zugang

Die den Dateninhabern gewährte Möglichkeit Daten auf eigenen Servern oder auf Servern von Cloud-Dienstleistern Nutzern und Drittempfängern bereitzustellen, verdeutlicht die Bestrebung der Kommission, die technischen Kontrollposition der Dateninhaber unberührt zu lassen.[1544] Die bislang ohne Rechtsgrundlage erfolgte technische Alleinkontrolle der Dateninhaber wird damit auch durch die Möglichkeit der Gewährung des In-situ-Zugangs mittelbar anerkannt.[1545] Die Dateninhaber werden dadurch in der Lage sein, die Kontrolle über ihre Daten zu behalten, indem sie entscheiden, zu welchen Daten sie dem Nutzer über ihre Server Zugriff gewähren und in welchem Umfang die Daten genutzt werden dürfen. Eine solche Zugangskontrolle birgt die Gefahr, dass Dateninhaber die Nutzung der Daten durch Nutzer und Drittempfänger überwachen und auswerten können, um eigene Marktvorteile durch die entsprechenden Informationen zu ziehen.[1546] Regulatorische Lösungen zur Verhinderung solcher Überwachungen sieht der Data Act nicht vor. Durch die Ausgestaltung des Datenzugangsrechts als In-situ-Recht wird den Dateninhabern daher die Möglichkeit gesichert, auch nach Zugangsgewährung ihre Kontrollposition aufrecht zu erhalten.[1547]

1541 *Hoffmann*, in: Pertot, Rechte an Daten, S. 30; *Kerber*, GRUR Int. 2016, 989, 992 ff.; *Heymann*, CR 2016, 650, 653.

1542 *Specht-Riemenschneider*, ZRP 2022, 137, 138; siehe hierzu auch Kap. 3 B. II.

1543 *Podszun/Pfeifer*, GRUR 2022, 953, 955.

1544 *Kerber*, GRUR Int. 2023, 120, 124; *Specht-Riemenschneider*, MMR 2022, 809, 809, 818.

1545 *Podszun/Pfeifer*, GRUR 2022, 953, 957; *Kerber*, GRUR Int. 2023, 120, 128.

1546 *Kerber*, GRUR Int. 2023, 120, 124.

1547 *Specht-Riemenschneider*, MMR 2022, 809, 809; *Kerber*, GRUR Int. 2023, 120, 124.

3. Zusätzlicher Schutz durch Abwehrrechte

Trotz der ausdrücklichen Ablehnung eines Schutzrechts zugunsten der Hersteller und Dateninhaber sieht der Data Act verschiedene Schutzvorschriften vor, die die bisherige technische Exklusivität der Dateninhaber nunmehr auch rechtlich schützen sollen.[1548] Wie bereits dargestellt, sind in Art. 11 Abs. 3 Data Act verschiedene Ansprüche vorgesehen, die der Dateninhaber gegenüber einem Datenempfänger geltend machen kann, wenn dieser „zwecks Erlangung der Daten ungenaue oder falsche Informationen gegeben, Täuschungen und Zwangsmittel eingesetzt oder offensichtliche Lücken in der dem Schutz der Daten dienenden technischen Infrastruktur des Dateninhabers missbraucht, die bereitgestellten Daten für nicht genehmigte Zwecke genutzt oder ohne Zustimmung des Dateninhabers an eine andere Partei weitergegeben hat“. Durch die vorgesehenen Abwehransprüche des Dateninhabers gegenüber dem Datenempfänger wird die Position des Dateninhabers – neben den meist ohnehin bestehenden vertraglichen getroffenen Schutzmaßnahmen – zusätzlich gesetzlich abgesichert. Auch wenn eine explizite rechtliche Anerkennung der Kontrollposition der Hersteller und Dateninhaber fehlt, wird damit die technisch-faktische Kontrollposition durch die Einräumung von gesetzlichen Schutzrechten mittelbar anerkannt.[1549]Als technische Schutzmaßnahmen werden insbesondere technische Zugangshürden wie Zugangssperren, Passwörter, IT-Sicherheitsmaßnahmen sowie Verschlüsselungstechniken in Betracht kommen.[1550]

III. Marktauswirkungen: Keine volle Wertausschöpfung aus Daten

Der Data Act ist nicht geeignet, die Kernprobleme der europäischen Datenwirtschaft zu lösen.[1551] Die identifizierten Schwächen der Verordnung werden sich auch in wohlfahrtsökonomischer Hinsicht nachteilig auf den Datenmarkt auswirken. Die Verordnung ist nicht geeignet, dass im Rahmen der ökonomischen Rechtfertigung von Rechten an Daten identifizierte allokative Marktversagen zu beseitigen. Eine gerechte Verteilung der Wertschöpfung aus Daten wird auch mit dem Erlass des neuen Datengesetzes nicht erzielt werden. Im nachfolgenden sollen die wichtigsten Gründe dargestellt werden, die die volle Wertschöpfung von Daten verhindern.

1548 Ähnlich *Specht-Riemenschneider,* MMR 2022, 809, 809; *Hennemann/Steinrötter,* NJW 2022, 1481, 1482; *Metzger/Schweitzer,* ZEuP 2023, 42, 54.

1549 *Kerber*, GRUR Int. 2023, 120, 128; *Specht-Riemenschneider*, MMR 2022, 808, 818.

1550 *Fuhlrott*, in: Fuhlrott/Hiéramenthe, BeckOK GeschGehG, § 2 Rn. 35.

1551 So auch *Specht-Riemenschneider,* MMR 2022, 809, 809.

1. Kontrollposition der Dateninhaber als Hindernis

Die technische Alleinkontrolle der Dateninhaber bleibt nach dem Data Act eine wertvolle Position, die insbesondere durch große Gatekeeper von Dateninhabern gekauft oder durch den Abschluss von Datenlizenzverträgen genutzt werden könnten.[1552] Diese werden nur als Nutzer und Datenempfänger ausgeschlossen, nicht jedoch als potenzieller Vertragspartner des Dateninhabers.[1553] Durch die Stärkung der faktisch-technischen Alleinkontrolle der Dateninhaber wird der Wettbewerb auf den nachgelagerten Märkten für IoT-Geräte weiter beeinträchtigt werden.[1554] Es gibt keinen Anspruch der Dateninhaber, die generierten Daten allein zu kontrollieren.[1555] Die Investition in datenerhebende Produkte allein kann die Beteiligung an der Wertschöpfung aus den Daten rechtfertigen, nicht jedoch die faktisch-technische Alleinkontrolle. Ohne die Nutzung der Produkte oder Dienste durch die Nutzer gäbe es keine Daten, die die Hersteller und Dateninhaber analysieren und auswerten könnten.[1556]

2. Einschränkungen durch das Wettbewerbsverbot

Wie bereits dargestellt, ordnet der Data Act an, dass sowohl der Nutzer als auch der von ihm benannte Dritte die Daten nicht zur Entwicklung eines Produkts nutzen darf, das mit dem Produkt, von dem die Daten stammen, im Wettbewerb steht.[1557] Außerhalb dieser Einschränkung soll es den Nutzern freistehen, zu welchen Zwecken sie die Daten nutzen.[1558] Der Data Act erlaubt nur die Entwicklung und Förderung neuer innovativer Produkte und verbundener Dienste, die auf Grundlage der Daten von vernetzten Produkten oder verbundenen Diensten entwickelt werden sollen.[1559]

a) Wann liegt ein Konkurrenzprodukt vor?

Nach dem Data Act muss es sich bei den Produkten um solche handeln, die mit den Produkten des Dateninhabers im Wettbewerb stehen.[1560] Die erste Frage, die sich daher stellt, ist, ab wann ein Produkt des Nutzers oder des Dritten als Konkurrenzprodukt qualifiziert werden kann. Der Data Act

1552 Vgl. *Kerber*, GRUR Int. 2023, 120, 130.
1553 Vgl. *Kerber*, GRUR Int. 2023, 120, 130.
1554 Vgl. *Kerber*, GRUR Int. 2023, 120, 130.
1555 Ähnlich *Podszun/Pfeifer*, GRUR 2022, 953, 955.
1556 *Podszun/Pfeifer*, GRUR 2022, 953, 955.
1557 Vgl. Art. 4 Abs. 10 und Art. 6 Abs. 2 e) Data Act.
1558 *Europäische Kommission*, COM (2022) 68 final, Erwägungsgrund 28; *Graef/Husovec,* Seven Things to Improve in the Data Act, S. 2.
1559 *Europäische Kommission*, COM (2022) 68 final, Erwägungsgrund 28.
1560 Vgl. Art. 4 Abs. 10 und Art. 6 Abs. 2 e) Data Act.

selbst enthält keine Definition des Begriffs des Wettbewerbs. Auch die Literatur und die Rechtspraxis legen keinen bestimmten Wettbewerbsbegriff zugrunde, auf den zurückgegriffen werden kann.[1561] Die Gründe für die fehlende Begriffsbestimmung sind rechtspolitischer Natur.[1562] Es soll vermieden werden, dass eine zu enge Definition des Wettbewerbs wesentliche Beschränkungen des Wettbewerbs nicht mehr erfassen kann.[1563] Für die Beurteilung wird daher auch hier auf die Wettbewerbsbeziehung zwischen den Unternehmen abzustellen sein.[1564] Werden beide Unternehmen auf demselben sachlichen und räumlichen Markt tätig und bieten die gleichen oder aus Sicht der Nachfrager austauschbare Produkte oder Dienstleistungen an, wird eine Wettbewerbsbeziehung zwischen beiden Marktteilnehmern vorliegen.[1565] Unter Zugrundelegung dieser Maßstäbe wird das absolute Verbot zur Entwicklung von Konkurrenzprodukten nur dem Schutz der Position des Dateninhabers auf dem Primärmarkt dienen.[1566] Durch die Zugangsgewährung sollen Dateninhaber nicht befürchten müssen, dass der Nutzer oder der von ihm benannte Dritte auf Grundlage der Daten Konkurrenzprodukte entwickelt und ihre Stellung auf dem Primärmarkt gefährdet. Die Beschränkung scheint sich dagegen nicht auf den Sekundärmarkt zu beziehen, sodass davon ausgegangen werden kann, dass zusätzliche Dienste auf Grundlage der erlangten Daten entwickeln und anbieten können.[1567] Für eine klare Abgrenzung zwischen Primär- und Sekundärmarkt sollte der Data Act klar festlegen, wann Dateninhaber, Nutzer und Dritter in einem Konkurrenzverhältnis stehen, um Rechtsunsicherheiten auf dem Sekundärmarkt bei der Nutzung der von dem Dateninhaber zur Verfügung gestellten Daten zu verhindern.[1568]

1561 *Zimmer,* in: Immenga/Mestmäcker, Wettbewerbsrecht, AEUV Art. 101 Rn. 117.

1562 *Zimmer,* in: Immenga/Mestmäcker, Wettbewerbsrecht, AEUV Art. 101 Rn. 117.

1563 *Mattfeld*, in: Gummert/Weipert, Münchener Handbuch des Gesellschaftsrechts, § 52 Rn. 12; *Zimmer,* in: Immenga/Mestmäcker, Wettbewerbsrecht, AEUV Art. 101 Rn. 117 m. w. N.

1564 *Mattfeld*, in: Gummert/Weipert, Münchener Handbuch des Gesellschaftsrechts, § 52 Rn. 12.

1565 *Mattfeld*, in: Gummert/Weipert, Münchener Handbuch des Gesellschaftsrechts, § 52 Rn. 12.

1566 Im Ergebnis auch *Metzger/Schweitzer*, ZEuP 2023, 42, 61; *Wiebe*, GRUR 2023, 227, 235.

1567 So auch *Wiebe*, GRUR 2023, 227, 235.

1568 So auch *Leistner/Antoine*, IPR and the use of open data and data sharing initiatives by public and private actors, Study requested by the JURI committee of the European Parliament, S. 88.

b) Problem: Nachweisbarkeit der Datennutzung

Auch wenn der Dateninhaber mit dem Nutzer bzw. mit dem von ihm benannten Dritten in einer Wettbewerbsbeziehung steht, heißt es nicht, dass der Dateninhaber gegen jedes Konkurrenzprodukt vorgehen können wird. Liegt ein Konkurrenzprodukt vor, müsste der Dateninhaber beweisen, dass das konkurrierende Produkt durch die Nutzung der von ihm zur Verfügung gestellten Daten entwickelt wurde.[1569] Dies wird in der Praxis zu erheblichen Nachweisschwierigkeiten führen. Es kann nicht ausgeschlossen werden, dass anhand der Daten eine Art „reverse engineering" möglich sein wird, auf dessen Grundlage das Konkurrenzprodukt entwickelt werden kann.[1570] Ob eine Art „reverse engineering" möglich sein wird, wird immer davon abhängig sein, welche Daten vom Dateninhaber bereitgestellt werden und in welcher Qualität sie vorliegen. Die zur Verfügung gestellten Daten könnten Informationen zu Produktmerkmalen wie etwa zu technischen Besonderheiten des Produkts liefern, auf deren Grundlage Konkurrenzprodukte hergestellt und optimiert werden könnten. Sollte die Entwicklung tatsächlich auf Grundlage der von dem Dateninhaber zur Verfügung gestellten Daten erfolgt sein, bleibt offen, welche rechtlichen und technischen Möglichkeiten den Dateninhabern für ein Vorgehen gegen das Konkurrenzprodukt zustehen sollen. Denkbar sind zusätzliche vertragliche Vereinbarungen von Auskunftsansprüchen mit dem Nutzer bzw. mit dem von diesem benannten Datenempfänger für die Fälle, in denen der Verdacht besteht, dass eine bestimmte Funktion des Konkurrenzproduktes nur auf Grundlage der vom Dateninhaber erlangten Daten entwickelt werden konnte. Es ist jedoch zweifelhaft, ob ein solches Auskunftsrecht nicht dann zu weit greift, wenn Nutzer und Datenempfänger ein berechtigtes Interesse an der Geheimhaltung der Herkunft der Daten haben. Aus praktischer Sicht wird die Nachweisbarkeit der Nutzung der Daten schwierig sein. Der Dateninhaber müsste beweisen, dass zentrale Produktmerkmale des Konkurrenzproduktes auf Grundlage der von ihm zur Verfügung gestellten Daten entwickelt worden sind. Können aus den bereitgestellten Daten Informationen zu den wesentlichen Produktmerkmalen abgeleitet werden, könnte dies ein Indiz für die Entwicklung des Konkurrenzprodukts auf Grundlage der Daten des Dateninhabers sein. Schwierig wird dies jedoch dann, wenn das Produkt auf Grundlage kombinierter Datensätze von verschiedenen IoT-Produkten entwickelt wurde.[1571] Ob auch jede rudimentär erfolgte Nutzung der Daten ausreicht, um ein Konkurrenzprodukt zu verbieten, bleibt offen.

1569 *Graef/Husovec,* Seven Things to Improve in the Data Act, S. 2.

1570 Kritisch hierzu *Metzger/Schweitzer*, ZEuP 2023, 42, 62.

1571 Vgl. *Graef/Husovec,* Seven Things to Improve in the Data Act, S. 2.

c) Parallelen zur freien und unfreien Bearbeitung im Urheberrecht

Um auch nur belanglose oder auch nur im geringen Umfang erfolgte Nutzungen von Daten für die Entwicklung von Konkurrenzprodukten zu erlauben, könnte die im Urheberrecht vorgenommene Unterscheidung zwischen einer freien und unfreien Bearbeitung herangezogen werden. Im Urheberrecht dürfen Bearbeitungen oder andere Umgestaltungen eines Werkes nach § 23 Abs. 1 S. 1 UrhG nur mit der Zustimmung des Urhebers veröffentlicht oder verwertet werden. Nur dann, wenn das neu geschaffene Werk einen hinreichenden Abstand zum benutzten Werk hat, kann eine zustimmungsbedürftige Bearbeitung abgelehnt werden, vgl. § 23 Abs. 1 S. 2 UrhG. Für eine freie Bearbeitung eines urheberrechtlich geschützten Werkes fordert § 23 Abs. 1 S. 2 UrhG, dass das neu geschaffene Werk einen hinreichenden Abstand zum benutzten Werk wahrt. Das neu geschaffene Werk muss als selbstständiges Werk eine gewisse Eigenart aufweisen, das die entlehnten eigenpersönlichen Züge des entlehnten älteren Werkes verblassen lässt.[1572] Unter entsprechender Anwendung dieser Maßstäbe dürfte nur dann eine zulässige Verwendung der Daten durch den Nutzer bzw. den Dritten vorliegen, wenn das entwickelte Produkt unter freier Verwendung der Daten entwickelt wurde. Die vom Dateninhaber bereitgestellten Daten dürften für die Entwicklung des Konkurrenzproduktes nicht entscheidend gewesen sein. Angesichts der festgestellten Schwierigkeiten besteht die Gefahr, das anders als von der Kommission beabsichtigt, das Wettbewerbsverbot zu einer faktischen Sperrwirkung auf dem Markt für Nutzer und Datenempfänger führen wird, die Konkurrenzprodukte entwickeln wollen.

3. Einschränkungen durch die Gegenleistungspflicht des Dritten

Kritisch zu hinterfragen ist auch das in Art. 9 Abs. 1 Data Act vorgesehene Recht des Dateninhabers, von dem vom Nutzer benannten Dritten eine angemessene Gegenleistung für die Bereitstellung der Daten zu verlangen.[1573] Das Recht auf Verlangen einer Gegenleistung wird bei kleinen und mittleren Unternehmen nur auf die Kosten der Bereitstellung der Daten beschränkt.[1574] Doch auch sonst sind Dateninhaber nicht frei, die Höhe der Gebühren frei festzulegen. Hierfür sorgt die Vorgabe des Data Acts, dass die Bedingungen für die Bereitstellung der Daten fair, angemessen und nicht-diskriminierend sein müssen.[1575] Die Gebühr soll nicht als Zahlung für die Daten, sondern

---

1572 BGH, GRUR 1993, 191, 193 – *Asterix-Persiflagen; Schulze,* in: Dreier/Schulze, UrhG, § 23 Rn. 38 ff.

1573 Kritisch hierzu auch *Max-Planck-Institut für Innovation und Wettbewerb*, Position Statement of 25 May 2022, Rn. 71; *Specht-Riemenschneider*, MMR 2022, 809, 823.

1574 *Europäische Kommission*, COM (2022) 68 final, Erwägungsgrund 42.

1575 *Kerber*, GRUR Int. 120, 123.

vielmehr als angemessener Ausgleich für die Bereitstellung der Daten dienen.[1576]

a) Spannungsverhältnis zwischen gesetzlicher und vertraglicher Verpflichtung

Das Recht auf Weitergabe der Daten an Dritte nach Art. 5 Data Act ist in seiner Konzeption vergleichbar mit dem Recht auf Datenübertragbarkeit nach Art. 20 DS-GVO. Ein wesentlicher Unterschied zwischen beiden Rechten ist, dass Art. 20 DS-GVO keine Vorgaben im Verhältnis zwischen Verantwortlichem und dem Empfänger-Verantwortlichen trifft.[1577] Dies liegt daran, dass das Recht auf Datenübertragbarkeit nach Art. 20 DS-GVO im Kern als Recht des Betroffenen ausgestaltet ist, während der Data Act ein Rechtsverhältnis zwischen Dateninhabern und Drittem voraussetzt.[1578] Das Erfordernis des Rechtsverhältnisses im Data Act beruht auf dem Recht des Dateninhabers vom Dritten eine angemessene Gegenleistung für die Bereitstellung der Daten vom Dritten zu verlangen.[1579] Problematisch wird eine solche Ausgestaltung insbesondere dann, wenn Dateninhaber und Dritter sich im Hinblick auf die vertraglichen Bedingungen der Zugangsgewährung nicht einigen können.[1580] Die Konflikte können dadurch entstehen, weil der Drittempfänger die Daten für nicht unangemessen, diskriminierend, nicht transparent oder die Gegenleistung für zu hoch hält oder gar keinen Vertrag mit dem Dateninhaber schließen will. Die Aufbewahrung der Daten durch den Dateninhaber bis zur vertraglichen Einigung der Parteien könnte dazu führen, dass der Dateninhaber seine gesetzliche Verpflichtung auf Weitergabe der Daten an den Dritten aus Art. 5 Abs. 1 Data Act verletzten könnte.[1581] Die Weitergabe der Daten an den Dritten würde gar nicht oder nur verzögert stattfinden, was die Wirksamkeit und Ziele des Rechts auf Weitergabe der Daten untergraben und behindern würde.[1582] Zu Recht wird daher gefragt, wofür der Dritte bezahlen muss, wenn der Dateninhaber dem Dritten die Da-

---

1576 *Europäische Kommission*, COM (2022) 68 final, Erwägungsgrund 42.

1577 So auch *Kerber*, GRUR Int. 120, 123.

1578 *Max-Planck-Institut für Innovation und Wettbewerb*, Position Statement of 25 May 2022, Rn. 69 f.

1579 *Max-Planck-Institut für Innovation und Wettbewerb*, Position Statement of 25 May 2022, Rn. 70.

1580 *Podszun/Pfeifer*, GRUR 2022, 953, 961; *Max-Planck-Institut für Innovation und Wettbewerb*, Position Statement of 25 May 2022, Rn. 71.

1581 *Max-Planck-Institut für Innovation und Wettbewerb*, Position Statement of 25 May 2022, Rn. 71.

1582 *Max-Planck-Institut für Innovation und Wettbewerb*, Position Statement of 25 May 2022, Rn. 72.

ten ohnehin wegen seiner gesetzlichen Verpflichtung aus Art. 5 Abs. 1 Data Act zur Verfügung stellen muss.[1583]

b) Potenzielle Auswirkungen auf die Preisgestaltung

Daneben ist auch mit negativen Preiseffekten zu Lasten der Nutzer zu rechnen.[1584] In der Regel wird die Bereitstellung der Daten durch den Dateninhaber der erste Schritt sein, um den genauen Preis des Anschlussdienstes für den Nutzer zu berechnen. Denkbar ist dies bei Reparaturdienstleistungen, deren Preis der Anschlussbetreiber erst nach Analyse der Daten er dem Nutzer nennen können wird. Da der Anschlussbetreiber dem Dateninhaber für die Bereitstellung der Daten eine Gebühr zahlen muss, wird sich dies auf die Preisgestaltung gegenüber dem Nutzer auswirken.[1585] Um die Kosten, die der Dritte dem Dateninhaber für die

Bereitstellung der Daten wieder auszugleichen, wird der Dritte dem Nutzer einen höheren Preis berechnen.[1586] Die Folge ist, dass der Nutzer einen erhöhten Preis für die Inanspruchnahme von Dienstleistungen zahlen wird, obwohl er selbst kostenlosen Zugang zu den erzeugten Daten hat.

Gewerbliche Nutzer werden in solchen Situationen eher in der Lage sein, auf interne Wartungs- oder Reparatureinheiten zurückzugreifen als Verbraucher, die nicht die Möglichkeit haben werden, eigene Reparatur- und Wartungsdienstleistungen vorzunehmen und daher öfter auf externe Anschlussdienste angewiesen sind.[1587] Durch die Zahlung eines erhöhten Preises an den Dritten, würde der Verbraucher mittelbar an der gezahlten Gegenleistung für die Bereitstellung der Daten an den Dateninhaber beteiligt werden.[1588] Zu diesen Daten wird der Nutzer nach Art. 4 Data Act selbst unentgeltlichen Zugang haben. Mit anderen Worten würde der Nutzer durch den erhöhten Preis dafür bezahlen, dass dem Dritten Daten zur Verfügung gestellt werden, zu denen er selbst unentgeltlichen Zugang hat. Dieses Ergebnis ist zu hinterfragen. Es entspricht nicht der Zielvorstellung der Verordnung, der in der Begründung des Vorschlags klarstellt, dass Ziel des Data Acts sei, die Abhängigkeit von Verbrauchern von Anschlussdiensten des Herstellers auf-

1583 *Max-Planck-Institut für Innovation und Wettbewerb*, Position Statement of 25 May 2022, Rn. 71.

1584 *Kerber*, GRUR Int. 2023, 120, 133.

1585 So auch *Kerber*, GRUR Int. 2023, 120, 133.

1586 *Max-Planck-Institut für Innovation und Wettbewerb*, Position Statement of 25 May 2022, Rn. 72.

1587 *Max-Planck-Institut für Innovation und Wettbewerb*, Position Statement of 25 May 2022, Rn. 72.

1588 So auch *Kerber*, GRUR Int. 2023, 120, 133.

zuheben und durch die Förderung des Wettbewerbs auf dem nachgelagerten Markt eine größere Auswahl an Anschlussdiensten zu gewährleisten.[1589]

c) Keine Wettbewerbsförderung

Die zu erwartenden negativen Preisauswirkungen zeigen, dass gesetzliche Zugangsansprüche dort nicht zur Förderung des Wettbewerbs beitragen, wo die Kontrolle der Daten bei den Dateninhabern bleibt.[1590] *König* stellt richtig fest, dass dort, „wo ein einzelnes Unternehmen über Lizenzgebühren die Kosten aller Wettbewerber bestimmen kann, (...) ein echter Wettbewerb nicht möglich [ist]".[1591] Es steht den Dateninhabern grundsätzlich frei, die Entgelte für die Lizenzen so zu gestalten, dass die Nutzer keine günstigeren Dienstleistungen auf dem nachgelagerten Markt bekommen. Nach *König* ist in solchen Fällen eine Regelung zu den Lizenzgebühren erforderlich, um die Kontrolle des Datenmonopolisten zu schwächen, auch wenn diese in Konflikt mit der Anreizfunktion der Datenexklusivität steht.[1592] Die Verordnung antwortet auf dieses Problem damit, dass der Dateninhaber den Zugang nur unter „fairen, angemessenen und nicht-diskriminierenden Bedingungen" gewähren soll.[1593] Wann die Gebühr „fair, angemessen und nicht-diskriminierend" wäre, bleibt offen, sollte aber konkretisiert werden, um negative Marktauswirkungen zu Lasten der Nutzer zu verhindern.

IV. Schnittstellen zu anderen Rechtsgebieten

Der in der Verordnung vorgesehene Rechtsrahmen für die nutzerspezifischen Zugangs- und Nutzungsrechte wird erst dann wirksam sein, wenn deren Ausübung nicht durch bestehende Schutzrechte verhindert wird. Entscheidend ist daher die Frage, ob die Verordnung mit dem gegenwärtigen Rechtssystem in Einklang gebracht werden kann. Eine besondere Rolle nimmt dabei das Datenschutzrecht ein, das für den Schutz von personenbezogenen Daten einen eigenen Rechtsrahmen vorsieht, der von den datenschutzrechtlich Verantwortlichen zwingend eingehalten werden muss. Eine besondere Rolle hat daneben der Sui-generis-Schutz für Datenbanken, der gegenwärtig für Rechtsunsicherheit sorgt und daher zuletzt wegen Fragen im Hinblick auf seine Wirksamkeit Gegenstand von geplanten Reformen

---

1589 *Europäische Kommission*, COM (2022) 68 final, S. 16.
1590 Ähnlich *König*, in: Hennemann/Sattler, Immaterialgüter und Digitalisierung, S. 95.
1591 *König*, in: Hennemann/Sattler, Immaterialgüter und Digitalisierung, S. 95.
1592 *König*, in: Hennemann/Sattler, Immaterialgüter und Digitalisierung, S. 95 f.
1593 Vgl. Art. 8 Abs. 1 Data Act.

war.[1594] Für den Schutz von Geschäftsgeheimnissen der Dateninhaber ist auch das Verhältnis zum Geschäftsgeheimnisrecht zu untersuchen. Mögliche Konfliktbereiche und Unklarheiten im Verhältnis zum Data Act sollen im Nachfolgenden dargestellt werden.

1. Verhältnis zur DS-GVO

Die mittlerweile erlassenen Rechtsakte der Kommission haben die DS-GVO als bislang einziges Datengesetz zu einem Teilgebiet eines sich derzeit etablierenden Datenwirtschaftsrecht[1595] werden lassen. Im Rahmen der Nutzung von IoT-Geräten werden regelmäßig auch personenbezogene Daten erzeugt, sodass sich die Frage stellt, in welchem Verhältnis die DS-GVO zum Data Act stehen werden.[1596] Die Verordnung sieht in Art. 1 Abs. 5 Data Act vor, dass die Vorschriften der DS-GVO sowie der Richtlinie 2002/58/EG in ihrer Anwendbarkeit unberührt bleiben sollen. Das Recht auf Schutz personenbezogener Daten soll durch den geplanten Data Act weder geschwächt noch eingeschränkt werden.[1597] Damit kann ein Geltungsvorrang des Data Act gegenüber der DS-GVO ausgeschlossen werden.[1598] Handelt es sich um einen Datensatz, der sowohl personenbezogene als auch nicht-personenbezogene Daten beinhaltet, sollen beide Verordnungen gleichermaßen Anwendung finden.[1599] Der Nutzer könnte sich auf das Recht auf Datenportabilität nach Art. 20 DS-GVO und auf den Zugangs- und Nutzungsanspruch aus Art. 4 Data Act gleichermaßen berufen.[1600] Trotz der im Ergebnis gleichrangingen Anwendbarkeit von DS-GVO und Data Act ist die Abgrenzung zwischen personenbezogenen und nicht-personenbezogenen Daten nicht hinfällig.[1601] Dies gilt insbesondere für die gesetzlich geregelten Erlaubnistatbestände. Die in Art. 4 Abs. 13 Data Act vorgesehene Datennutzungslizenz bezieht sich nur auf nicht-personenbezogene Daten.[1602] Für personenbezogene Daten gelten weiterhin ausschließlich die Erlaubnistatbestände des Art. 6 DS-GVO. Damit kann die Nutzung von nicht-personenbezogenen Daten nur durch die in Art. 4 Abs. 13 Data Act vorgesehene Datennutzungslizenz gerechtfertigt werden. In der Praxis wird sich daher die Frage stellen, ob nur

---

1594 *Zier*, Investitionsschutz an Maschinendaten, S. 295; *Europäische Kommission*, DG Internal Market and Services Working Paper, First evaluation of Directive 96/9/EC on the legal protection of databases, S. 19 ff.

1595 *Steinrötter*, GRUR 2023, 216, 216.

1596 *Steinrötter*, GRUR 2023, 216, 218 f.

1597 *Europäische Kommission*, COM (2022) 68 final, Erwägungsgrund 7.

1598 *Specht-Riemenschneider*, MMR 2022, 809, 810.

1599 *Europäische Kommission*, COM (2022) 68 final, Erwägungsgrund 30.

1600 *Klink-Straub/Straub*, ZD-Aktuell 2022, 01076.

1601 *Steinrötter*, GRUR 2023, 216, 219; *Hartmann/McGuire/Schulte-Nölke*, RDi 2023, 49, 53.

1602 *Steinrötter*, GRUR 2023, 216, 219.

der strenge Erlaubnistatbestand des Art. 4 Abs. 13 Data Act greift oder ein Rückgriff auf den weiteren Erlaubniskatalog des Art. 6 DS-GVO möglich ist.[1603]

a) Abgrenzungsschwierigkeiten

In diesem Zusammenhang wird die Praxis erneut mit den Abgrenzungsschwierigkeiten zwischen personenbezogenen und nicht-personenbezogenen Daten konfrontiert werden.[1604] Die unterschiedlichen Anforderungen an die Anonymisierung werden auch hier zu Rechtsunsicherheiten führen.[1605] Im Bereich der Internet der Dinge kann die isolierte Betrachtung von Daten dazu führen, dass ein Personenbezug (noch) nicht erkennbar wird und erst durch die Kommunikation mit anderen IoT-Geräten ein Personenbezug hergestellt werden kann.[1606] Wenn dies auch im industriellen Einsatz von IoT- Produkten selten der Fall sein wird, werden im privaten Einsatz von IoT-Produkten vielfach Informationen wie IP-Adressen, Cookie-Kennungen, GPS-Daten, IoT-Devices, Software-Anwendungen bzw. Protokolle einen Rückschluss zu bestimmten Personen ermöglichen.[1607] Der Ausschluss der Anwendbarkeit der DS-GVO kann nur durch die Anonymisierung der Daten hergestellt werden. Nur in den Fällen der erfolgreichen Anonymisierung werden Dateninhaber für die Nutzung der Daten nur die Pflichten des Data-Acts zu erfüllen haben. Für den Ausschluss der parallelen Anwendbarkeit von Data Act und DS-GVO empfiehlt es sich, IoT-Produkte so zu gestalten, dass nur dann personenbezogene Daten erhoben werden, wenn dies auch tatsächlich erforderlich ist (vgl. Art. 25 DS-GVO).[1608] Handelt es sich bei den erzeugten Daten um personenbezogene Daten, die einen anderen als den Nutzer betreffen, regelt Art. 4 Abs. 12 Data Act, dass der Dateninhaber die erzeugten personenbezogenen Daten, die bei der Nutzung des Produkts oder verbundenen Dienstes erzeugt wurden, dem Nutzer nur dann zur Verfügung stellen darf, wenn es hierfür eine Rechtsgrundlage gemäß Art. 6 Abs. 1 der DS-GVO gibt und gegebenenfalls die Bedingungen des Art. 9 DS-GVO erfüllt sind. Die Vorgaben der DS-GVO finden nur dann keine Anwendung, wenn die betroffenen Daten vom Dateninhaber anonymisiert wurden. Wenn der Dateninhaber die Rückführbarkeit herstellen kann, der Datenempfänger jedoch nicht, dann wird es sich nicht um personenbezogenen Daten handeln. Die Voraussetzungen der Anonymisierung sollten für eine bessere Praktika-

1603 *Bomhard/Merkle,* RDi 2022, 168, 172; *Heinzke,* BB 18/2022, I.
1604 *Kerber*, GRUR Int. 2023, 120, 126.
1605 So auch *Hartmann/McGuire/Schulte-Nölke,* RDi 2023, 49, 53.
1606 *Müller-ter Jung,* DuD, 2021, 114, 115.
1607 *Müller-ter Jung,* DuD, 2021, 114, 115; *Schild,* in: Wolff/Brink BeckOK Datenschutzrecht, DS-GVO Art. 4 Rn. 19 ff.
1608 *Müller-ter Jung,* DuD 2021, 114, 118.

bilität großzügiger gelesen werden, als die Breyer-Entscheidung des EuGH vorgibt. Es bleibt unklar, warum Vorgaben der DS-GVO gelten sollen, wenn die Identifizierung des Betroffenen für den Empfänger nicht möglich ist. Für mehr Rechtssicherheit im Hinblick auf die Frage, ob Daten anonym sind, sollten standardisierte Anonymisierungsverfahren anerkannt werden[1609], die der Praxis eine sicheren Ausschluss der Anwendbarkeit der DS-GGVO ermöglichen könnten.

b) Mehr Pflichten für Dateninhaber

Die Auswirkungen für Dateninhaber sind nicht von unbedeutender Natur. Bei personenbezogenen Daten werden dann neben den ohnehin geltenden datenschutzrechtlichen Vorgaben der DS-GVO die zusätzlichen Pflichten des Data-Acts zu beachten sein. So müssen Dateninhaber, die auch als Verantwortliche im Sinne des Art. 4 Nr. 7 DS-GVO gelten, zusätzliche Pflichten des Data-Acts wie Zugangs- und Informationspflichten zugunsten der Nutzer erfüllen. Damit werden in den Fällen von personenbezogenen Daten Data Act und DS-GVO gleichermaßen Anwendung finden. Mehr Regulierung bedeutet gleichsam mehr Risiken für einen Verstoß. Die falsche Einordnung von personenbezogenen Daten zu nicht-personenbezogenen Daten hätte für Dateninhaber zur Folge, dass sie zwar die Datenlizenzpflicht des Data Act erfüllen, dennoch einen Verstoß gegen die DS-GVO begehen.[1610] Doch auch umgekehrt würde die falsche Einordnung als (nur) personenbezogene Daten zu einem Verstoß gegen Art. 4 Abs. 12 Data Act führen.[1611] Bei einem Verstoß drohen Bußgeldern von bis zu 20 Mio. EUR bzw. bis zu 4 % des gesamten weltweit erzielten Jahresumsatzes.[1612] Auswirkungen hat die richtige Einordnung auch die zu erfüllenden Informationspflichten gegenüber dem Nutzer bzw. gegenüber der datenschutzrechtlich betroffenen Person. In Art. 13 und 14 DS-GVO werden dem Verantwortlichen verschiedene Informationspflichten zur Gewährleistung einer fairen und transparenten Datenverarbeitung auferlegt. Das Auskunftsrecht des Betroffenen beinhaltet unter anderem das Recht, den Zweck und die Dauer der Datenverarbeitung zu erfahren und Informationen zu möglichen Drittempfängern zu bekommen.[1613] An dieser Stelle lassen sich Parallelen zu Art. 3 Abs. 2 Data-Act erkennen, der verschiedene Informationspflichten zugunsten des Nutzers statuiert. So müssen dem Nutzer auch nach dem Data-Act Informationen zum Zweck der Datennutzung mitteilen (vgl. Art. 3 Abs. 3 lit. c Data-Act). Zu

---

1609 *Specht-Riemenschneider*, Öffentliche Anhörung des Ausschusses Digitale Agenda, S. 5.

1610 *Bomhard/Merkle*, RDi 2022, 168, 172.

1611 *Bomhard/Merkle*, RDi 2022, 168, 172.

1612 *Heinzke*, BB 18/2022, S. 1, I; *Bomhard/Merkle*, RDi 2022, 168, 172.

1613 Erwägungsgrund 63 DS-GVO.

dem ohnehin bestehenden Katalog von Informationspflichten durch Art. 13 bzw. 14 DS-GVO werden Dateninhaber zusätzliche Informationspflichten des Data-Acts erfüllen müssen. Art. 4 Abs. 2 Data Act sieht darüber hinaus weitere Pflichten vor, die die bislang nicht ausreichende Transparenz in der Datenverarbeitung im IoT bessern könnten. Hersteller bzw. Dateninhaber sollen Informationen über Art und Umfang der Daten, die voraussichtlich bei der Nutzung des Produktes oder verbundenen Dienstes erzeugt werden, bereitstellen (Art. 3 Abs. 2 lit. a, Abs. 3 lit. a Data-Act) und Informationen darüber erteilen, wie der Nutzer auf diese Daten zugreifen kann (Art. 3 Abs. 2 lit. d Data-Act). Auch Informationspflichten zur Echtzeitdatenverarbeitung (Art. 3 Abs. 2 lit. b Data-Act) bilden eine Neuerung zur DS-GVO, die die Nachvollziehbarkeit der Datenverarbeitung bei IoT-Produkten stärken soll.

c) Doppelte Absicherung als Lösung?

Zur Vermeidung von Rechtsverstößen werden Überlegungen getroffen, ob sich Unternehmen gerade bei gemischten Datensätzen oder fehlenden Anonymisierungstechniken durch den Abschluss eines Datenlizenzvertrages und der datenschutzrechtlichen Einwilligung doppelt absichern sollten.[1614] Problematisch ist diese „one-size-fits-all"-Einwilligung jedenfalls dann, wenn Nutzer und datenschutzrechtlich Betroffener nicht personenidentisch sind.[1615] Auch würde auf die nach dem Data Act erforderliche einfache Datennutzungslizenz den strengen Anforderungen des Art. 7 DS-GVO unterliegen, ohne dass der Data Act solche Kriterien für die Datennutzungslizenz vorsieht.[1616] Darüber hinaus ist zu erwarten, dass eine doppelte Absicherung im Ergebnis keine Vereinfachung, sondern vielmehr zur Verkomplizierung des Rechtsverkehrs führen wird, wenn unterschiedliche Informationspflichten sowie strengere datenschutzrechtliche Anforderungen auf denselben Sachverhalt greifen.[1617]

2. Verhältnis zum Datenbankherstellerrecht

Zu offenen Fragen führt auch das Verhältnis des Data Acts zum Sui-generis-Datenbankschutz.[1618] Die Verordnung sieht in Art. 43 Data Act vor, dass

---

1614 *Hennemann/Steinrötter*, NJW 2022, 1481, 1484; *Steinrötter*, GRUR 2023, 216, 219; *Picht/Richter*, GRUR Int. 2022, 395, 401; *Bomhard/Merkle*, RDi 2022, 168, 174 f.

1615 *Bomhard/Merkle*, RDi 2022, 168, 174.

1616 *Bomhard/Merkle*, RDi 2022, 168, 175.

1617 *Steinrötter*, GRUR 2023, 216, 219.

1618 Siehe hierzu ausführlich *Max-Planck-Institut für Innovation und Wettbewerb*, Position Statement of 25 May 2022, Rn. 254 ff.; *Wiebe*, GRUR 2023, 227, 228 ff.; *Zier*, Investitionsschutz für Maschinendaten, S. 295 ff.; *Metzger/Schweitzer*, ZEuP 2023, 42, 73.

das in Art. 7 der Richtlinie 96/9/EG festgelegte Schutzrecht sui generis keine Anwendung finden soll, „wenn Daten mittels eines in den Anwendungsbereich der vorliegenden Verordnung – und insbesondere der Artikel 4 und 5 dieser Verordnung – fallenden vernetzten Produkts oder verbundenen Dienstes erlangt oder erzeugt wurden." Im Erwägungsgrund 112 wird klargestellt, dass mit dem Ausschluss verhindert werden soll, dass Dateninhaber gegenüber Nutzern, die ihre Rechte aus Art. 4 Data Act und Art. 5 Data Act ausüben, den Sui-generis-Schutz geltend machen, obwohl der Sui-generis-Schutz auf solche Datenbanken gerade keine Anwendung finden soll.[1619]

a) Funktion des Art. 43 Data Act

Welche dogmatischen Hintergründe der Ausschluss hat, lässt der Data Act offen. Nach dem Wortlaut des Art. 43 Data Act wäre die Konsequenz des Ausschlusses, dass sämtliche Datenbanken, die Daten von IoT-Geräten enthalten, nicht mehr über das Datenbankherstellerrecht gem. § 87a Abs. 1 UrhG geschützt werden könnten.[1620] Damit wären gemischte Datenbanken, die grundsätzlich unter den Sui-generis-Schutz fallen würden, nicht mehr schutzfähig.[1621] Es ist jedoch nicht davon auszugehen, dass sämtliche, insbesondere gemischte Datenbanken von dem Ausschluss erfasst sein sollen.[1622] Der Data Act scheint vielmehr solche Datenbanken ausschließen zu wollen, die nach der Rechtsprechung des EuGH ohnehin nicht in den Schutzbereich des Sui-generis-Schutzrechts fallen würden.[1623] Nur eine solche Auslegung verhindert, dass der Ausschluss auch solche Datenbanken erfasst, die ansonsten über den Sui-generis-Schutz des §§ 87a Abs. 1 UrhG geschützt wären. Alternative Auslegungen, die einen Vorrang der Zugangs- und Nutzungsrechte im Verhältnis zum Sui-generis-Datenbankschutz vertreten und in den übrigen Fällen den Sui-generis-Schutz offen lassen wollen,[1624] widerspricht dem ausdrücklichen Wortlaut und dem Schutzzweck des Art. 43 Data Act, der solche Datenbanken schon nicht für schutzfähig erachtet.[1625]

1619 *Europäische Kommission*, COM (2022) 68 final, Erwägungsgrund 84; *Max-Planck-Institut für Innovation und Wettbewerb*, Position Statement of 25 May 2022, Rn. 254.

1620 *Zier*, Investitionsschutz für Maschinendaten, S. 295.

1621 *Wiebe*, GRUR 2023, 227, 230; *Zier*, Investitionsschutz für Maschinendaten, S. 295.

1622 So auch *Zier*, Investitionsschutz für Maschinendaten, S. 295.

1623 So auch *Wiebe*, GRUR 2023, 227, 230; *Zier*, Investitionsschutz für Maschinendaten, S. 295 f.; EuGH, Urteil vom 09.11.2004 – C-203/02 = GRUR 2005, 244, 247 f. – *BHB-Pferdewetten*; EuGH, Urteil vom 09.11.2004 – C-338/02 = GRUR 2005, 252, 253 – *Fixtures-Fußballspielpläne I*; siehe auch Kap. 3 B II.

1624 *Max-Planck-Institut für Innovation und Wettbewerb*, Position Statement of 25 May 2022, Rn. 256.

1625 So auch *Wiebe*, GRUR 2023, 227, 230.

b) Kein Ausschluss von Datenbankwerken

Offen bleibt auch, in welchem Verhältnis Datenbankwerke zum Data Act stehen.[1626] Der Ausschluss des Art. 43 Data Act bezieht sich nach seinem ausdrücklichen Wortlaut nur auf das Sui-generis-Schutzrecht des Art. 7 der Richtlinie 96/9/EG. Der fehlende Ausschluss von Datenbankwerken spricht erneut für die Auslegung, dass der Ausschlusstatbestand des Art. 43 Data Act nicht sämtliche Datenbanken erfassen soll, sondern nur solche, die ohnehin nicht in den Sui-generis-Schutz des Art. 7 der Richtlinie 96/9/EG fallen. Datenbanken, die als Datenbankwerke urheberrechtlich geschützt sind, wären weiterhin geschützt. Auch in der Begründung des Data Acts wird ausdrücklich klargestellt, dass der Schutz des geistigen Eigentums durch die Verordnung unberührt bleiben soll.[1627] Die unterschiedliche Behandlung von Datenbankwerken und dem Datenbankherstellerecht wird darauf zurückzuführen sein, dass bei automatisiert erzeugten Daten es in der Regel schon an einem vorhandenen Gestaltungsspielraum fehlt. Die Erzeugung der Daten durch die Nutzung von IoT-Produkten unterliegt keinem individuellen Auswahl- oder Ordnungsprinzip, denn Auswahl und Anordnung der Daten werden nicht durch einen Menschen, sondern automatisiert von einer Maschine vorgenommen.[1628] Daran ändert auch die im Vorfeld vorgenommene Auswahlentscheidung durch einen Menschen nichts, denn weder der Herstellungsvorgang noch das Ergebnis ist für den Menschen vorhersehbar und kontrollierbar.[1629] Dies gilt umso mehr bei den immensen Massen von Daten, die durch die Nutzung vernetzter Maschinen oder Geräte gesammelt und gespeichert werden.[1630] Der Data Act geht offensichtlich davon aus, dass Datenbanken, die Daten enthalten, die bei der Nutzung eines Produktes oder verbundenen Dienstes erlangt oder erzeugt wurden, ohnehin nicht unter den Schutz des urheberrechtlichen Datenbankwerks fallen werden. Diese Auslegung spricht umso mehr dafür, den Ausschluss des Art. 43 Data Act für den Sui-generis-Datenbankschutz als deklaratorisch zu verstehen, um die bestehende Rechtsunsicherheit im Hinblick auf den Sui-generis-Datenbankschutz aufzuheben.

1626 Kritisch hierzu *Max-Planck-Institut für Innovation und Wettbewerb*, Position Statement of 25 May 2022, Rn. 271 f.

1627 *Europäische Kommission*, COM (2022) 68 final, S. 6.

1628 *Dreier*, in: Dreier/Schulze, UrhG, § 4 Rn. 4; *Ahlberg/Lauber-Rönsberg*, in: Götting/Lauber-Rönsberg/Rauer, BeckOK Urheberrecht, § 4 Rn. 30; verwiesen durch *Czernik*, Stiftung Datenschutz, S. 46.

1629 *Lauber-Rönsberg*, GRUR 2019, 244, 247.

1630 *Roßnagel*, NJW 2017, 10, 11.

3. Verhältnis zum Geschäftsgeheimnisrecht

Unternehmen sind selten bereit, ihre Daten für eine gemeinsame Nutzung zur Verfügung zu stellen, um ihre Geschäftsgeheimnisse zu schützen.[1631] Durch die vorgesehenen Nutzerrechte in Art. 4 und Art. 5 Data Act sollen Dateninhaber verpflichtet werden, Zugang zu Daten zu gewähren, die möglicherweise Informationen enthalten, die über das Geschäftsgeheimnisrecht geschützt sind.[1632] Wie bereits dargestellt, kann der Dateninhaber die Gewährung des Zugangs für Nutzer und den von diesen benannten Dritten davon abhängig machen, dass diese ausreichende Schutzmaßnahmen zur Wahrung der Vertraulichkeit von Geschäftsgeheimnissen vornehmen. Dadurch will der Data Act offensichtlich verhindern, dass Dateninhaber den Nutzern den Zugang zu den Daten unter Berufung auf ihr Geschäftsgeheimnisrecht verwehren.

a) Verlust des Geheimnisschutzes

Auch aus der Sicht der Dateninhaber ist das Verhältnis zum Geheimnisschutz nicht unproblematisch. Für den Schutz von Geschäftsgeheimnissen fordert § 1 Nr. 1b GeschGehG unter anderem angemessene Geheimhaltungsmaßnahmen für den Schutz vor der unberechtigten Kenntnisnahme der Geschäftsgeheimnisse durch Dritte.[1633] Erst wenn angemessene technische und organisatorische Schutzmaßnahmen getroffen werden, kommt ein Schutz durch das Geschäftsgeheimnisrecht in Betracht.[1634] Der Data Act fordert dagegen in Art. 3 Abs. 1 Data Act, dass Hersteller ihre vernetzten Produkte so konzipieren und so herstellen und verbundene Dienste so zu erbringen, dass die bei ihrer Nutzung erzeugten Daten „standardmäßig für den Nutzer einfach, sicher unentgeltlich in einem umfassenden, strukturierten, gängigen und maschinenlesbaren Format und, soweit relevant und technisch durchführbar, direkt zugänglich sind“. Teilweise wird daher vertreten, dass die Zugangsrechte dazu führen könnten, dass Daten nicht mehr als geheim, sondern als allgemein zugänglich eingeordnet werden könnten.[1635] Die Folge wäre, dass die von dem Zugangsanspruch des Nutzers betroffenen Datensätze nicht mehr über das Geschäftsgeheimnisrecht geschützt werden könnten. Ob eine solches Ergebnis von der Kommission beabsichtigt wurde, mag bezweifelt werden. Der Data Act scheint durch die vorgesehenen Zugangs- und Nutzungsrechte nicht den Geheimnisschutz der Hersteller und Daten-

1631 *Europäische Kommission*, Study on the Legal Protection of Trade Secrets in the Context of the Data Economy, S. 79.
1632 *Wiebe*, GRUR 2023, 227, 230.
1633 Siehe hierzu ausführlich *Maaßen*, GRUR 2019, 352.
1634 *Ohly*, GRUR 2019, 441, 443.
1635 *Lorenzen*, ZGE 2022, 251, 256.

inhaber beeinträchtigen zu wollen. Dafür sprechen die in Art. 4 Abs. 6 Data Act und Art. 5 Abs. 9 Data Act vorgesehenen Schutzmaßnahmen, die der Data Act zur Wahrung der Vertraulichkeit des Geschäftsgeheimnisses dem Nutzer und dem von diesem benannten Dritten auferlegt. Es ist daher nicht davon auszugehen, dass die Geheimnisqualität aufgehoben sein wird, wenn Geschäftsgeheimnisse Gegenstand von Zugangsansprüchen werden. Problematisch werden weiterhin solche Konstellationen sein, in denen der Inhaber des Geschäftsgeheimnisses nicht mit dem Dateninhaber übereinstimmt.[1636]

b) Unberechtigte Schutzmaßnahmen

Problematisch an dieser Regelung ist, dass Nutzer möglicherweise auch unberechtigterweise weitreichende Schutzmaßnahmen treffen müssen, um Zugang zu den Daten zu erlangen.[1637] Ob die Voraussetzungen des Geheimnisschutzes erfüllt sind, wird im Vorfeld nicht überprüfbar sein, sodass die Nutzer auf die Angaben des Dateninhabers vertrauen müssten. Ob Nutzer dann bereit sein werden, umfangreiche und kostenaufwendige Maßnahmen umzusetzen, bleibt offen.[1638] Das Spannungsverhältnis zwischen dem Interesse des Dateninhabers an der Geheimhaltung und den Interessen der Nutzer an einem einfachen Zugang wird insbesondere dann deutlich, wenn davon ausgegangen wird, dass die erzeugten Datensätze Geschäftsgeheimnisse in einem nicht unerheblichen Umfang beinhalten. Es ist daher davon auszugehen, dass es dadurch zu langwierigen Rechtsstreitigkeiten kommen wird, die den kontinuierlichen und Echtzeit-Datenzugang des Nutzers zu Daten verhindern können, an deren Zugang er möglicherweise nur im Zeitpunkt des Nutzungsverlangens Interesse haben kann.

Daneben ist davon auszugehen, dass gerade Verbraucher nicht in der Lage sein werden, die geforderten technischen Schutzmaßnahmen zu treffen. Dies könnte dafür führen, dass von der Geltendmachung des Zugangsanspruchs abgesehen wird.[1639]

V. Stellungnahme

Die Einführung von Zugangs- und Nutzungsrechten zur Stärkung der Rechte der Nutzer vernetzter Produkte und verbundener Dienste ist grundsätzlich zu begrüßen. Die Kommission erkennt im Data Act, dass die faktische Kontrollposition der Dateninhaber zu wohlfahrtsökonomischen Defiziten im Hinblick auf die Verwertung der Daten führt. Die nachteiligen Auswir-

---

1636 Vgl. *Wiebe,* GRUR 2023, 227, 235.
1637 *Kerber,* GRUR Int. 2023, 120, 126; *Metzger/Schweitzer*, ZEuP 2023, 42, 76.
1638 *Wiebe,* GRUR 2023, 227, 235.
1639 So auch *Wiebe,* GRUR 2023, 227, 235.

kungen der exklusiven Nutzung durch Dateninhaber sollen durch den Data Act für den Zugang und für die Nutzung von Daten aufgehoben werden. Die Zugangs- und Nutzungsrechte, die den Nutzern gegenüber den Dateninhabern eingeräumt werden, reichen in ihrer konkreten Ausgestaltung jedoch nicht aus, um den Zielen der Europäischen Kommission gerecht zu werden. Die aufgezeigten Schwächen des Data Acts werden den rechtssicheren Umgang mit Daten beeinträchtigen. Der Data Act beantwortet nicht Fragen von grundlegender Natur. Es bleibt unklar, wem Daten grundsätzlich zugeordnet sind, wer die Kontrolle über die Daten hat und wer von diesen uneingeschränkt profitieren sollte.[1640] Die als problematisch identifizierte Herrschaftsposition der Dateninhaber wird nicht hinterfragt – vielmehr soll sie durch rechtliche Regelungen weiter gestärkt werden. Die vorgesehenen Zugangs- und Nutzungsrechte werden daher nicht ausreichen, um die faktische Datenherrschaft der Dateninhaber zugunsten der ökonomischen Wohlfahrt einzuschränken. Auch ist das Verhältnis zu anderen Rechtsgebieten unklar.

E. Ansätze zur Ausgestaltung des neuen Datengesetzes

Da der Data Act die von der Europäischen Kommission beabsichtigten Ziele nicht erreichen wird, sollen im nachfolgenden Abschnitt regulative Ansätze vorgestellt werden, die die identifizierten Schwächen des Data Acts korrigieren sollen. Entgegen dem ersten Anschein schützt der Data Act die Position der Maschinen- und Gerätehersteller stärker als die Interessen der Nutzer vernetzter Produkte und damit verbundener Dienste.[1641] Dies ist nicht unproblematisch, denn nur ein fairer Interessenausgleich zwischen den Akteuren der Datenwirtschaft wird ein allokatives Marktversagen verhindern und zur vollen Wertausschöpfung aus Daten auf dem europäischen Datenmarkt beitragen. Erst wenn die Interessen und Wertschöpfungsanteile von Datennutzern und Dateninhabern gleichermaßen berücksichtigt werden, können die von der Kommission gesetzten Ziele des Data Acts erreicht werden.[1642] Der nachfolgende Abschnitt beschäftigt sich als Ausgangspunkt mit der Verteilungsfrage. Es soll klargestellt werden, wem welche Rechte an Daten originär zugewiesen werden sollten. Daran anknüpfend sollen Vorschläge vorgestellt werden, die insbesondere die Stärkung der Nutzerrechte zum Fokus haben.

1640 So auch *Kerber*, GRUR Int. 2023, 120, 120 f.
1641 *Specht-Riemenschneider*, ZRP 2022, 137, 138.
1642 Vgl. *Specht-Riemenschneider*, MMR 2022, 809, 818.

I. Verteilung von Rechten an Daten zugunsten Hersteller und Nutzer

Die Untersuchung zum Data Act hat gezeigt, dass die konkrete Ausgestaltung von Zugangs- und Nutzungsrechten maßgeblich ist, ob sie zur Stärkung der Position der Nutzer führen werden. Die vorgesehene Datennutzungslizenz oder aber auch Informationspflichten werden allein nicht ausreichen, um die Rechte der Nutzer gegenüber Dateninhabern zu stärken.[1643] Ausgangspunkt sollte daher die Überlegung sein, die Position von Nutzern und Dateninhabern auf ein einheitliches Schutzniveau zu bringen. Die bisherige Untersuchung hat gezeigt, dass sich Teilhaberechte am besten dafür eignen, mehreren Personen gleichzeitig Zugangs- und Nutzungsrechte an nicht-rivalen Gütern einzuräumen. Gerade die Nicht-Rivalität im Konsum ermöglicht die zeitgleiche Nutzung der Daten durch mehrere Personen, ohne dass sie sich in ihrer Nutzung gegenseitig beeinträchtigen.[1644] Auch wenn sich sachenrechtliche Ansätze nicht eignen, um eine rechtliche Zuordnung von Daten vorzunehmen, vermitteln sie einen Grundgedanken, der auch bei der Zuweisung von Zugangs- und Nutzungsrechten beachtet werden sollte. Der Grundgedanke der Fruchtziehung für körperliche Gegenstände ist auch für die Begründung von umfassenden Zugangs- und Nutzungsrechten zugunsten der Nutzer heranzuziehen. Nutzer sollten auch an den unkörperlichen Früchten ihrer Geräte und Maschinen partizipieren können. Insbesondere das Eigentumsrecht des Nutzers sollte die Ausweitung der Handlungsbefugnisse auch auf immaterielle Güter zulassen, die durch die Nutzung ihres Eigentums erzeugt werden. Die Stärkung der Nutzerrechte sollte nicht zur Folge haben, die Investitionsleistungen der Hersteller abzuerkennen. Der Grundgedanke des Investitionsschutzes ist auch auf die Investitionsleistungen der Hersteller von vernetzten Produkten anwendbar. Durch ihre Investitionsleistung schaffen Hersteller die Grundbedingung für die Erzeugung von Daten. Die Möglichkeit der anschließenden Datennutzung schafft den erforderlichen Anreiz, in datenerhebende Produkte zu investieren. Hersteller sollten daher weiterhin für ihre Investitions- und Arbeitsleistung belohnt werden, indem auch sie weiter an der Wertschöpfung aus Daten partizipieren sollten. Da sowohl Nutzern als auch Herstellern vernetzter Produkte gleichberechtigte Rechte an Daten einzuräumen sind, entsteht eine Konstellation, die an eine Bruchteilsgemeinschaft von Miteigentümern erinnert. Als Berechtigte sollten beide Akteure – unabhängig voneinander – Zugangs- und Nutzungsrechte an den maschinen- und verhaltensgenerierten Daten aus-

---

1643 So auch *Specht-Riemenschneider*, MMR 2022, 809, 809.

1644 *Arbeitsgruppe „Digitaler Neustart"*, Bericht vom 15.05.2017, S. 30; *Hoeren,* MMR 2019, 5, 6; *Zech,* Information als Schutzgegenstand, S. 118; *ders.*, CR 2015, 137, 139; *Heymann*, CR 2016, 650, 653; *Kommeier/Baranowski,* BB 2019, 1219, 1219; *Raue*, NJW 2019, 2425, 2425.

üben können. Die Ausübung der Zugangs- und Nutzungsrechte sollte nicht von der Zugangs- und Nutzungserlaubnis des jeweils anderen abhängig sein.[1645] Als Inhaber dieser Teilhaberechte könnten Nutzer und Hersteller gegenüber faktischen Inhabern ihrer Daten einen Anspruch auf Einräumung des Zugangs sowie Abwehrrechte im Falle der Beeinträchtigung des Zugangs geltend machen. Durch gleichberechtigte Nutzungsrechte könnten sie die Daten zu jedem beliebigen Zweck nutzen, ohne eine Beeinträchtigung durch Dritte befürchten zu müssen.

II. Stärkung von Nutzerrechten

Unter Zugrundelegung dieser Überlegungen wird deutlich, dass die im Data Act vorgesehenen Zugangs- und Nutzungsrechte für Nutzer vernetzter Produkte nur einen Mindestschutz darstellen. Für die Gewährleistung der vollumfassenden Nutzung von maschinen- und verhaltensgenerierten Daten sollte die im Data Act vorgesehene Möglichkeit der In-situ-Zugangsgewährung durch Dateninhaber ausgeschlossen werden.[1646] Nutzern sollte ein einfacher, standardmäßiger technischer Direktzugang zu Daten eingeräumt werden, der innerhalb des tatsächlichen Herrschaftsbereichs der Nutzer gewährleistet werden sollte.[1647] Die erzeugten Daten sollte der Nutzer auch ohne Mitwirkung des Dateninhabers auf eigenen Servern speichern können, um Nutzungshandlungen unter Ausschluss des Dateninhabers durchzuführen.[1648] Denkbar ist auch die Einrichtung von neutralen staatlich kontrollierten Cloud-Speicherorten, über die die Nutzer und Hersteller gleichermaßen Zugang zu den erzeugten Daten haben könnten.[1649] Ein solcher Direktzugriff hätte zum Vorteil, dass Nutzer die Sicherheit hätten, die erzeugten (Roh-)Daten vollständig, d. h. in nicht veränderter, komprimierter oder reduzierter Form zu erhalten. Die Beibehaltung der gegenwärtigen In-situ-Zugangsgewährung wird andernfalls dazu führen, dass die vollumfängliche Nutzung in Form der Speicherung, Übernahme, Bearbeitung oder Weiterverteilung der Daten durch die Nutzer nicht gewährleistet werden wird.[1650] Nutzer werden daran gehindert werden, die Daten uneingeschränkt für die Entwicklung eigener innovativer Produkte und Dienste einzusetzen, wenn ihnen nur die bloße Möglichkeit der Kenntnisnahme eingeräumt wird. Erst wenn Nutzern und Herstellern identische Wertschöpfungsmöglichkeiten zu-

1645 Vgl. *Metzger/Schweitzer*, ZEuP 2023, 42, 55.

1646 Kritisch hierzu auch *Specht-Riemenschneider*, MMR 2022, 809, 817.

1647 So auch *Specht-Riemenschneider*, MMR 2022, 809, 809, 817.

1648 So auch *Specht-Riemenschneider*, MMR 2022, 809, 817; *Kerber*, GRUR Int. 2023, 120, 134.

1649 *Specht-Riemenschneider*, MMR 2022, 809, 815.

1650 *Podszun/Pfeifer*, GRUR 2022, 953, 957; *Max-Planck-Institut für Innovation und Wettbewerb*, Position Statement of 25 May 2022, Rn. 66.

stehen, kann von einer gleichberechtigten Verteilung von Rechten ausgegangen werden. Weiterhin sollten Nutzer die erzeugten Daten uneingeschränkt nutzen dürfen.[1651] Ihnen sollte die Möglichkeit eröffnet werden, die generierten Daten nach ihrem Belieben auf dem Sekundärmarkt einzusetzen.[1652] Erst eine uneingeschränkte und unabhängige Nutzung der Daten durch die Nutzer von IoT-Produkten würde dem übergeordneten Ziel der vollen Wertschöpfung aus Daten gerecht werden. Die Verfügbarkeit von Daten auf dem Markt würde steigen, wenn nicht nur die Maschinen- und Gerätehersteller, sondern auch die Nutzer die Daten Dritten zur Verfügung stellen könnten. Dateninhaber könnten in solch einem Fall den Zugang weder verhindern noch verzögern.[1653] Nach dem *Max-Planck-Institut* gibt es keine Rechtfertigung für eine uneingeschränkte Nutzungsmöglichkeit der Nutzer. Es gäbe keinen Grund zu der Annahme, dass Hersteller im Vergleich zu Nutzern eine geringere Bereitschaft hätten, ihre Daten mit Dritten für sekundäre Zwecke zu teilen, da solche Zwecke gerade nicht ihre wirtschaftlichen Interessen beeinträchtigen würden.[1654] Dem ist nicht zuzustimmen. Die gegenwärtigen Probleme auf dem Datenmarkt werden gerade durch die exklusive Alleinkontrolle der Hersteller und Dateninhaber verursacht. Auch dann, wenn die Nutzung der Daten zu Zwecken erfolgen soll, die nicht die wirtschaftlichen Interessen der Hersteller und Dateninhaber tangieren, sind diese selten bereit, ihren Wettbewerbsvorsprung im Hinblick auf eigene potenzielle Anwendungsideen aufzugeben und Dritten den erforderlichen Zugang zu Daten zu verschaffen.[1655] Erst eine uneingeschränkte Nutzungsmöglichkeit der Daten für Nutzer würde die Verfügbarkeit der Daten auf dem Sekundärmarkt steigern und die faktische Alleinkontrolle der Dateninhaber aufheben, was insbesondere wohlfahrtökonomische Vorteile für den Datenmarkt mit sich bringen würde. Durch den uneingeschränkten Zugang könnte der Nutzer die Daten auch an Dritten lizenzieren oder durch den Abschluss von Datenkaufverträgen veräußern.

1651 A.A. *Max-Planck-Institut für Innovation und Wettbewerb*, Position Statement of 25 May 2022, Rn. 11.

1652 A.A. *Max-Planck-Institut für Innovation und Wettbewerb*, Position Statement of 25 May 2022, Rn. 19.

1653 *Podszun/Pfeifer*, GRUR 2022, 953, 956.

1654 *Max-Planck-Institut für Innovation und Wettbewerb*, Position Statement of 25 May 2022, Rn. 19.

1655 *Dewenter/Lüth*, Datenhandel und Plattformen, S. 1; *Europäische Kommission*, Aufbau einer europäischen Datenwirtschaft, COM (2017) 9 final, S. 11.

III. Beschränkung der technischen Alleinkontrolle der Dateninhaber

Die gegenwärtige faktische Datenherrschaft von Herstellern und Dateninhabern sollte durch den Data Act nicht hingenommen werden. Die rechtliche Anerkennung der technischen Exklusivposition der Dateninhaber durch den Data Act ist ein großes Hindernis für die Gewährleistung der vollen Wertschöpfung aus Daten. Die Aufhebung der alleinigen Kontrollposition der Dateninhaber würde die Abhängigkeit der Nutzer von Herstellern und anderen Dateninhabern aufheben und Daten einer breiteren Verwendung zuführen. Dateninhaber könnten durch die Löschung der Daten nicht die Zugangs- und Nutzungsansprüche von Nutzern umgehen, wenn die Nutzer einen eigenen, unabhängigen Zugriff zu den Daten hätten. Es ist auch nicht davon auszugehen, dass die Aufhebung der technischen Alleinkontrolle der Hersteller und Dateninhaber negative Marktauswirkungen zur Folge hätte. Der Investitionsanreiz von Dateninhabern wird auch dann weiter bestehen, wenn die technische Alleinkontrolle der Hersteller und Dateninhaber aufgehoben und mit den Nutzern entsprechender Produkte und damit verbundener Dienste geteilt wird. Die Erhebung und Speicherung der Daten wäre für Hersteller und Dateninhaber weiterhin zu vernachlässigbaren Kosten möglich. Daten werden für Unternehmen auch dann die entscheidende Grundlage für wichtige Erkenntnisquellen sein, wenn der Zugang zu den Daten mit den Nutzern der vernetzten Maschinen und Geräte geteilt wird. Die Bereitschaft der Nutzer, vernetzte Produkte zu erwerben, würde durch verbesserte Zugangs- und Nutzungsmöglichkeiten steigen und entsprechende Anreize für Hersteller bieten, vermehrt in datenerhebende Produkte zu investieren.[1656] Die Investitionen der Dateninhaber könnten durch höhere Preise berücksichtigt werden, denn es ist davon auszugehen, dass insbesondere gewerbliche Nutzer angesichts des Informationspotenzials der Daten eher bereit wären, für ein vernetztes Produkt zu zahlen, wenn sie uneingeschränkten Zugang zu den Daten hätten.[1657] Ein vom Hersteller bzw. Dateninhaber unabhängiger Zugang zu Daten würde daher insbesondere in gewerblichen Sachverhalten den Anreiz zum Erwerb vernetzter Maschinen und Geräte erhöhen. Auf dem Sekundärmarkt könnten Dateninhaber ihre Daten weiterhin an Datenzugangspetenten lizenzieren. Die monopolähnliche Alleinstellung der Dateninhaber wird gegenwärtig zwar einen entscheidenden Anreiz für die Erhebung und Speicherung der Daten darstellen. Die Einräumung von gleichberechtigten Zugängen zugunsten Nutzer würde die Anreize der Dateninhaber jedoch nicht derart beeinträchtigen, dass mit wohlfahrtsökonomischen Defiziten gerechnet werden müsste. Dateninhaber

1656 So auch *Kerber*, GRUR Int. 2023, 120, 129.
1657 So auch *Kerber*, GRUR Int. 2023, 120, 129.

hätten aufgrund ihres Direktzugriffs einen entscheidenden Wettbewerbsvorteil gegenüber konkurrierenden Marktteilnehmern,[1658] die auf die Zugangsgewährung durch Dateninhaber oder Nutzer angewiesen wären. Problematisch an einem solchen Direktzugriff wäre jedoch, dass die im Data Act vorgesehene Vorprüfung durch Dateninhaber vor Zugangsgewährung entfallen würde. Dateninhaber hätten nicht die Möglichkeit zum Schutz ihrer Geschäftsgeheimnisse vor Zugangsgewährung Schutzmaßnahmen vom Nutzer zu verlangen.[1659] Die im Data Act vorausgesetzte Vorprüfung durch Dateninhaber hat wiederum den Nachteil, dass bei unberechtigten Forderungen von Geheimhaltungsmaßnahmen langwierige Rechtsstreitigkeiten drohen, die den Echtzeitdatenzugang der Nutzer entbehrlich machen könnten. Für eine Ex-ante-Vorprüfung zum Schutz der Interessen beider Parteien ist es denkbar, eine „Datenzugangstreuhand“ einzurichten, die die erforderlichen Prüfungen und Maßnahmen trifft und einen interessengerechten Zugang für beide Akteure gewährleistet.[1660] Nur die Einrichtung einer solchen Datentreuhand könnte die berechtigten Interessen der Dateninhaber und Nutzer gleichermaßen berücksichtigen. Ein interessengerechter Schutz von Geschäftsgeheimnissen und personenbezogenen Daten durch geeignete Schutzmaßnahmen sollte daher von Datentreuhändern festgelegt werden.[1661] Die Festlegung von angemessenen Schutzmaßnahmen durch die Datentreuhänder hätte außerdem den positiven Effekt, dass Nutzer vor übermäßigen Schutzmaßnahmen geschützt wären, die der Dateninhaber zum Schutz seiner Geschäftsgeheimnisse fordern könnte.[1662]

IV. Mehr Wertschöpfung aus Daten

Datensätze einzelner Nutzer werden im Unterschied zu den riesigen Datenmengen der Hersteller und Dateninhaber für den Markt weniger attraktiv sein.[1663] Zugangspetenten müssten mit jedem einzelnen Nutzer den Zugang zu den Daten verhandeln, während sie bei einer Zugangsgewährung durch den Dateninhaber Zugang zu größeren Datensätzen erlangen würden, die von einer Vielzahl von Nutzer generiert wurden.[1664] Dies soll jedoch nicht der Grund dafür sein, den uneingeschränkten Zugang zu Daten durch Nutzer

---

1658 Allgemeiner *Wunner*, Ein regulatives Vertragsrecht für die Datenwirtschaft, S. 81.

1659 Vgl. Art. 4 Abs. 3; *Europäische Kommission,* COM (2022) 68 final, Erwägungsgrund 31.

1660 *Specht-Riemenschneider*, MMR 2022, 809, 819.

1661 *Specht-Riemenschneider*, MMR 2022, 809, 819.

1662 Vgl. auch *Wiebe,* GRUR 2023, 227, 235.

1663 *Max-Planck-Institut für Innovation und Wettbewerb*, Position Statement of 25 May 2022, Rn. 19.

1664 *Max-Planck-Institut für Innovation und Wettbewerb*, Position Statement of 25 May 2022, Rn. 19.

kategorisch abzulehnen.[1665] Der Data Act birgt auch ein hohes Potenzial für Rechtsstreitigkeiten, die durch die vorgesehene Ex-ante-Prüfung durch eine neutrale Stelle verhindert werden könnten.[1666] Die Datentreuhand könnte in den Fällen, in denen der Dateninhaber behauptet, dass es sich bei den Daten um Geschäftsgeheimnisse handelt, eine entsprechende Vorprüfung durchführen und dementsprechende Maßnahmen zum Schutz der Geschäftsgeheimnisse vom Nutzer verlangen. Auch die Interessen des Nutzers wären geschützt. Dateninhaber könnten durch In-situ Vorgänge nicht mehr überwachen, zu welchen Zwecken Nutzer die bereitgestellten Daten nutzen. Die Datentreuhand wäre damit eine zwischengeschaltete Instanz, die die berechtigten Interessen beider Akteure schützen könnte.

Doch auch mit Blick auf die Rechtewahrnehmung für Nutzer könnte eine Treuhandlösung in Betracht gezogen werden. Insbesondere für die Wahrnehmung von Nutzerrechten könnten auch hier Datenkooperative oder Datengenossenschaften eingerichtet werden, die als Treuhänder die Rechte ihrer Mitglieder wahrnehmen. Denkbar wäre auch, dass Datentreuhänder die Daten der Hersteller und Nutzer auf einem neutralen Speicherplatz speichern und für die Zugangs- und Nutzungsgewährung im ökonomischen Sinne die Rolle von Plattformen einnehmen.[1667] Der Nutzer allein wird selten in der Lage sein, die von ihm erzeugten Daten gewinnbringend auf dem Markt einzusetzen. Gerade bei Verbrauchern wird das Interesse oft nur darin liegen, das erworbene Produkt uneingeschränkt zu nutzen und nicht die erzeugten Daten auf dem Sekundärmarkt anzubieten.[1668] Datenintermediäre könnten dazu beitragen, dass der Zugang zu Datensätzen verschiedener Nutzer in Form von Datenpaketen angeboten werden.[1669] Bereits heute gibt es Organisationen, die als Vermittler bei der Organisation, Nutzung und Auswertung von Daten auftreten und für einen Mehrwert in der Informationsgewinnung sorgen.[1670] Durch das Zusammenbringen von Datensätzen verschiedener Nutzer auf solchen Plattformen, können branchenübergreifende Analysen ermöglicht werden, die insbesondere für die Bereiche Forschung, Wirtschaft und Gesellschaft von großer Bedeutung sein können. Als Vorzeigemodell dient hier die Plattform 365FarmNet, die landwirtschaftlichen Betrieben die Möglichkeit der Organisation betriebsinterner Daten sowie Schnittstellen landwirtschaftlicher Maschinen anbietet und Analysen kon-

---

1665 Ablehnend *Max-Planck-Institut für Innovation und Wettbewerb*, Position Statement of 25 May 2022, Rn. 19.

1666 *Specht-Riemenschneider*, MMR 2022, 809, 819.

1667 *Specht-Riemenschneider u. a.*, MMR- Beil. 2021, 25, 26; *Lindner/Straub*, Datentreuhänderschaft Status Quo und Entwicklungsperspektiven, S. 11.

1668 Ähnlich *Max-Planck-Institut für Innovation und Wettbewerb*, Position Statement of 25 May 2022, Rn. 19.

1669 Vgl. *Metzger/Schweitzer*, ZEuP 2023, 42, 80.

1670 *Förderer*, Erfolgsmodell Digitale Plattformen, S. 63.

kreter landwirtschaftlicher Fragestellungen ermöglicht.[1671] Die Gewinne aus Lizenzierungen könnten die Datenintermediäre den Nutzern mit Abschluss jeden Jahres ausschütten.

V. Aufhebung des Verbots für Wettbewerbsprodukte

Das Wettbewerbsverbot für Nutzer und Datenempfänger sollte aufgehoben werden. Es ist schon unklar, warum die Interessen des Dateninhabers stärker geschützt werden sollen als die berechtigten Interessen von Nutzern, die Daten uneingeschränkt zu nutzen. Insbesondere gewerbliche Nutzer könnten auch ein berechtigtes Interesse daran haben, die Daten für die Entwicklung von Produkten zu nutzen, die mit den Produkten des Herstellers im Wettbewerb stehen.[1672] Die dargestellten Probleme werden in der Rechtspraxis zu vielen Abgrenzungsproblemen führen, die nur dadurch umgegangen werden können, wenn Einschränkungen im Hinblick auf die Nutzung der Daten erst gar nicht reguliert werden. Gerade für die Wettbewerbsförderung können die Daten auch für Dritte relevant sein, die ihr Produkt auf die Bedürfnisse des Produktnutzers abstimmen wollen.[1673] Im Unterschied zu Open-data-Modellen würde sich eine solche Ausgestaltung auch nicht auf die Anreize von Herstellern auswirken, in datenerhebende Produkte zu investieren. Zugang zu den erzeugten Daten hätte nicht jedermann, sondern nur der Nutzer und dessen Vertragspartner, dem er die Daten für frei bestimmbare Zwecke veräußert oder zur Verfügung stellt. Zum individuellen Schutz bestimmter Produkte oder digitaler Dienste könnten die Parteien immer noch auf Grundlage vertraglicher Regelungen zeitliche Nutzungsbeschränkungen vereinbaren, die die Amortisierung einer bestimmten Investition gewährleisten könnten.[1674] Erst die schrankenlose Nutzungsmöglichkeit würde das Ziel der vollen Wertausschöpfung aus Daten erreichen.

VI. Aufhebung der Gegenleistungspflicht für Dritte

Für den Fall, dass der europäische Gesetzgeber die Alleinkontrolle der Daten durch die Dateninhaber unberührt lässt, sollte auch das Verhältnis der Dateninhaber zu den von den Nutzern benannten Dritten überdacht werden. Das Recht auf Weitergabe der Daten an den Dritten in Art. 5 Abs. 1 Data Act ist ein Recht des Nutzers gegenüber dem Dateninhaber. Verlangt der Dateninhaber für die Bereitstellung der Daten an den Dritten von diesem eine Gegenleistung, wird sich die Preislast auf Nutzer auswirken, die einen erhöhten

1671 *Förderer*, Erfolgsmodell Digitale Plattformen, S. 63.
1672 *Metzger/Schweitzer*, ZEuP 2023, 42, 61.
1673 *Metzger/Schweitzer*, ZEuP 2023, 42, 61.
1674 *Metzger/Schweitzer*, ZEuP 2023, 42, 61.

Preis an den Dritten zahlen müssen werden. Die von der Kommission befürchteten Anreizverluste würden auch dann nicht eintreten, wenn der Dateninhaber die Daten einem von dem Nutzer bestimmten Dritten kostenlos zur Verfügung stellen würde. Die potenziellen Kosten der Bereitstellung der Daten an den Dritten könnte der Hersteller durch den Verkaufspreis des Produktes decken.[1675] Um negative Preisgestaltungen zu Lasten der Nutzer zu verhindern, sollte die Bereitstellung der Daten an den Dritten im Sinne des Art. 5 Data Act kostenlos erfolgen.[1676] Nur eine kostenlose Bereitstellung der Daten würde die Rechte der Nutzer nicht beeinträchtigen.

VII. Abbau technischer Hindernisse

Um in Zukunft einen uneingeschränkten Zugang zu Daten zu gewährleisten, sollte das neue Datengesetz auch technische Beschränkungen verbieten. Es sollte ein standardisiertes Format festgelegt werden, um eine uneingeschränkte Nutzung zu gewährleisten. Der Data Act sieht für den Zugangs- und Nutzungsanspruch der Nutzer keine technischen Vorgaben vor, um den uneingeschränkten Zugang zu Daten zu gewährleisten.[1677] Die technische Umsetzung gleichberechtigter Zugänge sollte durch Bestimmungen erfolgen, die die Interoperabilität von Daten gewährleistet und eine einfache Nutzungsmöglichkeit für Nutzer und Dateninhaber schafft.

1675 *Max-Planck-Institut für Innovation und Wettbewerb*, Position Statement of 25 May 2022, Rn. 72.

1676 So auch *Max-Planck-Institut für Innovation und Wettbewerb*, Position Statement of 25 May 2022, Rn. 72.

1677 *Metzger/Schweitzer*, ZEuP 2023, 42, 71.

Kapitel 7: Zusammenfassung/Ausblick

Die Untersuchung beschäftigte sich mit der Fragestellung, welche Rechte gegenwärtig an maschinen- und verhaltensgenerierten Daten bestehen und wie Rechte *de lege ferenda* ausgestaltet werden sollten. Besonders berücksichtigt wurde dabei der EU-Data Act. Die Untersuchung ergab, dass der staatliche Eingriff in den Datenmarkt zwingend erforderlich ist, um die festgestellten wohlfahrtsökonomischen Defizite aufzuheben. Die geltende Rechtslage eignet sich nicht, um maschinen- und verhaltensgenerierte Daten zu schützen und den rechtssicheren Handel mit Daten zu gewährleisten. Die Inter-partes-Wirkung von Verträgen zeigt, dass das Vertragsrecht nur eine ergänzende Funktion einnimmt, die rechtliche Zuordnung von Gütern jedoch nicht ersetzen kann, wenn die ursprüngliche Zuordnung von Daten fehlt. Es wurde deutlich, dass neue Rechte an Daten eingeführt werden sollten, die auf Grundlage deontologischer und ökonomischer Theorien gerechtfertigt werden können. Die Überprüfung verschiedener Zuweisungsmöglichkeiten von Daten verdeutlicht, dass einfache Zugangs- und Nutzungsrechte den Marktbedürfnissen gerecht werden. Anders als Ausschließlichkeitsrechte vermeiden sie die Konzentration der Datenmacht auf eine bestimmte Person. Einen solchen Ansatz verfolgt auch der EU-Data Act. Die vorgeschlagenen Zugangs- und Nutzungsrechte im Data Act zugunsten der Nutzer sollen die exklusive Datenherrschaft der Hersteller einschränken. Eine nähere Untersuchung des geplanten Rechtsrahmens verdeutlicht jedoch, dass die Zugangs- und Nutzungsrechte nicht geeignet sind, ihre Position gegenüber den Herstellern und Dateninhabern zu stärken und die Probleme der mangelnden Wertschöpfung auf Primär- und Sekundärmärkten zu beseitigen. Es bleibt daher mit Spannung zu erwarten, ob der Data Act trotz der in der Arbeit kritisierten Schwächen geeignet ist, einen fairen Interessenausgleich zu gewährleisten.

Literaturverzeichnis

Alle Internetquellen wurden zuletzt am 19.01.2025 aufgerufen.

Acatech – Deutsche Akademie der Technikwissenschaften, Industrie 4.0 und das Recht – Drei zentrale Herausforderungen, Berlin 2017.

Acker, Ludwig/Thum, Kai, Zulässigkeit der Vereinbarung der freien Weiterübertragbarkeit von urheberrechtlichen Nutzungsrechten durch AGB, GRUR 2008, 671–678.

Adam, Simon, Daten als Rechtsobjekte, NJW 2020, 2063–2068.

Ahlberg, Hartwig/Götting, Horst-Peter/Lauber-Rönsberg, Anne (Hrsg.), Beck'scher Online-Kommentar Urheberrecht, 44. Edition, München 2024 [zitiert als: *Bearbeiter*, in: Götting/Lauber-Rönsberg/Rauer, BeckOK Urheberrecht].

Ahn, Byung Ha, Der vermögensrechtliche Zuweisungsgehalt des Persönlichkeitsrechts, 1. Auflage, Berlin 2009.

Albers, Marion, Informationelle Selbstbestimmung, 1. Auflage, Baden-Baden 2005.

Alexander, Christian, Gegenstand, Inhalt und Umfang des Schutzes von Geschäftsgeheimnissen nach der Richtlinie (EU) 2016/943, WRP 2017, 1034–1045.

Amstutz, Marc, Dateneigentum, Archiv für die civilistische Praxis (AcP) 218 (2018), 438–551.

Ann, Christoph, Patentrecht, Lehrbuch zum deutschen und europäischen Patentrecht und Gebrauchsmusterrecht, 8. Auflage, München 2022.

Ders., EU-Richtlinie zum Schutz vertraulichen Know-hows – Wann kommt das neue deutsche Recht, wie sieht es aus, was ist noch offen?, GRUR Prax 2016, 465–467.

Arbeitsgruppe „Digitaler Neustart" der Konferenz der Justizministerinnen und Justizminister der Länder, Bericht vom 15. Mai 2017, Unter Mitwirkung der Länder Baden-Württemberg, Bayern, Berlin, Hamburg, Hessen, Niedersachsen, Nordrhein-Westfalen (Federführung), Rheinland-Pfalz, Saarland, Sachsen, Sachsen-Anhalt und Schleswig-Holstein, abrufbar unter: https://www.justiz.nrw/sites/default/files/imported/files/2017-06/bericht_ag_dig_neustart.pdf.

Art.-29-Datenschutzgruppe, Leitlinien zum Recht auf Datenübertragbarkeit – angenommen am 13. Dezember 2016 – zuletzt überarbeitet und angenommen am 5. April 2017, 16/DE WP 242 rev.01, Brüssel 2016, abrufbar unter https://www.datenschutzkonferenz-online.de/media/wp/20170405_wp242_rev01.pdf.

Assion, Simon/Mackert, Lea Noemi, Verträge über Daten: Eine Praxischeckliste, PinG 2016, 161–164.

Atik, Can/Martens, Bertin, Competition Problems and Governance of Non-personal Agricultural Machine Data: Comparing Voluntary Initiatives in the US and EU, JIPITEC 12, 2021, 370–398.

Auer-Reinsdorff, Astrid/Conrad, Isabell, Handbuch IT- und Datenschutzrecht, 3. Auflage, München 2019 [*Bearbeiter*, in: Auer-Reinsdorff/Conrad, Handbuch IT- und Datenschutzrecht].

Auer, Marietta, Subjektive Rechte bei Pufendorf und Kant, Eine Analyse im Lichte der Rechtskritik Hohfelds, Archiv für die civilistische Praxis (AcP) 208 (2008), 584–634.

Bachmann, Ronald/Kemper, Guido, Big Data – Fluch oder Segen?, 1. Auflage, Heidelberg 2014.

Ballestrem, Johannes Graf/Bär, Ulrike/Gausling, Tina/Hack, Sebastian/von Oelffen, Sabine (Hrsg.), Künstliche Intelligenz, Rechtsgrundlagen und Strategien in der Praxis, 1. Auflage, Wiesbaden 2020 [zitiert als: *Bearbeiter*, in: Ballestrem/Bär/Gausling/Hack/von Oelffen, Künstliche Intelligenz].

Baranowski, Anne/Glaßl, Ramón, Anforderungen an den Geheimnisschutz nach der neuen EU-Richtlinie, BB 2016, 2563–2569.

Bartke, Lukas/Ende, Christian/Hoffmann, Kira-Sophie/Skiebe, Daniel, Patentrecht in der Pandemie – Hindernis für die Medizin oder Innovationsmotor?, JURA 2021, 283–293.

Bauer, Christian Alexander, User Generated Content – Urheberrechtliche Zulässigkeit nutzergenerierter Medieninhalte, 1. Auflage, Berlin/Heidelberg 2011.

Baumann, Jan, Besitz an Daten – § 184b StGB im Lichte neuer Medien, 1. Auflage, Berlin 2015.

Baur, Nina/Blasius, Jörg (Hrsg.), Handbuch Methoden der empirischen Sozialforschung, 2. Auflage, Wiesbaden 2019 [zitiert als: *Bearbeiter*, in: Baur/Blasius Handbuch Methoden der empirischen Sozialforschung].

Becker, Maximilian, Lauterkeitsrechtlicher Leistungsschutz für Daten, GRUR 2017, 346–355.

Beier, Friedrich-Karl, Die herkömmlichen Patentrechtstheorien und die sozialistische Konzeption des Erfinderrechts, GRUR Int. 1970, 1–6.

Berberich, Matthias, Virtuelles Eigentum, 1. Auflage, Tübingen 2010.

Ders./Golla, Sebastian, Zur Konstruktion eines „Dateneigentums" – Herleitung, Schutzrichtung, Abgrenzung, PinG 2016, 165–176.

Bercovitz, Alberto, Vermögensrechte in den Informationsautobahnen, GRUR Int 1996, 1010–1017.

Bergt, Matthias, Die Bestimmbarkeit als Grundproblem des Datenschutzrechts – Überblick über den Theorienstreit und Lösungsvorschlag, ZD 2015, 365–371.

Beyer, Hans, Der Begriff der Information als Grundlage für die Beurteilung des technischen Charakters von programmbezogenen Erfindungen, GRUR 1990, 399–410.

Bitkom, Rechtliche Aspekte von Industrie 4.0, Leitfaden, Berlin 2016, abrufbar unter: https://www.bitkom.org/sites/main/files/file/import/Bitkom-Leitfaden-Rechtliche-Aspekte-von-Industrie-4-0.pdf.

Bleiber, Reinhard, Digitale Geschäftsmodelle, 1. Auflage, Freiburg 2020.

Bodendorf, Freimut, Daten- und Wissensmanagement, 2. Auflage, Berlin 2006.

Boehm, Franziska, Herausforderungen von Cloud Computing-Verträgen: Vertragstypologische Einordnung, Haftung und Eigentum an Daten, ZEuP 2016, 358–386.

Boehme, Rainer/Pesch, Paulina, Technische Grundlagen und datenschutzrechtliche Fragen der Blockchain-Technologie, DuD 2017, 473–481.

Boes, Andreas/Pretschner, Alexander/Kämpf, Tobias/Vogl, Elisabeth (Hrsg,), Daten – Innovation – Privatheit, Mit Inverser Transparenz das Gestaltungsdilemma der digitalen Arbeitswelt lösen, Forschungsreport BMBF-Projekt „Inverse Transparenz. Beteiligungsorientierte Ansätze für Datensouveränität in der digitalen Arbeitswelt gestalten", München 2022.

Bomhard, David/Merkle, Marieke, Der Entwurf eines EU Data Acts, RDi 2022, 168–176.

Borges, Georg/Werners Brigitte (Hrsg.), Identitätsmanagement im Cloud Computing: Evaluation ökonomischer und Rechtlicher Rahmenbedingungen, 1. Auflage, Berlin 2018.

Bozem, Karlheinz/Nagl, Anna , Digitale Geschäftsmodelle erfolgreich realisieren, Business Model Building mit Checklisten und Fallbeispielen, 2. Auflage, Wiesbaden 2021.

Brammsen, Jörg/Apel, Simon (Hrsg.), GeschGehG-Geschäftsgeheimnisgesetz, 1. Auflage, Frankfurt 2022.

Bräutigam, Peter/Klindt, Thomas (Hrsg.), Digitalisierte Wirtschaft/Industrie 4.0, Ein Gutachten der Noerr LLP im Auftrag des BDI zur rechtlichen Situation, zum Handlungsbedarf und zu ersten Lösungsansätzen, November 2015 [zitiert als: *Bearbeiter*, in: Bräutigam/Klindt, Digitalisierte Wirtschaft/Industrie 4.0].

Breuer, Franz/Muckel, Petra/Dieris, Barbara, Reflexive Grounded Theory, Eine Einführung für die Forschungspraxis, 4. Auflage, Wiesbaden 2019.

Brink, Stefan/Eckhardt, Jens, Wann ist ein Datum ein personenbezogenes Datum? Anwendungsbereich des Datenschutzrechts, ZD 2015, 205–212.

Brocker, Manfred, Arbeit und Eigentum: Der Paradigmenwechsel in der neuzeitlichen Eigentumstheorie, 1. Auflage, Darmstadt 1992.

Brox, Hans/Walker, Wolf-Dietrich, Allgemeiner Teil des BGB, 4. Auflage, München 2024

Buckland, Michael, Information and information systems, 1. Auflage, Santa Barbara 1991.

Bundesministerium der Justiz und für Verbraucherschutz/Max-Planck-Institut für Innovation und Wettbewerb (Hrsg.), Data Access, Consumer Interests and Public Welfare, Baden-Baden 2021, [zitiert als: *Bearbeiter*, in: BMJV/MPI für Innovation und Wettbewerb, Data Access, Consumer Interests and Public Welfare].

Bundesministerium für Verkehr und digitale Infrastruktur (BMVI), „Eigentumsordnung" für Mobilitätsdaten? Eine Studie aus technischer, ökonomischer und rechtlicher Perspektive vom Bundesministerium für Verkehr und digitale Infrastruktur, Berlin 2017.

Bundesministerium für Wirtschaft und Energie , Smart Data – Innovationen aus Daten, Ergebnisbroschüre, Berlin 2017, abrufbar unter: https://www.bmwk.de/Redaktion/DE/Publikationen/Digitale-Welt/smart-data-innovationen-aus-daten.pdf?__blob=publicationFile&v=25.

Capurro, Rafael, Information: Ein Beitrag zur etymologischen und ideengeschichtlichen Begründung des Informationsbegriffs, 1. Auflage, München 1978.

Chiusi, Tiziana J./Gergen, Thomas/Jung, Heike (Hrsg,), Das Recht und seine historischen Grundlagen, Festschrift für Elmar Wadle zum 70. Geburtstag, Schriften zur Rechtsgeschichte Heft 139, Berlin 2008 [zitiert als: *Bearbeiter,* in: Chiusi/Gergen/Jung, Das Recht und seine historischen Grundlagen].

Conrad, Isabell/Grützmacher, Malte, Recht der Daten und Datenbanken im Unternehmen, Jochen Schneider zum 70. Geburtstag, 1. Auflage, Köln 2014 [zitiert als: *Bearbeiter,* in: Conrad/Grützmacher, Recht der Daten und Datenbanken im Unternehmen].

Corsten, Hans/Stefan, Roth (Hrsg,), Handbuch Digitalisierung, 1. Auflage, München 2022.

Czychowski, Christian/Winzek, Marie, Rechtliche Struktur und Inhalt von Datennutzungsverträgen-Datenwirtschaftsrecht III: Der Vertrag über ein neues Elementarteilchen?, ZD 2022, 81–90.

Dann, Matthias/Markgraf Jochen W., Das neue Gesetz zum Schutz von Geschäftsgeheimnissen, NJW 2019, 1774–1779.

Denga, Michael, Gemengelage privaten Datenrechts, NJW 2018, 1371–1376.

Denninger, Erhard, Die Zweitanmelderproblematik im Arzneimittelrecht, GRUR 1984, 627–637.

Determann, Lothar, Gegen Eigentumsrechte an Daten – Warum Gedanken und andere Informationen frei sind und es bleiben sollten, ZD 2018, 503–508.

Determann, Lothar, Kein Eigentum an Daten, MMR 2017, 277–278.

Ders., No One Owns Data, 70 Hastings Law Journal 2018, 1–43.

Dewenter, Ralf/Lüth, Hendrik, Datenhandel und Plattformen, Abida Gutachten, 2018, abrufbar unter: http://www.abida.de/sites/default/files/ABIDA_Gutachten_Datenplatformen_und_Datenhandel.pdf.

Diaz Vera, Lina Maria, Non-Personal Data Regulation – A latin American Perspective, GRUR Int. 2023, 37–53

Dorfer, Laura, Erfolgsstrategien datenzentrischer Geschäftsmodelle, 1. Auflage, Wiesbaden 2018.

Döring, Thomas, Staatliche Markteingriffe und Verhaltensökonomik – Zur Psychologie der Rechtfertigung und Gestaltung öffentlicher Interventionstätigkeit, 2. Auflage, Darmstadt 2022.

Dorner, Michael, Big Data und „Dateneigentum" – Grundfragen des modernen Daten- und Informationshandels, CR 2014, 617–628.

Ders., Know-how-Schutz im Umbruch. Rechtsdogmatische und informationsökonomische Überlegungen, 1. Auflage, Köln 2013.

Dornseif, Maximilian/Schumann, Kay H., Probleme des Datenbegriffs im Rahmen des § 269 StGB, JR 2002, 52–57.

Dreier, Thomas, Von Gütern, Kanälen und Speichern – Metaphern des Informationsrechts, Festvortrag, gehalten am 1. Dezember 2001, anlässlich der Jahresfeier der Universität Fridericiana zu Karlsruhe, abrufbar unter: https://www.zar.kit.edu/DATA/~recht/veranst/dreier2001/Festrede.pdf.

Dreier, Thomas/Schulze, Gernot/Raue, Benjamin/Specht-Riemenschneider, Louisa (Hrsg.), Urheberrechtsgesetz, 7. Auflage, München 2022 [zitiert als: *Bearbeiter*, in: Dreier/Schulze, UrhG].

Drexl, Josef, Neue Regeln für die Europäische Datenwirtschaft? Ein Plädoyer für einen wettbewerbspolitischen Ansatz – Teil 1, NZKart 2017, 339–344.

Ders., Designing Competitive Markets for Industrial Data – Between Propertisation and Access, JIPITEC 2017, 257–292.

Dreyer, Gunda/Kotthof, Jost/Meckel, Astrid/Hentsch, Christian-Henner, Urheberrecht: Urheberrechtsgesetz, Verwertungsgesellschaftsgesetz, Kunsturhebergesetz, 4. Auflage, München 2018.

Druey, Jean Nicolas, Information als Gegenstand des Rechts, 1. Auflage, Zürich 1995.

Duch-Brown, Nestor/Martens, Bertin/Mueller-Langer, Frank, The economics of ownership, access and trade in digital data – JRC Digital Economy Working Paper 2017-01, abrufbar unter: https://papers.ssrn.com/sol3/Delivery.cfm/SSRN_ID2914144_code368169.pdf?abstractid=2914144&mirid=1.

Eckert, Martin, Digitale Daten als Wirtschaftsgut: digitale Daten als Sache, SJZ 2016, 245–249.

Eckhardt, Jens, Anwendungsbereich des Datenschutzrechts – Geklärt durch den EuGH?, CR 2016, 786–790.

Ehlen, Theresa/Brandt, Elena, Die Schutzfähigkeit von Daten – Herausforderungen und Chancen für Big Data Anwender, CR 2016, 570–575.

Ehmann Eugen/Selmayr, Martin, Datenschutz-Grundverordnung: Kommentar, 3. Auflage, München 2024 [zitiert: *Bearbeiter*, in: Ehmann/Selmayr, DS-GVO].

Ehmann, Eugen, Registermodernisierung in Deutschland, ZD 2021, 509–512.

Eidenmüller, Horst, Effizienz als Rechtsprinzip – Möglichkeiten und Grenzen der ökonomischen Analyse des Rechts, 4. Auflage, Tübingen 2015.

Enders, Theodor, Know How Schutz als Teil des geistigen Eigentums, GRUR 2012, 25–31.

Engelhardt, Christian/Klein, Sascha, Bitcoins – Geschäfte mit Geld, das keines ist – Technische Grundlagen und zivilrechtliche Betrachtung, MMR 2014, 355–360.

Engelkamp, Paul/Sell, Friedrich L./Sauer, Beate, Einführung in die Volkswirtschaftslehre, 8. Auflage, Berlin/Heidelberg 2020.

Ensthaler, Jürgen, Gewerblicher Rechtschutz und Urheberrecht, 3. Auflage, Berlin 2009.

Ders., Industrie 4.0 und die Berechtigung an Daten, NJW 2016, 3473–3478.

Ders./Üge, Duygu, Wem gehören die durch die Nutzung von Maschinen generierten Daten?, BB 2022, 2051–2055.

Erb, Volker/Schäfer, Jürgen (Hrsg.), Münchener Kommentar zum StGB, Band 4 §§ 185–262, 4. Auflage, München 2021.

Münchener Kommentar zum StGB, Band 6 §§ 298–358, 4. Auflage, München 2022 [zitiert als: *Bearbeiter*, in: Erb/Schäfer, MüKo StGB].

Erbs, Georg/Kohlhaas, Max (Begr.). hrsg. v. Häberle, Peter , Beck'sche Kurz-Kommentare Band 17, Strafrechtliche Nebengesetze, 254. EL, München 2024 [zitiert als: *Bearbeiter*, in: Erbs/Kohlhaas, Strafrechtliche Nebengesetze].

Ernst, Stefan, Das neue Computerstrafrecht, NJW 2007, 2661–2666.

Europäische Kommission, Commission staff working document on the free flow of data and emerging issues of the European data economy, Accompanying the document Communication, Building a European data economy, Brussels, 10.01.2017, SWD (2017) 2 final, abrufbar unter: https://eur-lex.europa.eu/legal-content/EN/TXT/?uri=celex:52017SC0002.

Dies., Mitteilung der Kommission an das Europäische Parlament, den Rat, den Europäischen Wirtschafts- und Sozialausschuss und den Ausschuss der Regionen „Aufbau eines gemeinsamen europäischen Datenraums", COM (2018) 232 final, Brüssel 25.04.2018, abrufbar unter: https://eur-lex.europa.eu/legal-content/DE/TXT/PDF/?uri=CELEX:52018DC0232&from=de.

Dies., Pressemitteilung vom 23.02.2022, Datengesetz: Kommission schlägt Maßnahmen für eine faire und innovative Datenwirtschaft vor, abrufbar unter: https://ec.europa.eu/commission/presscorner/detail/de/ip_22_1113.

Dies., Vorschlag für eine Verordnung des Europäischen Parlaments und des Rates über harmonisierte Vorschriften für einen fairen Datenzugang und eine faire Datennutzung (Datengesetz), Brüssel, den 23.02.2022, COM (2022) 68 final, abrufbar unter https://eur-lex.europa.eu/legal-content/DE/TXT/PDF/?uri=CELEX:52022PC0068..

Dies., Vorschlag für eine Verordnung des Europäischen Parlaments und des Rates über europäische Daten-Governance (Daten-Governance-Gesetz), Brüssel, den 25.11.2020, COM (2020) 767 final, abrufbar unter https://eur-lex.europa.eu/legal-content/DE/TXT/PDF/?uri=CELEX:52020PC0767.

Dies., Mitteilung der Kommission an das Europäische Parlament, den Rat, den Europäischen Wirtschafts- und Sozialausschuss und den Ausschuss der Regionen, „Aufbau einer europäischen Datenwirtschaft", Brüssel, den 10.01.2017, COM (2017) 9 final, abrufbar unter https://ec.europa.eu/transparency/regdoc/rep/1/2017/DE/COM-2017-9-F1-DE-MAIN-PART-1.PDF.

Dies., Mitteilung der Kommission an das Europäische Parlament, den Rat, den Europäischen Wirtschafts- und Sozialausschuss und den Ausschuss der Regionen, Eine europäische Datenstrategie, Brüssel, den 19.02.2020, COM (2020) 66 final, abrufbar unter: https://eur-lex.europa.eu/legal-content/DE/TXT/PDF/?uri=CELEX:52020DC0067.

Dies., Commission Staff Working Document, Impact Assessment Report, Proposal for a Regulation of the European Parliament and of the Council on harmonised rules on fair access to and use of data (Data Act), Brussels, 23.02.2022; SWD (2022) 34 final.

Dies., Arbeitsunterlage der Kommissionsdienststellen, Bericht über die Folgenabschätzung (Zusammenfassung), Begleitunterlage zum Vorschlag für eine Verordnung des Europäischen Parlaments und des Rates über harmonisierte Vorschriften für einen fairen Datenzugang und eine faire Datennutzung (Datengesetz), Brüssel, den 23.02.2022, SWD (2022) 35 final, abrufbar unter https://ec.europa.eu/info/law/better-regulation/have-your-say/initiatives/13045-Datengesetz-und-geanderte-Vorschriften-uberden-rechtlichen-Schutz-von-Datenbanken_de.

Dies., Vorschlag für eine Verordnung des Europäischen Parlaments und des Rates über harmonisierte Vorschriften für einen fairen Datenzugang und eine faire Datennutzung (Datengesetz), Brüssel, den 23.02.2022, COM (2022) 68 final, abrufbar unter https://eur-lex.europa.eu/legal-content/DE/TXT/PDF/?uri=CELEX:52022PC0068.

Dies., DG Internal Market and Services Working Paper, First evaluation of Directive 96/9/EC on the legal protection of databases, Brussels, 12 December 2005, abrufbar unter: https://openfuture.eu/wp-content/uploads/2021/12/2019EC-evaluation_report_legal_protection_databases_december_2005_en.pdf.

Faustmann, Jörg, Der deliktische Datenschutz, VuR 2006, 260–263.

De Filippi, Primavera, The Interplay between Decentralization and Privacy: The Case of Blockchain Technologies, Paris, 14.10.2016, abrufbar unter: https://papers.ssrn.com/sol3/papers.cfm?abstract_id=2852689.

Fezer, Karl-Heinz, Dateneigentum, Theorie des immaterialgüterrechtlichen Eigentums an verhaltensgenerierten Personendaten der Nutzer als Datenproduzenten, MMR 2017, 3–5.

Ders., Data Ownership of the People – An Intrinsic Intellectual Property Law Sui Generis Regarding People's Behavior-generated Informational Data, ZGE 2017, 356–370.

Ders., Dateneigentum der Bürger, Ein originäres Immaterialgüterrecht sui generis an verhaltensgenerierten Informationsdaten der Bürger, ZD 2017, 99–105.

Ders., Teilhabe und Verantwortung: die personale Funktionsweise des subjektiven Privatrechts, 1. Auflage, München 1986.

Ders./Bücher, Wolfgang/Obergfell, Inès, Lauterkeitsrecht. Kommentar zum Gesetz gegen den unlauteren Wettbewerb (UWG), Band 2, §§ 3a bis 20 UWG Anhang zu § 3 Abs. 3 UWG 3. Auflage, München 2016 [zitiert als: *Bearbeiter*, in: Fezer/Bücher/Obergfell, UWG].

Fiedler, Herbert/Ullrich, Hans (Hrsg.), Information als Wirtschaftsgut: Management und Rechtsgestaltung, Informationstechnik und Recht, Köln 1997 [zitiert als: *Bearbeiter,* in: Information als Wirtschaftsgut: Management und Rechtsgestaltung, Informationstechnik und Recht].

Förderer, Jens, Erfolgsmodell Digitale Plattformen: Geschäftsmodelle – Netzwerkeffekte – Community-Management, Freiburg 2021.

Förster, Matthias/Bansemir, Bastian/Roth, Angela, Innovation von datengetriebenen Geschäftsmodellen, Oft probiert, häufig gescheitert? Ein Vorgehensmodell zur Wertrealisierung von Daten, HMD (2021) 58, 595–610.

Fortmann, Frederik, Der Patentschutz von neuen Wirkungen bei bereits bekannter Verwendung, 1. Auflage, Wiesbaden 2021.

Fries, Martin/Scheufen, Marc, Märkte für Maschinendaten, MMR 2019, 721–726.

Fritzsche, Jörg/Münker, Reiner/Stollwerck, Christoph (Hrsg.), Beck'scher Online-Kommentar zum UWG, 26. Edition, München 2024, [zitiert als: *Bearbeiter*, in: Fritzsche/Münker/Stollwerck, BeckOK UWG]

Fromm, Jörg/Nordemann, Wilhelm (Begr.), Urheberrecht, 13. Auflage, Stuttgart 2024 [zitiert als: *Bearbeiter*, in: Fromm/Nordemann, Urheberrecht].

Fuhlrott, Michael/Hiéramente, Mayeul (Hrsg.), Beck'scher Online-Kommentar zum GeschGehG, 21. Edition, München 2024 [zitiert als: *Bearbeiter* in: Fuhlrott/Hiéramente, BeckOK GeschGehG, § Rn.].

FZI Forschungszentrum Informatik (Hrsg,), Smart-Data-Business – 10 Thesen zur Nutzung von Big-Data-Lösungen in der Wirtschaft, Kurzstudie der Smart-Data-Begleitforschung in Zusammenarbeit mit dem Business Application Research Center (BARC) und dem Bundesverband der IT-Anwender e. V. (VOICE), Berlin 2015, abrufbar unter: https://www.digitale-technologien.de/DT/Redaktion/DE/Downloads/Publikation/Smart-Data-Business.pdf%3F__blob%3DpublicationFile%26v%3D6.

FZI Forschungszentrum Informatik (Hrsg,), Daten als Wirtschaftsgut, Europäische Datenökonomie oder Rechte an Daten? Berlin 2017, abrufbar unter: https://www.digitale-technologien.de/DT/Redaktion/DE/Downloads/Publikation/2017-11-22_smartdata_daten_wirtschaftsgut.pdf?__blob=publicationFile&v=3.

Gasser, Urs, Kausalität und Zurechnung von Information als Rechtsproblem, 1. Auflage, München 2001.

Gerth, Sebastian/Heim, Lars (Hrsg.), Entrepreneurship der Zukunft, Digitale Technologien und der Wandel von Geschäftsmodellen, Wiesbaden 2022 [zitiert als *Bearbeiter*, in: Gerth/Heim, Entrepreneurship der Zukunft].

Godt, Christine, Eigentum an Information, 1. Auflage, Tübingen 2007.

Gola, Peter/Heckmann, Dirk (Hrsg.), Datenschutz-Grundverordnung, VO (EU) 2016/679, Bundesdatenschutzgesetz, Kommentar, 3. Auflage 2022 [zitiert als: *Bearbeiter*, in: Gola/Heckmann, DS-GVO].

Goldhammer, Michael, Geistiges Eigentum und Eigentumstheorien: Rekonstruktion der Begründung von Eigentum an immateriellen Gütern anhand der US-amerikanischen Eigentumstheorie, 1. Auflage, Tübingen 2012.

Götz, Christopher, Big Data und der Schutz von Datenbanken, Überblick und Grenzen, ZD 2014, 563–568.

Graf von Westphalen, Friedrich, Datenvertragsrecht – disruptive Technik – disruptives Recht, IWRZ 2018, 9–20.

Grahn, Werner, Über das Wesen und über methodische Probleme der Legaldefinition, Deutsche Zeitschrift für Philosophie, 1970, Vol. 18 (5), 574–587.

Grosskopf, Lambert, Rechte an privat erhobenen Geo- und Telemetriedaten, IPRB 2011, 259–261.

Grothe, Nela, Datenmacht in der kartellrechtlichen Missbrauchskontrolle, 1. Auflage, Baden-Baden 2019.

Grziwotz, Herbert/Schmidt-Räntsch, Johanna/Ring, Gerhard, Nomos Kommentar BGB Sachenrecht, Band 3: § 854–1296, 5. Auflage, Baden-Baden 2022 [zitiert als: *Bearbeiter*, in: NK-BGB].

Grützmacher, Malte, Dateneigentum – ein Flickenteppich, Wem gehören die Daten bei Industrie 4.0, Internet der Dinge und Connected Cars?, CR 2016, 485–495.

Gsell, Beate/Krüger, Wolfgang/Lorenz, Stephan/Reymann, Christoph (Hrsg.), Beck-Online Großkommentar Bürgerliches Gesetzbuch, München 2024 [zitiert als: *Bearbeiter*, in: Gsell/Krüger/Lorenz/Reymann, BeckOGK BGB].

Gumm, Heinz-Peter/Sommer, Manfred, Einführung in die Informatik, 10. Auflage, München 2012.

Gummert, Hans/Weipert, Lutz (Hrsg.), Münchener Handbuch des Gesellschaftsrechts, Band 1, BGB-Gesellschaft, Offene Gesellschaft, Partnerschaftsgesellschaft, Partenreederei, EWIV, 5. Auflage, München 2019 [zitiert als: *Bearbeiter*, in: Gummert/Weipert, Münchener Handbuch des Gesellschaftsrechts].

Haase, Martin Sebastian, Datenschutzrechtliche Fragen des Personenbezugs, 1. Auflage, Tübingen 2015.

Haberstumpf, Helmut, Der Schutz elektronischer Datenbanken nach dem Urheberrechtsgesetz, GRUR 2003, 14–31.

Ders., Verkauf immaterieller Güter, NJOZ 2015, 793–804.

Hampel, Volker, Der Datenbegriff im Strafgesetzbuch, 1. Auflage, Hamburg 2015.

Hansen, Gerd, Warum Urheberrecht, 1. Auflage, München 2009.

Hardege, Stefan, Informationstechnologische Entwicklungen und der Schutz von Verfügungsrechten für Informationsgüter: eine ökonomische Analyse zur Ausgestaltung des Urheberrechts, 1. Auflage, Frankfurt am Main 2006.

Hardes, Heinz-Dieter/Uhly, Alexander, Grundzüge der Volkswirtschaftslehre, 9. Auflage, München 2007.

Harte-Bavendamm/Ohly, Ansgar/Kalbfus, Björn (Hrsg.), Kommentar zum GeschGehG- Gesetz zum Schutz von Geschäftsgeheimnissen, 2. Auflage, München 2024 [zitiert als: *Bearbeiter*, in: Harte-Bavendamm/Ohly/Kalbfuß GeschGehG].

Härting, Nico, „Dateneigentum" – Schutz durch Immaterialgüterrecht?, CR 2016, 646–649.

Ders., Datenschutz-Grundverordnung, ITRB 2016, 36–40.

Ders., Datenschutz-Grundverordnung: Das Neue Datenschutzrecht in der Betrieblichen Praxis, 1. Auflage, Köln 2016.

Hartmann, Bernd/McGuire, Mary-Rose/Schulte-Nölke, Hans, Datenzugang bei smarten Produkten nach dem Entwurf für ein Datengesetz (Data Act), RDi 2023, 49– 59.

Hau, Wolfgang/Poseck, Roman (Hrsg.), Beck'scher Online-Kommentar BGB, 72. Edition, München 2024 [zitiert: *Bearbeiter,* in: Hau/Poseck, BeckOK BGB].

Hauck, Ronny, Geheimnisschutz im Zivilprozess – was bringt die neue EU-Richtlinie für das deutsche Recht?, NJW 2016, 2218– 2223.

Ders., Was lange währt … – Das Gesetz zum Schutz von Geschäftsgeheimnissen (GeschGehG) ist in Kraft, GRUR-Prax 2019, 223– 225.

Hauck, Ronny/Hoffmann, Franz/Zech, Herbert, Verkehrsfähigkeit digitaler Güter, ZGE 2016, 141–148.

Heermann, Peter W./Schlingloff, Jochen (Hrsg.), Münchener Kommentar zum Lauterkeitsrecht, Band 1, 3. Auflage, München 2020.

Hefendehl, Roland, Der fragmentarische Charakter des Strafrechts, JA 2011, 401–406.

Heidbrink, Ludger/Lorch, Alexander/Rauen, Verena (Hrsg.), Handbuch der Wirtschaftsphilosophie III, Praktische Wirtschaftsphilosophie, 1. Auflage, Wiesbaden 2021.

Heintschel-Heinegg, Bernd, Beck'scher Online-Kommentar StGB, 63. Edition, München 2024 [zitiert: *Bearbeiter* in: Heintschel-Heinegg BeckOK StGB].

Heinzke, Phillip, Richtlinie zum Schutz von Geschäftsgeheimnissen, CCZ 2016, 179 ff.

Henn, Thomas, Zur Daseinsberechtigung der so genannten „Drittschadensliquidation", 1. Auflage, Berlin 2011.

Hennemann, Moritz, Datenlizenzverträge, RDi 2021, 61–70.

Ders./Steinrötter, Björn, Data Act – Fundament des neuen EU-Datenwirtschaftsrechts?, NJW 2022, 1481–1486.

Heermann, Peter W./Schlingloff, Jochen (Hrsg.), Münchener Kommentar zum Lauterkeitsrecht, Band 2, Besondere Fallgruppen und Rechtsgebiete, §§ 7a bis 20 UWG, 3. Auflage, München 2022 [zitiert als: *Bearbeiter*, in: Heermann/Schlingloff, MüKo Lauterkeitsrecht].

Hertin, Paul W./Wagner, Sandra, Urheberrecht, 3. Auflage, München 2019.

Hessel, Stefan/Leffer, Lena, Rechtlicher Schutz maschinengenerierter Daten, MMR 2020, 647– 650.

Ders./Dies./Potel, Katrin, Datengetriebene Geschäftsmodelle, Datenwirtschaftsrecht V: Personenbezogene Daten als Wirtschaftsgut, ZD 2022, 537–541.

Heun, Sven-Erik/Assion, Simon, Internet(recht) der Dinge, CR 2015, 812–818.

Heymann, Thomas, Rechte an Daten, CR 2016, 650–657.

Hilgendorf, Eric, Grundfälle zum Computerstrafrecht, JuS 1996, 509–512, 702–706, 890–894, 1082–1084.

Ders./Zabel, Benno (Hrsg.), Die Idee der subjektiven Rechte, 1. Auflage, Berlin 2021, [zitiert als: *Bearbeiter*, in: Hilgendorf/Zabel, Die Idee der subjektiven Rechte].

Hilty, Reto M./Jäger, Thomas/Kitz, Volker (Hrsg.), Geistiges Eigentum, 1. Auflage, München 2008 [zitiert als: *Bearbeiter*, in: Hilty/Jäger/Kitz, Geistiges Eigentum].

Hobbes, Thomas , Leviathan oder der Stoff, Form und Gewalt eines kirchlichen und bürgerlichen Staates, Frankfurt am Main 1984.

Hoeren, Thomas, Dateneigentum, Versuch einer Anwendung von § 303a StGB im Zivilrecht, MMR 2013, 486– 491.

Ders., Datenbesitz statt Dateneigentum, Erste Ansätze zur Neuausrichtung der Diskussion um die Zuordnung von Daten, MMR 2019, 5–8.

Ders., Zur Einführung: Informationsrecht, JuS 2002, 947– 953.

Ders. (Hrsg.), Big Data und Recht, 1. Auflage, München 2014.

Hoffmann, Ludger (Hrsg.), Sprachwissenschaft, Ein Reader, 4. Auflage, Berlin/Boston 2019 [zitiert als: *Bearbeiter,* in: Hoffmann, Sprachwissenschaft].

Hofmann, Johanna M./Johannes, Paul C., Anleitung zur autonomen Auslegung des Personenbezugs, ZD 2017, 221–226.

Hornung, Gerrit (Hrsg.), Rechtsfragen der Industrie 4.0-Datenhoheit – Verantwortlichkeit – rechtliche Grenzen der Vernetzung, 1. Auflage, Baden-Baden 2018 [zitiert als: *Bearbeiter*, in: Hornung, Rechtsfragen der Industrie 4.0].

Ders./Goeble, Thilo, „Data Ownership“ im vernetzten Automobil – Die rechtliche Analyse des wirtschaftlichen Werts von Automobildaten und ihr Beitrag zum besseren Verständnis der Informationsordnung, CR 2015, 265–273.

Hösch, Ulrich, Eigentum und Freiheit – Ein Beitrag zur inhaltlichen Bestimmung der Gewährleistung des Eigentums durch Art. 14 Abs. 1 Satz 1 GG, 1. Auflage, Tübingen 2000.

Jacob, Jan, Ausschließlichkeitsrechte an immateriellen Gütern, 1. Auflage, Tübingen 2010.

Jauernig, Othmar (Begr.), hrsg. v. Stürner, Rolf, Kommentar Bürgerliches Gesetzbuch – Mit Rom-I-, Rom-II-VO, EuUnthVO/HUntProt und EuErbVO, 19. Aufl., München 2023 [zitiert als: *Bearbeiter*, in: Jauernig, BGB].

Jentzsch, Nicola, Dateneigentum – Eine gute Idee für die Datenökonomie?, Stiftung Neue Verantwortung, Januar 2018, abrufbar unter: https://www.stiftung-nv.de/sites/default/files/nicola_jentzsch_dateneigentum.pdf.

Jöns, Johanna, Daten als Handelsware – Zur verfassungskonformen Ausgestaltung des Datenrechts nach dem Vorbild des Immaterialgüterrechts, Baden-Baden 2019.

Kalbfuß, Björn, Die neuere Rechtsprechung des BGH zum Schutz von Betriebs- und Geschäftsgeheimnissen, WRP 2013, 584–590.

Karg, Moritz, Anonymität, Pseudonyme und Personenbezug revisited?, DuD 2015, 520–526.

Kaufmann, Timothy, Geschäftsmodelle in Industrie 4.0 und dem Internet der Dinge, Der Weg vom Anspruch in die Wirklichkeit, Wiesbaden 2015.

Keller, Erhard/Schönknecht, Marcus/Glinke, Anna (Hrsg.), Geschäftsgeheimnisschutzgesetz. Kommentar zum GeschGehG, 1. Auflage, München 2021 [zitiert als: *Bearbeiter*, in: Keller/Schönknecht/Glienke, GeschGehG].

Kerber, Wolfgang, A New (Intellectual) Property Right for Non-Personal Data? An Economic Analysis, GRUR Int. 2016, 989–998.

Ders., Governance of IoT Data: Why the EU Data Act Will not Fulfill Its Objectives, GRUR Int. 2023, 120–135.

Kevekordes, Johannes, Daten als Gegenstand absoluter Zuordnung – Ein besitzrechtlicher Ansatz, 1. Auflage, Berlin 2022.

Klaus, Georg, Semiotik und Erkenntnistheorie, 4. Auflage, München 1973.

Klenk, Tanja/Nullmeier, Frank/Wewer, Göttrik, Handbuch Digitalisierung in Staat und Verwaltung, 1. Auflage, Wiesbaden 2020.

Klink-Straub, Judith/Straub, Tobias, Data Act als Rahmen für gemeinsame Datennutzung, ZD-Aktuell 2022, 01076.

Köhler, Helmut, BGB, Allgemeiner Teil, 48. Auflage, München 2024.

Ders./Bornkamm, Joachim/Feddersen, Jörn/, Beck'sche Kurzkommentare Band 13a, Gesetz gegen den unlauteren Wettbewerb, Preisangabenverordnung, Unterlassungsklagengesetz, Dienstleistungs-Informationspflichten-Verordnung, 35. Auflage, München 2017 [zitiert als: *Bearbeiter*, in: Bornkamm/Köhler/Feddersen, UWG].

Ders./Feddersen, Jörn/Alexander, Christian/Odörfer, Bernd/Scherer, Inge (Hrsg.), Beck'sche Kurzkommentare Band 13a, Gesetz gegen den unlauteren Wettbewerb, GeschGehG, PAngV, UKlaG • DL-InfoV • P2B-VO, 43, Auflage, München 2025 [zitiert als: *Bearbeiter*, in: Köhler/Feddersen, UWG].

Körber, Thorsten, „Ist Wissen Marktmacht?" Überlegungen zum Verhältnis von Datenschutz, „Datenmacht" und Kartellrecht – Teil 1, NZKart 2016, 303–310.

Kornmeier, Udo/Baranowski, Anne, Das Eigentum an Daten – Zugang statt Zuordnung, BB 2019, 1219–1225.

Kraßer, Rudolf, Verpflichtung und Verfügung im Immaterialgüterrecht, GRUR Int 1973, 230–238.

Kraßler, Rudolf, Der Schutz des Know-how nach deutschem Recht, GRUR 1970, 587–597.

Kraul, Thorsten, „Recht an Daten": Aktuelle Gesetzeslage und vertragliche Ausgestaltung, GRUR-Prax 2019, 478–480.

Kristl, Stephan, Datengetriebene Geschäftsmodelle der Automobilindustrie, MMR 2021, 386–390.

Krüger, Franz, Nicht-lineares InformationRetrieval in der Juristischen Informationssuche, 1. Auflage, Marburg 1997.

Krüger, Stefan/Wiencke Julia/Koch, Andreas, Der Datenpool als Geschäftsgeheimnis, GRUR 2020, 578–584.

Kühling, Jürgen/Klar, Manuel, Unsicherheitsfaktor Datenschutzrecht – Das Beispiel des Personenbezugs und der Anonymität, NJW 2013, 3611–3617.

Ders./Sackmann Florian, Irrweg „Dateneigentum" – Neue Großkonzepte als Hemmnis für die Nutzung und Kommerzialisierung von Daten, ZD 2020, 24–30.

Lackner, Karl/Kristian, Kühl/Heger, Martin (Hrsg.), Strafgesetzbuch Kommentar, 30. Auflage, München 2023 [zitiert: *Bearbeiter* in: Lackner/Kühl/Heger, StGB].

Landrock, Holm/Baumgärtel, Anne, Die Industriedrohne – der fliegende Roboter, Professionelle Drohnen und ihre Anwendung in der Industrie 4.0, Wiesbaden 2018.

Lassmann, Wolfgang (Hrsg.), Wirtschaftsinformatik: Nachschlagewerk für Studium und Praxis, 1. Auflage, Wiesbaden 2006.

Lauber-Rönsberg, Anne, Autonome „Schöpfung" – Urheberschaft und Schutzfähigkeit, GRUR 2019, 244–253.

Leister, Matthias, „Last exit" withdrawal?, Die Zukunft des Europäischen Datenbankschutzes nach der

EuGH-Entscheidung in Sachen BHB v. Hill und dem Evaluierungsbericht der Kommission, K&R 2007, 457–465.

Leistner, Matthias/Antoine, Lucie, IPR and the use of open data and data sharing initiatives by public and private actors, Study requested by the JURI committee of the European Parliament, 2022, abrufbar unter: https://www.europarl.europa.eu/RegData/etudes/STUD/2022/732266/IPOL_STU(2022)732266_EN.pdf.

Leupold, Andreas/Wiebe, Andreas/Glossner, Silke (Hrsg.), IT-Recht, Recht, Wirtschaft und Technik der digitalen Transformation, 4. Auflage, München 2021 [zitiert als: *Bearbeiter*, in: Leupold/Wiebe/Glossner, IT-Recht].

Lewinski, Silke/Wittmann, Heinz (Hrsg.), Urheberrecht! Festschrift für Michel M. Walter zum 80. Geburtstag, Wien 2018 [zitiert als: *Bearbeiter*, in: Lewinski/Wittmann, Urheberrecht!].

Lindner, Maximilian/Straub, Sebastian, Datentreuhänderschaft Status Quo und Entwicklungsperspektiven, Kurzstudie im Auftrag des Bundesministeriums für Wirtschaft und Klimaschutz von der Begleitforschung zum Technologieprogramm „Smarte Datenwirtschaft", 2023.

Locke, John, Zwei Abhandlungen über die Regierung, 1. Auflage, Berlin 2012.

Loewenheim, Ulrich (Hrsg.), Handbuch des Urheberrechts, 3. Auflage, München 2021 [zitiert als: *Bearbeiter*, in: Loewenheim, Handbuch des Urheberrechts].

Ders./Karl M./Riesenkampff, Alexander/Kersting, Christian/Meyer-Lindemann, Hans Jürgen (Hrsg.), Kartellrecht, Kommentar zum Deutschen und Europäischen Recht, 4. Auflage, München 2020.

Loewenheim, Ulrich/Leistner, Matthias/Ohly, Ansgar/Schricker, Gerhard (Hrsg.), Urheberrecht Kommentar, 6. Auflage, München 2020 [zitiert als: *Bearbeiter*, in: Schricker/Loewenheim, Urheberrecht].

Lorenzen, Birte, Geschäftsgeheimnisschutz und Data Act, ZGE 2022, 250–267.

Louven, Sebastian, Datenmacht und Zugang zu Daten, NZKart 2018, 217–222.

Ludger, Heidbrink/Lorch, Alexander/Rauen, Verena (Hrsg.), Handbuch Wirtschaftsphilosophie III – Praktische Wirtschaftsphilosophie, 1. Auflage, Wiesbaden 2021 [zitiert als: Bearbeiter, in: Heidbrink/Lorch/Rauen, Handbuch Wirtschaftsphilosophie III].

Lüke, Wolfgang, Sachenrecht, 5. Auflage, München 2024.

Maaßen, Stefan, „Angemessene Geheimhaltungsmaßnahmen" für Geschäftsgeheimnisse, GRUR 2019, 352–360.

Markendorf, Merih, Recht an Daten in der deutschen Rechtsordnung

Blockchain als Lösungsansatz für eine rechtliche Zuordnung?, ZD 2018, 409–413.

Marly, Jochen/Wirz, Anna-Lena, Die Weiterverbreitung digitaler Güter, EuZW 2017, 16–19.

Martini, Mario/Kolain, Michael/Neumann, Katja/Rehorst, Tobias/Wagner, David, Datenhoheit-Annäherung an einen offenen Leitbegriff, MMR-Beil. 2021, 3–22.

Matt, Holger/Renzikowski, Joachim (Hrsg.), Strafgesetzbuch Kommentar, 2. Auflage, München 2020 [zitiert als: *Bearbeiter*, in: Matt/Renzikowski, StGB].

Maunz, Theodor/Dürig, Günter (Begr.) hrsg. v. Herzog, Roman/Herdegen, Matthias/Scholz, Rupert/Klein, Hans, Grundgesetz Kommentar, Band I, Art. 1 bis 5, 105. EL, München 2025 [zitiert als: *Bearbeiter,* in: Maunz/Dürig, Grundgesetz].

Max-Planck-Institut für Innovation und Wettbewerb , Ausschließlichkeits- und Zugangsrechte an Daten – Positionspapier des Max-Planck-Instituts für Innovation und Wettbewerb vom 16.08.2016 zur aktuellen europäischen Debatte, München 2016, abrufbar unter: https://www.ip.mpg.de/fileadmin/ipmpg/content/stellungnahmen/MPI-Stellungnahme_Daten_2016_08_16_final.pdf.

Max-Planck-Institut für Innovation und Wettbewerb, Position Statement of the Max Planck Institute for Innovation and Competition of 26 April 2017 on the European Commission's „Public consultation on Building the European Data Economy", München 2017, abrufbar unter: https://www.ip.mpg.de/fileadmin/ipmpg/content/stellungnahmen/MPI_Statement_Public_consultation_on_Building_the_EU_Data_Eco_28042017.pdf.

Max-Planck-Institut für Innovation und Wettbewerb, Position Statement of the Max Planck Institute for Innovation and Competition of 25 May 2022 on the Commission's Proposal of 23 February 2022 for a Regulation on harmonized rules on fair access to and use of data (Data Act), abrufbar unter: https://pure.mpg.de/rest/items/item_3388757_4/component/file_3395639/content.

Mayer-Schönberger, Viktor, Information und Recht Vom Datenschutz bis zum Urheberrecht: Praxisbezogene Perspektiven für Österreich, Deutschland und die Schweiz, 1. Auflage, Berlin 2001.

Mayer, Annette, Theorie und Politik des Wohnungsmarktes – Eine Analyse der Wohnungspolitik in Deutschland unter besonderer Berücksichtigung der ökonomischen Theorie der Politik, 1. Auflage, Berlin 2015.

McGuire, Mary-Rose, Neue Anforderungen an Geheimhaltungsvereinbarungen?, WRP 2019, 679–688.

Dies./Björn, Joachim/Künzel, Jens/Weber, Nils, Der Schutz von Geschäftsgeheimnissen durch Rechte des Geistigen Eigentums und durch das Recht des unlauteren Wettbewerbs (Q215), GRUR Int 2010, 829–840.

Medicus, Dieter/Lorenz, Stephan, Schuldrecht 2, Besonderer Teil, 18. Auflage, München 2018.

Meier, Klaus/Wehlau, Andreas, Die zivilrechtliche Haftung für Datenlöschung, Datenverlust und Datenzerstörung, NJW 1998, 1585–1591.

Mes, Peter, Arbeitsplatzwechsel und Geheimnisschutz, GRUR 1979, 584–593.

Metzger, Axel, Digitale Mobilität – Verträge über Nutzerdaten, GRUR 2019, 129–136.

Ders., Dienst gegen Daten: Ein synallagmatischer Vertrag, Archiv für die civilistische Praxis (AcP) 216 (2016), 817–865.

Ders./Schweitzer, Heike, Shaping Markets: A Critical Evaluation of the Draft Data, ZEuP 2023, 42–82.

Meyer, Annette, Theorie und Politik des Wohnungsmarktes: Eine Analyse der Wohnungspolitik in Deutschland unter besonderer Berücksichtigung der ökonomischen Theorie der Politik, Berlin 2015.

Michl, Fabian, „Datenbesitz“ – ein grundrechtliches Schutzgut?, NJW 2019, 2729–2733.

Mischau, Lena, Market Power Assessment in Digital Markets – A German Perspective, GRUR Int. 2020, 233–248.

Möschel, Wemhard, Funktionen einer Eigentumsordnung, ORDO 2002, Vol. 53, 145–154.

Müller, Daniel , Cloud Computing: Strafrechtlicher Schutz privater und geschäftlicher Nutzerdaten vor Innentäter-Angriffen de lege lata und de lege ferenda, 1. Auflage, Berlin 2020.

Müller, Johannes Karl Martin, Dateneigentum in der vierten industriellen Revolution?, DuD 2019, 159–166.

Müller, Klaus/Gruber, Urs, Sachenrecht, 1. Auflage, München 2016.

Müllmann, Dirk , Auswirkungen der Industrie 4.0 auf den Schutz von Betriebs- und Geschäftsgeheimnissen, WRP 2018, 1177–1182.

Naber, Sebastian/Peukert, Matthias/Seeger, Börge, Arbeitsrechtliche Aspekte des Geschäftsgeheimnisgesetzes, BZA 2019, 583.

Nastelski, Karl, Der Schutz des Betriebsgeheimnisses, GRUR 1957, 1–8.

Nazari- Khanachayi, Arian, Rechtfertigungsnarrative des Urheberrechts im Praxistext – Empirie zur Rolle des Urheberrechts, 1. Auflage, Tübingen 2016.

Niemann, Fabian/Paul, Jörg-Alexander (Hrsg.), Rechtsfragen des Cloud Computing, 1. Auflage, Berlin 2014 [zitiert als: *Bearbeiter*, in: Niemann/Paul, Rechtsfragen des Cloud Computing].

Notholt, Jochen , Online Lernen für Juristen, Verbesserungschancen in der Informationsverarbeitung durch den Einsatz aktueller Online-Technik, 1. Auflage, Saarbrücken 2008.

Obergfell, Eva Inés/Hauck, Ronny (Hrsg.), Lizenzvertragsrecht, 2. Auflage, Berlin/Boston 2020 [zitiert als: *Bearbeiter*, in: Obergfell/Hauck, Lizenzvertragsrecht].

Oberndörfer, Pascal, Die philosophische Grundlage des Urheberrechts, 1. Auflage, Baden-Baden 2005.

Ochs, Carsten/Friedewald, Michael/Hess, Thomas/Lamla, Jörn (Hrsg.), Die Zukunft der Datenökonomie, 1. Auflage, Wiesbaden 2019.

Ohly, Ansgar, Der Geheimnisschutz im deutschen Recht: heutiger Stand und Perspektiven, GRUR 2014, 1–11.

Ders., Das neue Geschäftsgeheimnisgesetz im Überblick, GRUR 2019, 441–450.

Ders./Sosnitza, Olaf, Gesetz gegen den unlauteren Wettbewerb: UWG mit Geschäftsgeheimnisgesetz (Auszug) und Preisangabenverordnung, Kommentar, 16. Auflage, München 2016 [zitiert als: *Bearbeiter*, in: Ohly/Sosnitza, UWG].

Ory, Stephan/Sorge, Christoph, Schöpfung durch Künstliche Intelligenz?, NJW 2019, 710–713.

Osterrieth, Christian, Patentrecht, 6. Auflage, München 2021.

Ott, Sascha, Information: zur Genese und Anwendung eines. Begriffs, 1. Auflage, Konstanz 2004.

Paal, Boris/Pauly, Daniel A. (Hrsg.), Datenschutz-Grundverordnung, Bundesdatenschutzgesetz, Kommentar, 3. Auflage, München 2021 (zitiert: *Bearbeiter*, in: Paal/Pauly, DS-GVO).

Grüneberg, Christian bearbeitet. v. Ellenberger, Jürgen/Götz, Isabell, u. a., Bürgerliches Gesetzbuch, 84. Aufl., München 2025 [zitiert als: *Bearbeiter*, in: Grüneberg, BGB].

Peitz, Carlo, Datenschutzrechtliche Verantwortlichkeit in Blockchain-Systemen, 1. Auflage, Wiesbaden 2020.

Pertot, Tereza (Hrsg.), Rechte an Daten, 1. Auflage Tübingen 2020 [zitiert als: *Bearbeiter,* in: Pertot, Rechte an Daten].

Peschel, Christopher/Rockstroh, Sebastian, Big Data in der Industrie – Chancen und Risiken neuer datenbasierter Dienste, MMR 2014, 571–576.

Peukert, Alexander, Güterzuordnung als Rechtsprinzip, Tübingen 2008.

Pfister, Bernhard, Das technische Geheimnis „know how" als Vermögensrecht, 1. Auflage, München 1974.

Podszun, Rupprecht, Handwerk in der digitalen Ökonomie -Rechtlicher Rahmen für den Zugang zu Daten, Software und Plattformen, 1. Auflage, Baden-Baden 2021.

Ders./Pfeifer, Clemens, Datenzugang nach dem EU Data Act: Der Entwurf der Europäischen Kommission, GRUR 2022, 953–961.

Preuß, Jesko, Rechtlich geschützte Interessen an virtuellen Gütern, Berlin 2009.

Prütting, Hanns, Sachenrecht, 38. Auflage, München 2024.

Puppe, Ingeborg, Kleine Schule des juristischen Denkens, 5. Auflage, Göttingen 2023.

Raabe, Oliver/Wacker, Richard/Oberle, Daniel/Baumann, Christian/Funk, Sebastian, Recht ex machina, Formalisierung des Rechts im Internet der Dienste, Berlin 2012.

Raue, Benjamin, Die Rechte des Sacheigentümers bei der Erhebung von Daten, NJW 2019, 2425–2430.

Raue, Benjamin/Ungern-Sternberg, Antje, Ethische und rechtliche Grundsätze der Datenverwendung, ZRP 2020, 49–52.

Redeker, Helmut, Information als eigenständiges Rechtsgut, CR 2011, 634–639.

Rehbinder, Manfred/Peukert, Alexander, Urheberrecht und verwandte Schutzrechte: Ein Studienbuch, 19. Auflage, München 2023.

Reich, Michael Mark, Die ökonomische Analyse des Urheberrechts in der Informationsgesellschaft, 1. Auflage, München 2006.

Richter, Heiko/Slowinski, Peter R., The Data Sharing Economy: On the Emergence of New Intermediaries, IIC 2019, 4–29.

Riem-Hoffmann, Wolfang , Big Data – Regulative Herausforderungen, 1. Auflage, Baden-Baden 2018.

Rippert, Stephan/Weimer, Katharina, Rechtsbeziehungen in der virtuellen Welt, ZUM 2007, 272–282.

Rittstieg, Helmut, Eigentum als Verfassungsproblem – Zur Geschichte und Gegenwart des bürgerlichen Verfassungsstaates, 2. Auflage, Darmstadt 1976.

Rody, Yasamin, Der Begriff und die Rechtsnatur von Geschäfts- und Betriebsgeheimnissen unter Berücksichtigung der Geheimnisschutz-Richtlinie, 1. Auflage, Baden-Baden 2019.

Rogers, David, Digitale Transformation, 1. Auflage, Frechen 2017.

Rohde, Marieke/Bürger, Matthias/Peneva, Kristina (Hrsg.), Datenwirtschaft und Datentechnologie: Wie aus Daten Wert entsteht, 1. Auflage, Berlin 2022 [zitiert als: *Bearbeiter*, in: Rohde/Bürger/Peneva/Mock, Datenwirtschaft und Datentechnologie].

Roßnagel, Alexander, Rechtsfragen eines Smart Data-Austauschs, NJW 2017, 10–15.

Ders., Handbuch Datenschutzrecht: Die neuen Grundlagen für Wirtschaft und Verwaltung, 1. Auflage, München 2023.

Ders./Geminn, Christian, Vertrauen in Anonymisierung, ZD 2021, 487–490.

Roth, Gregor, Das einheitliche Recht auf Information, 1. Auflage, Köln 2006.

Säcker, Franz J./Rixecker, Roland/Oetker, Hartmut/Limperg, Bettina/Schubert, Claudia (Hrsg.), Münchener Kommentar zum Bürgerlichen Gesetzbuch, Band 1, §§ 1 – 240a, 10. Auflage, München 2025.

Münchener Kommentar zum Bürgerlichen Gesetzbuch, Band 2, Schuldrecht – Allgemeiner Teil I, §§ 241–310, 9. Auflage, München 2022.

Münchener Kommentar zum Bürgerlichen Gesetzbuch, Band 3, Schuldrecht – Allgemeiner Teil II, 311–432, 9. Auflage, München 2022.

Münchener Kommentar zum Bürgerlichen Gesetzbuch, Band 4, 1. Halbband, §§ 433–480, 9. Auflage, München 2024.

Münchener Kommentar zum Bürgerlichen Gesetzbuch, Band 7, §§ 705–853, 9. Auflage, München 2024.

Münchener Kommentar zum Bürgerlichen Gesetzbuch, Band 8, §§ 854–1296, 9. Auflage, München 2023 [zitiert als: *Bearbeiter*, in: Säcker/Rixecker/Oetker/Limperg/Schubert, MüKo BGB].

Sahl, Jan Christian, Daten als Basis der digitalen Wirtschaft und Gesellschaft, RDV 2015, 236–242.

Ders., Gesetz oder kein Gesetz, das ist hier die Frage – zur Notwendigkeit gesetzlicher Regulierung in der Datenökonomie, PinG 2016, 146 ff.

Sappa, Christiana, How Data Protection Fits with the Algorithmic Society via Two Intellectual Property Rights – A Comparative Analysis, GRUR Int. 2019, 135–144.

Sassenberg, Thomas/Faber, Tobias (Hrsg.), Rechtshandbuch Industrie 4.0 und Internet of Things: Praxisfragen der digitalen Zukunft, 2. Auflage, München 2020 [*Bearbeiter*, in: Sassenberg/Faber, Rechtshandbuch Industrie 4.0 und Internet of Things].

Sattler, Andreas, Personenbezogene Daten als Leistungsgegenstand, Die Einwilligung als Wegbereiter des Datenschuldrechts, JZ 2017, 1036–1046.

Ders./Hennemann, Moritz (Hrsg.), Immaterialgüter und Digitalisierung, Junge Wissenschaft zum Gewerblichen Rechtsschutz, Urheber- und Medienrecht, 2. Assistententagung Grüner Bereich, Freiburg 2017 [*Bearbeiter*, in: Hennemann/Sattler, Immaterialgüter und Digitalisierung].

Schäfer, Hans-Bernd/Ott, Claus, Lehrbuch der ökonomischen Analyse des Zivilrechts, 6. Auflage, Berlin 2020.

Schaller, Till/Zurawski, Paul, Staatlicher Kompetenzaufwuchs im Data-Act-Entwurf, ZD-Aktuell 2022, 01169.

Schantz, Peter/Wolff, Heinrich, Das neue Datenschutzrecht, 1. Auflage, München 2017.

Scheffler, Hauke/Dressel, Christian , Die Insuffizienz des Computerstrafrechts, ZRP 2000, 514–517.

Schlinkert, Hans – Jürgen, Industrie 4.0 – wie das Recht Schritt hält, ZRP 2017, 222–225.

Schmidt, Kirsten Johanna, Datenschutz als Vermögensrecht, 1. Auflage, Schweiz 2019.

Dies./Zech, Herbert:, Datenbankherstellerschutz für Rohdaten?, Wie Big Data-Anwendungen die Tatbestandsvoraussetzungen der §§ 87a ff. UrhG erfüllen können, CR 2017, 417–426.

Schmidt, Stefan A., Zugang zu Daten nach europäischem Kartellrecht, 1. Auflage, Baden-Baden 2020.

Schneidereit, Peter, Haftung für Datenverlust im Cloud Computing, 1. Auflage, Baden-Baden 2017.

Scholz, Matthias/Funk, Axel (Hrsg,), DGRI Jahrbuch 2012, Im Auftrag der Deutschen Gesellschaft für Recht und Informatik e. V., 1. Auflage, Köln 2013 [zitiert als: *Bearbeiter*, in: Scholz/Funk, DGRI Jahrbuch 2012].

Schöneich, Anja, Der Begriff der Dinglichkeit im Immaterialgüterrecht, 1. Auflage, Baden-Baden 2017.

Schönke, Adolf/Schröder, Horst (Hrsg.) , Strafgesetzbuch, Kommentar, 30. Auflage, München 2019 [zitiert: *Bearbeiter,* in: Schönke/Schröder, StGB].

Schrey, Joachim/Thalhofer,Thomas, Rechtliche Aspekte der Blockchain, NJW 2017, 1431–1436.

Schroth, Jörg, Deontologische und moralische Relevanz der Handlungskonsequenzen, Zeitschrift für philosophische Forschung, Band 63, 2009 I, 55–75.

Schulz, Thomas (Hrsg,), Industrie 4.0 – Potenziale erkennen und umsetzen – Vorwort des Herausgebers, 1. Auflage, Würzburg 2017 [*Bearbeiter,* in: Schulz, Industrie 4.0].

Schulze-Heiming, Ingeborg, Der strafrechtliche Schutz der Computerdaten gegen die Angriffsformen der Spionage, Sabotage und des Zeitdiebstahls, 1. Auflage, Münster 1995.

Schulze, Reiner (Hrsg.), Bürgerliches Gesetzbuch, Handkommentar, 12. Auflage, Baden-Baden 2024 [zitiert als: *Bearbeiter,* in: Schulze, BGB].

Schur, Nico B., Die Lizenzierung von Daten: Einordnung, Grenzen und Möglichkeiten von vertraglichen Zugangs- und Datennutzungsrechten in der digitalen Ökonomie, 1. Auflage, Tübingen 2020 [zitiert als: Die Lizenzierung von Daten].

Ders., Die Lizenzierung von Daten, GRUR 2020, 1142–1152.

Schwacke, Peter, Juristische Methodik, 5. Auflage, Stuttgart 2011.

Schwartmann, Rolf/Jaspers, Andreas/Thüsing, Gregor/Kugelmann, Dieter (Hrsg.), Heidelberger Kommentar, DS-GVO/BDSG, 3. Auflage, Heidelberg 2024.

Schweitzer, Heike, Datenzugang in der Datenökonomie: Eckpfeiler einer neuen Informationsordnung, GRUR 2019, 569–580.

Schweitzer, Heike/Peitz, Martin, Datenmärkte in der digitalisierten Wirtschaft: Funktionsdefizite und Reglungsbedarf?, ZEW Discussion Paper No. 17-043, o. O. 2017, abrufbar unter http://ftp.zew.de/pub/zew-docs/dp/dp17043.pdf.

Dies./Ders., Ein neuer europäischer Ordnungsrahmen für Datenmärkte?, NJW 2018, 275–280.

Dies./Welker, Robert, A Legal Framework for Access to Data – A Competition Policy Perspective, in: Bundesministerium der Justiz und für Verbraucherschutz/ Max-Planck-Institut für Innovation und Wettbewerb (Hrsg.), Data Access, Consumer Interests and Public Welfare, Baden-Baden 2021, S. 103–153.

Selzer, Anna, Datenschutzrechtliche Zulässigkeit von Cloud-Computing-Services und deren teilautomatisierte Überprüfbarkeit: Eine Betrachtung unter Anwendung der Datenschutz-Grundverordnung, 1. Auflage, Wiesbaden 2019.

Seufert, Julia, Wer fährt – Mensch oder Maschine?, NZV 2022, 319– 329.

Shannon, Claude E./Weaver, Warren, The Mathematical Theory of Communication, Urbana 1949.

Shmatenko, Leonid/Möllenkamp, Stefan, Digitale Zahlungsmittel in einer analog geprägten Rechtsordnung, A bit(coin) out of control – Rechtsnatur und schuldrechtliche Behandlung von Kryptowährungen, MMR 2018, 495–501.

Soergel, Hans-Theodor (Begr.), Kommentar zum Bürgerlichen Gesetzbuch mit Einführungsgesetz und Nebengesetzen: BGB, Band 1: Allgemeiner Teil 1: §§ 1–103, 14. Auflage, Stuttgart 2024 [zitiert als: *Bearbeiter*, in: Soergel, BGB].

Specht Louisa/Kerber, Wolfgang, Abida – assessing big data, Gutachten, Datenrechte – Eine rechts- und sozialwissenschaftliche Analyse im Vergleich Deutschland – USA, 2017, abrufbar unter http://www.abida.de/sites/default/ files/ABIDA_Gutachten_Datenrechte.pdf.

Specht-Riemenschneider, Louisa, Der Entwurf des Data Act, MMR 2022, 809–826.

Dies., Data Act – Auf dem (Holz-)Weg zu mehr Dateninnovation?, ZRP 2022, 137–140.

Specht, Louisa, Ausschließlichkeitsrechte an Daten – Notwendigkeit, Schutzumfang, Alternativen, CR 2016, 288–296.

Dies., Konsequenzen der Ökonomisierung informationeller Selbstbestimmung: Die zivilrechtliche Erfassung des Datenhandels, Köln 2012.

Dies./Werry, Nikola/Werry, Susanne (Hrsg,), Datenrecht in der Digitalisierung, Berlin 2020, [zitiert: *Bearbeiter* in: Specht-Riemenschneider/Werry/Werry, Datenrechte in der Digitalisierung].

Spindler, Gerald, Digitale Wirtschaft – analoge Recht: Braucht das BGB ein Update?, JZ 2016, 805–817.

Ders., Haftung im Internet – nationale und internationale Rechtsprobleme, ZUM 1996, 533–564.

Ders., Die neue EU-Datenschutz-Grundverordnung, DB 2016, 937–947.

Ders./Schuster, Fabian, Recht der elektronischen Medien, Kommentar, 4. Auflage, München 2019 [zitiert als: *Bearbeiter*, in: Spindler/Schuster, Recht der elektronischen Medien].

Stadler, Astrid, Allgemeiner Teil des BGB, 21. Auflage, München 2022.

Stadtler, Stephan, Rechtskonformes Identitätsmanagement im Cloud Computing: Anforderungen an den Einsatz elektronischer Ausweise, 1. Auflage, Wiesbaden 2017.

Stallberg, Christian Gero, Urheberrecht und moralische Rechtfertigung, 1. Auflage, Berlin 2006.

Staudenmayer, Dirk, Die Anpassung des Privatrechts an die digitale Wirtschaft, IWRZ 2020, 147–157.

Steinbruch, Karl, Über den Wert von Informationen, GRUR 1987, 579–584.

Steinmüller, Wilhelm, Informationstechnologie und Gesellschaft: Einführung in die angewandte Informatik, 1. Auflage, Darmstadt 1993.

Steinrötter, Björn, Gegenstand und Bausteine eines EU-Datenwirtschaftsrechts, RDi 2021, 480–486.

Ders., Verhältnis von Data Act und DS-GVO, GRUR 2023, 216–226.

Ders., Vermeintliche Ausschließlichkeitsrechte an binären Codes – Justizministerkonferenz spricht sich gegen „Dateneigentum", MMR 2017, 731–736.

Stender-Vorwachs, Jutta/Steege, Hans, Wem gehören unsere Daten? – Zivilrechtliche Analyse zur Notwendigkeit eines dinglichen Eigentums an Daten, der Datenzuordnung und des Datenzugangs, NJOZ 2018, 1361–1367.

Stieper, Malte, Rechtfertigung, Rechtsnatur und Disponibilität der Schranken des Urheberrechts, 1. Auflage, München 2009.

Stiftung Datenschutz (Hrsg.), Dateneigentum und Datenhandel, Berlin 2019 [zitiert als: *Bearbeiter*, in: Stiftung Datenschutz, Dateneigentum und Datenhandel].

Strahringer, Susanne/Wiener, Martin, Datengetriebene Geschäftsmodelle, Konzeptuelles Rahmenwerk, Praxisbeispiele und Forschungsausblick, HMD Praxis der Wirtschaftsinformatik 2021, 457–476.

Strotebeck, Falk, Einführung in die Mikroökonomik Band I, Theoretische Grundlagen, Wiesbaden 2020.

Taeger, Jürgen (Hrsg.), Internet der Dinge, Digitalisierung von Wirtschaft und Gesellschaft, Tagungsband Herbstakademie 2015, Edewecht 2015 [zitiert als: *Bearbeiter*, in: Taeger, Internet der Dinge].

Ders./Pohle, Jan (Hrsg.), Computerrechtshandbuch – Informationstechnologie in der Rechts- und Wirtschaftspraxis, 39. Ergänzungslieferung, München 2024 [zitiert als: *Bearbeiter*, in: Taeger/Pohle, Computerrechtshandbuch].

Thouvenin, Florent/Früh, Alfred, Zuordnung von Sachdaten, Eigentum, Besitz und Nutzung bei nicht-personenbezogenen Daten, Center for Information Technology, Society, and Law (ITSL), Zürich 2018.

Timothy, Kaufmann, Geschäftsmodelle in Industrie 4.0 und dem Internet der Dinge- Der Weg vom Anspruch in die Wirklichkeit, 1. Auflage, Wiesbaden 2015.

Tolks, Daniel, Die finale Fassung des Data Governance Act, MMR 2022, 444–449.

Tombal, Thomas, Economic Dependence and Data Access, IIC 2020, 70–97.

Trebeck, Joachim/Schulte-Wissermann, Lisa, Die Geheimnisschutzrichtlinie und deren Anwendbarkeit, NZA 2018, 1175–1180.

Ulmer, Eugen, Urheber- und Verlagsrecht, 3. Auflage, Berlin/Heidelberg 1980.

Voigt, Paul/Hermann, Volker/Grabenschröer, Jan Felix, Das neue Geschäftsgeheimnisgesetz – praktische Hinweise zu Umsetzungsmaßnahmen für Unternehmen, BB 2019, 142–147.

Völz, Horst, Grundlagen und Inhalte der vier Varianten von Information, Wie die Information entstand und welche Arten es gibt, 1. Auflage, Wiesbaden 2014.

Von Jhering, Rudolf, Geist des römischen Rechts auf den verschiedenen Stufen seiner Entwicklung – Dritter Teil, Erste Abteilung, 5. Auflage, Leipzig 1906.

von Savigny, Friedrich Karl, System des heutigen Römischen Rechts I, Berlin 1840.

Voß, Jakob, Was sind eigentlich Daten?, LIBREAS. Library Ideas, 23 (2013), abrufbar unter: https://libreas.eu/ausgabe23/02voss/.

Walter, Andreas, Bitcoin, Libra und sonstige Kryptowährungen aus zivilrechtlicher Sicht, NJW 2019, 3609–3614.

Wandtke, Artur-Axel, Ökonomischer Wert von persönlichen Daten, Diskussion des „Warencharakters“ von Daten aus persönlichkeits- und urheberrechtlicher Sicht, MMR 2017, 6–12.

Wandtke, Artur-Axel/Bullinger, Winfried (Hrsg.), Praxiskommentar Urheberrecht, UrhG, UrhDaG, VGG, InsO, UKlaG, KUG, EVtr, InfoSoc-RL, Portabilitäts-VO, 6. Auflage, München 2022.

Ders./Ostendorff, Saskia, Urheberrecht, 9. Auflage, 2023 Berlin/Boston.

Weber, Henri, Datenzugang nach dem Referentenentwurf der 10. GWB-Novelle – Chance für Digital-Start-ups?, WRP 2020, 559–565.

Weber, Rolf H./Thouvenin, Florent, Dateneigentum und Datenzugangsrechte – Bausteine der Informationsgesellschaft?, ZSR 2018, 43–74.

Wellenhofer, Marina, Sachenrecht, 39. Auflage, München 2024.

Welp, Jürgen, Datenveränderung (§ 303a StGB) – Teil 1, JurPC 1988, 443–449.

Wendehorst, Christiane, Die Digitalisierung und das BGB, NJW 2016, 2609 –2613.

Wersig, Gernot, Information, Kommunikation, Dokumentation: ein Beitrag zur Orientierung der Informations- und Dokumentationswissenschaften, 2. Auflage, Darmstadt 1974.

Westermann, Harm Peter/Grunewald, Barbara/Maier-Reimer, Georg, Ermann BGB, Handkommentar, 17. Auflage, Köln 2023 [zitiert als: *Bearbeiter*, in: Westermann/Grunewald/Maier-Reimer, Handkommentar BGB].

Wiebe, Andreas, A new European Data Producers‘ Right for the Digital Economy?, ZGE/IPJ 2017, 394–389.

Ders., Protection of industrial data – a new property right for the digital economy?, GRUR Int. 2016, 877–884.

Ders., Schutz von Maschinendaten durch das sui-generis-Schutzrecht für Datenbanken, GRUR 2017, 338–345.

Ders., The Data Act Proposal: Access rights at the Intersection with Database Rights and Trade Secret Protection, GRUR 2023, 227–238.

Ders., Von Datenrechten zu Datenzugang, ein rechtlicher Rahmen für die europäische Datenwirtschaft, CR 2017, 87–93.

Ders., Protection of industrial data – a new property right for the digital economy?, GRUR Int. 2016, 877–884.

Ders., Landkarten als Datenbanken: Der Informationswert von Daten, GRUR-Prax 2016, 49–50.

Ders./Schur, Nico, Protection of Trade Secrets in a Data-driven, Networked Environment – Is the update already out-dated?, GRUR Int. 2019, 746–751.

Wieling, Hans Josef/Finkenauer, Thomas, Sachenrecht, 6. Auflage, Berlin 2020.

Wilhelm, Jan, Sachenrecht, 6. Auflage, Berlin/Boston 2019.

Windscheid, Bernhard, Lehrbuch des Pandektenrechts, Düsseldorf 1862.

Winkler, Vincent, Rechte an Daten im Zivilrecht, 1. Auflage, Frankfurt am Main 2020.

Wischmeyer, Thomas/Herzog, Eva, Daten für alle? – Grundrechtliche Rahmenbedingungen für Datenzugangsrechte, NJW 2020, 288–293.

Witt, Bernhard C., IT-Sicherheit kompakt und verständlich, Eine praxisorientierte Einführung, 1. Auflage, Darmstadt 2006.

Wolff, Heinrich Amadeus/Brink, Stefan (Hrsg.), Beck'scher Online-Kommentar Datenschutzrecht, 50. Edition, München 2024 [zitiert als: *Bearbeiter*, in: Wolff/ Brink, BeckOK Datenschutzrecht].

Wolfgang, Kerber, Governance of Data: Exclusive Property vs. Access, IIC 2016, 759–762.

Wunner, Katharina, Ein regulatives Vertragsrecht für die Datenwirtschaft, 1. Auflage, Baden-Baden 2022.

Zech, Herbert, Daten als Wirtschaftsgut-Überlegungen zu einem Recht des Datenerzeugers, CR 2015, 137–146.

Ders., Information als Schutzgegenstand, 1. Auflage, Tübingen 2012.

Ders., „Industrie 4.0" – Rechtsrahmen für eine Datenwirtschaft im digitalen Binnenmarkt, GRUR 2015, 1151–1160.

Ders., Die „Befugnisse des Eigentümers" nach § 903 Satz 1 BGB – Rivalität als Kriterium für eine Begrenzung der Eigentumswirkungen, Archiv für die civilistische Praxis (AcP) 219 (2019), 488–592.

Ders., Materielle und immaterielle Güter – Die Güterzuweisungsfunktion des Privatrechts, im Erscheinen in: Eisfeld, Jens/Klippel, Diethelm/Löhnig, Martin (Hrsg.), Zivilrechtswissenschaft, Bausteine einer Zivilrechtstheorie, abrufbar unter: https://papers.ssrn.com/sol3/papers.cfm?abstract_id=3850730.

Ders./Schmidt, Kirsten Johanna, Datenbankherstellerschutz für Rohdaten, CR 2017, 417–426.

Zieger, Christoph/Smirra, Nikolas, Fallstricke bei Big Data-Anwendungen – Rechtliche Gesichtspunkte bei der Analyse fremder Datenbestände, MMR 2013, 418–421.

Zier, Angelina, Investitionsschutz für Maschinendaten – Eine Untersuchung des Schutzes maschinengenerierter Daten der Industrie 4.0 durch das Datenbankherstellerrecht, 1. Auflage, Wiesbaden 2022.